KLAUS-PETER TIECK

# Staatsräson und Eigennutz

Schriften des
Italienisch-Deutschen Historischen Instituts in Trient

Band 13

# Staatsräson und Eigennutz

Drei Studien zur Geschichte des 18. Jahrhunderts

Von

Klaus-Peter Tieck

Duncker & Humblot · Berlin

Die Deutsche Bibliothek – CIP-Einheitsaufnahme

**Tieck, Klaus-Peter:**
Staatsräson und Eigennutz : drei Studien zur Geschichte des 18. Jahrhunderts / von Klaus-Peter Tieck. – Berlin : Duncker und Humblot, 1998
(Schriften des Italienisch-Deutschen Historischen Instituts in Trient ; Bd. 13)
Zugl.: Darmstadt, Techn. Hochsch., Diss., 1996
ISBN 3-428-09639-8



D 17


Fotoprint: Berliner Buchdruckerei Union GmbH, Berlin
Printed in Germany

ISSN 0939-0960
ISBN 3-428-09639-8

Gedruckt auf alterungsbeständigem (säurefreiem) Papier
entsprechend ISO 9706 ♾

## Vorwort

Der hier publizierte Text hat im Sommersemester 1996 dem Fachbereich Gesellschafts- und Geschichtswissenschaften der Technischen Hochschule Darmstadt als Dissertation vorgelegen. Mein Dank gilt den Personen und Institutionen, die meine Forschungen in den letzten Jahren ermöglicht haben, aber auch denjenigen, die mir durch Hinweise und Kritik neue Gesichtspunkte eröffnet haben. Ich nenne an erster Stelle Herrn Prof. Pierangelo Schiera (Trient, Berlin), dem ich die ersten Anregungen zur Beschäftigung mit den politischen Strukturen und Ideen des 18. und 19. Jahrhunderts verdanke. Er hat mir die Einsicht vermittelt, daß Politik und Wissenschaft, Politik und Kultur keine Gegensätze bilden und mir dadurch einen neuen Zugang zur deutschen Geschichte gewiesen. Dafür und für die Jahre wissenschaftlicher Betreuung möchte ich ihm herzlich danken. Zu großem Dank bin ich Herrn Prof. Dr. Michael Stolleis (Frankfurt a.M.) verpflichtet. Er hat die Entstehung meiner Arbeit mit kritischem Rat verfolgt und mich in jeder Hinsicht unterstützt; ohne sein förderndes Interesse wäre dieses Buch nicht geschrieben worden. Herr Prof. Dr. Christof Dipper (Darmstadt) hat als Erstreferent die Betreuung der Arbeit in einem fortgeschrittenen Stadium übernommen und sie durch kritisches Fragen entscheidend vorangebracht. Dafür und für seine Unterstützung im Promotionsverfahren möchte ich ihm vielmals danken. Ein besonderer Dank gilt Herrn Prof. Dr. Wolfgang Reinhard (Freiburg im Br.) für seine verständnisvolle Kritik.

Herr Prof. Diego Quaglioni (Trient) und Herr Prof. Innocenzo Cervelli (Venedig) haben das Manuskript gelesen und mir wertvolle Hinweise und Anregungen gegeben. Herr Prof. Aldo Mazzacane (Neapel) hat die dritte Studie über die neapolitanische Aufklärung gelesen, dabei Kritik formuliert, aber auch Zweifel abgebaut; ihnen allen spreche ich hiermit meinen Dank aus. Verbunden bin ich überdies Herrn Prof. Nestore Pirillo (Trient), der während der Entstehung dieser Untersuchungen das Arbeitszimmer mit mir geteilt und mir durch freundschaftlichen Rat weitergeholfen hat.

Zwei Institutionen haben mich bei meiner Arbeit unterstützt. Die Stiftung Volkswagenwerk, der ich an dieser Stelle vielmals danken möchte, gewährte mir im Rahmen eines Werkvertrags mit der Universität Frankfurt a.M. ein Forschungsstipendium. Das Italienisch-Deutsche Historische Institut in Trient ist mir über zehn Jahre lang wissenschaftliche Heimstätte gewesen. Den dort arbeitenden Professoren und Kollegen sowie all denjenigen, die dieses Forschungszentrum tagtäglich tragen, allen voran Frau Karin Krieg, vor allem auch dem Personal der Bibliothek und ihrem Leiter, Herrn Giorgio Butterini O.F.M., möchte ich hier meinen herzlichen Dank aussprechen. Ein besonderer Dank gilt in diesem Zusammenhang Herrn Prof. Paolo Prodi (Bologna, Trient), der mich in seinem Institut in diesen Jahren als Dauergast beherbergt, mir darüber hinaus durch Vergabe eines Stipendiums den Abschluß der Arbeit ermöglicht und ihre Aufnahme in diese Schriftenreihe beschlossen hat.

Für die redaktionelle Betreuung schließlich danke ich aufrichtig Frau Giuliana Nobili Schiera, Frau Chiara Zanoni Zorzi und Frau Adalberta Bragagna.

*Klaus-Peter Tieck*

# Inhaltsverzeichnis

# Einleitung

Die hier veröffentlichten Studien sind in zeitlichen Abständen voneinander, aber aus einem einheitlichen Quellen- und Literaturfundus heraus entstanden, der deshalb auch im Anhang dieses Buchs abgedruckt wird. Einheitlich ist auch die Fragestellung; sie ist – die im Titel verwendeten historischen Begriffe zeigen es – politikgeschichtlich: Es geht in allen drei Aufsätzen um Voraussetzungen, Strukturen und Inhalte der Politik im 18. Jahrhundert aus dem Blickwinkel des Ökonomischen. Sie versuchen aus unterschiedlicher Perspektive zu zeigen, daß die Steigerung und die Mobilität der Ressourcen Ziel und Instrument des politischen Handelns waren, ja Politik im 18. Jahrhundert konstituierten.

Daß zur Beschreibung dieses Sachverhalts die Begriffe ‚Staatsräson' und ‚Eigennutz' herangezogen werden, bedarf einer Erklärung, denn es handelt sich hierbei um Kategorien, die für den politischen Diskurs und in gewisser Weise auch für die Verfassungsgeschichte des 16. und 17. Jahrhunderts zentral sind, auf die Geschichte des 18. Jahrhunderts jedoch bislang kaum bezogen worden sind. Was das Wort ‚Staatsräson' anbelangt, ist sich die Forschung im Hinblick auf Deutschland ja seit längerem einig, daß es etwa ab 1650 als politischer Begriff nicht mehr vorkommt und von diesem Zeitpunkt an als Titel des absolutistischen Verordnungsrechts in Erscheinung tritt[1].

Die nächste Zäsur liegt um 1700: die Ablösung des Barock durch die Aufklärung, der, wenigstens auf der Ebene der politischen und juristischen Literatur vollzogene, Wechsel in der Begründung der Staatsgewalt von der *cura religionis* zum Gesellschaftsvertrag. Es ändern sich die Perspektiven und damit auch die Prioritäten der politischen Herrschaft. Kam es in der Konfessionalisierungsära[2] in erster Linie auf die psychische Beherrschung von Menschen an, und zwar sowohl innerhalb der Hofgesellschaft als auch auf der Ebene der Mobilisierung größerer Menschenmengen durch religiöse Schlagworte, betrachtete man ab 1700 Menschen nicht mehr als Beherrschungs- und Bekehrungsobjekte, sondern in steigendem Maße als Humanressourcen, die der Erweiterung der ökonomischen Machtbasis des Staates dienen sollten. Damit verflüchtigte sich na-

---

[1] So *M. Stolleis*, Arcana Imperii und Ratio Status. Bemerkungen zur politischen Theorie des frühen 17. Jahrhunderts, in: *ders.*, Staat und Staatsraison in der frühen Neuzeit. Studien zur Geschichte des öffentlichen Rechts, Frankfurt a.M. 1990, S. 68 f.

[2] Zur Konfessionalisierung als gesamtgeschichtlicher Interpretationskategorie: *W. Reinhard*, Gegenreformation als Modernisierung? Prolegomena zu einer Theorie des konfessionellen Zeitalters, in: Archiv für Reformationsgeschichte, 68 (1977), S. 226-252; *H. Schilling*, Die Konfessionalisierung im Reich. Religiöser und gesellschaftlicher Wandel in Deutschland zwischen 1555 und 1620, in: Historische Zeitschrift, 246 (1988), S. 1-45; *ders.*, Die Konfessionalisierung von Kirche, Staat und Gesellschaft – Profil, Leistung, Defizite und Perspektiven eines geschichtswissenschaftlichen Paradigmas, in: *W. Reinhard / H. Schilling* (Hrsg.), Die katholische Konfessionalisierung, Gütersloh 1995, S. 1-49.

türlich auch der ursprünglich auf eine von moralischen und religiösen Erwägungen freie Technik der Menschenbehandlung und -manipulierung zielende Begriff der Staatsräson.

Aber es verschwindet nicht das damit bezeichnete Phänomen: Staatszentrierte politische Herrschaft wird auch im 18. Jahrhundert durch Bezug auf deren spezifische Gesetze legitimiert. Ein erster Blick auf die naturrechtlichen Systeme um 1750 vermittelt zwar den Eindruck, daß Politik aus dem Arkanbereich heraustritt und zu einer funktionalen Instanz der *societas* wird. Dennoch ist nicht zu übersehen, daß die theoretische Konstruktion des Gesellschaftsvertrags zwar die *suprema potestas* auf das *bonum commune* verpflichtet, gleichzeitig für dessen Konkretisierung aber der monarchischen Gewalt einen schier unbegrenzten Ermessensspielraum eröffnet. Auf diese Weise wird ein Sozialmodell begründet, in dem alte und neue Rechte koexistieren, und zwar auf der Grundlage des absolutistischen Privilegienwesens, das jetzt sowohl die Besitz- und Jurisdiktionsrechte ständischer Obrigkeiten als auch die Konzessionen und Patente der außerhalb der überkommenen Ständeordnung stehenden Gewerbetreibenden umfaßt.

Das Gemeinwohl ist in der Tat das Grundprinzip dieses Gesellschaftsentwurfs; es wird verwirklicht durch das Zusammenwirken korporativer wie individueller Vorrechte, die jedoch auf ein von der monarchischen Spitze her definiertes staatliches Ganzes funktional bezogen sind. Ein Gegensatz zwischen Gemeinnutz und Staatsräson, wie er noch im 17. Jahrhundert empfunden wurde, besteht nicht mehr. Im Gegenteil: Das *bonum commune*, das im politischen Vokabular des 18. Jahrhunderts an die Stelle der *ratio Status* tritt, meint wie diese die Selbsterhaltung des Fürstenstaates. Zugespitzt kann man sagen: der Kern der Staatsräson ist jetzt im Begriff des Gemeinwohls aufgehoben.

Dieser Begriffswechsel kann natürlich auch als Indiz für eine Abschwächung des absolutistischen Herrschaftsanspruchs interpretiert werden, als Ausdruck einer angesichts des enorm gestiegenen Finanzbedarfs der fürstlichen Haushalte notwendig gewordenen Beteiligung der Landstände an der Verantwortung für das Ganze. Plausibler erscheint mir jedoch eine andere These, wonach sich nämlich der Modus und der Rahmen der politischen Herrschaft ändern. Stehen im 16. Jahrhundert der Aufbau fürstlicher Verwaltungsstrukturen und die territoriale Integration der Fürstenstaaten, parallel und in Wechselwirkung zur konfessionellen Formierung eines tendenziell einheitlichen Untertanenverbandes, im Vordergrund, kommt es nach 1650, und, dezidiert sowie auch durch das politische Schrifttum reflektiert, nach 1700 zu einer neuen Phase im frühmodernen Staatsbildungsprozeß. Der monarchische Staat übernimmt tendenziell die Lenkung der Ressourcenerwirtschaftung und -verteilung und arbeitet an der Etablierung eines allgemeinen Wohlfahrtssystems, zu dem alle Stände, aber auch schon alle Untertanen für sich genommen, beitragen sollen.

Das Ökonomische verdrängt nach dem Westfälischen Frieden allmählich und in den ersten Jahrzehnten des 18. Jahrhunderts ausdrücklich die Religion aus dem Zentrum der Politik. Daß die Staatsräsonformel in der politischen Literatur ihren zentralen Stellenwert verliert und schließlich schon während der Frühaufklärung ganz in den Hintergrund tritt, hat hierin seinen Grund. Während die Politik vor dem Dreißigjährigen Krieg durch ein Spannungsverhältnis zur Religion geprägt ist und deshalb ihr gegenüber der theoretischen Abgrenzung und Selbstreflexion bedarf, ist ihre Rationalisierung um die Wende des 17. zum 18. Jahrhundert abgeschlossen: Die Autonomie des Politischen, seine ethisch-religiöse Indifferenz ist ausgemacht und arbeitet seiner Hinwendung zu praktisch-empirischen Zielen vor. Um es noch einmal zu wiederholen: Nicht mehr die Kontrolle eines Verbandes durch psychische Beherrschung der Menschen, unter Ausnutzung und teilweise auch Steuerung der disziplinierenden Wirkungen der Konfessionalisierung, sondern die Vermehrung der Ressourcen steht im Mittelpunkt des politischen Interesses. Und zwar der Fürsten ebenso wie der Landstände; beide machen Politik, indem sie sich durch das „gemeine Beste" legitimieren und dabei wirtschaftliche Fragen thematisieren. Auch zeigt sich, daß die Tendenzen zur ‚Reform', die Versuche zur Veränderung der bestehenden politischen und sozialen Verhältnisse, wie sie im 18. Jahrhundert auf der Ebene der absolutistisch-aufgeklärten Regierungen, der Akademien, der ökonomischen Vereine und Gesellschaften, der Geheimbünde und der oft nur schwer rekonstruierbaren literarischen Austauschbeziehungen zwischen aufgeklärten Amtsträgern und ‚politischen' Schriftstellern zutage treten[3], von der zentralen politischen Stellung des Ökonomischen ausgehen. Ja, man kann sagen, daß die Ausdehnung des politischen Diskurses über die fürstliche Umgebung hinaus auf die literarisch Gebildeten aller Stände in dem Maße vorankommt, wie die ökonomischen Fragen an öffentlicher Relevanz gewinnen. Um 1750 steht die ökonomische Staatsräson bereits an der Grenze zur öffentlichen Räson, zur aufgeklärten öffentlichen Meinung. Denn waren die politischen Praktiken die Sache weniger, fallen die wirtschaftlichen Zusammenhänge in den Interessen- und Kompetenzbereich aller Hausväter. Unvermeidlich ist damit aber auch, daß neben den Erörterungen zur Hebung des allgemeinen Wohlstands Forderungen nach Schutz und Förderung des privaten Interesses treten.

In der kameralistischen und naturrechtlichen Literatur geht es ab Mitte des 18. Jahrhunderts sogar bereits, im Vorgriff auf das jüngere Naturrecht und seinen Entwurf einer Gesellschaft freier Produzenten, um ökonomische Freiheitsrechte[4]. Daß sie im Titel dieses Buchs nicht thematisiert werden, hat seinen Grund. Hebt man nämlich gleichzeitig auf die sozialen und ökonomischen Transformationsprozesse des 18. Jahrhunderts ab, wird ‚ökonomische Freiheit' als Kategorie historischer Analyse problematisch. Die Herausbildung vollbäuerlicher Kleinbetriebe, die Expansion des verlegten Heimgewerbes, die Gründung staatlich privilegierter Manufakturen, das alles sind Erscheinungen, die den Rahmen des altständischen Sozialgefüges sprengen. Ob es sich aber bereits um erste Äußerungen privatwirtschaftlicher Initiative handelt, ist zweifelhaft. Dies umso

---

[3] Hierzu stellvertretend für die längst unüberschaubare Literatur die Festschrift L'età dei lumi. Studi storici sul Settecento europeo in onore di Franco Venturi, 2 Bde., Napoli 1985.

[4] Vgl. dazu jetzt die Beiträge in: *O. Dann / D. Klippel* (Hrsg.), Naturrecht - Spätaufklärung - Revolution, Hamburg 1995.

mehr, als die vorliegenden Studien auf den Durchblick in das 19. Jahrhundert hinein verzichten und keine Antwort geben auf die Frage, inwieweit die Ständegesellschaft des 18. Jahrhunderts Entwicklungspotentiale für die spätere kapitalistische Erwerbsgesellschaft bereit hielt[5]. Interessanter war mir die Frage, wie im Sozialgefüge des 18. Jahrhunderts individualökonomische Ansätze mit ständischen Strukturen koexistierten und zu den merkantilistischen Maßnahmen der ökonomischen Staatsräson korrelierten. Der auf Verschiebungen in der ständischen Werteordnung der frühen Neuzeit verweisende Begriff ‚Eigennutz'[6] schien mir diesen Zusammenhang besser auszudrücken.

Ebenso wie der Begriff ‚Staatsräson' nicht bloß eine Gattung der politischen und juristischen Literatur, sondern gleichzeitig den politischen Fundamentalprozeß zwischen 16. und 18. Jahrhundert, die frühmoderne Staatsbildung, meint, richtet sich auch ‚Eigennutz' auf einen realgeschichtlichen Sachverhalt, der die politischen und die sozioökonomischen Strukturen betrifft. So ist, von den politischen Strukturen ausgehend, im 18. Jahrhundert das Bestreben der absolutistischen Policey erkennbar, außerzünftige Betriebe und überhaupt alle möglichen Formen freien Erwerbs durch Verleihung von Privilegien rechtlich zu schützen und, im Falle arbeitsintensiver, peuplierungspolitisch relevanter Unternehmungen, teilzufinanzieren. Die Wertschätzung des Eigennutzes, die sich vereinzelt bereits im 17. Jahrhundert ankündigt, ist in der Ära des aufgeklärten Absolutismus unangefochten, und ab 1750 ist in der Tat immer häufiger von der ökonomischen Freiheit des einzelnen die Rede.

Parallel hierzu vollziehen sich soziale und ökonomische Transformationsprozesse, die vor allem den landwirtschaftlichen Sektor betreffen und von dort her die Ordnungsstrukturen der Ständegesellschaft angreifen. Im Zuge des demographischen Wachstums ab 1740 kam es nämlich in Deutschland zu einem starken Anschwellen der unterbäuerlichen Schichten. Da sie arm an Land waren und von Mischeinkommen aus landwirtschaftlicher und heimgewerblicher Lohnarbeit lebten, fielen sie durch die Raster der feudalen Agrarverfassung und damit der ständischen Sozialgliederung hindurch. Als heimgewerbliche Produzenten in das proportional zum Außenhandel expandierende Verlagssystem eingebunden, wurden sie vom Markt abhängig und zeigten damit erste Ansätze zur Klassenbildung.

Gleichzeitig aber durchdrangen Marktbeziehungen auch die grundherrliche und die vollbäuerliche Welt. Vornehmlich in Mittel- und Ostdeutschland gingen die adligen Gutsherren vielfach zum Eigenbetriebssystem auf Lohnarbeitsbasis über, obgleich die auf Frondienste gegründete Teilbetriebsstruktur die Regel blieb. Grund dafür waren die ab 1766 überdurchschnittlich steigenden Agrar-

---

[5] Vgl. dazu jetzt die Darstellung von *G.E. Krug*, Die Entwicklung ökonomischer Freiheitsrechte in Deutschland im Wandel von Staat, Wirtschaft und Gesellschaft vom Ancien Régime bis zur Reichsgründung (1776-1871), Frankfurt a.M. 1995.

[6] Die wichtigste Studie zu diesem Thema: *W. Schulze*, Vom Gemeinnutz zum Eigennutz. Über den Normenwandel in der ständischen Gesellschaft der Frühen Neuzeit, in: Historische Zeitschrift, 243 (1986), S. 591-626.

preise; sie bescherten derart hohe Gewinne, daß der ökonomische Anreiz zum Ausbau investitionsintensiverer Bewirtschaftungssysteme nicht durchweg gegeben war. Hohe Profite konnten in diesem Zeitraum aber auch die Bauern verzeichnen, selbst dann, wenn sie wie in Ostdeutschland in die Frondienstwirtschaft eingespannt waren. So war nicht nur in westdeutschen, sondern auch in mitteldeutschen und ostdeutschen Gebieten der Bauer um 1800 auf dem Weg zum landwirtschaftlichen Kleinunternehmer. Die deutsche Gesellschaft war um 1800 insgesamt in Bewegung, und die Gewerbe- und Peuplierungspolicey der absolutistischen Territorialstaaten versuchte im Rahmen ihrer Möglichkeiten – hier gab es im Hinblick auf Ressourcen und Instrumentarien von Fall zu Fall große Unterschiede – auf diesen Tatbestand zu reagieren.

‚Staatsräson' und ‚Eigennutz' standen, ebenso wie absolutistische Policey und demographisch-ökonomische Entwicklung der Ständegesellschaft, in einem Wechselverhältnis zueinander. Die ‚Staatsräson' fand Eingang in den ‚Gemeinnutz' und wandelte ihn um von der Ordnungsvorstellung des altständischen Sozialgefüges zu einem durch den absolutistischen Monarchen bestimmten Staatszweck. Das wird deutlich, wenn man eine Gemeinnutzdefinition um 1600 mit dem entsprechenden naturrechtlichen Topos des 18. Jahrhunderts vergleicht. So heißt es bei dem Marburger Professor Johann Ferrarius:

> „Ist zu wissen, das res publica oder Gemeinnutz nit anders ist dann ein gemein gute Ordnung einer Stadt oder einer andern Kommun, darein allein gesucht wird, daß einer neben dem andern bleiben kunde und sich desto stattlicher mit aufrichtigem unvermeidlichem Wandel im Frieden erhalten. Und wurd darum Gemeinnutz genannt, daß in dem Fall keiner auf sein eigen Sache allein sehen soll"[7].

Gemeinnutz ist hier zunächst einmal friedliches Zusammenleben, die Herstellung eines Zustands, in dem „einer neben dem andern bleiben" kann. Zwar ist der erste Begriff, der zur Definition des Gemeinnutzes herangezogen wird, die „gemein gute Ordnung", ein zentraler Begriff der neoaristotelischen Regimentstraktate, der insofern auf eine fürstliche Instanz verweist, die reglementierend und disziplinierend eingreift. Aber dieses policeystaatliche Element wird doch überlagert durch das Postulat, „daß keiner auf sein eigen Sache allein sehen soll". Hier kommt zum Ausdruck, daß der Gemeinnutz nicht Sache einer absolutistischen Zentralgewalt allein ist – obwohl sie, wie der Hinweis auf die „gute Ordnung" zeigt, durchaus angenommen wird –, sondern in der Überwindung des Partikularinteresses und in der Bereitschaft zur Mitwirkung an einem vorausgesetzten Ganzen besteht, einem Ganzen, das sich im wesentlichen durch die Erhaltung des Friedens konstituiert und insofern auch durch die in der Konfessionalisierungsära zentrale politische Kategorie der *concordia*[8] beschrieben werden kann.

---

[7] *J. Ferrarius*, Tractatus de republica bene instituenda. Das ist ein sehr nützlicher Traktat vom Gemeinen Nutzen, Frankfurt a.M. 1601, S. 19, zit. nach *W. Schulze*, Vom Gemeinnutz, S. 598.

[8] Vgl. *W. Schulze*, Concordia, Discordia, Tolerantia. Deutsche Politik im konfessionellen Zeitalter, in: *J. Kunisch* (Hrsg.), Neue Studien zur frühneuzeitlichen Rechtsgeschichte (Zeitschrift für historische Forschung. Beiheft 3), Berlin 1987, S. 43-79.

Im 18. Jahrhundert erscheint der Gemeinnutz in der terminologischen Form des *bonum commune*, des gemeinen Besten[9], und wird klassisch von Christian Wolff definiert:

> „So ist nöthig, daß so viele sich zusammenbegeben und mit vereinigten Kräften ihr Bestes befördern, bis sie in dem Stande sind, sich alle Bequemlichkeiten zu verschaffen, der natürlichen Verbindlichkeit gemäß von einer Vollkommenheit zur anderen ungehindert fortzuschreiten ... Wenn dieses geschieht, so begeben sie sich in eine Gesellschaft und der ungehinderte Fortgang in der Beförderung des gemeinen Bestens, das sie durch vereinigte Kräfte erhalten können, ist die Wohlfahrt der Gesellschaft“[10].

Auffällig ist gegenüber der Formulierung um 1600 der individualistische Zug dieser Staatszweckbestimmung. Dort ist Gemeinnutz als politisches Prinzip eines aus ständischen Körpern und Partikulargewalten bestehenden Sozialgefüges erkennbar, denn nur diese sind zum Bruch des Landfriedens in der Lage. Hier sind es hingegen die einzelnen, die sich zu ihrem gegenseitigen Vorteil zusammenschließen, mit dem Ziel, „sich alle Bequemlichkeiten zu verschaffen“.

Die Vergesellschaftung erfolgt auf vertraglicher Grundlage – das bedeutet gegenüber der auf Friede und Eintracht gegründeten ‚guten Ordnung‘ eine Entheologisierung der *societas* – und dient der allgemeinen Wohlfahrt. Diesem ökonomisch bestimmten Staatszweck entspricht die empirische Begründung des Gesellschaftsvertrags. Die Vernunft und die ihr einbeschriebene *socialitas* werden auf die menschliche Bedürfnisstruktur gegründet. Der Staatszweck ist auf diese Weise nicht nur rationalistisch, durch die fiktive Konstruktion des Gesellschaftsvertrags, sondern auch, wenn man so will, empirisch-anthropologisch, durch Bezug auf die materielle Verfassung der Menschlichkeit, legitimiert. Durch diese doppelte Begründungsebene können die Naturrechtslehren ‚Staatsräson‘ und ‚Eigennutz‘ systematisch aufeinander beziehen. Das Gemeinwohl wird zum obersten Staatszweck, der zwar der Definition des Souveräns unterliegt, diesen gleichzeitig aber naturrechtlich bindet; das *bonum commune* wiederum resultiert aus der Glückseligkeit der einzelnen, die im wesentlichen in der Verfolgung des Eigennutzes besteht. Die Staatsräson erfährt gewissermaßen eine gesellschaftsfunktionale Umdeutung: Sie richtet sich nicht mehr auf die Bewahrung politischer Macht als solcher, sondern stellt diese in den Dienst der Gesellschaft; freilich nicht aus moralischem Antrieb heraus, sondern weil es nun in wachsendem Maße die Eigendynamik der *societas* ist, die Ressourcen für die Konservierung und Erweiterung der Herrschaftsgrundlagen freisetzt.

Daß diese Interdependenz zwischen ‚Staatsräson‘ und ‚Eigennutz‘ nicht nur eine intellektuelle Konstruktion ist, sondern auch Ausdruck gesellschaftlicher Kräfteverhältnisse war, zeigt besonders deutlich die dritte der hier abgedruckten

---

[9] Vgl. *E. Hellmuth*, Naturrechtsphilosophie und bürokratischer Werthorizont. Studien zur preußischen Geistes- und Sozialgeschichte des 18. Jahrhunderts, Göttingen 1985.

[10] *Ch. Wolff*, Vernünftige Gedanken von dem gesellschaftlichen Leben der Menschen und insonderheit dem gemeinen Wesen, Halle 1736 (Nachdr. Hildesheim 1975), § 213, zit. nach *E. Hellmuth*, Naturrechtsphilosophie und bürokratischer Werthorizont, S. 32.

Studien über Neapel Anfang des 18. Jahrhunderts. Im Umfeld eines durch kirchliche Institutionen und Klientelsysteme geprägten Soziallebens entsteht hier aus spezifischen verfassungsgeschichtlichen Umständen heraus eine aufgeklärte Bewegung, die die rechtlichen und wirtschaftlichen Privilegien des Klerus im Zeichen einer ökonomischen *ratio Status* angreift. Eng sind dabei die Beziehungen zum *giurisdizionalismo*, einer Juristenbewegung, die sich im Zeichen des naturrechtlichen Souveränitätsprinzips gegen die baronalen Privilegien und kirchlichen Immunitäten richtete. Zahlreiche Untersuchungen haben belegen können, daß dieser aufgeklärte Reformdiskurs in seiner auf den ersten Blick eklektizistisch anmutenden Verschränkung von juristischen, ökonomischen und theologischen Elementen das spezifische Verfassungsgefüge des Vizekönigreichs Neapel widerspiegelte: das facettenreiche Spannungsverhältnis zwischen der kulturellen Dominanz der Kirche und dem politischen Primat der Juristen.

Miteinander verklammert wurden diese unterschiedlichen Literaturgattungen durch das Weltbild Newtons, denn die darin implizite rationalistische Theologie ermöglichte den vielfach kirchlich gebundenen Frühaufklärern, die akademische Vorrangstellung der Naturwissenschaften und deren technische Anwendung im Rahmen einer von ständischen Schranken freien Privatinitiative zu vertreten, ohne sich dem Atheismusvorwurf auszusetzen. ‚Staatsräson' und ‚Eigennutz' zielen auch in diesem eigentümlichen historischen Kontext gleichermaßen auf den politischen, sozialen und kulturellen Strukturwandel im 18. Jahrhundert.

# I. Staatsbildung und ökonomische Freiheitsrechte in Deutschland im 18. Jahrhundert

## 1. Die politischen Strukturen

Die politische Wirklichkeit Deutschlands im 18. Jahrhundert wurde noch ganz wesentlich durch den Westfälischen Friedensschluß bestimmt, der das Verbot einer umfassenden Herrschergewalt des Kaisers, das Mitspracherecht der Reichsfürsten in Reichsangelegenheiten und das Existenzrecht der drei Konfessionen zur neuen Grundlage der Reichsverfassung gemacht hatte[1]. Dieses Verhandlungsergebnis wurde nicht nur völkerrechtlich, durch den kaiserlich-schwedischen und den kaiserlich-französischen Friedensvertrag, verankert. Es sollte gleichzeitig in eine „perpetua lex et pragmatica Imperii sanctio", also in ein Reichsfundamentalgesetz, aufgenommen werden. Der diesen vertragsrechtlichen Vorgaben entsprechende Reichsabschied von 1654 verpflichtete somit alle neugewählten römischen Könige auf den Westfälischen Frieden[2].

Die Leistung des Vertragswerks bestand darin, daß es die Maximalpositionen der beiden Konfessionsparteien zu neutralisieren vermochte. Denn die Katholiken hielten am sogenannten „Geistlichen Vorbehalt" fest, einer in den Reichsabschied von 1555 aufgenommenen Bestimmung, wonach die Inhaber geistlicher Ämter diese aufzugeben hatten, wenn sie zum Luthertum überwechselten. Die Protestanten hingegen forderten nach wie vor *aequalitas*, d.h. freie Konfessionswahl für jedermann und damit eben auch religiöse Freistellung der geistlichen Fürsten und der Dom- und Stiftskapitulare. Demgegenüber betonten die Friedensinstrumente die Parität der Religionsparteien. Als gleichberechtigt galten aber nicht die unterschiedlichen religionspolitischen Ansprüche, sondern die konfessionell bestimmten Gruppierungen der Reichsstände, die rechtlich und politisch in die Reichsverfassung integriert werden sollten[3]. Die Reichs-

---

[1] Vgl. *D. Willoweit*, Deutsche Verfassungsgeschichte. Vom Frankenreich bis zur Teilung Deutschlands, München 1990, S. 161 und *R. Vierhaus*, Deutschland im Zeitalter des Absolutismus 1648-1763, Göttingen 1978, S. 126. Zur Reichsverfassung nach dem Westfälischen Frieden vgl. jetzt *K.O. Frh. von Aretin*, Das Alte Reich 1648-1806, 1: Föderalistische oder hierarchische Ordnung (1648-1684), Stuttgart 1993, S. 17-154.

[2] Vgl. *M. Stolleis*, Geschichte des öffentlichen Rechts in Deutschland, 1: Reichspublizistik und Policeywissenschaft 1600-1800, München 1988, S. 225. Allgemein zur Geschichte der Westfälischen Friedensverhandlungen *F. Dickmann*, Der Westfälische Frieden, 5. Aufl., Münster 1985.

[3] Hierzu grundlegend *A. Schindling*, Der Westfälische Frieden und der Reichstag, in: *H. Weber* (Hrsg.), Politische Ordnungen und soziale Kräfte im Alten Reich, Wiesbaden 1980, S. 116 f.

stände waren somit nicht mehr nur hierarchisch vom Kaiser abwärts und horizontal nach Reichskreisen bzw., auf dem Reichstag, nach „Bänken" und „Collegien" gegliedert, sie unterschieden sich nunmehr auch in ein von Kursachsen geführtes *Corpus Evangelicorum* und ein Kurmainz folgendes *Corpus Catholicorum*[4]. Die konfessionelle Gliederung sollte stets dann gelten, wenn strittige Religionsfragen zur Debatte standen. Für solche Fälle hatte das Mehrheitsprinzip keine Geltung mehr; stattdessen verwies man die konfessionellen Corpora auf die Verfahrensweise der *amicabilis compositio*, des Interessenausgleichs mit den überkommenen Instrumenten der Ständeversammlung[5].

Der Religionsausgleich wurde festgeschrieben, indem man die Untertanen der Reichsstände bei dem Bekenntnisstand von 1624 beließ. Geistliche Fürstentümer und reichsunmittelbare Stifter wurden auf diese Weise in ihrem Besitzstand garantiert. Durch den Westfälischen Friedensschluß wurden die Konfessionen demnach nicht als religionspolitische Parteien in das reichsrechtliche Verfassungssystem eingebunden; vielmehr erreichte man deren politische Integration, indem man sie zum Gegenstand reichsständischer Vertretung machte. Voraussetzung der Reichsstandschaft war die Landeshoheit, das *ius territoriale tam in ecclesiasticis quam politicis*, als dessen fester Bestandteil nun auch das *ius reformandi* galt[6]. Die Bewahrung des territorialen Status quo war damit allein schon aus religionspolitischen Gründen geboten. Umgekehrt garantierte die feste Zugehörigkeit eines Reichsstandes zu einem der beiden konfessionellen Corpora ihn in seinem Besitzstand. Die Friedensinstrumente führten somit zwar eine reichsrechtliche Einbindung der Konfessionen herbei, aber sie konfessionalisierten auch gleichzeitig die Reichsstände, indem sie ihre Stellung im reichsrechtlichen System von der Religionsverfassung ihrer Territorien abhängig machten. Namentlich die kleineren unter ihnen bezogen aus der Zuordnung zu einer bestimmten Konfession ihre politische Identität und Daseinsberechtigung[7].

Die entscheidende Rolle in dem neuen Verfassungssystem kam dem Reichstag zu. Er war der institutionelle Rahmen für den Interessenausgleich zwischen den Konfessionen, die *amicabilis compositio*[8]. Die Bindung der zentralen kaiserlichen Majestätsrechte (Gesetzgebung, Erklärung von Krieg und Frieden, Bündnisrecht, Festungsbau, Oberste Gerichtsbarkeit) an die Zustimmung des Reichstags war somit nicht nur Ausdruck einer durch den Ausgang des Krieges

---

[4] Hierzu *F. Wolff*, Corpus Evangelicorum und Corpus Catholicorum auf dem Westfälischen Friedenskongreß. Die Einfügung der konfessionellen Ständeverbindungen in die Reichsverfassung, Münster 1966. Vgl. zu dieser Arbeit die ergänzenden Bemerkungen von *K. Schlaich*, Corpus Evangelicorum und Corpus Catholicorum. Aspekte eines Parteienwesens im H. Römischen Reich Deutscher Nation, in: Der Staat, 11 (1972), S. 218-230.

[5] So *A. Schindling*, Der Westfälische Frieden, S. 116.

[6] Vgl. *D. Willoweit*, Rechtsgrundlagen der Territorialgewalt. Landesobrigkeit, Herrschaftsrechte und Territorium in der Rechtswissenschaft der Neuzeit, Köln 1975.

[7] Vgl. *K.O. Frh. von Aretin*, Die Konfessionen als politische Kräfte am Ausgang des alten Reiches, in: Festschrift Joseph Lortz, 2, Baden-Baden 1958, S. 181-241.

[8] *A. Schindling*, Der Westfälische Frieden, S. 116.

bedingten verfassungspolitischen Gewichtsverlagerung; man unterstrich damit auch die Rolle des Reichstags als Garanten und Interpreten des Religionsfriedens. Der Kaiser wurde nicht im Verhältnis zu den Reichsständen abgewertet, er erhielt vielmehr in dem neuen Verfassungssystem eine andere Funktion: die Bewahrung des Religionsfriedens. Unter den Bedingungen des konfessionellen Gleichgewichts entsprach er dieser Aufgabe in dem Maße, wie er auf sein Gesetzgebungsrecht verzichtete[9].

Freilich versuchte die protestantische Fürstenopposition bereits auf dem Friedenskongreß eine Umstrukturierung des Reiches in einen rein ständischen Körper, also eine Regierung des Reiches durch den Reichstag bei annähernder Gleichberechtigung aller Stände, herbeizuführen[10]. Kaiser, Kurfürsten und katholische Stände lehnten natürlich ab und erreichten eine Vertagung dieser „hinterstelligen Materien" auf den nächsten Reichstag. Die Regensburger Reichstagsverhandlungen von 1654 führten jedoch in der strittigen Verfassungsfrage zu keinem Ergebnis. Die im Reichstagsabschied enthaltene Erklärung, die noch offenen Probleme nochmals erörtern zu wollen, signalisierte jedoch einen weiteren politischen Erfolg des Kaisers und der auf die Erhaltung des Status quo bedachten Stände. Die Forderung der Fürstenopposition, die Beratung der *negotia imperii* einer Versammlung an sich gleichberechtigter und weitgehend gleichgestellter Reichsstände zu übertragen, blieb zwar in der Diskussion. Aber durch die faktische Perpetuierung der verfassungspolitischen Verhandlungen wurde der Reichstag in seinen alten Formen erhalten. Der kaiserliche Prinzipalkommissar und der kurfürstlich-mainzische Reichsdirektor behaupteten ihre zentrale Funktion im Reichstagsverfahren, und die Kurfürsten wahrten ihre Vorrangstellung sowohl bei der Kaiserwahl als auch innerhalb der Ständeversammlung. Zwar führte die ständige *remissio* der „hinterstelligen Materien" ab 1663 zur Etablierung eines Immerwährenden Reichstags[11], aber dem Kaiser gelang es alsbald, diesen scheinbar der Ständeopposition günstigen Umstand zu seinem Vorteil auszunutzen.

Dabei kam ihm die politische Schwäche der allermeisten Territorien entgegen. Der Westfälische Friede hatte zwar den Reichsfürsten die Landeshoheit als eine die einzelnen Hoheitsrechte transzendierende territoriale Herrschaftsgewalt und in Verbindung damit das allerdings bereits seit dem Mittelalter bestehende Bündnisrecht zuerkannt[12]. Aber nur die wenigsten von ihnen waren in der Lage,

---

9 Der Kaiser selbst hat freilich bis zuletzt zu verhindern versucht, daß die Verfassungsprobleme des Reichs Gegenstand der Friedensverhandlungen wurden. Vgl. hierzu *K. Ruppert*, Die kaiserliche Politik auf dem Westfälischen Friedenskongreß (1643-1648), Münster 1979.

10 Vgl. *Ch. Dipper*, Deutsche Geschichte 1648-1789, Frankfurt a.M. 1991, S. 246.

11 Hierzu *A. Schindling*, Die Anfänge des Immerwährenden Reichstags zu Regensburg. Ständevertretung und Staatskunst nach dem Westfälischen Frieden, Mainz 1991, S. 53 ff.

12 Vgl. *E.-W. Böckenförde*, Der Westfälische Frieden und das Bündnisrecht der Reichsstände, in: Der Staat, 8 (1969), S. 456 ff. Bei *J.S. Pütter*, Von der Bestimmung, welche die Landeshoheit mit jeder andern höchsten Gewalt auch darinn gemein hat, daß einem

den ihnen nunmehr auf der Ebene des Reichsrechts vorgegebenen Rahmen auch wirklich auszufüllen[13]. Denn, abgesehen von Bayern, Sachsen, Hannover, Württemberg, Hessen-Kassel und vor allem Brandenburg-Preußen, besaß im 18. Jahrhundert kein Reichsterritorium die Mittel zum Aufbau eines straff gegliederten Verwaltungsapparats und zur Unterhaltung eines stehenden Heeres[14]. Die mindermächtigen Reichsstände, zu denen ja auch die reichspolitisch herausragenden drei rheinischen Erzbistümer gehörten, verzichteten denn auch auf eine autonome Existenz nach dem Buchstaben des Westfälischen Friedenswerks und suchten stattdessen ihren Bestand durch Eingliederung in das Verfassungssystem des Reichs zu sichern. In eigentümlicher Umkehrung des reichsrechtlichen Grundsatzes, wonach das *ius suffragii*, das Stimmrecht auf dem Reichstag, den Besitz eines reichsunmittelbaren Territoriums voraussetzte[15], war die Reichstagsgesandtschaft für die kleineren Fürsten unerläßliches Statussymbol der Landeshoheit und damit, im Rahmen zeremonieller Selbstdarstellung, die Grundlage für die Legitimation ihrer Herrschaft[16].

Außerstande, aus eigener Kraft heraus politisches Gewicht zu erlangen, suchten die kleineren Reichsstände Rückhalt am Kaiser, der auf diese Weise traditionelle Klientel-, Schutz-, und Dienstverhältnisse zu reaktivieren vermochte, die informelle, reichsrechtlich nicht erfaßbare Einflußmöglichkeiten im Reich eröffneten[17]. Anziehungs- und Sammlungspunkt der kaiserlichen Klientel war der Wiener Hof, an dem im 17. Jahrhundert der erbländische, ungarische und böhmische Adel mit dem Reichsadel zusamentraf[18]. Die Familien aus den deutschen Erblanden hatten zwar das Übergewicht, aber der Kaiser war stets be-

---

jeden sein wohlerworbenes eigenthümliches Recht zu lassen ist, in: *ders.*, Beyträge zum Teutschen Staats- und Fürsten-Rechte, 1. Teil, Göttingen 1777, S. 192 heißt es dazu: „So befestiget insonderheit der Westphälische Friede den Teutschen Reichsständen nicht etwa nur ihre iura territorialia, wie solche auch als einzelne Regalien hätten angesehen werden können, sondern ein allgemeines ius territoriale, als einen Inbegriff aller möglichen landesherrlichen Rechte".

[13] So *V. Press*, Die kaiserliche Stellung im Reich zwischen 1648 und 1740 – Versuch einer Neubewertung, in: *G. Schmidt* (Hrsg.), Stände und Gesellschaft im Alten Reich, Stuttgart 1989, S. 57.

[14] Vgl. *E. Weis*, Der aufgeklärte Absolutismus in den mittleren und kleinen deutschen Staaten, in: *ders.*, Deutschland und Frankreich um 1800. Aufklärung-Revolution-Reform, München 1990, S. 29.

[15] Vgl. *B. Roeck*, Reichssystem und Reichsherkommen. Die Diskussion über die Staatlichkeit des Reiches in der politischen Publizistik des 17. und 18. Jahrhunderts, Stuttgart 1984, S. 130 f.

[16] So *A. Schindling*, Der Westfälische Frieden, S. 148 f.

[17] Zur Einbeziehung von Gesichtspunkten der systematischen Sozialwissenschaften in die Verfassungsgeschichte des Alten Reichs vgl. *P. Moraw / V. Press*, Probleme der Sozial- und Verfassungsgeschichte des Heiligen Römischen Reiches im späten Mittelalter und in der frühen Neuzeit (13.-18. Jahrhundert), in: Zeitschrift für historische Forschung, 2 (1975), S. 95-108. Für den hier im Mittelpunkt stehenden Zeitraum ist dieses Forschungsprojekt durch die Arbeiten von Volker Press weitgehend realisiert worden.

[18] Zur Sozialgeschichte des Wiener Hofs vgl. *H. Ehalt*, Ausdrucksformen absolutistischer Herrschaft. Der Wiener Hof im 17. und 18. Jahrhundert, München 1980.

strebt, über Reichshofrat und Reichskanzlei, vor allem aber über die kaiserliche Armee Adel aus dem Reich in sein politisches System einzubinden[19]. Dieser suchte aber auch von sich aus über Gütererwerb und Anknüpfung familiärer Beziehungen Eintritt in die Hofgesellschaft zu gewinnen, denn der Kaiser hatte neben Diensten und Lehen auch Standeserhöhungen, Expektanzen und zuweilen auch Pfründen in der Reichskirche zu vergeben[20]. Die Attraktion des kaiserlichen Hofes besiegelte denn auch nicht nur die Katholizität der meisten deutschen Stifter, sie löste auch eine Bewegung des deutschen Adels zur alten Kirche hin aus. In dem Maße, wie ihm die Ausweitung und Verdichtung seiner adeligen Klientel gelang, gewann der Kaiser Einwirkungsmöglichkeiten auf die vornehmlich von Reichsrittern besetzten Bistümer[21]. Adels- und Bistumspolitik hingen somit eng zusammen; sie erweiterten die Informations- und Kommunikationsmöglichkeiten des Wiener Hofs und verstärkten damit dessen Einfluß und Macht[22].

Eingespannt in das Netz informeller Beziehungen zwischen Kaiser und Reich war auch die Tätigkeit des Reichshofrats, der nach 1648 vom wachsenden Prestige des Reichsoberhaupts profitierte und zum Nachteil des Reichskammergerichts in zunehmendem Maße die politischen Prozesse aus dem Reich an sich zog[23]. Von kaiserlichen Vertrauensleuten, dem Reichshofratspräsidenten und dem Reichsvizekanzler, geführt, waren seine Räte auf das Reichsoberhaupt verpflichtet und konnten wie alle übrigen Hofräte von ihrem Herrn jederzeit entlassen werden[24]. Die Bindung an den Kaiser wirkte bis in die Spruchpraxis hinein, denn bei wichtigen Entscheidungen übte der Rat das *votum ad imperatorem*, d.h. er holte ein Gutachten des kaiserlichen Geheimen Rates ein. Im Rahmen der Westfälischen Friedensverhandlungen und in den Wahlkapitulationen des

---

[19] Vgl. *V. Press*, Das Römisch-Deutsche Reich – ein politisches System in verfassungs- und sozialgeschichtlicher Fragestellung, in: *G. Klingenstein / H. Lutz* (Hrsg.), Spezialforschung und ‚Gesamtgeschichte'. Beispiele und Methodenfragen zur Geschichte der frühen Neuzeit, München 1982, S. 230.

[20] Vgl. *V. Press*, Patronat und Klientel im Heiligen Römischen Reich, in: *A. Mączak* (Hrsg.), Klientelsysteme im Europa der Frühen Neuzeit, München 1988, S. 36.

[21] So *V. Press*, Die kaiserliche Stellung im Reich, S. 62.

[22] Eine zentrale Rolle in der kaiserlichen Bistumspolitik spielten bekanntlich der Mainzer Kurfürst Lothar Franz von Schönborn und seine Familie: vgl. *A. Schröcker*, Ein Schönborn im Reich. Studien zur Reichspolitik des Fürstbischofs Lothar Franz von Schönborn (1655-1729), Wiesbaden 1978; *ders.*, Die Patronage des Lothar Franz von Schönborn (1655-1729). Sozialgeschichtliche Studie zum Beziehungsnetz in der Germania sacra, Wiesbaden 1981.

[23] *V. Press*, Die kaiserliche Stellung im Reich, S. 70-71, unterscheidet sieben Typen politischer Prozesse: Untertanen contra Landesherren; Landstände contra Landesherren; Kapitel contra Bischof oder Prälaten; Erbstreitigkeiten; Schuldenprozesse der Herren; Rat contra Gemeinde in den Reichsstädten sowie – mit den vorhergehenden Typen oft zusammenhängend – konfessionelle Konflikte. Vgl. auch die Fallstudie von *G. Haug-Moritz*, Die Behandlung des württembergischen Ständekonflikts unter Herzog Carl Eugen durch den Reichshofrat (1763/64-1768/70), in: *B. Diestelkamp* (Hrsg.), Die politische Funktion des Reichskammergerichts, Köln / Weimar / Wien 1993, S. 105-134.

[24] Vgl. *D. Willoweit*, Deutsche Verfassungsgeschichte, S. 168.

Kaisers hatten die Fürsten stets versucht, den Reichshofrat an rechtliche Normen zu binden und ihn von einem kaiserlichen Rat zu einem unabhängigen Gericht umzuwandeln. Und bis zum Ende des 18. Jahrhunderts haben sich die Reichsstände immer wieder über die angeblich zu deutliche Ausrichtung des Reichshofrats am kaiserlichen Interesse beschwert[25].

Der große Einfluß des Kaisers auf die Urteilsbildung im Reichshofrat war aber auch durch den geringen Informationsgrad der Räte bedingt, die bei der Klärung der Sachlage auf kaiserliche Kommissionen angewiesen waren. Sie halfen bei der Vorbereitung der Prozesse, hatten aber zunächst den Spielraum für einen gütlichen Kompromiß zu erkunden. Bei der Besetzung der Kommissionen hatte der Kaiser freie Hand und er bestimmte dazu meist nicht die mächtigen Reichsstände, die selber an der Ausweitung ihres Einflusses interessiert waren, sondern seine eigenen Parteigänger. Die Fürsten ließen es meist auf einen Reichshofratsprozeß nicht ankommen, denn er konnte dem Kaiser leicht die Möglichkeit eröffnen, in ihrem Territorium Fuß zu fassen. So haben die großen Reichsstände die Auseinandersetzungen zwischen kleineren Herrschaften und Untertanen stets allein entschieden und den Kaiser auf diese Weise aus ihren Territorien ferngehalten. Die Fähigkeit, diese Konflikte selber zu bereinigen, war ein wichtiger Gradmesser für die Stellung eines Territorialfürstentums im Reichsverband[26].

Von den Untertanen allerdings wurde der Kaiser als Hüter einer gleichsam transzendenten Gerechtigkeit empfunden. Gerade in kleineren Herrschaften beriefen sie sich im Kampf um ihre alten Rechte bis weit ins 18. Jahrhundert hinein auf das Reichsoberhaupt[27]. Wenn es in Deutschland nach 1648 nicht mehr zu jenen vehementen Agrarrevolten gekommen ist, die bis ins 18. Jahrhundert hinein die Entwicklung des altständischen Sozialgefüges von Frankreich bis Rußland begleitet haben, so ist dies zum Teil auch auf das Reichsbewußtsein der bäuerlichen Untertanen zurückzuführen, die es für grundsätzlich möglich hielten, gegen ihre Herrschaft die Autorität des Kaisers ins Feld zu führen[28].

Der Wiener Hof hat dieses reichspatriotische Rechtsbewußtsein zur Kenntnis genommen, auch nach Möglichkeit gefördert und für seine Zwecke ausgenutzt. Dennoch darf seine Untertanenfreundlichkeit nicht überschätzt werden. Bei den

---

[25] *V. Press*, Die kaiserliche Stellung im Reich, S. 69.

[26] So *V. Press*, Das Römisch-Deutsche Reich, S. 237.

[27] Vgl. zum bäuerlichen Widerstand im alten Reich *P. Blickle* (Hrsg.), Aufruhr und Empörung. Studien zum bäuerlichen Widerstand im Alten Reich, München 1980; *W. Schulze*, Bäuerlicher Widerstand und feudale Herrschaft in der frühen Neuzeit, Stuttgart / Bad Cannstatt 1980; *W. Schulze* (Hrsg.), Aufstände, Revolten und Prozesse, Stuttgart 1983.

[28] Vgl. hierzu *V. Press*, Von den Bauernrevolten des 16. zur konstitutionellen Verfassung des 19. Jahrhunderts. Die Untertanenkonflikte in Hohenzollern-Hechingen und ihre Lösungen, in: *H. Weber* (Hrsg.), Politische Ordnungen, S. 104 f. und *W. Troßbach*, Die Reichsgerichte in der Sicht bäuerlicher Untertanen, in: *B. Diestelkamp* (Hrsg.), Das Reichskammergericht in der deutschen Geschichte. Stand der Forschung, Forschungsperspektiven, Köln / Wien 1990, S. 129-142.

Verfahren vor dem Reichshofrat ging es nicht um die Durchsetzung individueller Freiheitsrechte gegenüber herrschaftlicher Willkür, sondern stets um die Bewahrung oder gar Revitalisierung ständischer und korporativer Rechte. Natürliches Ziel der kaiserlichen Rechtssprechung war nicht die Stärkung der Unterschichten, sondern vielmehr die Stabilität einer noch weitgehend adelig-feudal bestimmten Gesellschaft. Richtig ist indes, daß sich die Jurisdiktion des Reichshofrats tendenziell gegen den Absolutismus richtete; in den Grenzen allerdings, die dem Gericht durch den eigenen Anspruch auf Prestige und Glaubwürdigkeit gezogen waren. Die Möglichkeit, an den Kaiser zu appellieren, bedeutete selbstverständlich eine starke politische Stütze für die korporativen Kräfte, Stände, Landschaften, Domkapitel, die sich gegenüber der landesherrlichen Gewalt zu behaupten versuchten[29]. In gewisser Weise hatte der Westfälische Friede eine doppelstufige Verfassungsgarantie begründet: Die Libertät der Reichsstände konnte vom Reichsoberhaupt nicht mehr angetastet werden; gleichzeitig aber blieb der Kaiser der oberste Hüter der ‚wohlerworbenen Rechte' seiner Untertanen[30].

Über seine reichsverfassungsrechtliche Stellung hinaus gebot der Kaiser also über eine vielfältige Palette von Einflußmöglichkeiten, die auf überkommenen Lehensbindungen[31] ebenso beruhen konnten wie auf Klientel- und Schutzverhältnissen. Das Reich war zwar kein reiner Lehensverband mehr, aber es funktionierte auch nicht nach den Regeln eines Bundes an sich souveräner Territorialstaaten. Es wurde vielmehr durch ein politisches System zusammengehalten, in das die einzelnen Territorien über Patronats- und Klientelverhältnisse, aber auch über reichsrechtlich relevante innerterritoriale Vorgänge einbezogen waren. Das System zerbrach im Jahre 1740, als Preußen durch den Überfall auf Schlesien faktisch aus dem Reichsverband ausschied und zur zweiten deutschen Großmacht neben Österreich aufstieg[32]. Dieser Dualismus hob das Kräftegleichgewicht im Reich auf und brachte in den folgenden Jahrzehnten den Kaiser selbst in eine widersprüchliche Lage. Im Zuge des forcierten Staatsbildungsprozesses, den die erbländischen Territorien nun unter dem Druck des machtpolitischen Konkurrenzverhältnisses zu Preußen durchmachten[33], schaffte er als Landesherr

---

[29] Vgl. *D. Willoweit*, Deutsche Verfassungsgeschichte, S. 168: „Ganze Dorfgemeinden fanden den Weg nach Wien ebenso wie Landstände, Domkapitel und bürgerliche Korporationen, dazu Gläubiger hoher Herren und benachteiligte Erbprätendenten".

[30] So *R. Vierhaus*, Deutschland im Zeitalter des Absolutismus, S. 130.

[31] Eine Fallstudie frühneuzeitlicher Lehensordnungen: *K.O. Frh. von Aretin*, Die Lehensordnungen in Italien im 16. und 17. Jahrhundert und ihre Auswirkungen auf die europäische Politik. Ein Beitrag zur Geschichte des europäischen Spätfeudalismus, in: *H. Weber* (Hrsg.), Politische Ordnungen, S. 53-84.

[32] Vgl. hierzu *K.O. Frh. von Aretin*, Heiliges Römisches Reich 1776-1806. Reichsverfassung und Staatssouveränität, Teil 1, Wiesbaden 1967, S. 19 f., sowie neuerdings *ders.*, Das Alte Reich 1648-1806, 3: Das Reich und der österreichisch-preußische Dualismus (1745-1806), Stuttgart 1997, S. 229-370.

[33] Zum österreichischen Staatsbildungsprozeß im 18. Jahrhundert vgl. *G. Klingenstein*, Staatsverwaltung und kirchliche Autorität im 18. Jahrhundert. Das Problem der Zensur in der theresianischen Reform, Wien 1970, S. 56-87, die „die Arrondierung und

ständische Privilegien ab, die er auf Reichsebene als römischer Kaiser zu schützen hatte[34]. Joseph II. kündigte dann seinerseits das seit 1648 im Reich wirksame politische System auf, als er 1778 und 1783 versuchte, durch den Erwerb Bayerns die Machtverhältnisse in Deutschland zu seinen Gunsten zu verändern[35]. Er signalisierte damit, daß er die Expansionsinteressen Österreichs höher bewertete als seine kaiserliche Pflicht, die überkommenen Rechts- und Besitzverhältnisse im Reich zu schützen.

Die Reichsverfassung konnte das Entwicklungsgefälle zwischen den großen Territorien Österreich und Preußen, die auf eigener Machtgrundlage standen, und den kleineren Ständen, deren Existenz vom Bestand des Reichssystems abhängig war, nicht mehr überbrücken. Sie verlor vollends ihre Funktion, als Preußen anläßlich des bayerischen Erbfolgekriegs Ende der achtziger Jahre als Hüter des Status quo auftrat, die Bestrebungen einiger kleinerer Stände zur Begründung eines antikaiserlichen Fürstenvereins aufgriff und sie 1785 mit Hannover und Sachsen zum „Deutschen Fürstenbund" vereinte. Daß kurze Zeit darauf auch der Kurfürst von Mainz, als Erzkanzler der verfassungsmäßig wichtigste Fürst nach dem Kaiser, dem Bündnis beitrat und es zu einer interkonfessionellen Union erweiterte, besiegelte die reichspolitische Isolierung Josephs II.[36]. Die von den Habsburgern seit dem Ende des Dreißigjährigen Krieges erfolgreich angewandte Strategie, über höfische Klientelsysteme einen bestimmenden Einfluß im Reich auszuüben, war nicht mehr weiter entwicklungsfähig. Zwar war es gelungen, die auf schmaler wirtschaftlicher Grundlage stehende und daher eher auf Interessenausgleich denn auf Machterweiterung bedachte altständische Welt der Geistlichen Staaten, der Kleinfürstentümer und der Reichsritterschaft zu konservieren. Aber der neuen Realität der absolutistischen Territorialstaaten, deren Fürsten nicht mehr durch diplomatische Absprachen und höfisch-personale Verbindungen, sondern durch Vermehrung und Rationalisierung der Ressourcen ihre Existenz abzusichern suchten, war das Reichssystem nicht mehr gewachsen[37].

Die strukturellen Voraussetzungen und Ziele der politischen Herrschaft hatten sich geändert. ‚Politik' – das war nicht mehr Sicherung des Kräftegleichgewichts durch Bewahrung territorialer Besitzstände und Anerkennung überkom-

---

Konzentration der machtpolitischen Potenz Habsburgs auf einen kontinuierlichen Flächenstaat in Mitteleuropa bereits in der Pragmatischen Sanktion von 1713 vorgezeichnet" sieht (ebd., S. 59). Vgl. darüber hinaus die Beiträge in: *P. Schiera* (Hrsg.), La dinamica statale austriaca nel XVIII e XIX secolo. Strutture e tendenze di storia costituzionale prima e dopo Maria Teresa, Bologna 1981.

[34] So *Ch. Dipper*, Deutsche Geschichte, S. 250. Zum problematischen Verhältnis von territorialer Großmachtspolitik und kaiserlicher Reichspolitik unter Joseph II. vgl. *K.O. Frh. von Aretin*, Heiliges Römisches Reich, S. 11 f.

[35] Vgl. *K.O. Frh. von Aretin*, Heiliges Römisches Reich, S. 110 ff.

[36] Zur Geschichte des Fürstenbunds ausführlich ebd., S. 162-240.

[37] Zum Gesamtbild dieser Übergangszeit vgl. *K.O. Frh. von Aretin*, Vom Deutschen Reich zum Deutschen Bund (Deutsche Geschichte, 7), Göttingen 1980 und *ders.*, Das Alte Reich 1648-1806, 3.

mener landständischer Privilegien, sondern Veränderung im Wege territorialer Expansion und herrschaftstechnischer Rationalisierung. Im Zeichen des neuen Machtstaatsprinzips wurden zentrale landständische Rechte, Bewilligung, Repartition und Eintreibung der Steuern, Mitwirkung an Gesetzgebung, Militär und Außenpolitik, durch die größeren Landesfürsten aufgehoben oder zumindest stark eingeschränkt. Ja, die Stände selbst galten, wenigstens aus der Perspektive der naturrechtlichen Lehre, nicht mehr aus eigenem Recht als daseinsberechtigt, sondern waren vom Souverän privilegierte Formationen, die als solche dem Staatszweck zu dienen hatten[38]. Sie wurden gewissermaßen entpolitisiert und dabei von Herrschaftsständen in Sozial- und teilweise auch schon in Berufsstände umgewandelt[39]. Mit der Ausschaltung konkurrierender politischer Körper ging eine erhöhte, tendenziell auf alle Belange der Ständegesellschaft sich richtende staatliche Reglementierungstätigkeit einher, die sogenannte ‚Policey'. Zu ihren Gegenstandsbereichen gehörten das Gewerbe-, Gesundheits- und Armenwesen ebenso wie Sitten, Bräuche und – in den protestantischen Territorien – die Religion. Ziel war die Schaffung eines einheitlichen Wohlfahrtssystems, zu dem jeder Stand beitragen sollte[40]. Zumal in Preußen schob sich über die überkommene Gliederung des altständischen Sozialgefüges eine staatsfunktionale Dreiteilung der *societas*: Der Adel lieferte das Führungspersonal für Verwaltung und Heer und stellte durch die Zwangsmittel der Grund- bzw. Gutsherrschaft planmäßige und in ihrem Ausmaß berechenbare Rekrutenaushebungen sicher; die Bürger waren in überwiegendem Maße in Handel und Gewerbe tätig, obgleich eine wachsende Zahl von Kaufmanns- und Handwerkersöhnen die Universität besuchte und in den höheren Verwaltungsdienst drängte; die Bauern hingegen brachten einen Großteil der Steuern auf und stellten das Menschenmaterial für die königliche Armee.

Die Eingriffsfestigkeit landständischer Strukturen gegenüber der Reglementierungs- und Disziplinierungsgewalt monarchischer Gesetzgebung war von Territorium zu Territorium verschieden, vor allem was das Steuerbewilligungsrecht anbelangt. Gänzlich abschaffen konnten es, von den habsburgischen Landesherrschaften einmal abgesehen, eigentlich nur die brandenburgischen Kurfürsten. In den westlichen Teilen der preußischen Monarchie lassen sich in der zweiten Hälfte des 18. Jahrhunderts immerhin noch handfeste Auseinandersetzungen zwischen monarchischer Verwaltung und Landständen beobachten. So verlangten die „Landstände vom Domkapitel, Prälaten und Ritterschaft des Fürstenthums Minden" in einer Vorstellung an das Generaldirektorium vom 12.

---

[38] Vgl. zum Ständetum im Zeitalter des Absolutismus *J. Kunisch*, Absolutismus. Europäische Geschichte vom Westfalischen Frieden bis zur Krise des Ancien Régime, Göttingen 1986, S. 54 ff.

[39] So *R. Vierhaus*, Ständewesen und Staatsverwaltung in Deutschland im späteren 18. Jahrhundert, in: *ders.*, Deutschland im 18. Jahrhundert. Politische Verfassung, soziales Gefüge, geistige Bewegungen, Göttingen 1987, S. 33.

[40] Vgl. *Ch. Dipper*, Deutsche Geschichte, S. 231 f. sowie den Überblick von *M. Raeff*, Der wohlgeordnete Polizeistaat und die Entwicklung der Moderne im Europa des 17. und 18. Jahrhunderts. Versuch eines vergleichenden Ansatzes, in: *E. Hinrichs* (Hrsg.), Absolutismus, Frankfurt a.M. 1986, S. 310-343.

Mai 1773 die Herabsetzung der Kontribution, die Ermäßigung des Salzpreises und die Abschaffung der Goldzahlung. Denn „die Contribution und Reuter-Verpflegungsgelder" seien „seit 1701 nach und nach bis auf 70 und 80% so erhöhet worden, daß solche auch für die Einführung des Zwangsalzes und dessen hohen Preises von vielen Unterthanen nicht erschwinglich gewesen und dahero auch wir dabei wegen der Prestandorum von unseren Eigenbehörigen und Censiten äußerst gelitten"[41]. Die Bitte an den König lautet daher, „zu Verhütung des totalen Ruins der Stifter und adeligen Güter und aller Contribuenten und Eigenbehörigen wenigstens die ordinäre Contribution, wie solche im Ravensburgischen stehet zu ein fünfachtelfach zu modificiren, den Salzpreis auf ein Drittel herunterzusetzen und insbesondere dem Lande das extraordinäre Onus der Goldprästation abzunehmen"[42].

Die Stände des Fürstentums Minden fanden sich also nicht in der Rolle staatsfunktionaler und damit in jedem Falle steuerpflichtiger Sozialstände wieder, sondern verstanden sich durchaus noch in ihrer Gesamtheit als „Land"[43], das den „Flor" und die Kontributionsfähigkeit seiner Bewohner nicht der königlichen Wohlfahrtspolicey überlassen, sondern selber sicherstellen wollte. Indem sie vorrechneten, was sie die Einführung des Kantonswesens, des militärischen Aushebungs- und Kontributionssystems in Preußen, über das gesamte Jahrhundert hinweg gekostet hatte, gaben sie überdies deutlich zu erkennen, daß sie diese Leistungen als Entgegenkommen und nicht als Folge ihrer politischen Entmachtung betrachteten. Entsprechend kompromißlos fiel die Antwort des Generaldirektoriums vom 18. Mai aus. Es zeigte sich erstaunt, „wie sie bei aller Gnade und Erleichterungen, welche wir denen dortigen Provinzen vorzüglich angedeihen lassen, Unsere Geduld und Langmut mit dergleichen Anträgen ermüden dürften"[44].

Das selbstbewußte Auftreten der Mindener Stände hängt mit der Stellung des Domkapitels zusammen, das im Fürstentum Minden die erste Landtagskurie bildete. Als Erbherr des Stifts hatte es den Bischof gewählt und die Politik des zukünftigen Landesherrn an Wahlkapitulationen zu binden versucht[45]. Daß es sich zu einem erheblichen Teil aus dem Adel des Landes rekrutierte, hatte seine Position noch zusätzlich gestärkt, denn im 16. und 17. Jahrhundert waren durchweg landfremde Fürsten zu Bischöfen gewählt worden. Obgleich es im Zuge der Säkularisation das Kondominatsrecht verloren hatte, blieb das Domkapitel

---

41 Vgl. Acta Borussica. Die Behördenorganisation (im folgenden ABB), XVI, Teil 1, bearb. von *P. Baumgart / G. Heinrich*, Hamburg / Berlin 1982, Nr. 57, S. 58-59.

42 Ebd.

43 Zur verfassungsgeschichtlichen Verschränkung von landständischen Besitz- und Herrschaftsrechten grundlegend *O. Brunner*, Land und Herrschaft. Grundfragen der territorialen Verfassungsgeschichte Österreichs im Mittelalter, Nachdr. d. 5. Aufl., Darmstadt 1973.

44 ABB, XVI, 1, S. 58-59.

45 Vgl. *W. Neugebauer*, Die Stände in Magdeburg, Halberstadt und Minden im 17. und 18. Jahrhundert, in: *P. Baumgart* (Hrsg.), Ständetum und Staatsbildung in Brandenburg-Preußen, Berlin / New York 1983, S. 170.

auch unter der brandenburgischen Herrschaft der erste Stand, während Prälaten und Ritterschaft den zweiten und die Städte den dritten bildeten. Als sie nach dem Ende des Dreißigjährigen Krieges den Kurfürsten um Bestätigung ihrer Gerechtsamen baten, kam es zur endgültigen Kodifizierung ihrer Privilegien in dem anläßlich der Huldigung ausgestellten Homagialrezeß von 1650, der noch im 18. Jahrhundert als Grundgesetz des Fürstentums Minden galt. Er gewährte nicht nur ein weitgehendes Versammlungsrecht, sondern bestätigte auch die früheren Stiftsrezesse und Gravamina, sofern deren Inhalt nicht den durch die Westfälischen Friedensinstrumente garantierten landesherrlichen Regalien widersprach[46]. Auch im Finanz- und Steuerbereich machte der Kurfürst anfangs Zugeständnisse. So wurde die Landessteuerverwaltung, entsprechend einem mit den Ständen geschlossenen Vergleich von 1667, von je einem Deputierten aus dem Domkapitel und der Ritterschaft im Zusammenwirken mit drei Landräten geführt, die der Kurfürst seit 1650 aus dem Kreis der Kapitulare und der Ritterschaft ernannte. Durch die Einführung der Akzise verloren die Stände allerdings schon 1683 wieder ihren Einfluß auf die Steuerverwaltung. Das ihnen anfänglich noch belassene Steuerbewilligungsrecht hob der Kurfürst 1691 auf. Aber offensichtlich haben sie sich mit dem Verlust dieses Privilegs nie abgefunden, denn drei Jahre nach der Eingabe von 1773 schlugen sie die Einsetzung eines engeren Auschusses vor, um die landständischen Anliegen kontinuierlicher beraten zu können. Das Generaldirektorium lehnte zwar ab, aber für das späte 18. Jahrhundert lassen sich dennoch eine Teilnahme der Stände an der Rechnungslegung der Obersteuerkasse sowie deren Mitwirklung an der Beratung neuer Landesgesetze nachweisen[47].

Ein besonderes Verhältnis unterhielten die brandenburgisch-preußischen Landesherrn zu den pommerschen Ständen, die Prälaten, Ritterschaft und Städte umfaßten. Sie hatten sich im Dreißigjährigen Krieg der Inkorporierung Pommerns durch Schweden erfolgreich widersetzt und Rückhalt bei Brandenburg gesucht. Entsprechend groß war das Entgegenkommen des Kurfürsten. Die neuen Landesgrundgesetze wurden auf dem Landtag beraten und hatten den Charakter eines Vertrags zwischen Landesherrschaft und Ständen. Regierung, Hofgericht, Amtskammer, Konsistorium sowie weite Teile der lokalen Verwaltung blieben ständisch durchmischt oder doch überwacht. Und auch als 1682 die Akzise eingeführt wurde, zog der Landesherr die Stände in kontrollierender und beratender Funktion hinzu. So blieb das alte Bewilligungsrecht der Stände zum Teil erhalten[48]. Selbst in Preußen, wo die Verwaltungsstrukturen durch die Kriege des 18. Jahrhunderts aufs äußerste strapaziert, damit aber natürlich auch in ihrer Durchsetzungsfähigkeit gegenüber ständischen Kräften radikalisiert worden waren, konnte also die Bildung einer staatsunmittelbaren und staatsfunktionalen Ständegesellschaft bei weitem noch nicht als abgeschlossen gelten.

---

46 *W. Neugebauer*, Die Stände in Magdeburg, S. 172.

47 Ebd., S. 189.

48 *G. Heinrich*, Ständische Korporationen und absolutistische Landesherrschaft in: Preußisch-Hinterpommern und Schwedisch-Vorpommern (1637-1816), in: *P. Baumgart* (Hrsg.), Ständetum, S. 160.

Das politische Ständetum als solches hat aber im 18. Jahrhundert nicht überlebt. Die Landtage wurden kaum mehr einberufen. Wo die Stände noch Mitwirkungsrechte behielten, in der Finanzverwaltung, im Steuer-, Kredit- und auch im Policeywesen, oder im Hinblick auf die Vereinbarkeit allgemeiner Gesetze mit der jeweiligen Landesverfassung in gutachterlicher Funktion hinzugezogen wurden, bildeten sie Ausschüsse. Diese Organe dokumentierten nicht nur den Verzicht auf politische Vertretungsrechte; sie waren auch im Vergleich zu den Landtagen effektiver bei der Wahrnehmung der ständischen Beratungs- und Kontrollfunktionen und kamen damit der vom Absolutismus angestrebten Rationalisierung der Herrschaftsmittel entgegen[49]. Die Möglichkeit zur Steuerverweigerung war im Grunde nicht mehr gegeben; und dies trotz des kaiserlichen Kommissionsdekrets von 1670, das die im Reichsabschied von 1654 verankerte Kontributionspflicht der Untertanen auf die dort genannten Zwecke, Landesverteidigung und Festungsbau, beschränkt hatte[50].

Von den politischen Gerechtsamen der Stände, die der monarchische Staat tendenziell ab der zweiten Hälfte des 17. Jahrhunderts Zug um Zug abgeschafft oder überformt hat, sind allerdings die Herrschafts- und Jurisdiktionsrechte der ständischen Obrigkeiten zu unterscheiden; sie sind zu keinem Zeitpunkt in Frage gestellt worden. Das hängt sicherlich mit der auch im 18. Jahrhundert noch geringen territorialen Durchdringungskraft der monarchischen Verwaltungsstrukturen zusammen. So war der Absolutismus im Steuer- und, was Preußen betrifft, im Militärwesen auf die Unterstützungsbereitschaft der ständischen Herrschaften angewiesen. Einmal ihrer politischen Rechte beraubt, bedeuteten die Stände keine Hemmnisse mehr auf dem Weg der Staatsbildung; mit ihren spezifischen Sozial- und Mentalitätsstrukturen waren sie vielmehr für den Absolutismus das Material und die unverzichtbare Voraussetzung seines umfassenden Reglementierungs- und Disziplinierungsvorhabens.

## 2. Die naturrechtliche Begründung: Ökonomische Freiheit als Privileg

Der tendenzielle Umbau der altständischen Gesellschaft wird natürlich auf staatsrechtlicher Ebene reflektiert. Bereits die Publizisten der klassischen Naturrechtsepoche (Pufendorf, Thomasius, Gundling, Boehmer)[51] entwerfen das Modell eines Gesellschaftsvertrags, der zwar allen Beteiligten Schutz, Fürsorge und Gerechtigkeit zusichert, gleichzeitig jedoch die *libertas naturalis* eines jeden einzelnen auf die *libertas civilis*, auf die bürgerliche Freiheit im Staat, ein-

49 Vgl. *R. Vierhaus*, Ständewesen, S. 36.

50 *V. Press*, Vom „Ständestaat" zum Absolutismus. 50 Thesen zur Entwicklung des Ständewesens in Deutschland, in: *P. Baumgart* (Hrsg.), Ständetum, S. 325 bezeichnet das Dekret von 1670 als „Magna Charta des späten Ständetums im Reich".

51 Vgl. *S. Pufendorf*, De jure naturae et gentium, 3. Aufl., Frankfurt / Leipzig 1759; *Ch. Thomasius*, Fundamenta iuris naturae et gentium, 4. Aufl., Halle 1718; *J.H. Boehmer*, Introductio in ius publicum universale, ex genuinis iuris naturae Principiis deductum, Halle 1710; *N.H. Gundling*, Jus naturae et gentium, 3. Aufl., Halle 1736.

schränkt[52]. Haupt dieser Vertragsgemeinschaft ist der Souverän; er nimmt gewissermaßen die Rechte aller vergesellschafteten Individuen in sich auf und repräsentiert sie als persönliche Verkörperung der *societas*. Seinen Gleichrangigen gegenüber befindet er sich im *status naturalis*, der ethisch durch die obersten Grundsätze des Naturrechts und des *ius divinum*, rechtlich durch die Bestimmungen des *ius gentium* reglementiert ist. Nach innen hingegen, im Verhältnis zu seinen Untertanen, ist der Souverän durch den Gesellschaftsvertrag gebunden, der seine Herrschaftsgewalt auf die Erfüllung des Staatszwecks festlegt. Eine rechtliche Beschränkung der Souveränität ist damit nicht gegeben; die klassische Naturrechtslehre weist die Inhaltsbestimmung des Staatszwecks ganz eindeutig dem *summum imperium* zu und schließt auch für den Fall evidenter Herrscherwillkür ein Widerstandsrecht der Untertanen von vornherein aus[53].

Dieses Argumentations- und Legitimationsmodell beherrscht bis in das späte 18. Jahrhundert die staatsrechtlichen und polizeiwissenschaftlichen Lehrsysteme. So heißt es bei dem Kameralisten Johann Friedrich Pfeiffer: „Die Personen sind von Natur gewissen Verbindlichkeiten unterworfen, welche mit den ursprünglichen Rechten in genauem Zusammenhang stehen; diese Verbindlichkeiten gehen von denen Personen in die Familien und von den Familien in die politischen Körper über ... Der Regent, als das Haupt aller Familien, folglich auch aller Personen, die sich in einem Körper vereiniget haben, faßt alle Kräfte des ganzen Körpers in sich zusammen, und nimmt alle diese Rechte und Verbindlichkeiten in seinen Schutz; dadurch wird er der höchste Regierer und Steuermann des politischen Schiffes, und nimmt die stillschweigende Verbindlichkeit auf sich, die Glückseligkeit des ganzen Körpers, und jedes Gliedes insbesondere, auf die beste und klügste Art nach allen Kräften zu befördern“[54].

Erst in den nach 1750 erschienenen Naturrechtssystemen (Nettelbladt, Höpfner, Achenwall)[55] kündigt sich eine wichtige Akzentverschiebung an. Im Gegensatz zum klassischen Naturrecht steht hier nicht mehr die *libertas naturalis* und deren Einschränkung durch den Gesellschaftsvertrag im Mittelpunkt des Interesses, sondern die *libertas civilis*, also die Begründung einer staatsinternen individuellen Freiheitssphäre, die nicht nur Residuum, negativer Reflex der *libertas naturalis* ist, sondern als positive Folge des Gesellschaftsvertrags im Verhältnis zur souveränen Gewalt ein rechtliches Eigengewicht besitzt[56]. Freilich ist auch

---

52 Vgl. *Ch. Link*, Herrschaftsordnung und bürgerliche Freiheit. Grenzen der Staatsgewalt in der älteren deutschen Staatslehre, Wien / Köln / Graz 1979, S. 144.

53 Vgl. ebd.

54 *J.F. Pfeiffer*, Grundriß der wahren und falschen Staatskunst, 1, Berlin 1778, S. 30-31.

55 Vgl. *D. Nettelbladt*, Systema elementare universae jurisprudentiae naturalis, 3. Aufl., Halle 1767; *L.J.F. Höpfner*, Naturrecht des einzelnen Menschen, der Gesellschaften und der Völker, 3. Aufl., Gießen 1785; *G. Achenwall*, Prolegomena iuris naturalis, 5. Aufl., Göttingen 1781.

56 So *D. Klippel*, Politische Freiheit und Freiheitsrechte im deutschen Naturrecht des 18. Jahrhunderts, Paderborn 1976, S. 60 ff.

in den jüngeren Naturrechtssystemen Qualität und Ausmaß dieses Reservatbereichs von der Definition des Staatszwecks abhängig. Der naturrechtlichen Lehre vom Gesellschaftsvertrag liegt verfassungsgeschichtlich eben noch kein Konflikt zwischen staatlicher Ordnung und individuellen Rechtsansprüchen zugrunde, sondern die im 18. Jahrhundert noch nicht abgeschlossene Zurückdrängung und Überlagerung der ständischen Privilegien durch das neue Verordnungsrecht des absolutistischen Staates[57]. Dementsprechend geht das klassische Naturrecht von einer rechtlich in sich abgestuften Gesellschaft aus, führt diese Ungleichheit aber auf den Naturzustand zurück[58].

Das Modell des Gesellschaftsvertrags ermöglicht dann in einem zweiten Schritt die Umdeutung dieser ständischen Rechte in *libertates civiles*, in bürgerliche Residualfreiheiten, deren Ausmaß durch den Staatszweck, d.h. durch die souveräne Gewalt, bestimmt ist[59]. Die Naturrechtsdenker entziehen gewissermaßen den ständischen *iura et libertates* den Boden, indem sie deren materiale Bestandteile, *dominium* und *proprietas* [60], Herrschaft und Besitz, auseinanderdividieren: ‚Herrschaft' wird zu einem Privileg, das der Souverän aus Gründen der Staatsräson vergibt und ebensogut wieder entziehen kann; ‚Besitz' gerät dadurch zu einem bloßen Eigentumstitel, der zwar naturrechtlich geschützt ist, gleichzeitig aber unter Berufung auf das Gemeinwohl und auf das Prinzip des *dominium eminens* vom Souverän aufgehoben werden kann[61].

Dem durch das Aufkommen des Territorialstaates in Bewegung geratenen altständischen Sozialgefüge, in dem landesherrliche Gewalt und ständische Partikularherrschaften vorher koexistierten, stülpt die Naturrechtslehre das theoretische Sozialmodell einer auf den Landesherrn hin zentrierten Privilegiengesellschaft über. *Privilegium* wird damit recht eigentlich zum versteckten Zentralbegriff der naturrechtlichen Staatslehre[62].

---

[57] Vgl. *W. Schulze*, Ständische Gesellschaft und Individualrechte, in: *G. Birtsch* (Hrsg.), Grund- und Freiheitsrechte von der ständischen zur spätbürgerlichen Gesellschaft, Göttingen 1987, S. 162.

[58] Ebd., S. 97 ff.

[59] *Ch. Link*, Herrschaftsordnung, S. 132 ff.

[60] Zur Geschichte des Eigentumsbegriffs vgl. *D. Willoweit*, Dominium und proprietas. Zur Entwicklung des Eigentumsbegriffs in der mittelalterlichen und neuzeitlichen Rechtswissenschaft, in: Historisches Jahrbuch, 94 (1974), S. 131-156; ferner *H. Günther*, Art. Freiheit (V: Der philosophische Freiheitsbegriff), in: Geschichtliche Grundbegriffe, 2, Stuttgart 1975 S. 447.

[61] Zum Prinzip des „dominium eminens" vgl. *Ch. Link*, Herrschaftsordnung, S. 167; zur Rechtsgeschichte der Gemeinwohlformel vgl. *W. Merk*, Der Gedanke des gemeinen Besten in der deutschen Staats- und Rechtsentwicklung, in: Festschrift A. Schultze, Weimar 1934 (separater Neudruck: Darmstadt 1968).

[62] Vgl. dazu *H. Mohnhaupt*, Potestas legislatoria und Gesetzesbegriff im Ancien Régime, in: Ius Commune, 4 (1972), S. 188-239; *ders.*, Untersuchungen zum Verhältnis Privileg und Kodifikation im 18. und 19. Jahrhundert, ebd., 5 (1975), S. 71-121 sowie *Ch. Link*, Naturrechtliche Grundlagen des Grundrechtsdenkens in der deutschen Staatslehre des 17. und 18. Jahrhunderts, in: *G. Birtsch* (Hrsg.), Grund- und Freiheitsrechte, S. 222.

Denn zum einen stellt es als Schutzzusage des Souveräns die rechtliche Eigentumsgarantie dar; zum anderen ist es das entscheidende Regierungsinstrument in der Hand des Territorialfürsten[63]. In der publizistischen und zivilistischen Literatur des 16. bis 18. Jahrhunderts wird denn auch das Privileg immer im Zusammenhang mit dem Gesetz behandelt und als Annex der Gesetzgebung bezeichnet. So heißt es bei Pütter: „Potestatis legislatoriae adnexum est ius privilegiorum“[64]. ‚Privileg‘ wird als Durchbrechung des Gesetzes oder als Ausnahme bzw. Befreiung vom Gesetz verstanden, gewissermaßen als punktuelle Aufhebung des Gesellschaftsvertrags, die dem Betroffenen eine vorübergehende Rückkehr in den Naturzustand gestattet. Ausmaß und Inhalt der Privilegienerteilung liegen im Ermessen der Landeshoheit, die dabei, wie schon für die allgemeine Gesetzgebung, den Beschränkungen des Staatszwecks unterliegt. So schreibt Johann Jakob Moser:

> „Deren Sachen, worüber Privilegien ertheilet werden können, seynd unzählige, und es entstehen noch immer neue Gattungen derselbigen. Die allgemeine Regel dabei ist: Es ist erlaubt über alles Privilegien zu suchen und zu geben, was nicht durch göttliche und natürliche Rechte oder die Reichsgesetze, oder auch die besondere Gesetzgebung verboten ist“[65].

Bei Scheidemantel ist das Privilegienwesen bereits in den Entwurf einer allgemeinen menschlichen Freiheit eingebaut:

> „Die Freiheiten und Rechte des Bürgers, als Bürgers, sind vor sich betrachtet einander gleich; jeder ist befugt das seinige unter dem Schutz der Maiestät eigentümlich zu nuzzen, oder auf erlaubte Art Güter zu erwerben; aber eben diese Gleichheit muß auch bisweilen gehoben werden, wenn sie der Absicht des Ganzen widerspricht, oder solche wenigstens nicht so befördert als es möglich wäre“[66].

Entsprechend betont wird die Bindung der Privilegienverteilung an das Gemeinwohl:

---

[63] Vgl. *H. Mohnhaupt*, Privileg und Kodifikation, S. 80. Die Schutzzusage ist auch der Hauptgrund, weswegen ein Privilegium erbeten wird. Da Privilegien nur von Kaiser, Papst oder Landesherrn erteilt werden, steht hinter jedem Privilegierten die höchste staatliche bzw. kirchliche Autorität. Die den Schutz sichernde Strafandrohung, die sich potentiell an alle Untertanen richtet, veranlaßt die vom 16. bis 18. Jahrhundert herrschende Lehre, dem Privileg den Charakter eines allgemeinen Gesetzes zuzuerkennen. Beim Privileg sind somit zwei Verpflichtungsebenen zu unterscheiden: zum einen das Rechtsverhältnis zwischen dem Privilegienerteiler und dem Privilegierten, das das Sonderrecht und die Schutzgarantie beinhaltet; zum anderen die Allgemeinverpflichtung, den Privilegierten bei der Ausübung seiner Rechte nicht zu stören. Vgl. hierzu auch *D. Willoweit*, Gewerbeprivileg und „natürliche“ Gewerbefreiheit. Strukturen des preußischen Gewerberechts im 18. Jahrhundert, in: *K.O. Scherner / D. Willoweit* (Hrsg.), Vom Gewerbe zum Unternehmen. Studien zum Recht der gewerblichen Wirtschaft im 18. und 19. Jahrhundert, Darmstadt 1982, S. 60-111.

[64] *J.S. Pütter*, Institutiones iuris publici germanici, Göttingen 1782, S. 222, zit. nach *H. Mohnhaupt*, Privileg und Kodifikation, S. 84.

[65] *J.J. Moser*, Von der Landeshoheit in Gnaden-Sachen, Frankfurt / Leipzig 1773, S. 42.

[66] *H.G. Scheidemantel*, Das Staatsrecht nach der Vernunft und den Sitten der vornehmsten Völker betrachtet, Jena 1770, S. 235.

„Wohlseyn des Staats ist also der Grund der Privilegien, und man kann sagen, daß sie Rechte sind, wodurch der Souverän die Gleichheit bürgerlicher Freiheiten zum Besten des Ganzen zu heben sucht“[67].

Auch Svarez, der doch in seinem Kodifikationsplan den Menschen nicht mehr in dem Verhältnis betrachten möchte, „wie er ein Mitglied, theils der kleinen häuslichen Gesellschaft, theils der größern bürgerlichen Gesellschaften oder der verschiedenen Stände im Staate ist“, sondern „als Mitglied der allgemeinen großen Gesellschaft ..., welche man Staat nennt“[68], kann auf eine Aufzählung der verschiedenen Arten von Privilegien noch nicht verzichten. In seinen Kronprinzenvorträgen unterscheidet er vier Bedeutungen des Begriffs ‚Privileg‘:

„ 1. Ausnahmen von der Vorschrift eines allgemeinen Gesetzes zum Besten des Privilegierten ...
2. Einschränkungen der allgemeinen natürlichen oder bürgerlichen Freiheit zum Vorteil eines oder mehrerer Privilegierter, z.E. Zunft-, Fabriken und Handlungsprivilegia.
3. Verleihung gewisser Rechte und Nutzungen, die an sich nur dem Staat oder dem Landesherrn zukommen. Zollprivilegia, Jurisdiktionsprivilegia, Abschoßprivilegia.
4. Überhaupt alle landesherrlichen Begnadigungen, die dem Begnadigten einen fortwährenden Vorteil bringen“[69].

Ständische, nunmehr staatlich überformte Jurisdiktionsrechte und bürgerliche Gewerbekonzessionen stehen unvermittelt nebeneinander, werden durch den gleichen Begriff abgedeckt; ein Indiz dafür, daß der spätabsolutistische Territorialherr sich nicht damit begnügte, den Ständen ihre politischen Vorrechte zu nehmen, sondern ihnen auch auf sozialer Ebene neue, nicht mehr ständisch strukturierte Realitäten an die Seite stellte. Zwar schränkt Svarez ein, daß durch landesherrliche Privilegien „wohlerworbene Rechte andrer nicht gekränkt werden“ dürfen; dies sei „eine notwendige Folge von der Pflicht des Regenten, einen jeden bei dem Seinigen zu schützen und also nicht selbst wohlerworbene Rechte der Untertanen durch neue Privilegien zu beeinträchtigen“[70]. Gleichzeitig betont er aber, daß die Grundsätze, wonach der Landesherr Privilegien erteilt, nicht in das Gesetzbuch, sondern zur Regierklugheit gehören[71].

Auf dem Höhe- und Endpunkt der naturrechtlichen Epoche, der in Deutschland durch die Veröffentlichung des „Allgemeinen Landrechts für die Preußischen Staaten“ (1794) markiert wird[72], registriert das Rechtsdenken zwei parallel

---

[67] Ebd.

[68] Zit. nach *H. Mohnhaupt*, Privileg und Kodifikation, S. 97.

[69] *C.G. Svarez*, Vorträge über Recht und Staat, hrsg. von *H. Conrad / G. Kleinheyer*, Köln / Opladen 1960, S. 618. Vgl. dazu *G. Kleinheyer*, Staat und Bürger im Recht. Die Vorträge des Carl Gottlieb Svarez vor dem preußischen Kronprinzen (1791-92), Bonn 1959, S. 70 ff.

[70] *C.G. Svarez*, Vorträge, S. 619.

[71] Ebd.

[72] Vgl. das erste Kapitel aus *R. Koselleck*, Preußen zwischen Reform und Revolution. Allgemeines Landrecht, Verwaltung und soziale Bewegung von 1791 bis 1848, 2. Aufl.,

zueinander verlaufende politische Vorgänge: Die ständischen Freiheiten wurden staatlich funktionalisiert und gleichzeitig durch nichtständische, aber ebenso staatlich funktionale Privilegien ergänzt.

## 3. Die wirtschaftlichen Strukturen

Landwirtschaft und Gewerbe vermochten jedoch selbst die größeren deutschen Territorialstaaten im 18. Jahrhundert nicht zu reglementieren. An Versuchen, etwa durch Verbreitung neuer agrartechnischer Methoden oder durch den Erlaß von Qualitätsnormen für das zünftige Handwerk auf die Produktionsmethoden und, im landwirtschaftlichen Bereich, auch auf die Ertragsquote einzuwirken, hat es nicht gefehlt. Aber solche Maßnahmen entsprangen nicht einer wie auch immer beschaffenen wirtschaftspolitischen Gesamtplanung. Dazu fehlten die Instrumentarien zur Erfassung und Beschreibung der ökonomischen und sozialen Realität[73].

Aber die Ständegesellschaft war im 18. Jahrhundert von sich aus in Bewegung gekommen. Im Zuge des demographischen Wachstums wuchs die Bevölkerung in Mitteleuropa zwischen 1750 und 1800 um fünf bis sieben Millionen[74]. Die traditionellen Selbstregulierungsmechanismen von Landwirtschaft und Gewerbe wurden dadurch gesprengt, und ein Teil des Zuwachses fiel aus dem ständischen Sozialgefüge heraus. Die Folgen des demographischen Wachstums machten sich vor allem auf dem Land bemerkbar, denn die Gewerbewirtschaft der Städte besaß nur geringe Aufnahmekapazitäten. Die Bevölkerungswelle ergoß sich deshalb zum größten Teil über ländliche Gebiete. Wo noch agrarische Subsistenzreserven vorhanden waren, wie in West- und Ostpreußen, in Pommern und in der Neumark, versuchte man, durch Landesausbau und durch Einführung intensiverer Bodennutzungssysteme den Nahrungsspielraum zu erweitern. In den Gebieten, die über keine agrarischen Reserven mehr verfügten, wie etwa die Oberlausitz, das westliche Westfalen, die Mittelgebirgszonen von Sachsen bis zum Elsaß und vom Bergischen Land bis nach Mähren, mußten die unterbäuerlichen Schichten – zwischen 50 und 80% der ländlichen Bevölkerung gehörten hierzu – die sinkenden Erträge aus eigenem Grundbesitz, durch landwirtschaftliche Lohnarbeit oder gewerbliche Tätigkeit in der Textilproduktion kompensieren.

Diese Schichten waren nur noch partiell in die Ständegesellschaft integriert. Sie genossen größere Freizügigkeit und brauchten den Grundherren keine oder nur geringe Arbeitsdienste zu leisten. Wer ohne jeglichen Grundbesitz war und sich gänzlich von Lohnarbeit ernähren mußte, wurde abhängig vom Markt und

Stuttgart 1975, S. 23-51; ferner *H. Conrad*, Die geistigen Grundlagen des Allgemeinen Landrechts, Köln / Opladen 1958.

[73] So *Ch. Dipper*, Übergangsgesellschaft. Die ländliche Sozialordnung in Mitteleuropa um 1800, in: Zeitschrift für historische Forschung, 23 (1996), S. 28.

[74] Vgl. die Tabelle zur Bevölkerungsentwicklung 1600-1800 in: *Ch. Dipper*, Deutsche Geschichte, S. 44.

damit Teil einer Klassengesellschaft, die um 1800 bereits zehn Prozent der Gesellschaft umfaßte[75].

Aber auch für die landwirtschaftliche Produktion blieb die Bevölkerungszunahme nicht ohne Folgen. Die landlosen und landarmen Schichten mußten in steigendem Maße Nahrungsmittel hinzukaufen, und vor allem in den gewerblichen Verdichtungsgebieten konnte der Bedarf durch Selbstversorgsreserven längst nicht mehr gedeckt werden. Die im Zuge der erhöhten Nachfrage nach Nahrungsmitteln steigenden Agrarpreise[76] brachten den Grund- und Gutsherren steigende Einkünfte. Die Erntemengen stiegen durchschnittlich um 50%, und die Erlöse aus den Getreideverkäufen versechsfachten sich. Aber auch die bäuerlichen Vollerwerbsbetriebe profitierten vom Preisanstieg in den letzten Jahrzehnten des 18. Jahrhunderts, denn ihre Einkommen wuchsen schneller als die Grundrenten[77]. Nachteile erlitten freilich die unterbäuerlichen Schichten: Infolge knapper werdenden Bodens waren sie auf Nebenerwerb angewiesen, dessen Erlöse aber bei weitem nicht so schnell stiegen wie die Nahrungsmittelpreise.

Bevölkerungsvermehrung und steigende Agrarkonjunktur veränderten aber nicht nur die sozialökonomische Struktur der ländlichen Gesellschaft. Markt und Geldwirtschaft höhlten allmählich auch die Agrarverfassung als solche aus. Selbst östlich der Elbe widersetzten sich die Bauern mit wachsendem Erfolg dem Anstieg der Arbeitsrenten[78], und die Gutsherren bauten ihre Vorwerke zunehmend zu reinen Eigenbetrieben auf Lohnarbeitsbasis aus[79]. Der Spielraum für agrartechnische Innovationen und Ertragserhöhungen war nicht mehr unbedingt durch den Agrarverfassungstyp vorgegeben. Die Unterschiede zwischen Grund- und Gutsherrschaft wirkten sich nur mehr auf die Rechtsstellung der Vollbauern aus[80]. Die ländlichen Unterschichten hingegen fielen, westlich wie östlich der Elbe, in zunehmendem Maße durch die Raster der feudalen Arbeitsverfassung hindurch. Westlich der Elbe wirtschafteten die Grundherren nicht selber, sondern lebten von den Geld- und Naturalrenten ihrer Bauern. Diese hatten ihr Land meist auf Lebenszeit und konnten es im Rahmen grundherrlicher

---

75 *Ch. Dipper*, Übergangsgesellschaft, S. 67.

76 Zur Preisbewegung in Mitteleuropa in der zweiten Hälfte des 18. Jahrhunderts vgl. *W. Abel*, Agrarkrisen und Agrarkonjunktur. Eine Geschichte der Land- und Ernährungswirtschaft Mitteleuropas seit dem hohen Mittelalter, 2. Aufl., Hamburg / Berlin 1966, S. 183 f.

77 Für Preußen vgl. *H. Harnisch*, Peasants and Markets. The Background to the Agrarian Reforms in Feudal Prussia East of the Elbe, 1760-1807, in: *R.J. Evans / W.R. Lee* (Hrsg.), The German Peasantry. Conflict and Community in Rural Society from the Eighteenth to the Twentieth Centuries, London / Sydney 1986, S. 57.

78 Hierzu jetzt *W.W. Hagen*, The Junkers' Faithless Servants: Peasant Insubordination and the Breakdown of Serfdom in Brandenburg-Prussia, 1763-1811, in: *R.J. Evans / W.R. Lee* (Hrsg.), The German Peasantry, S. 71-101.

79 *H. Harnisch*, Peasants, S. 53.

80 Hierzu *F.-W. Henning*, Dienste und Abgaben der Bauern im 18. Jahrhundert, Stuttgart 1969. Zu Brandenburg *F. Großmann*, Über die gutsherrlich-bäuerlichen Rechtsverhältnisse in der Mark-Brandenburg vom 16. bis 18. Jahrhundert, Leipzig 1890.

Aufsicht und Eingriffsmöglichkeit an ihre Nachkommen vererben[81]. In der Regel galt das Anerbenrecht: Ein Nachkomme erbte den ganzen Hof, während die anderen abgefunden wurden oder als Gesinde auf dem Hof blieben. Der Grundherr übte die örtliche Polizeigewalt und das Patronat, d.h. die Aufsicht über Schule, Lehrer, Kirche und Pfarrer aus. Allerdings wurden diese hoheitlichen Befugnisse durch die größeren Landesherren in zunehmendem Maße beschnitten. So unterstanden in Bayern um 1800 nur noch knapp 50% aller Höfe grundherrlicher Patrimonialgerichtsbarkeit, und nur knapp 40% der oberhessischen Bevölkerung lebte in adeligen oder reichsunmittelbaren Gerichtsbezirken[82].

Die Grundherrschaftsverfassungen wiesen regionale Unterschiede auf. Im Bereich der nordwestdeutschen Grundherrschaft, in den Gebieten des heutigen Niedersachsens und Westfalens, gab es große herrschaftliche Eigenwirtschaften, und nur der landesherrliche Schutz hat hier ein breites Bauernlegen verhindert[83]. Im Südwesten und Westen Deutschlands spielte hingegen die grundherrliche Eigenwirtschaft kaum eine Rolle mehr. Dort entwickelten sich die Grundherren zu reinen Rentenempfängern[84]. In den Gebieten der südwestdeutschen Grundherrschaft war die persönliche Freiheit der Bauern zwar durchgängig vorhanden, die Abgaben jedoch von außerordentlicher Vielfalt. Geschlossene Höfe mit Anerbenrecht gab es nur im Schwarzwald; in den Territorien der Markgrafschaft Baden herrschte Freiteilbarkeit und daher Klein- und Kleinstbesitz vor[85]. Für die südostdeutsche Grundherrschaft ist die starke Stellung des Adels und der Prälatenklöster prägend. Sie geboten über die sogenannten ‚Hofmarken', geschlossene Herrschaftsbezirke, in denen Grund- und Gerichtsherrschaft zusammengefaßt waren und häufig noch durch Vogtei, Leibherrschaft und Zehntrecht ergänzt wurden[86]. Herrschaftliche Eigenwirtschaften waren nur schwach ausgebildet und wurden von Tagelöhnern und fronpflichtigen Bauern bewirtschaftet. Die halb- und vollbäuerlichen Höfe wurden aufgrund des Anerbenrechts ungeteilt vergeben, und die Bauern waren, trotz unterschiedlicher Rechtsformen, faktisch Inhaber ihrer Höfe[87]. Eine Sonderstellung nahm die mitteldeutsche Grundherrschaft ein. Sie bildete gewissermaßen ein Mittelglied zwischen den Gutsherrschaftsbezirken im Osten und dem grundherrlichen Bereich im Westen. Im Harz, in Thüringen und in Kursachsen gab es inmitten des grundherrlich eingebundenen Bauernlandes gutsbetriebliche Inseln. Die Bauern besaßen ihr Land erblich, und ihre Abgaben waren fixiert. Die Güter deckten, wie im Osten, ihren Arbeitskräftebedarf mit fronpflichtigen Bauern[88].

---

[81] *J. Kocka*, Weder Stand noch Klasse. Unterschichten um 1800, Bonn 1990, S. 54.

[82] Ebd.

[83] So *F. Lütge*, Geschichte der deutschen Agrarverfassung vom frühen Mittelalter bis zum 19. Jahrhundert, 2. Aufl., Stuttgart 1967, S. 191.

[84] *J. Kocka*, Weder Stand noch Klasse, S. 54.

[85] Vgl. *Ch. Dipper*, Deutsche Geschichte, S. 113.

[86] *F. Lütge*, Geschichte der deutschen Agrarverfassung, S. 169.

[87] *Ch. Dipper*, Deutsche Geschichte, S. 115.

[88] *F. Lütge*, Geschichte der deutschen Agrarverfassung.

Östlich der Elbe, im größten Teil Preußens, im östlichen Holstein und in der Lausitz, in Schwedisch-Pommern, Mecklenburg und Böhmen herrschte hingegen die Gutsherrschaft vor. Der adelige Grundherr trat hier als Gutsherr auf und leitete vermittels seiner Verwalter den auf Getreidewirtschaft ausgerichteten Eigenbetrieb. Die einzelnen Gutsbezirke bestanden je aus einem Rittergut mit zugehörigem Bauernland und umschlossen meist auch Dörfer und kleine Städte[89]. Die bäuerlichen Höfe bewirtschafteten den größten Teil des Landes, durchschnittlich 50-70%, selber. Daneben hatten sie an mehreren Tagen in der Woche, in der Regel waren es drei bis fünf, Arbeitsdienste auf den Gütern zu leisten. Sie mußten darüber hinaus für die Schweinezucht und die Viehfütterung aufkommen. Und auch die zusätzlichen zwei Gespanne, ein Pferde- und ein Ochsengespann, die zur Ableistung der Frondienste unumgänglich waren, hatten sie nebst dazugehörigen Knechten und Mägden aus eigener Tasche zu unterhalten[90]. Die Bauern waren in dem Sinne hörig oder unfrei, als sie für Abwanderung, Heirat, Vererbung ihrer Höfe oder für die außerlandwirtschaftliche Berufswahl ihrer Nachkommen der gutsherrlichen Zustimmung bedurften[91]. Diese verschärfte Form der Grundherrschaft hatte sich östlich der Elbe zwischen 15. und 17. Jahrhundert deshalb durchgesetzt, weil der Adel hier, die Geldnot des Landesherrn ausnutzend, die hohe und niedere Gerichtsbarkeit erworben hatte. Der anfängliche Arbeitskräftemangel hatte dann wohl zu dem Entschluß geführt, den Bauern die Schollenbindung aufzuzwingen[92].

Eine von Rechtsstellung und sozialökonomischen Voraussetzungen her einheitliche bäuerliche Schicht hat es freilich nicht gegeben. Schon Bratring unterschied zwei Bedeutungen des Begriffs ‚Bauer‘: Zum einen bezeichnet er „Bewohner des platten Landes, welche nicht zum Adel oder zu irgendeinem hohen Stande gehören“ und nicht „durch Ämter, Geburt und besondere Rechte von diesem Stande ausgenommen sind“[93]. Dieser formalrechtlichen, auf die entsprechende Passage im „Allgemeinen Landrecht“ verweisenden Unterscheidung[94]

---

[89] *J. Kocka*, Weder Stand noch Klasse, S. 56.

[90] Vgl. *H. Harnisch*, Peasants, S. 44.

[91] *J. Kocka*, Weder Stand noch Klasse, S. 56. Vgl. auch *R. Lehmann*, Die Verhältnisse der niederlausitzischen Herrschafts- und Gutsbauern in der Zeit vom Dreißigjährigen Kriege bis zu den preußischen Reformen, Köln / Graz 1956, S. 34-60.

[92] Vgl. *E. Weis*, Ergebnisse eines Vergleichs der grundherrschaftlichen Strukturen Deutschlands und Frankreichs vom Hochmittelalter bis zum Ausgang des 18. Jahrhunderts, in *ders.*, Deutschland und Frankreich, S. 71.

[93] *F.W.A. Bratring*, Statistisch-topographische Beschreibung der gesammten Mark Brandenburg. Für Statistiker, Geschäftsmänner, bes. für Kameralisten, 1: Die allgemeine Einleitung zur Kurmark, Berlin 1804, S. 74-76, zit. nach *J. Kocka*, Weder Stand noch Klasse, S. 85.

[94] Allgemeinses Landrecht, II 6, 2. Theil, 6. Titel, § 1, zit. nach *H. Hattenbauer* (Hrsg.), Allgemeines Landrecht für die preußischen Staaten von 1794, Textausgabe, Frankfurt a.M. / Berlin 1970, S. 433: „Unter dem Bauernstande sind alle Bewohner des platten Landes begriffen, welche sich mit dem unmittelbaren Betriebe des Ackerbaues und der Landwirthschaft beschäftigen; in so fern sie nicht durch adliche Geburt, Amt, oder besondre Rechte, von diesem Stande ausgenommen sind“.

folgt die sozialstatistische Aufschlüsselung der bäuerlichen Schicht. Bauern im engeren Sinn seien „Besitzer von Bauerngütern, welche den Grundherren mit ihrem Gespann zu dienen verpflichtet sind. Als solche seien sie zu unterscheiden von Kossäten, die nur Handdienste leisteten und gewöhnlich den vierten Teil eines Bauerngutes oder weniger besäßen; von Kätnern oder Büdnern, deren Äcker so klein seien, daß sie im Unterschied zu Bauern und Kossäten keine Abgaben zu entrichten hätten und sich großteils von Handarbeit ernährten; von Einliegern und Hausleuten, „welche kleine Wohnungen, ohne Ackerland, entweder selbst besitzen oder gemietet haben und von Handwerken oder Tagearbeiten leben“[95].

Durch die ländliche Gesellschaft Deutschlands verlief um 1800 eine Trennlinie[96]. Sie unterschied die ‚eigentlichen‘ Bauern, die ‚Vollbauern‘, die sich und ihre Familien gänzlich von der Landwirtschaft ernährten, von den Landarmen und Landlosen, die zusammenfassend als ‚unterbäuerliche‘ Schichten bezeichnet werden, um ihre im Vergleich zu den Bauern heterogene sozialökonomische Zusammensetzung zu unterstreichen[97]. Tatsächlich gab es innerhalb dieser ländlichen Unterschichten erhebliche soziale Unterschiede, denn selbst der kleinste Grundbesitz verlieh noch Reputation, Sicherheit und dörfliche Rechte. Was Kleinbauern und Landlose dennoch einte, war ihre Abhängigkeit vom Arbeits- und Gütermarkt[98]. Beide mußten Nahrungsmittel hinzukaufen und durch Erwerbsarbeit den Lebensunterhalt bestreiten oder zumindest das familiäre Einkommen ergänzen. Dabei gingen sie entweder einem dörflichen Handwerk nach oder sie wandten sich den von Verlegern und Kaufleuten vor allem im Bereich des Textilgewerbes angebotenen Heimarbeiten zu. Der jeweilige Anteil dieser beiden Nebenbeschäftigungen am ländlichen Gewerbe ist nur schwer zu ermitteln. Differenzierend wirkte auch hier die Marktabhängigkeit. Die Landhandwerker produzierten für die örtliche Nachfrage und waren deshalb durchweg auf Mehrbeschäftigung angewiesen. Vielfach besaßen sie auch kleinen Grundbesitz oder Pachtland. Der kompensatorische Charakter der handwerklichen Tätigkeit drückte natürlich den Arbeitspreis, der jedoch bei dem chronischen Geldmangel auf dem Land ohnehin nur von geringer Bedeutung war. Die bäuerliche Kundschaft zahlte durchweg mit Lebensmitteln oder durch Ackerarbeit auf den kleinen Ländereien oder sie überließ dem Handwerker eine Parzelle zur Nutzung[99].

Die vorwiegend im Textilsektor tätigen gewerblichen Heimarbeiter hingegen durchbrachen die lokale Nachfragegrenze, denn sie traten zum einen als nicht autarke Käufer von Nahrungsmitteln auf und lebten andererseits von der Nach-

---

95 *F.W.A. Bratring*, Statistisch-topographische Beschreibung, 1, S. 74-76.

96 So *Ch. Dipper*, Ländliche Klassengesellschaft 1770-1848. Bemerkungen zum gleichnamigen Buch von Josef Mooser, in: Geschichte und Gesellschaft, 12 (1986), S. 249.

97 Vgl. *J. Mooser*, Ländliche Klassengesellschaft 1770-1840, Göttingen 1984, S. 22.

98 So *J. Kocka*, Weder Stand noch Klasse, S. 90.

99 Vgl. *J. Mooser*, Ländliche Klassengesellschaft, S. 489. Zum Landhandwerk vgl. jetzt *H. Schultz*, Landhandwerk im Übergang vom Feudalismus zum Kapitalismus, Berlin 1984.

frage fremder Gegenden. Fragt man nach den Gründen für die Ausbreitung des ländlichen Gewerbes, ist zunächst die demographische Entwicklung zu nennen. Das Bevölkerungswachstum führte zu einem drastischen Rückgang der bäuerlichen Stellen. So waren um 1800 zwei Drittel der ländlichen Bevölkerung innerhalb des Reiches ganz oder teilweise auf gewerbliche Arbeit angewiesen. Als weitere Triebkraft trat in der zweiten Hälfte des 18. Jahrhunderts die Entstehung einer Massennachfrage nach gewerblichen Gütern, vor allem in Übersee, hinzu[100]. Die Heimarbeiter produzierten im familienwirtschaftlichen Rahmen mit dem Ziel eines Gleichgewichts zwischen Produktion, Konsum und demographischer Reproduktion. Es galt als erreicht, wenn sich Arbeitsaufwand und Arbeitseinkommen deckten, wobei Kosten und Rentabilität keine Rolle spielten. Die heimgewerblich tätigen Unterschichten wirtschafteten nicht gewinn-, sondern subsistenzorientiert und tendierten deshalb bei sinkenden Einkommen zur Ausbeutung ihrer Arbeitskraft. Da infolge der Mehrarbeit die Preise für Rohfasern stiegen, die für Garn jedoch sanken, waren Lasten und Gewinne in der verlegten Hausindustrie ungleich verteilt: Die Spinner wurden durch ihre Einbindung in den Markt zu wachsender Mehrarbeit gezwungen, während die Verleger steigende Profite verzeichnen konnten[101].

Zwischen den gewerblichen Verdichtungszonen[102] und den sie umgebenden landwirtschaftlichen Gebieten entwickelten sich enge Austauschbeziehungen, die jedoch als solche noch keinen gemeinsamen Arbeits- und Gütermarkt stifteten[103]. Die Heimgewerbler waren zwar bei landwirtschaftlichen Arbeitsspitzen als billige Hilfskräfte zur Stelle und vermehrten gleichzeitig als Käufer von Lebensmitteln die Einkünfte der bäuerlichen Produzenten. Von vornherein benommen war ihnen jedoch die Möglichkeit, selber als Verkäufer ihrer Produkte mit den Bauern in einen ausgewogenen Handel einzutreten. Die geringen Bargeldvorräte, aber vor allem das Desinteresse der bäuerlichen Bevölkerung an gewerblicher Massenware standen dem entgegen.

Indes hat das ländliche Gewerbe die soziale und ökonomische Lage der Bauern wesentlich verändert. In Minden-Ravensberg etwa profitierten sie von

---

[100] Dieser Prozeß wird seit einiger Zeit vielfach als ‚Protoindustrialisierung' bezeichnet. Vgl. den bekannten Forschungsansatz von *P. Kriedte / H. Medick / J. Schlumbohm*, Industrialisierung vor der Industrialisierung. Gewerbliche Warenproduktion auf dem Land in der Formationsperiode des Kapitalismus, Göttingen 1977. Die Annahme eines unmittelbaren Zusammenhangs zwischen demographischem Wachstum, heimgewerblicher Verdichtung und Zerstörung bäuerlicher Strukturen ist allerdings von den Autoren selbst relativiert worden. Vgl. *P. Kriedte / H. Medick / J. Schlumbohm*, Sozialgeschichte in der Erweiterung – Protoindustrialisierung in der Verengung? Demographie, Sozialstruktur, moderne Hausindustrie: eine Zwischenbilanz der Protoindustrialisierungs-Forschung, in: Geschichte und Gesellschaft, 18 (1992), S. 70-87, 231-255.

[101] *Ch. Dipper*, Deutsche Geschichte, S. 262.

[102] Vgl. hierzu den Überblick von *K.H. Kaufhold*, Gewerbelandschaften in der Frühen Neuzeit (1650-1800), in: *H. Pohl* (Hrsg.), Gewerbe- und Industrielandschaften vom Spätmittelalter bis ins 20. Jahrhundert (Vierteljahresschrift für Wirtschaftsgescichte. Beiheft 78), S. 112-202.

[103] So *J. Mooser*, Ländliche Klassengesellschaft, S. 25.

den landlosen Einliegern, den sogenannten Heuerlingen, nicht nur als Verkäufer von Getreide und Flachs, sondern auch als Verpächter von Land. Dabei schnitten die Bauern die Pachtverhältnisse ganz auf ihre Bedürfnisse zu: Die Heuerlinge hatten nicht nur Geldzahlungen, sondern auch durchweg unangemessene Dienste zu leisten. Darüber hinaus verschafften sich die Bauern zur langfristigen Sicherung ihrer Interessen ein Konsensrecht bei der Vererbung der Heuerlingsstellen. Dieses zurecht jüngst als „Quasifeudalität" bezeichnete Abhängigkeitsverhältnis wurde auch nicht, wie etwa die bäuerliche Untertänigkeit gegenüber der Grund- bzw. Gutsherrschaft, durch Unterstützungs- und Fürsorgepflichten gemildert, so daß sich der soziale Abstand zwischen den beiden ländlichen Klassen zunehmend vergrößerte[104].

Das Arbeitskräftepotential des ländlichen Gewerbes ist dadurch jedoch nicht geschmälert worden. Denn die agrarische und die hausindustrielle Tätigkeit waren auf einen familienwirtschaftlichen Rahmen bezogen. Keine konnte zugunsten der anderen aufgegeben werden, denn erst ihre Kombination sicherte das Überleben der landlosen Familien. Das Heuerlingssystem war eine höchst flexible Arbeitsverfassung, innerhalb derer sich das Gleichgewicht zwischen gewerblicher und agrarwirtschaftlicher Arbeitsnachfrage zu Lasten des Heuerlings herstellte.

Die starke Zunahme der landlosen Schichten war jedoch nicht nur eine Folge des expandierenden Textilgewerbes; sie hing auch mit den Gegebenheiten der grundherrschaftlichen Agrarverfassung zusammen. In Minden-Ravensberg etwa begünstigten die Grundherren als Rentenbezieher ohne größere Eigenwirtschaften die Ansiedlung von tributpflichtigen Heuerlingen. Überdies hatten sie zur Sicherung der Stabilität und Leistungsfähigkeit der bäuerlichen Höfe deren geschlossene Vererbung durchgesetzt. Das damit verbundene Anerbenrecht zwang die nichterbenden bäuerlichen Nachkommen entweder auf kleinbäuerliche Markensiedlungen oder auf Heuerlingsstellen[105].

Aber auch östlich der Elbe, wo sich aufgrund der hohen Arbeitsintensität der Gutswirtschaften das ländliche Gewerbe nicht durchsetzen konnte, lockerten marktwirtschaftliche Elemente die Ständegesellschaft auf. Die infolge des enormen Bevölkerungswachstums in der zweiten Hälfte des 18. Jahrhunderts rapide ansteigende Binnennachfrage und der zwischen 1766 und 1775 wachsende Getreidebedarf des englischen Marktes trieben ab Ende der sechziger Jahre die Agrarpreise entschieden in die Höhe[106]. Die Gutsherren waren deshalb in wachsendem Maße zu intensiveren Bodennutzungssystemen übergegangen, die im

---

[104] Ebd., S. 63. Die Erkenntnis, daß das Heimgewerbe die bäuerlichen Besitzstrukturen nicht aufgelöst, sondern vielfach gefestigt hat, ist Moosers weiterführender Beitrag zur Protoindustrialisierungs-Diskussion.

[105] Ebd., S. 42.

[106] Vgl. *H. Harnisch*, Kapitalistische Agrarreform und industrielle Revolution. Agrarhistorische Untersuchungen über das ostelbische Preußen zwischen Spätfeudalismus und bürgerlich-demokratischer Revolution von 1848/49 unter besonderer Berücksichtigung der Provinz Brandenburg, Weimar 1984, S. 44.

wesentlichen eine Verminderung der Brache, den Übergang zu ertragreicheren Agrarprodukten, wie Klee und Hackfrüchten, und die Erhöhung des Arbeitsaufwands je Flächeneinheit mit sich brachten[107]. Darüber hinaus bauten sie, wie bereits erwähnt, zunehmend ihre Gutswirtschaften zu Eigenbetrieben auf Lohnarbeitsbasis aus. Der Übergang zur Lohnarbeit erfolgte jedoch nicht aus rein betriebswirtschaftlichen Gründen. Vielmehr waren es die Bauern, die sich gegen eine Mehrbelastung durch Arbeitsdienste zu sträuben begannen, weil sie als kleine Agrarproduzenten selber von der günstigen Konjunktur profitieren wollten[108].

In der Tat haben sich die bäuerlichen Einkommen, selbst bei gleichbleibender Marktquote, im Zuge der steigenden Agrarpreise zwischen 1766/70 und 1801/05 verdoppelt[109]. Zahlreiche Einzelbeispiele zeigen darüber hinaus, daß die Bauern sich durch die wachsenden Einnahmen nicht selten zu einer Ausweitung der Anbauflächen und zu einer Erhöhung der Aussaatmengen veranlaßt sahen. Zu einem solchen marktorientierten Verhalten wurden die Bauern durch die spezifische Arbeitsverfassung der Gutsherrschaft gezwungen. Denn Frondienste von mehr als zwei, drei Tagen in der Woche konnten nur Höfe leisten, die über mindestens zwei Arbeitsgespanne und familienfremde Arbeitskräfte verfügten. Die entsprechenden Lohnkosten zehrten zusammen mit den Staatssteuern an den ohnehin knappen Bargeldvorräten der Bauern und zwangen sie zum Verkauf ihrer Erzeugnisse. Damit war der Bauer bereits gegen Ende des 18. Jahrhunderts nicht mehr vollständig in das ökonomische System der Gutsherrschaft eingebunden. Zwar blieb er ein persönlich unfreier Untertan

---

107 Vgl. hierzu das von der Geschichtsforschung in der ehemaligen DDR erarbeitete Material: *H.H. Müller*, Der agrarische Fortschritt und die Bauern in Brandenburg vor den Reformen von 1807, in: Zeitschrift für Geschichte, 13 (1964), S. 629-648; *ders.*, Die Bodennutzungssysteme und die Separation in Brandenburg vor den Agrarreformen 1807, in: Jahrbuch für Wirtschaftsgeschichte (1965), S. 82-126; *ders.*, Entwicklungstendenzen der Viehzucht in Brandenburg-Preußen im 18. Jahrhundert, in: Jahrbuch für Wirtschaftsgeschichte (1966), S. 137-189; *ders.*, Märkische Landwirtschaft vor der Agrarreform von 1807, Potsdam 1967; *ders.*, Christopher Brown – an English Farmer in Brandenburg-Prussia in the Eighteenth Century, in: Agricultural History Review, 17 (1969), S. 120-135. Aus der nichtmarxistischen Literatur vgl. *G. Schröder-Lemke*, Englische Einflüsse auf die deutsche Gutswirtschaft im 18. Jahrhundert, in: Zeitschrift für Agrargeschichte und Agrarsoziologie, 12 (1964); sowie *A. Krenzlin*, Dorf, Feld und Wirtschaft im Gebiet der großen Täler und Platten östlich der Elbe, (Forschungen zur Landeskunde, 70) Remagen 1952. Die ältere Literatur hat, der verwaltungshistoriographischen Forschungsperspektive entsprechend, den Anteil des Staates an der Einführung agrartechnischer Neuerungen hervorgehoben: vgl. das Standardwerk *R. Stadelmann*, Preußens Könige in ihrer Thätigkeit für die Landeskultur, 4. Bde., Leipzig 1878-1887, besonders 2: Friedrich der Große, Leipzig 1882 sowie *P. Habernoll*, Die Versuche Friedrichs des Großen, das englische System der Fruchtwechselwirtschaft in Preußen einzuführen, in: Landwirtschaftliche Jahrbücher, 29 (1900); eine Sammlung der entsprechenden Gesetzestexte bei *W. Dönniges* (Hrsg.), Die Landkulturgesetzgebung Preußens, 1, Berlin 1843.

108 Vgl. *W.W. Hagen*, The Junkers' Faithless Servants.

109 Vgl. *H. Harnisch*, Bäuerliche Ökonomie und Mentalität unter den Bedingungen der ostelbischen Gutsherrschaft in den letzten Jahrzehnten vor Beginn der Agrarreformen, in: Jahrbuch für Wirtschaftsgeschichte, (1989), S. 88.

ohne Eigentumsrechte am Hof. Gleichzeitig aber war er als Oberhaupt eines Haushalts von sieben bis zehn Personen und als Betreiber einer tendenziell marktorientierten Bauernwirtschaft eine Art landwirtschaftlicher Kleinunternehmer, der durchaus Chancen auf den Erwerb eines gewissen Vermögens besaß[110]. Das wird anhand der Vermögensnachweise deutlich, die jeder Bauer, der in eine Zeitpachtstelle einrücken wollte, gegenüber der Gutsherrschaft zu erbringen hatte. Danach wurde für die Erstausstattung eines Pachtbauern eine Summe zwischen 200 und 250 Rt. angesehen. Es war allerdings üblich, daß der Sohn des Pachtbauern vom Gutsherrn in der Pacht bestätigt wurde, sofern dieser gut gewirtschaftet hatte. Manche Bauern waren jedoch in der Lage, ihren Söhnen die Übernahme eines frei gewordenen Pachthofes zu ermöglichen, was auf ansehnliche Barvorräte schließen läßt. Das Pauschalurteil, unter den Bedingungen der ostelbischen Gutsherrschaft hätten die Bauern ständig am Rande des Existenzminimums gewirtschaftet, trifft also um 1800 nicht mehr zu[111].

Der Produktivitätszuwachs der Landwirtschaft unterlag jedoch starken regionalen Unterschieden. Er hing im wesentlichen ab von der Lage der Absatzmärkte, von der Qualität des Bauernlandes, vom Ausmaß der Frondienste, von der Größe der bäuerlichen Höfe und vom Betriebscharakter der Gutswirtschaften. So waren etwa in Hinterpommern die Bauernwirtschaften aufgrund der schweren Feudallasten nicht in der Lage, von den guten Verkehrsverbindungen der Region zu den Ostseehäfen zu profitieren. Im kurmärkischen Kreis Ruppin hingegen konnten die Bauern der Domänendörfer trotz der geringwertigen Böden das Nachfragepotential eines großen Marktes wie Berlin nutzen[112]. Die Mehrheit der Rittergüter hielten an der gutsherrlichen Teilbetriebswirtschaft und damit an den bäuerlichen Frondiensten fest. Denn im Vergleich zur lohnarbeitsabhängigen Eigenbetriebswirtschaft waren hier die Risiken geringer[113]. Mit der Intensivie-

---

[110] Ebd., S. 89.

[111] Ebd., S. 107. Die Erfassung des Bauerneinkommens ist nicht unproblematisch. Gegen die von *F.-W. Henning*, Dienste und Abgaben, S. 7 ff. vorgenommene Schematisierung des bäuerlichen Wirtschaftsbetriebes wendet *H. Harnisch*, Kapitalistische Agrarreform, S. 36 ein, sie gehe von der Annahme einer tatsächlich strikt eingehaltenen Dreifelderwirtschaft aus, während in Wirklichkeit in vielen Gegenden stets weniger als zwei Drittel des Ackerlandes hätten bestellt werden können. Auch bei der Berechnung der bäuerlichen Lasten komme Henning zu schiefen Ergebnissen, weil er allein vom Kostenaufwand eines Diensttages ausgehe. Diese Berechnungsgrundlage sei aber nur dann sinnvoll, wenn die Bauernwirtschaft ein volles Gespann und Gesinde allein zur Ableistung der Dienste halten müsse. Bei niedrigen Arbeitsrenten, so Harnisch, reichten die bereits vorhandenen Gespanne und Arbeitskräfte aus. Die Dienste brachten in solchen Fällen keine erhöhten Kosten; sie verhinderten lediglich, daß höhere Brutto- und Nettoeinkommen erzielt wurden. Dieser potentielle Mehrertrag ist aber rechnerisch nicht zu erfassen.

[112] *H. Harnisch*, Kapitalistische Agrarreform, S. 29.

[113] So schrieb der Präsident der Pommerschen Kriegs- und Domänenkammer in Stettin, von Ingersleben, am 19. Juni 1799 in einer Denkschrift über Möglichkeiten und Wege zur Aufhebung der bäuerlichen Dienste (zit. nach *H. Harnisch*, Kapitalistische Agrarreform, S. 39): „Die Wirtschaft durch Natural-Dienste war zwar der möglichen Benutzung der Güter nicht günstig, und mit mancherley Verdruß und Einbußen verknüpft, sie war

rung der Landwirtschaft taten sich die Güter zwar im Vergleich zu den unter Flurzwang stehenden Bauernwirtschaften leichter. Aber da Bauernland und Vorwerksland häufig im Gemenge lagen, war es selbst für gutsherrliche Eigenwirtschaften schwierig, zu rationelleren Bodennutzungssystemen überzugehen. Und selbst wo dieser Hinderungsgrund fortfiel, wie etwa in der Uckermark, war man von der allgemeinen Einführung einer geregelten Fruchtwechselwirtschaft noch weit entfernt[114].

Zusammenfassend läßt sich jedoch festhalten, daß die Verschiedenheit der Agrarverfassungstypen Mitteleuropas unter betriebswirtschaftlichen Gesichtspunkten weniger bedeutsam war als bislang angenommen. „Markt und Geldwirtschaft übertrafen an Wirkungen die rechtliche Verfaßtheit der Höfe, die Geldwirtschaft zersetzte das Feudalsystem". Und wo die Grund- bzw. Gutsherrschaft dem landwirtschaftlichen Aufschwung im Wege stand, wurde durchweg ihre Abschaffung verlangt[115]. So setzten die Untertanen der Herrschaft Stavenow 1790-97 die Fixierung ihrer Dienstpflichten durch, sagten 1808 die Dienste vollends auf und erzwangen 1810-11 die Regulierung, um die steigenden Gewinne nicht länger teilen zu müssen[116]. Den Bauern gelang es in zunehmendem Maße, bei ihrer täglichen Wirtschaft grund- bzw. gutsherrschaftliche Zwänge abzuschütteln. Insofern nahm um 1800 ihre ‚ökonomische Freiheit' zu.

Sehr viel eindeutiger als der Bauer war jedoch der Handwerker sein eigener Herr. Er arbeitete auf eigene Rechnung, mit eigenem Werkzeug und eigenen Anlagen. Den Ablauf seiner kaum zerlegten Arbeit bestimmte er selbst, und diese setzte Handfertigkeiten und Kenntnisse voraus, die er in jahrelanger Praxis erworben hatte[117]. Grundlage seiner Selbständigkeit war die Zugehörigkeit zu einer Zunft, einer nach ungeschriebenen und geschriebenen Rechten und Gewohnheiten definierten genossenschaftlichen Rechts- und Lebensordnung, die nicht nur den Zugang zu einem bestimmten Beruf und dessen Ausübung festen Regeln unterwarf, sondern auch spezifische, auf überkommene korporative Wertvorstellungen verweisende Normen für das sittliche Verhalten ihrer Mitglieder setzte. So erwuchsen die zünftigen Bestimmungen aus einem Gemenge von ökonomischen Interessen, ethischen Prinzipien und tradiertem Recht. Die Zünfte sicherten ihren Mitgliedern nicht nur ein lokales Monopol als Anbieter bestimmter Produkte und Leistungen, sie banden sie auch in die noch als gottgewollt empfundene ständische Ordnung ein und verschafften ihnen damit eine freilich nicht individualistisch, sondern genossenschaftlich verfaßte soziale

---

aber bequem und wohlfeil. Die Mittel, wodurch man den Verlust der Dienste ersetzen muß, sind dagegen lästig, erfordern eine überlegene Disposition in der Wirtschaftsführung und machen diese kostbar".

[114] Vgl. *H. Harnisch*, Die Herrschaft Boitzenburg. Untersuchungen zur Entwicklung der sozialökonomischen Struktur ländlicher Gebiete in der Mark Brandenburg vom 14. bis zum 19. Jahrhundert, Weimar 1968, S. 182.

[115] So *Ch. Dipper*, Übergangsgesellschaft, S. 76.

[116] Vgl. *W.W. Hagen*, The Junkers' Faithless Servants, S. 85 ff.

[117] Vgl. *J. Kocka*, Weder Stand noch Klasse, S. 141.

und kulturelle Identität[118]. Die Zunft beschränkte also die Selbständigkeit des ihr angehörenden Meisters wesentlich. Er durfte bestimmte Preise weder unter- noch überschreiten, die Palette seiner Produkte nicht nach freier Entscheidung erweitern und seine Arbeitsmethoden nicht aus Gründen der Wirtschaftlichkeit verbessern. Auch bei der Beschäftigung von Hilfskräften galten Regeln. Es durften keine unzünftigen Gesellen beschäftigt werden und keine aus unehelichen oder verachteten Berufen stammenden Lehrlinge. Dafür bot sie ihm einen gewissen Schutz gegenüber den Kräften des Marktes und den Eingriffen der absolutistischen Gewerbepolicey. Selbständigkeit wurde dementsprechend nicht im Sinne von Konkurrenzfreiheit verstanden, sondern nur als freie Verfügungsgewalt über Haus und Werkstatt[119]. Nicht Gewinnstreben und die Suche nach technischen Neuerungen prägten die Mentalität der zünftigen Handwerker, sondern die Sicherung der ‚Nahrung', einer standesgemäßen Versorgung „in ehrbaren, respektierten Formen der Arbeit und des Lebens"[120].

Zur absoluten Größe des Handwerks und seinem Anteil an der Gesamtwirtschaft liegen heute zuverlässige Berechnungen vor. Danach beschäftigte es um 1800 rund 1,26 Millionen Menschen, von denen rund zwei Drittel selbständig, die anderen Hilfskräfte waren[121]. Nimmt man die Familienangehörigen hinzu, lebte vermutlich ein Sechstel der Gesamtbevölkerung von handwerklicher Arbeit[122]; und den gewerblichen Sektor beherrschte das Handwerk zu drei Vierteln[123]. Ähnlich wie die Landwirtschaft diente die handwerkliche Produktion in überwiegendem Maße dem Grundbedarf. Die weitaus häufigsten Berufe waren die Schumacher und die Schneider, gefolgt von den Schmieden[124]. Diese Massengewerbe waren sowohl in der Stadt als auch auf dem Land vertreten und bestimmten insgesamt das Erscheinungsbild des Handwerks[125].

---

118 Zur Mentalitätsstruktur des frühneuzeitlichen Handwerks vgl. etwa *A. Grießinger*, Das symbolische Kapital der Ehre. Streikbewegungen und kollektives Bewußtsein deutscher Handwerksgesellen im 18. Jahrhundert, Frankfurt a.M. 1981; sowie *R. van Dülmen*, Kultur und Alltag in der Frühen Neuzeit, 2: Dorf und Stadt 16.-18. Jahrhundert, München 1992, S. 194 ff.

119 Vgl. *H. Hof*, Wettbewerb im Zunftrecht. Zur Verhaltensgeschichte der Wettbewerbsregelung durch Zunft u. Stadt, Reich und Landesherr bis zu den Stein-Hardenbergschen Reformen, Köln 1983.

120 So *J. Kocka*, Weder Stand noch Klasse, S. 143. Vgl. dazu auch *R. Blickle*, Nahrung und Eigentum als Kategorien in der ständischen Gesellschaft, in: *W. Schulze* (Hrsg.), Ständische Gesellschaft und soziale Mobilität, München 1988, S. 73-94.

121 Diese Zahlen nach *K.H. Kaufhold*, Umfang und Gliederung des deutschen Handwerks um 1800, in: *W. Abel* (Hrsg.), Handwerksgeschichte in neuer Sicht, Göttingen 1978, S. 37. Eine geringfügig abweichende Schätzung bei *F.-W. Henning*, Die Industrialisierung in Deutschland 1800 bis 1914, Paderborn 1973, S. 130: Er kommt auf 1,12 Millionen Handwerksbeschäftigte.

122 *K.H. Kaufhold*, Umfang und Gliederung, S. 38.

123 Vgl. *Ch. Dipper*, Deutsche Geschichte, S. 141.

124 Vgl. die entsprechende Tabelle bei *K.H. Kaufhold*, Umfang und Gliederung, S. 42.

125 *Ch. Dipper*, Deutsche Geschichte, S. 142.

Städtische Heimarbeiter glichen vom Lebenszuschnitt her vielfach den kleinen Handwerksmeistern, bezeichneten sich auch häufig als solche und gehörten vereinzelt zur Zunft. Von den zünftigen Handwerkern unterschied sie aber die Abhängigkeit vom Markt. Denn der Heimarbeiter übernahm vom kaufmännischen Verleger nicht nur den Rohstoff, sondern er hatte auch ausschließlich an diesen zu einem festgesetzten Stückpreis zu verkaufen. Er hatte es nicht mit mehreren Kunden zu tun, sondern wurde gänzlich vom Verleger in Beschlag genommen[126]. Der Anteil der Manufakturen am Gewerbesektor war gering. Sie beschäftigten um 1800 etwa 120.000 Menschen[127], wobei ungefähr die Hälfte weniger als zwanzig, ein weiteres Drittel zwischen zwanzig und fünfzig Beschäftigte hatte. Nur 10-20% von ihnen zählten mehr als 50 Arbeiter, doch diese größeren beschäftigten mehr als 60% aller Manufakturarbeiter[128]. Manufakturen entstanden meist aufgrund fürstlichen Privilegs und nicht selten mit Hilfe staatlicher Teilfinanzierung[129]. Durch Einfuhrbeschränkungen und Monopolstellungen versuchte die staatliche Gewerbepolicey, den Bestand dieser Neugründungen sicherzustellen[130]. Die Überlebenschancen solcher privilegierter Betriebe waren allerdings gering; meist stellten sie ihre Produktion wieder ein, sobald die staatlichen Unterstützungsgelder nicht mehr flossen.

Dies galt vor allem für die Manufakturen, die Luxusgüter, wie Seide und Samtstoffe, herstellten. Sie waren nach französischem Vorbild, in Preußen sogar oftmals unter Heranziehung französischer Fachkräfte, errichtet worden, ohne zu bedenken, daß in Deutschland die Hofgesellschaft nicht vermögend genug war, um die Nachfrage auf Dauer zu gewährleisten. Abgesichert waren im Grunde nur solche Betriebe, die der Heeresversorgung dienten. So entwickelte sich etwa das ursprünglich als militärische Zucht- und Versorgungsanstalt gedachte Berliner Waisenhaus zur größten Wollmanufaktur Europas[131]. Die Frage, ob durch merkantilistische Eingriffe die private Initiative in den deutschen Territorialstaaten in der zweiten Hälfte des 18. Jahrhunderts behindert worden sei[132], ist inso-

---

[126] Vgl. *J. Kocka*, Weder Stand noch Klasse, S. 153.

[127] Schätzung nach *F.-W. Henning*, Industrialisierung, S. 130.

[128] Vgl. *J. Kocka*, Weder Stand noch Klasse, S. 154 mit w. Nachw.

[129] Vgl. hierzu etwa die Fallstudien von *O. Reuter*, Die Manufaktur im Fränkischen Raum. Eine Untersuchung großbetrieblicher Anfänge in den Fürstentümern Ansbach und Bayreuth als Beitrag zur Gewerbegeschichte des 18. und beginnenden 19. Jahrhunderts, Stuttgart 1961 und *G. Slawinger*, Die Manufaktur in Kurbayern. Die Anfänge der großgewerblichen Entwicklung in der Übergangsepoche vom Merkantilismus zum Liberalismus 1740-1833, Stuttgart 1966.

[130] Vgl. *W. Treue*, Das Verhältnis von Fürst, Staat und Unternehmer in der Zeit des Merkantilismus, in: Vierteljahresschrift für Wirtschaftsgeschichte, 44 (1957) sowie allgemein zum Merkantilismus in Deutschland *H. Kellenbenz*, Der Merkantilismus in Europa und die soziale Mobilität, Wiesbaden 1965; *F. Blaich*, Die Epoche des Merkantilismus, Wiesbaden 1973.

[131] Vgl. *W. Treue*, Wirtschafts- und Technikgeschichte Preußens, Berlin / New York 1984, S. 34 f.

[132] So *R. Vierhaus*, Deutschland im Zeitalter des Absolutismus, S. 46.

fern falsch gestellt. Abgesehen von den Reichs- und Hansestädten gab es in Deutschland in diesem Zeitraum noch kein kapitalkräftiges Wirtschaftsbürgertum, das von seinen Unternehmungen allein hätte leben können[133].

## 4. Die Diskussion um die ökonomischen Freiheitsrechte: Vernunftrecht und Physiokratie

Bis weit ins 18. Jahrhundert hinein wird der Begriff der ökonomischen Freiheit allein im Rahmen des *ius gentium* behandelt[134]. Als *libertas commerciorum* bezeichnet er das Recht eines Volkes, mit einem anderen Handel zu treiben. So unterscheidet auch Friedrich Wilhelm Pestel zwischen der *libertas commercialis* im *status naturalis* und im *status civilis*[135]. Die natürliche Handelsfreiheit ist lediglich an die Grundsätze des Völkerrechts gebunden, während für die bürgerliche Handelsfreiheit im Staat dieselben Einschränkungen gelten wie für die *libertas civilis*: Als *residuum libertatis naturalis* ist ihr Ausmaß durch die *salus publica*, den Staatszweck, festgelegt.

Nur vereinzelt wird ökonomische Freiheit als Selbstentfaltung des wirtschaftenden Individuums begriffen. So wird in einer kleinen, dem Prinzen von Preußen gewidmeten Schrift von 1759 gegen die staatliche Privilegienpraxis und die Zunftverfassungen polemisiert[136].

---

133 Das Wirtschaftsbürgertum in den Reichs- und Hansestädten ist eine Ausnahme, die freilich eine eigene Untersuchung wert wäre. Zum Hamburger Kaufmannsstand vgl. *E. Baasch*, Zur Geschichte des Ehrbaren Kaufmanns in Hamburg, Festschrift für die Versammlung des Hansischen Geschichtsvereins und des Vereins für niederdeutsche Sprachforschung am 23. und 24. Mai 1899 in Hamburg, Hamburg 1899; *ders.*, Die führenden Kaufleute und ihre Stellung in der Hamburgischen Handelsgeschichte (Hamburger Übersee-Jahrbuch), Hamburg 1922; *ders.*, Die Handelskammer zu Hamburg 1665-1915, Hamburg 1915; zur „Hamburger Aufklärung" vgl. *F. Kopitzsch*, Grundzüge einer Sozialgeschichte der Aufklärung in Hamburg und Altona, Teile 1 und 2, Hamburg 1982.

134 Vgl. *D. Klippel*, „Libertas commerciorum" und „Vermögens-Gesellschaft". Zur Geschichte ökonomischer Freiheitsrechte in Deutschland im 18. Jahrhundert, in: *G. Birtsch* (Hrsg.), Grund- und Freiheitsrechte im Wandel von Gesellschaft und Geschichte. Beiträge zur Geschichte der Grund- und Freiheitsrechte vom Ausgang des Mittelalters bis zur Revolution von 1848, Göttingen 1981, S. 316 ff.

135 *F.W. Pestel*, Selecta capita doctrinae de servitute commerciorum. Von der Handlungsfreyheit und Dienstbarkeit, 2. Aufl., Rinteln 1763. Die Handelsfreiheit wurde dabei oft im Zusammenhang mit dem Neutralitätsproblem behandelt: für Deutschland vgl. z.B. Die Freiheit der Schiffahrt und Handlung neutraler Völker im Kriege, Leipzig 1780.

136 *Johann Albrecht Philippi*, Der vergrößerte Staat, Frankfurt / Leipzig 1759, S. 137. „Diese Freyheit empor zu bringen, welche zugleich die Staaten empor hebt, müssen die Monopolia, auch Einschränkung der Anzahl von Kaufleuten, Künstlern, Manufacturiers und Fabrikanten; ingleichen die Kosten vor Bürgerrecht und Amtsgewinnung, vor Schenkung der Wanderjahre, und was dahineinschlägt, abgeschaffet, und die Kaufmannsinnungen dergestalt umgegossen werden, daß eine jeder ehrlicher Mann gegen Erlegung der bürgerlichen Pflichten, ohne ihn nach etwas weiter zu fragen, mit allem handeln könne, als ihm einfällt: in soferne nur die Einbringung oder Ausführung seiner Waaren dem Staate nicht nachtheilig ist" Die auf Wohlstandsmehrung ausgerichtete staatliche Wirt-

Die erste bedeutende Stellungnahme zugunsten von Handels- und Gewerbefreiheit sind die 1768 erschienenen „Handlungsgrundsätze zur wahren Aufnahme der Länder und zur Beförderung der Glückseligkeit ihrer Einwohner". Darin kritisiert der Hamburger Aufklärer J.A. Reimarus die merkantilistische Wirtschaftspolitik der kontinentaleuropäischen Staaten, vornehmlich Preußens, die den zwischenstaatlichen Handel einschränkte, um den Abfluß des Kapitals ins Ausland zu verhindern. Demgegenüber stellt Reimarus eine grundlegend andere Definition von Reichtum auf: „Im Umsatze, das ist in der Vertauschung verschiedener Dienste und nicht in der Summe Geldes, dessen Werth nur zufällig ist, besteht der wahre Wohlstande der Länder"[137]. Einer der Hauptvertreter der physiokratischen Lehre in Deutschland, der Basler Stadtschreiber Isaak Iselin, bezeichnet denn auch Reimarus als einen der ersten, „welche die wahren Grundsätze der wirtschaftlichen und handelsmännischen Freyheit in Deutschland gepredigt haben"[138].

Aber auch in einigen staatsrechtlichen und polizeiwissenschaftlichen Schriften der siebziger Jahre ist eine Aufwertung der ökonomischen Individualfreiheit spürbar. So wünscht sich Pfeiffer ein „System der Staatsverwaltung ... welches sich mit den Vorteilen eines jeden Individuums am besten verträgt"[139]. An anderer Stelle bezeichnet er die natürliche Freiheit als die Möglichkeit, „... dasjenige zu thun, was die Natur erlaubt, und was dem in uns gelegten moralischen Gefühl gemäß ist"[140]. Bürgerliche Freiheit (*libertas civilis*) und natürliche Freiheit (*libertas naturalis*) werden dabei auf dieselbe Grundlage zurückgeführt:

> „So wie die bürgerliche Freyheit uns berechtiget, alles zu thun, was die Gesetze zu erlauben, und da die Gesetze die Erklärung des moralischen Gefühls sind, so kann auch die bürgerliche Freyheit von der natürlichen Freyheit im wesentlichen nicht verschieden seyn ... Nach dieser Voraussetzung wird das ursprüngliche Recht der Personen in dem moralischen Vermögen bestehen, sich alles dessen zu bedienen, was ihnen eigenthümlich zugehöret, da nun alles was zu meiner Natur gehöret, und von mir nicht getrennet werden kann, in meinem natürlichen Eigenthum ist"[141].

---

schaftspolitik verfehle ihren Zweck, wenn sie sich auf Gewerbemonopole verlasse: „Der Verdienst bleibt durch die Monopolia zu sehr beisammen. Dieses hindert die Nahrung, und folglich die Bevölkerung: diesen letzten Satz muß aber ein Politicus stets zum Probiersteine seiner Regel nehmen ... die Monopolia sind die wahren Gegenführer von der Freyheit im Handel und Wandel: denn sie heben diese Freyheit ganz auf, in dem die Arbeit und der Fleiß mit dessen Folgen eingeschränkt wird".

[137] *J.A. Reimarus*, Handlungsgrundsätze zur wahren Aufnahme der Länder und zur Beförderung der Glückseligkeit ihrer Einwohner aus der Natur und Geschichte untersucht, Frankfurt / Leipzig 1768.

[138] *I. Iselin*, Rezension von Reimarus, Handlungsgrundsätze, in: Ephemeriden der Menschheit, 10. St., 1776, S. 56.

[139] Zit. nach *P. Preu*, Polizeibegriff und Staatszwecklehre. Die Entwicklung des Polizeibegriffs durch die Rechts- und Staatswissenschaften des 18. Jahrhunderts, Göttingen 1983, S. 209.

[140] *F. Pfeiffer*, Grundriß, S. 31.

[141] Ebd. In derselben Passage wird das Naturrecht auch gegenüber dem monarchischen Verordnungsrecht abgegrenzt und damit in die Nähe der ‚wohlerworbenen Rechte'

Bei Johann Wilhelm Tevenar werden erstmals Zweifel an der Staatszwecklehre des klassischen Naturrechts laut:

> „Die Fälle, daß diese Freyheit wegen des allgemeinen Besten eingeschränkt werden müsse, sind selten; und nicht so häufig als öfters vorgegeben wird. Es sind wenig Wörter, die so sehr mißdeutend und unrecht angewendet werden als der Ausdruck gemeine Wohlfarth. Das wahre Intereße des Staats wird mehr durch Industrie und Freyheit in Geschäften als durch viele Einschränkungen der Privatangelegenheiten befördert"[142].

Anfang der achtziger Jahre kann dann nur noch bedingt auf ständische Vorrechte verwiesen werden, wenn es um die Einschränkung ökonomischer Privatinitiative geht. So schreibt Schlözer in seinen Staatzanzeigen: „Mit dem Ausdruck ‚wohlhergebrachter Rechte' müssen wir allmählich behutsamer umgehen ..."[143]. Und der Kameralist G.F. Lamprecht markiert in gewisser Weise den Höhepunkt dieser Entwicklung, wenn er in seinem System es dem Staatsbürger zur ‚aktiven' Pflicht macht, alles „von selbst zu tun, was man dem gemeinen Besten für zuträglich hält"[144].

Freilich bleiben die zentralen Kategorien des herrschenden Staatsrechts davon unberührt. Die vernunftrechtlichen Standardautoren (Darjes, Nettelbladt, Achenwall, Martini)[145] stehen allesamt noch auf der Grundlage der Wolffschen Sozialphilosophie. Die naturrechtlichen Grundsätze werden aus der menschlichen Vernunftnatur abgeleitet; deren Vervollkommnung ist Sinn und Ziel der *societas civilis*[146]. Da der Mensch nur innerhalb der bürgerlichen Gesellschaft

---

gerückt: „... den Gesetzgebern liegt also ob, auf die Stimme des moralischen Instinkts bei Abschaffung der Gesetze sehr aufmerksam zu seyn, mithin die Natur zu studieren, keineswegs aber dieselbe beherrschen zu wollen". Hier zeigt sich einmal mehr die politische „Flexibilität" des naturrechtlichen Argumentationsschemas.

[142] *J.W. Tevenar*, Versuch über die Rechtsgelahrtheit, Magdeburg / Leipzig 1777, S. 20.

[143] Staatsanzeigen, V (1783), S. 404, zit. nach *P. Preu*, Polizeibegriff, S. 194.

[144] *G.F. Lamprecht*, Versuch eines vollständigen Systems der Staatslehre, Berlin 1784, S. 84.

[145] Vgl. *J.G. Darjes*, Erste Gründe der Cameral-Wissenschaften, 2. Aufl., Leipzig 1756; *D. Nettelbladt*, Systema elementare universae jurisprudentiae naturalis, Halle 1749; *K.A. von Martini*, Lehrbegriff des Naturrechts, Wien 1799.

[146] Vgl. *Ch. Wolff*, Vernünfftige Gedancken von der Menschen Thun und Lassen, zur Beförderung der Glückseligkeit, 1720, 23-24, zit. nach *A. Bissinger*, Zur metaphysischen Begründung der Wolffschen Ethik, in: *W. Schneiders* (Hrsg.), Christian Wolff 1679-1754. Interpretationen zu seiner Philosophie und deren Wirkung, Hamburg 1983, S. 148: „Ja weil wir durch die Vernunfft erkennen, was das Gesetze der Natur haben will, so braucht ein vernünfftiger Mensch kein weiteres Gesetze, sondern vermittelst seiner Vernunft ist er ihm selbst ein Gesetze". Für Wolff ist der Mensch ein vernünftiges Wesen, insofern er gesellschaftliche Rechte und Pflichten hat, die seinem gottgewollten Wesen entspringen und von seiner gottgewollten Natur erkannt werden. Vernunft ist somit bewußte Vollziehung der Natur. Moral und Erkenntnis sind zwei Aspekte derselben menschlichen Vernunftnatur; sie sind beide göttlichen Ursprungs und dienen beide der gottgewollten gesellschaftlichen Bestimmung des Menschen. Vgl. dazu *M. Thomann*, Christian Wolff, in: *M. Stolleis* (Hrsg.), Staatsdenker im 17. und 18. Jahrhundert. Reichspublizistik-Politik-Naturrecht, 2. Aufl., Frankfurt a.M. 1987, S. 260 f. sowie *Ch. Link*, Die Staatstheorie Christian

seiner vernünftigen Bestimmung zugeführt werden kann, geht das ‚wahre', richtig erkannte Privatwohl in dem Gemeinwohl auf. Diesem Ansatz bleibt auch Scheidemantel in seiner Neubearbeitung des vernünftigen Staatsrechts verbunden, wenn er den Bürger dann für frei befindet, „wenn man sein Gewissen, Eigentum, Nahrung und Gewerbe nach regelmäßigen Grundsäzzen lenkt"[147]. Durch die Hereinnahme von Privatinteressen in den Staatszweck werden zwar keine individualrechtlichen Positionen gegenüber dem Staat aufgebaut. Ihre theoretische Verarbeitung innerhalb des klassischen naturrechtlichen Schemas ist aber ein Indiz dafür, daß die ökonomische Individualfreiheit gegenüber den ständischen *iura et libertates* allmählich das Gewicht eines ‚wohlerworbenen Rechtes' erhält. Die Voraussetzungen für eine positive Aufnahme der physiokratischen Lehre in Deutschland waren demnach keineswegs ungünstig. Die vernunftrechtliche Staatslehre begann gerade in den siebziger Jahren, zeitlich parallel zur Rezeption der französischen *économistes*, die starr auf die absolutistische Polizeipraxis bezogene Definition des Staatszwecks in Frage zu stellen[148]. Die „Pedanterey" der Regierungen nahmen bereits zahlreiche staatsrechtliche und polizeiwissenschaftliche Traktate aufs Korn[149], als Johann August Schlettwein seine erste umfassende Darstellung der physiokratischen Lehre vorlegte und sich darin gegen den merkantilistischen Wirtschaftsdirigismus aussprach:

> „... gewiß werden alle Einwohner der Länder weiser, gerechter, wohlthätiger, reicher und glücklicher, und ganz gewiß fließen weit größere Summen und Revenuen in die öffentlichen Staatscassen ein, wenn die vielen Regulative, und Verbotsgesetze, und indirecten Imposten, welche die Geschäftigkeit der Menschen, und den Umsatz und Verbrauch der Waren belästigen, und die schädliche Preiserhöhung aller Producte und aller Arbeiten, und die traurigste Degradation der Industrie und der Commercien verursachen, abgeschafft werden"[150].

Das damit aufgestellte Prinzip der ökonomischen Freiheit sichert Schlettwein zudem durch die hergebrachte naturrechtliche Argumentation ab:

> „Die Natur eines jeden Menschen ist ein Werk der Gottheit. Gott hat das Wesen eines jeden Menschen zum eigenen besondern Wesen dieses Menschen gemachet. Einem

---

Wolffs, in: *W. Schneiders* (Hrsg.), Christian Wolff, S. 174, der bei Wolff das „soziale Verhalten" des Staatsbürgers „naturrechtlich vorprogrammiert" sieht.

[147] *H.G. Scheidemantel*, Das Staatsrecht nach der Vernunft und den Sitten der vornehmsten Völker betrachtet, 3, Jena 1771, S. 64.

[148] Zum Zusammenhang zwischen Physiokratie und jüngerem Naturrecht in Deutschland vgl. *D. Klippel*, Der Einfluß der Physiokraten auf die Entwicklung der liberalen politischen Theorie in Deutschland, in: Der Staat, 23 (1984), S. 205-226.

[149] Vgl. *P. Preu*, Polizeibegriff, S. 197.

[150] *J.A. Schlettwein*, Vorrede zu *ders.*, Schriften für alle Staaten zur Aufklärung der Ordnung der Natur im Staats-, Regierungs- und Finanzwesen, 1. Teil, Carlsruhe 1775, S. 4. *J.P. Köhler*, Staat und Gesellschaft in der deutschen Theorie der auswärtigen Wirtschaftspolitik, Stuttgart 1926 S. 22 und 33 bezeichnet Schlettwein als agitatorischsten Verfechter „universal-ökonomischer Ideen in der humanistischen Terminologie des Naturrechts. Er habe als erster in Deutschland die ökonomischen Funktionen der Gesellschaft als politische erkannt. Zur Person vgl. *A. Krebs*, J.A. Schlettwein, der „deutsche Hauptphysiokrat", Leipzig 1909.

jeden also gehören seine Fähigkeiten und Kräfte, Geniessungen zu suchen, eigenthümlich zu; einer hat sie wie der andere, um dadurch dem von Gott erhaltenen Gefühl seiner Bedürfnisse Genüge zu leisten. Ein jeder Mensch ist in Absicht auf alle übrigen seiner Nebenmenschen über seine Hände und Füße selbsteigener Herr; er ist über alle Kräfte und Fähigkeiten seiner Person selbsteigener Herr. Folglich kann auch ein jeder Mensch seine Hände und Füße und seinen Kopf, und alle seine Kräffte nach seinem eigenen Gutdünken zur Erwerbung dessen brauchen, was seine Bedürfnisse erfordern, wenn er bey dieser Anwendung nur nicht die gleichen Eigenthumsrechte eines andern seiner Nebenmenschen kränket"[151].

Begünstigend kam noch hinzu, daß ein Reichsfürst, der Markgraf von Baden, seit den späten sechziger Jahren mit einem der publizistisch einflußreichsten französischen Physiokraten, dem Grafen Mirabeau, in brieflicher Verbindung gestanden hatte und zu einem überzeugten Anhänger der Lehre geworden war. Er entschloß sich sogar, ein praktisches Experiment zu unternehmen: In der Markgrafschaft Hochberg wurden zwischen 1770 und 1771 alle Abgaben durch eine einzige, auf den landwirtschaftlichen Reinertrag erhobene Steuer ersetzt[152]. Der Versuch mußte bereits 1772 für gescheitert betrachtet werden, aber die propagandistische Wirkung war dennoch nicht zu übersehen. Noch über zehn Jahre später ist sich der Markgraf seiner Reputation als aufgeklärter Reformfürst sicher, wenn er auf die Danksagung der badischen Landstände wegen der Aufhebung der Leibeigenschaft antwortet:

> „Daß das Wohl der Regenten mit dem Wohl des Landes innig vereiniget sei, so daß beider Wohl oder Uebelstand in Eins zusammen fliessen, ist bei mir, seit dem Ich Meiner Bestimmung nachzudenken gewohnt bin, ein fester Satz gewesen. Ich kann also, wenn ich etwas zu dem Besten des Landes thun kann, dafür keinen Dank erwarten, noch annehmen"[153].

Der in der Zeitschrift der deutschen Physiokraten, den von Isaak Iselin begründeten „Ephemeriden der Menschheit", erschienene Beitrag löste in den „Göttinigischen gelehrten Anzeigen" ein enthusiastisches Echo aus: Es sei schwer zu entscheiden, „ob die That selbst oder diese Schrift, welche dadurch veranlaßt wurde, zuverlässigerer Beweis der deutschen Gesinnungen des vortrefflichen Fürsten sey ... Wie viel doch Deutschland innerhalb einiger Jahrhunderte durch die Veredlung der Gesinnungen seiner Fürsten gewonnen hat! Gewiß war vor dreissig, vierzig Jahren hie und da noch neue Wahrheit, wenigstens nicht praktisch anerkannte Wahrheit, daß das Wohl des Volks auch Wohl des Fürsten sey. Viel war gewonnen, wie endlich unsere Fürsten ihren eigenen wahren Vorteil zu sehen anfingen, aber die zweyte, hier sichtbare, Stuffe der Veredlung ist

---

[151] *J.A. Schlettwein*, Die wichtigste Angelegenheit für das ganze Publicum, oder die natürliche Ordnung in der Politik überhaupt, 2. Teil, Karlsruhe 1773, S. 77.

[152] Dazu ausführlich *H.P. Liebel*, Enlightened Bureaucracy versus Enlightened Despotism in Baden, 1750-1792, Philadelphia 1965, S. 81 ff. sowie *F. Blaich*, Der Beitrag der deutschen Physiokraten für die Entwicklung der Wirtschaftswissenschaft von der Kameralistik zur Nationalökonomie, in: *H. Scherf* (Hrsg.), Studien zur Entwicklung der ökonomischen Theorie III, Berlin 1983, S. 10.

[153] *Carl Friedrich Markgraf von Baden*, Meine Antwort auf die Danksagungen des Landes nach Aufhebung der Leibeigenschaft und einiger Abgaben, in: Ephemeriden der Menschheit, 1. St., 1784, S. 71.

doch noch schöner, daß sich der Füst mit seinem Volk hier ganz unter einen Ausdruck zusammenfaßt"[154]. Das von Karl Friedrich vertretene Prinzip, dem Gemeinwohl liege das Privatwohl zugrunde, ist allerdings im Sinne der aufklärerischen Identifikation von Fürst und Volk zu verstehen; von der politischen Brisanz des physiokratischen Ansatzes ist hier nichts mehr übrig.

Die Resonanz der physiokratischen Lehre in der ‚gelehrten' öffentlichen Meinung war jedoch gering. In einem Zueignungsschreiben an den preußischen Regierungsrat Dohm, das er seiner Sammlung ökonomischer Aufsätze voranstellt, klagt Jakob Mauvillon über das mangelnde politische Interesse in Deutschland:

> „Der Himmel weiß warum, es ist aber gewiß, unsre Nation ist im höchsten Grade unpolitisch. Es werden zwar in Deutschland so viel Zeitungen geschrieben als in andern Ländern: aber das geschieht blos, weil viele Leute begierig sind, eine augenblickliche Neugier zu stillen ... Denn man sieht gar nicht, das diese Neuigkeitensucht beym Publicum den geringsten allgemeinen Trieb erzeugte, sich gründlich von den Sachen zu unterrichten. Es ist auch keine Wissenschaft, worin wir eine so schlechte Figur machen, als in dem Fache der Staatskunst, der Gesetzgebung und der Staatswirthschaft. Wir, die in allen Wissenschaften so forschend, so tief eindringend sind, zählen in diesen höchstwichtigen Fächern kaum einige erträgliche Schriftsteller und Werke. Kein Wunder aber! Denn wo sollten sich gute Köpfe an ein Fach wagen, worauf sie sehen, daß das Publikum keine Aufmerksamkeit verwendet ... Herr Schlettwein, um ein Beispiel anzuführen, sucht uns mit den Entdeckungen der Franzosen in der Staatswirthschaft bekannt zu machen.
>
> Sein Buch wird angekündigt, in ein paar Journalen schief recensirt, und dann ists gut. Die Bekanntmachung eines ganz neuen Systems in der Kunst das innere Staatstriebwerk einzurichten, verursacht nicht mehr Aufmerksamkeit, als ein Werk über die Kunst Chronodisticha zu verfertigen, thun könnte ... England kann mit Recht eine Schule der Politik heißen. Es kommen nicht nur daselbst große Werke in dieser Wissenschaft heraus; wovon dann und wann eins, als Stewarts Staatswirthschaft, unter uns bekannt wird; sondern es erscheinen täglich bey Gelegenheit der verschiedenen Staatsbegebenheiten, die die Aufmerksamkeit der Nation auf sich ziehen, fliegende Blätter oder kleine Schriften, welche oft die wichtigsten Notizen und vortreffliche Gedanken und Untersuchungen enthalten"[155].

Fragt man aus der historischen Distanz nach den Gründen für das publizistische Scheitern der deutschen Physiokraten, drängen sich vorab zwei Feststellungen auf. Zunächst einmal: Die physiokratische Lehre stellte nicht nur eine Theorie dar, die erstmals die Entstehung des Reichtums aus den Strukturen der gesellschaftlichen Produktion herleitete[156]; sie war auch ganz wesentlich ein

---

[154] Rezension von *Carl Friedrich Markgraf von Baden*, Meine Antwort auf die Danksagung des Landes, in: Göttingische Anzeigen von gelehrten Sachen, 2 (St. 185), Göttingen 1783, S. 1863-1864.

[155] *J. Mauvillon*, Sammlung von Aufsätzen über Gegenstände aus der Staatskunst, Staatswirthschaft und neuesten Staaten-Geschichte, 1., Leipzig 1776, S. 4-6. Zur Person vgl. *J. Hoffmann*, Jakob Mauvillon, Berlin 1981.

[156] Vgl. *L. Meek*, The Economics of Physiocracy, London 1962, S. 395; *K. Marx*, Theorien über den Mehrwert, in: Marx-Engels-Werke, 26, Teil 1, Berlin 1973, S. 20 bezeichnet das physiokratische System als das erste, „das die kapitalistische Produktion analysiert und die Bedingungen, innerhalb deren Kapital produziert wird und innerhalb deren das Kapital produziert, als ewige Naturgesetze der Produktion darstellt".

politisches Reformprogramm zur Umgestaltung des altständischen Sozialgefüges in Frankreich[157]. Die von Quesnay formulierten theoretischen Prinzipien der physiokratischen Lehre sind von seinen bedeutendsten Anhängern, Dupont de Nemours, Mercier de la Rivière und Mirabeau, in die politische Auseinandersetzung hineingetragen worden, die ab 1749 zwischen der Krone und den Provinzialparlamenten um die Reform des Staatswesens geführt wurde[158]. Die bekanntesten Darstellungen der Lehre entstanden als politische Streitschriften, die zunächst in regierungseigenen Zeitschriften, der „Gazette de Commerce et des Finances", ab 1755 dann in dem Organ der Bewegung, den „Ephémérides du Citoyen", erschienen[159]. In deutschen Wissenschaftskreisen wurde denn auch sofort der Einwand laut, es handele sich bei dem physiokratischen Schrifttum nicht um die Ausarbeitung eines neuen staatswissenschaftlichen Systems, sondern um tagespolitische Schriftstellerei, die noch dazu angesichts der grundlegend verschiedenen sozialen und politischen Verhältnisse in Deutschland ihr Ziel verfehle. Hinzu kam, daß die Lehre nach dem Scheitern Turgots als politisches Reformprogramm diskreditiert war und somit auch theoretisch als widerlegt galt[160].

„So konnte Dohm überlegen feststellen: „Es ist sonderbar, daß gerade die Nation, welche allen ihren Nachbarn mit den künstlichsten und verwickeltsten Finanzoperationen vorgegangen ist, ihnen jetzt das einfachste und natürlichste System der Auflagen vorlegt, nur mit dem Unterschied, daß sie jene in der Praxis, dieses nur in der Theorie zeigt"[161].

Dabei erweist er sich als genauer Kenner der sprachkritischen Argumente, die in Frankreich bereits in den fünfziger Jahren gegen den durch die Hereinnahme berufssprachlicher Wendungen und die Bildung lexikalischer Neologismen unangenehm auffallenden Jargon der Physiokraten vorgebracht wurden: „Ihre Lehrer fanden für gut, neue Wahrheiten auch in ganz neue Worte zu legen; sie erfanden Allegorien, die statt zu erläutern, ihren Gegenstand dunkel machten, und eine Terminologie, die den Lehrling abschreckte"[162].

---

[157] Vgl. *H. Holldack*, Der Physiokratismus und die absolute Monarchie, in: *K.O. Frh. von Aretin*, Der Aufgeklärte Absolutismus, Köln 1974, S. 138 ff.; *F. Hensmann*, Staat und Absolutismus im Denken der Physiokraten, Frankfurt a.M. 1976; *U. Muhlack*, Physiokratie und Absolutismus in Frankreich und Deutschland, in: Zeitschrift für historische Forschung, 9 (1982), S. 15-46.

[158] Vgl. hierzu *F. Diaz*, Filosofia e politica nel Settecento francese, 2. Aufl., Torino 1962, S. 118 ff.

[159] Nachweise bei *H. Häufle*, Aufklärung und Ökonomie, München 1978, S. 12.

[160] Vgl. *G. Weulersse*, La Physiocratie sous les ministères de Turgot et de Necker (1774-1781), Paris 1950, S. 36 ff.

[161] *Ch.W. Dohm*, Ueber das physiokratische System, in: Deutsches Museum, 2, Leipzig 1778, S. 289; vgl. auch *ders.*, Kurze Vorstellung des physiokratischen Systems, nebst einigen Erinnerungen über dasselbe, Kassel 1778. Dohms Argumentation findet in der kameralistischen Fachwelt Zustimmung: vgl. die anonyme Rezension in: Göttingische gelehrte Anzeigen, 2, Göttingen 1780, S. 1-7.

[162] *Ch.W. Dohm*, Ueber das physiokratische System, S. 292: „Der praktische Kameralist fand keinen Geschmack an einem Finanzsystem von so metaphysischem Ansehen;

Natürlich ist Dohms Kritik nicht ästhetisch motiviert; vor dem Hintergrund des seit Thomasius etablierten Zusammenhangs von Erkenntnis und sozialer Nützlichkeit[163] grenzt er im Wege formaler Sprachkritik die physiokratische Lehre als solche aus dem Bereich der Wissenschaftlichkeit aus und unterstreicht damit einmal mehr deren politische Undenkbarkeit.

Ein zweiter Grund für den publizistischen Mißerfolg der deutschen Physiokraten ist wohl in den theoretisch unklaren Aussagen ihrer Schriften zu suchen. Daß sie sich nicht mit Quesnays „Tableau économique", sondern mit den tagespolitisch motivierten Populärschriften seiner Anhänger auseinandergesetzt haben, darf als wahrscheinlich gelten[164]. Darüber hinaus haben sie augenscheinlich versucht, mit Rücksicht auf die unterschiedlichen sozialen Verhältnisse in Deutschland, terminologische Angleichungen vorzunehmen, die wesentliche theoretische Prämissen der Lehre verdunkelt haben. Das gilt insbesondere für die von Quesnay getroffene Unterscheidung zwischen *cultivateur* (Pächter) und *propriétaire* (Grundbesitzer), auf der das Herzstück der Lehre, die Besteuerung des *produit net*, des von der Landwirtschaft hervorgebrachten Reinertrags, beruht[165]. Dem „Tableau" zufolge kann sinnvollerweise nur die *classe propriétaire* besteuert werden, da sie allein über den Nettoertrag der Agrarproduktion, der Quelle des Nationaleinkommens, verfügt. Der Pächter hingegen, von dessen Arbeitsleistung die Höhe des *produit net* und damit das Steuereinkommen des Staates abhängt, entrichtet bereits in Form der Pachtsumme den Nettoertrag an den Landeigner und darf deshalb durch Abgaben nicht doppelt belastet wer-

---

und der theoretische Gelehrte nicht an einer Philosophie, die auf so gemeine Gegenstände angewandt war". Vgl. zur antiphysiokratischen Sprachkritik in Frankreich *H. Häufle*, Aufklärung und Ökonomie, S. 112 ff. Dohms Kritik am physiokratischen System spart nur den Markgrafen von Baden aus: „Dieser wahrhaft erhabene Regent und wahre Vater seiner Untertanen ist für Deutschland in dieser Absicht eben das und mehr geworden, als Turgot in Frankreich war. Er hat sich von der Güte des Systems überzeugt, und beschlossen, es bei seinen Untertanen einzuführen. Alle zuverlässigen und möglichst genauen Nachrichten von der wirklichen Ausführung dieses Entschlusses müssen dem Freunde der Wahrheit ausnehmend interessant sein" (*Ch.W. Dohm*, Ueber das physiokratische System, S. 294).

163 *W. Schneiders*, Naturrecht und Liebesethik. Zur Geschichte der praktischen Philosophie im Hinblick auf Christian Thomasius, Hildesheim / New York 1971, S. 51 sieht Thomasius' Philosophie auf „eine geistige Reform des Lebens in moralischer Absicht" hin angelegt; ihm sei es dabei nicht um eine *emendatio intellectus*, um Fortschritt der theoretischen Wissenschaft, gegangen, sondern um die *emendatio voluntatis*, den moralischen Fortschritt innerhalb der natürlichen Kräfte.

164 Zur Fehlinterpretation der physiokratischen Theorien vgl. z.B. *N.J. Ware*, The Physiocrats. A Study in Economic Rationalization, in: The American Economic Review, XII (1931), S. 607: „There is no body of economic theory more misunderstood than that of the Physiocrats"; ähnlich *Th. P. Neill*, Quesnay and Physiocracy, in: Journal of the History of Ideas, IX (1948), S. 153.

165 Zur Steuerlehre Quesnays, insbesondere zu dessen analytischer Unterscheidung von *cultivateur* und *propriétaire*, vgl. *E. Hinrichs*, Produit Net, Propriétaire, Cultivateur. Aspekte des sozialen Wandels bei den Physiokraten und Turgot, in: *ders.*, Ancien Régime und Revolution. Studien zur Verfassungsgeschichte Frankreichs zwischen 1589 und 1789, Frankfurt a.M. 1989, S. 134 ff.

den. Die übrigen Mitglieder der Gesellschaft, die weder den Nettoertrag direkt genießen noch zu deren Erwirtschaftung beitragen, sondern nur durch Erbringung von Arbeits- und Dienstleistungen daran teilnehmen, bilden statt dessen die *classe stérile*.

Quesnays Ansatz geht zwar vom Problem der gerechten Besteuerung aus; er behandelt es jedoch, im Unterschied zu den Merkantilisten, nicht unter verwaltungstechnischem Gesichtspunkt, sondern versucht es auf analytischem Wege, durch eine neue Definition des Nationalreichtums und seiner Entstehung, zu lösen. Nicht mehr Höhe, Erhebung und Eintreibung der Steuern stehen im Mittelpunkt des theoretischen Interesses, sondern die Frage nach der Steuermasse: Wo und durch wen wird der zu besteuernde Reichtum des Landes erzeugt? Indem er die Landwirtschaft als Quelle des Nationaleinkommens ansetzt, entwickelt Quesnay auch eine völlig neue Konzeption des Grundbesitzes. Er ist nicht mehr ein durch Herrschaftsrechte geschütztes Eigentum, sondern der ökonomische Produktionsfaktor schlechthin[166] und damit die analytische Berechnungsgrundlage des Nationalreichtums. Denn die von den Grundbesitzern entrichtete Steuer ist nichts anderes als der proportionale Anteil des Staates am Nationaleinkommen. Der Erhebungsmechanismus wird damit unendlich vereinfacht. An die Stelle der unzähligen persönlichen, körperschaftlichen und Umsatzsteuern des Ancien Régime tritt eine einzige Grundsteuer: diejenige, die auf den jährlich erwirtschafteten Nationalreichtum selbst erhoben wird. Diese Rechnung geht innerhalb des Quesnayschen Systems deshalb auf, weil dem Reinertrag durch Handel und Industrie kein Mehrwert hinzugefügt wird. Der Wert eines Manufaktes ist nur die Summe der zum Zweck seiner Herstellung verbrauchten landwirtschaftlichen Produkte. Entsprechendes gilt für das im Handel erworbene Kapital; es fügt dem landwirtschaftlichen Reichtum, der zu dessen Ansammlung aufgewandt worden ist, nichts hinzu.

Dieser im „Tableau" beschriebene Wirtschaftskreislauf ist fast durchweg als analytisches Modell einer ökonomischen Idealgesellschaft bezeichnet worden. Lediglich Herbert Lüthy hat versucht, Quesnays Theorie als eine im großen und ganzen zutreffende Beschreibung der ökonomischen Gesellschaft im Ancien Régime zu begreifen[167]. Der Leibarzt der Pompadour habe den Reichtum des Landes konsequent auf die Agrarrenditen der ‚Privilegierten' zurückgeführt, jener Körperschaften also, die das Ancien Régime bildeten: König, Adel, Klerus und *noblesse de robe*. Ihre größtenteils dem Erwerb von Luxusgütern, also der Repräsentation von Herrschaft, dienenden Ausgaben sind es, die den inneren Markt für die Manufakturerzeugnisse schaffen und den Außenhandel stimulieren. Ihre Einkünfte auszugeben, sei die eigentliche soziale Funktion dieser Schich-

---

[166] Vgl. dazu *L. Meek*, The Economics of Physiocracy, S. 395: „The society which the Physiocrats visualized, in short, was indeed a ‚capitalist' society in the broad sense, but a capitalist society in which the landowning classes, by accomodating themselves to the new conditions, would be able to retain their old position of predominance".

[167] Vgl. *H. Lüthy*, Le passé présent. Combats d'idées de Calvin à Rousseau, Monaco 1965, hier zit. nach der italienischen Ausgabe: Da Calvino a Rousseau, Bologna 1971, S. 147 ff.

ten gewesen[168]. Quesnay habe denn auch in der Gesellschaft des Ancien Régime zwei Wirtschaftskreisläufe unterschieden: einen inneren, dem sie ihre Ressourcen entnehme, und einen äußeren, aus dem sie ihren Luxus ziehe. Diese Kreisläufe stünden nur über die landbesitzende und konsumfreudige hohe Staats-, Kirchen- und Hofgesellschaft miteinander in Verbindung[169]. Das „Tableau" entspringe der Erkenntnis, daß eine fortwährende Überbelastung des ersten zugunsten des zweiten Kreislaufs früher oder später zum Kollaps der Privilegiengesellschaft führen müsse. Die Besteuerung des Reinertrags sollte hingegen die Grundeigentümer dazu anhalten, auf die Rentabilität ihrer Güter zu achten und einen größeren Teil ihrer Einkünfte zur Intensivierung der Agrarproduktion zu verwenden[170].

Der Vorzug dieser Interpretation liegt darin, daß der analytische und der sozialreformerische Aspekt der Lehre auf dieselbe politische Grunderkenntnis zurückgeführt werden: Das Ancien Régime ist eine Herrschaftsstruktur, die von der wirtschaftlichen Entwicklung Frankreichs in der zweiten Hälfte des 18. Jahrhunderts allmählich unterlaufen wird. Die Erhöhung der landwirtschaftlichen Produktivität ist für Quesnay deshalb die vorrangige ökonomische Frage, weil Frankreich eben kein reines Agrarland mehr ist, sondern eine Vielzahl von Handwerksbetrieben und Manufakturen aufweist. Denn wären alle Glieder der französischen Gesellschaft noch unmittelbar von der Landwirtschaft abhängig, würde sich die Frage nach dem Ursprung des Reichtums von selbst beantworten und die Produktionssteigerung kein volkswirtschaftliches, sondern ein agronomisches Problem darstellen. Demgegenüber geht Quesnay davon aus, daß das Sozialgefüge in Frankreich nunmehr durch die Koexistenz zweier unterschiedlicher, ja in gewisser Beziehung gegensätzlicher Wirtschaftsbereiche gekennzeichnet ist: der Land- und der Gewerbewirtschaft. Freilich überwiegen die Agrarstrukturen bei weitem; aber das darauf beruhende ständische Herrschaftsgefüge bestimmt nicht mehr die Gesamtheit der individuellen Erwerbs- und Aufstiegschancen in der französischen Gesellschaft. Ausgangspunkt von Quesnays Überlegungen ist dehalb nicht die – ja von vornherein evidente – Bedeutung der Landwirtschaft für das ökonomische System Frankreichs. Im Vordergrund steht vielmehr die Beobachtung, daß eine steigende Zahl von Menschen im Gewerbesektor beschäftigt ist und der darin erworbene Reichtum durch den Ämterkauf zu einem bedeutenden, in Zukunft vielleicht sogar entscheidenden Machtfaktor im Herrschaftsgefüge des Ancien Régime geworden ist.

Um das prekäre Gleichgewicht dieses politischen Systems zu erhalten, ist es für Quesnay notwendig, den in der Landwirtschaft hervorgebrachten Reichtum in einen alle Teile der ökonomischen Gesellschaft Frankreichs erfassenden Kapitalkreislauf umzusetzen. Die Landwirtschaft wird erstmals nicht als ökonomische Subsistenzbasis einer adeligen Schicht gesehen, die zwar ihre grundherrlichen Rechte verloren, die damit verbundenen Einkünfte jedoch behalten

---

168 Ebd., S. 152.

169 Ebd., S. 153.

170 Ebd., S. 150.

hat. Vielmehr steht die Frage im Mittelpunkt, welche Konsequenzen die Umwandlung der Grundherrschaft in ein soziales Privileg eigentlich für die Gesamtwirtschaft Frankreichs hat. Da die Agrarverfassung nicht mehr eine sich selbst reproduzierende, sondern eine wesentlich vom staatlichen Macht- und Rechtssystem abhängige Sozialstruktur darstellt, ist sie auch ökonomisch in einen umfassenderen Zusammenhang eingebunden. Dabei geht es in erster Linie nicht darum, auch die privilegierten Grundbesitzer zur Deckung des steigenden staatlichen Finanzbedarfs heranzuziehen. Entscheidend ist vielmehr die Tatsache, daß die Einkünfte dieser Schicht im Rahmen des staatlichen Privilegienwesens tatsächlich grundlegend sind für die Erwirtschaftung des Nationalreichtums. Eben weil der landwirtschaftliche Reinertrag von der königlichen Finanzverwaltung nicht erfaßt wird und ungehindert in den Handel und die gewerbliche Produktion fließen kann, ist er der eigentliche ökonomische Entwicklungsfaktor. Bezeichnet Quesnay den *produit net* als den einzigen wahren gesellschaftlichen Reichtum, will er damit nicht sagen, Handel und Manufakturen seien für die Volkswirtschaft unnütz. Ganz im Gegenteil: Erst der frei zirkulierende, produktive Reinertag ist für die Höhe des Nationalreichtums entscheidend; und nur unter dem Gesichtspunkt dieser gesamtwirtschaftlichen Bedeutung wird er mit der staatlichen Einheitssteuer belegt.

Von der zeitgenössischen Kritik ist das Prinzip des *produit net* indes als Indiz für die Unkenntnis der gewerbewirtschaftlichen Verhältnisse gewertet worden. Die zur Lehre vom Reinertrag komplementäre Kreislauftheorie wurde durchweg übersehen, oftmals wohl auch aus tagespolitischen Gründen unterschlagen. Eine Ausnahme macht der brillanteste Versuch zur Widerlegung der physiokratischen Lehre, die 1769, auf dem Höhepunkt des physiokratischen Einflusses bei Hof erschienenen „Dialogues sur le commérce des bleds". Der Legationsrat an der neapolitanischen Botschaft, Ferdinando Galiani, die schillerndste Gestalt in den Salons der Pariser Aufklärung[171], erkennt darin den gesamtwirtschaftlichen Aspekt der physiokratischen Lehre, bezeichnet aber die diesem zugrundeliegende Argumentation als „cercle vicieux": „... il n'est pas nécessaire qu'il faille commencer par enrichir le fermier pour faire fleurir les manufactures; car vous pouvez dire avec autant de vérité, enrichissez l'ouvrier et il fera fleurir l'agriculture"[172]. Galiani, dem es stets bloß auf die theoretisch brillante Widerlegung abstrakter Denkmodelle ankam und der sich kaum die Mühe machte, seine Argumente durch eine

[171] Zu Galianis Beziehungen zum französischen Enzyklopädismus, insbesondere zu Diderot, der unter Galianis Einfluß von einem Befürworter zu einem Kritiker der physiokratischen Lehre wurde und nach der Rückberufung des Abbé nach Neapel die Endfassung der *Dialogues* redigierte, vgl. *F. Venturi*, Galiani tra enciclopedisti e fisiocrati, in: Rivista storica italiana, 72 (1960), S. 46 ff. Über Galianis Bedeutung in der Geschichte der Nationalökonomie vgl. *E. Ganzoni*, Ferdinando Galiani. Ein verkannter Nationalökonom des 18. Jahrhunderts, Zürich 1938 und *L. Einaudi*, Galiani economista, in: *ders.*, Saggi bibliografici e storici intorno alle dottrine economiche, Roma 1953, S. 283 ff. Dieser untersucht Galianis Frühschrift „Della moneta" und wertet sie als eine Pionierleistung auf dem Gebiet des Monetarismus.

[172] *F. Galiani*, Opere, (Illuministi italiani VI) hrsg. von *F. Diaz / L. Guerci*, Milano / Napoli 1975, S. 453.

detaillierte Überprüfung des greifbaren Tatsachenmaterials abzusichern, geht hier nicht auf die Frage ein, inwieweit das „Tableau“ als zutreffende Beschreibung der ökonomischen Gesellschaft des Ancien Régime gelten darf. Ausgangspunkt seiner Argumentation ist vielmehr eine kulturgeschichtliche Gegenüberstellung von Agrar- und Manufakturstaaten[173].

Die Agrarstaaten werden als kriegerisch und als empfänglich für den Luxus eingestuft; ihre Herrschaftsstruktur baue deshalb auf Kreditwesen und Despotie auf. Die Sucht nach Luxus treibe das Geld außer Landes und entziehe es der landwirtschaftlichen Produktion. Da gleichzeitig der Finanzbedarf des Staates wachse, gehe man schließlich aus lauter Geldknappheit zu einer auf der Grundlage von Herrschaftsrechten organisierten Naturalwirtschaft über. Galiani führt somit das Feudalsystem nicht auf tradiertes Recht zurück, sondern auf eine ökonomische Fehlentwicklung, die zudem auch schwerwiegende kulturelle Folgen habe. Denn in einer Sozialstruktur, in der der Bauer an seine Scholle gebunden bleibe und sein Lebensglück allein vom Zufall, dem Ernteertrag, abhänge, mache sich Aberglaube und Obskurantismus breit[174]. Demgegenüber gebe es keine „époque dans l'histoire de diminution de la supersition qui ne fût en même temps celle de la perfection des arts“[175]. Nur durch die Manufakturen sei eine gleichmäßige Entwicklung der Gesellschaft, eine gerechtere und effizientere Steuererhebung, eine kontinuierliche Machtsteigerung des Staates und der kulturelle Fortschritt der Menschheit zu erreichen.

Die Gleichsetzung von ‚Aufklärung‘ und ‚ökonomischer Freiheit‘ geht aber nicht auf Galiani zurück; sie war eine beliebte Argumentationsfigur der französischen *philosophes*. So hebt Voltaire die Bedeutung des Handels für das politische System Englands hervor, das in Frankreich auch noch nach dem Siebenjährigen Krieg, der eine diffuse Englandfeindlichkeit ausgelöst hatte, für vorbildlich erachtet wurde: „Le Commerce qui a enrichi les Citoiens en Angleterre, a contribué à les rendre libres, & cette liberté a entendue le Commerce à son tour; de là s'est formée la grandeur de l'État“[176].

Diese glückliche Wechselwirkung von ökonomischer Freiheit und politischer Macht sieht Voltaire auch im typischen Habitus des englischen Handelsmanns verkörpert, der sich einem römischen Bürger gleich erachte, so daß sich selbst der Sohn eines *Pairs du Royaume* für die Handelsgeschäfte nicht zu schade sei. Als Gegenbeispiel führt Voltaire bezeichnenderweise den deutschen Landadel an:

> „Cette coûtume, qui pourtant commence trop à se passer, paroît monstrueuse à des Allemands …, ils ne savoient concevoir que le fils d'un Pair d'Angleterre ne soit qu'un riche & puissant Bourgeois, au lieu qu'en Allemagne tout est Prince; on a vu jusqu'à trente Altesses du même nom, n'aiant pour tout bien que des armoiries & de l'orgueil“[177].

---

173 So *R. Diaz*, Introduzione, ebd., S. 33.

174 Ebd., S. 455.

175 Ebd.

176 *Voltaire*, Lettres philosophiques, hrsg. von *G. Lanson*, Paris 1909, S. 120.

177 Ebd., S. 122.

Neben dem einfallsreichen Unternehmer war der geniale Naturforscher die kulturelle Idealgestalt der Aufklärung. Vor allem Newton, dessen Entdeckungen das rationalistische Weltbild des 18. Jahrhunderts begründeten[178], wurde zum sozialen Leitbild der gebildeten Schichten Europas. Er schien der lebende Beweis dafür, daß die menschliche Vernunft sich von den religiösen Mysterien der Vergangenheit befreien und sich eine eigene, auf unwandelbaren natürlichen Gesetzen beruhende Welt schaffen konnte[179]. Die logische Unangreifbarkeit der Newtonschen Mechanik schien das aufklärerische Ideal, eine Gesellschaft von mündigen, allein auf die eigene Vernunft vertrauenden Menschen zu schaffen, gleichsam der politischen Polemik zu entziehen und in den Bereich der ewigen, selbstevidenten Wahrheiten zu erheben. An Newton faszinierte aber nicht nur seine wissenschaftliche Tätigkeit, sondern auch sein Lebenslauf. War anderen großen Gelehrten der Vergangenheit wie Galilei und Descartes nur Unterdrükkung und Verbannung beschieden gewesen, hatte er Ehrungen erfahren, wie sie sonst nur bedeutenden Staatsmännern oder Feldherrn zuteil geworden waren. So schrieb Voltaire, der wohl bedeutendste Propagandist des Newtonschen Weltbildes im 18. Jahrhundert, über die Karriere seines Helden:

> „... il a vécu quatre-vingt cinq ans, toujours tranquille, heureux et honoré dans sa patrie. Son grand bonheur a été non seulement d'être né dans un pais libre, mais dans un temps où les impertinences scolastiques étant bannies, la raison seule étoit cultivée, & le monde ne pouvoit être que son écolier, & non son ennemie“[180].

Der mit Hilfe der Vernunft sich selbst von den Bindungen der traditionellen religiösen und politischen Gewalten befreiende einzelne, der sowohl auf wissenschaftlichem wie auf ökonomischem Gebiet die Welt seinen Gesetzen zu unterwerfen verstand, war das pädagogische Ziel der Aufklärung.

Galianis Gesichtspunkt ist dagegen ein ganz anderer. Über die individuelle *raison économique* stellt er „la partie politique, la raison d'État, celle à laquelle toute autre considération doit céder“[181], „... la raison d'État, la première de toutes les raisons dans l'ordre politique“[182]. So bestreitet er, daß das Getreide ausschließlich als Gegenstand kaufmännischer Spekulation betrachtet werden könne; es sei in erster Linie die Grundlage der allgemeinen Versorgung und gehöre damit in den Bereich der Staatsräson, der Politik[183].

---

[178] Zur Bedeutung der Newtonschen Mechanik für das Weltbild der Aufklärung vgl. allgemein *Th.P. Saine*, Von der Kopernikanischen zur Französischen Revolution, Berlin 1987, S. 12 und *A. Koyré*, Newtonian Studies, Harvard 1965.

[179] So *P. Gay*, The Enlightenment. An Interpertation, 2: The Science of Freedom, New York 1969, S. 137.

[180] *Voltaire*, Lettres philosophiques, Quatorzième lettre: Sur Descartes et Newton, S. 5.

[181] *F. Galiani*, Opere, S. 386.

[182] Ebd., S. 401.

[183] Ebd., S. 385: „Le bled peut être regardé comme une production du sol, et sous cette vue il appartient au commerce et à la législation économique. Ensuite il peut et doit être regardé comme la matière de première nécessité et le premier soin dans l'ordre civile des sociétés, et sous ce point de vue il apartient à la politique et à la raison d'Etat“.

Bei Wirtschaftsfragen die *raison d'État* nicht zu berücksichtigen, ist für Galiani überhaupt die Schwachstelle der physiokratischen Theorie. An anderer Stelle meint er dazu:

„Questa scienza che i moderni Francesi per somma ignoranza hanno chiamata economia, quando dovevano chiamarla politica, è difficile assai più che non paia. Si riduce ad una applicazione di teorie generali semplicissime a casi particolari compositissimi. Chi crede saperla col solo averne capita la teoria, è uno sciocco; perché le sue verità teoriche sono così facili, piane, volgari, e quasi inette, che ogni fanciullo le indovina. È come chi si credesse sublime geometra, perché dà che tutto è maggiore della parte. Quindi tanto chiasso de' quondam economisti sull'evidenza. Ma l'applicarle domanda una scienza immensa, profonda, sminuzzata di quel paese, a cui si voglia dar consiglio. Scienza, che comprende il morale, i costumi, la legislazione, il commercio, l'agricoltura, le finanze. Ogni varietà fa casi diversi, e diverse applicazioni delle teorie. Dovrebbero aver rimorso e rossore i viaggiatori di parlar economisticamente de' paesi percorsi. Solo del proprio può credersi che taluno abbia conoscenza bastante per favellarne“[184].

Empirie statt Gesetzesrationalismus, Erfahrung statt Erkenntnis, Regierklugkeit statt ‚Wahrheit': an Galiani wird deutlich, daß die Staatsräson- und *Arcana imperii*-Tradition sich in den europäischen Aufklärungsdiskurs hinein verlängert. Hier dient sie allerdings nicht mehr der Säkularisierung und Mechanisierung politischer Herrschaft[185]; vielmehr wird sie von einem eklektischen Skeptizismus bemüht, der gerade an die Machbarkeit politischer Verhältnisse, an eine *societas more geometrico*, nicht mehr zu glauben vermag[186]. Während die Physiokraten das Wirtschaftssystem des Ancien Régime in einem analytischen Modell erfassen und damit bereits den Schlüssel zu einer umfassenden Gesellschaftsreform zu liefern meinen, spiegeln sich für Galiani in den ökonomischen Realitäten lediglich die jeweiligen politischen Kräfteverhältnisse wider[187]. Die Unterschei-

---

184 *F. Galiani*, Opere, S. 735.

185 Zur Staatsräson-Tradition vgl. *M. Stolleis*, Arcana Imperii und Ratio Status. Bemerkungen zur politischen Theorie des frühen 17. Jahrhunderts, in: *ders.*, Staat und Staatsraison in der frühen Neuzeit. Studien zur Geschichte des öffentlichen Rechts, Frankfurt a.M. 1990, S. 37-73. Daß Galiani sich tatsächlich mit Machiavelli auseinandergesetzt hat, zeigen die Anmerkungen zu seiner Schrift: De' Doveri de' principi neutrali verso i principi guerreggianti, e di questi verso i neutrali, capo VII (Dell'immunità delle persone, e de' beni appartenenti ai neutrali, che trovinsi sul territorio di taluno de' guerreggianti), in: *F. Galiani*, Opere, S. 653-654.

186 *F. Venturi*, La Napoli di Genovesi, in *ders.*, Settecento riformatore. Da Muratori a Beccaria, 2. Aufl., Torino 1969, S. 616 ff. zeichnet ein differenziertes Bild der geistigen Entwicklung Galianis. Zusammen mit Antonio Genovesi Anhänger und Vertrauter des neapolitanischen Außenministers Tanucci, der für die Liberalisierung des Getreidehandels und die Einführung der Gewerbefreiheit eintrat, habe Galiani anfangs Vorschläge für weitreichende Wirtschaftsreformen entwickelt, aber bald deren politische Undurchführbarkeit einsehen müssen. Unter dem Eindruck der Hungersnot in Neapel 1764 habe er dann den Standpunkt entwickelt, es sei besser, an dem alten System der Getreidemagazinierung festzuhalten, wenn die Voraussetzungen fehlten, neue Gesetze anzuwenden. Vgl. hierzu auch F. *Venturi*, Galiani tra enciclopedisti e fisiocrati, S. 47.

187 Daß Galianis trockener Realismus auch zu Fehleinschätzungen führen konnte, zeigte sich, als er davon abriet, neapolitanische Handelsschiffe in die Häfen der Vereinigten Staaten zu schicken. Die Bemühungen der Amerikaner, die Handelsbeziehungen

dung von politischer Gewalt und natürlichen Wirtschaftsgesetzen, von Staat und Gesellschaft hatte für ihn keinen Sinn in einer Zeit, in der die undurchsichtigen Machtkonstellationen am Hof und die wechselvollen Stimmungen im königlichen Kabinett noch wesentlich über den Gang der Dinge entschieden.

Die von der physiokratischen Lehre aufgeworfene Frage nach dem Verhältnis von Wirtschaftstheorie und Politik versuchte man auch in Deutschland den sozialen Verhältnissen gemäß zu beantworten. Dazu war es zunächst notwendig, die französische Terminologie durch plausible deutsche Begriffe zu ersetzen. So spricht Jakob Mauvillon in dem Aufsatz „Von der öffentlichen und privaten Üppigkeit" nicht von *classe propriétaire* und *classe productive*, sondern von Landeigentümern und Hervorbringenden. Die *classe stérile* teilt er sogar in zwei Gruppen auf: die Arbeitenden und die Besoldeten. Zur ersten gehören alle diejenigen, „die den Produkten ihre endgültige Form geben", also die Gewerbetreibenden; die Gruppe der Besoldeten hingegen umfaßt „den Regenten selbst, alle Zivil- und Kriegsbedienten, die Gelehrten, die Geistlichen, die Komödianten, Tänzer und Nachrichter"[188]. Die theoretische Evidenz des „Tableaus" wird durch diese terminologischen Manipulierungen allerdings verdunkelt. Während Quesnay zu beschreiben suchte, wie sich unter den Bedingungen einer staatlichen Privilegiengesellschaft nationaler Reichtum bilden und vermehren konnte, unterscheidet Mauvillon von vornherein die ökonomische von der politischen Gesellschaft. Entsprechend deuteten die deutschen Physiokraten den Wirtschaftskreislauf nicht als System der Reichtumsverteilung innerhalb eines durch Privilegien strukturierten Sozialgefüges, sondern als ökonomische Interdependenz aller Stände. In seinem Versuch über die gesellige Ordnung schreibt Iselin:

> „Durch diese wechselseitigen Einflüsse der verschiedenen Stände der Gesellschaft werden, wenn nichts ihren wohltätigen Fortgang hemmet, nach den weisen Absichten der Vorsehung die Werke der Kunst und des Fleisses vervielfältiget ... So wichtig der reine Ertrag der Landwirthschaft für den Staat ist: so wichtig ist es für die allgemeine Wohlfahrt und für die Blüthe der Landwirthschaft selber, daß alle andern Stände mit dem landwirthschaftlichen sich in einem gerechten Ebenmaasse befinden ..."[189].

---

zu Neapel zu intensivieren – Jefferson hatte 1784 mit dem neapolitanischen Gesandten in Paris zu diesem Zweck Kontakt aufgenommen – interpretierte er in einem Brief an den Außenminister Sambuca vom 6. November 1784 so: „... non per motivo di estendere il loro commercio, ma per cominciare ad aver rango tralle potenze riconosciute in Europa, si fanno da essi tali istanze. Or siccome questa cosa ad essi soli preme ed interessa, ed al Re non solo non può produrre alcun vantaggio, ma piuttosto qualche imbarazzo se troppo si sollecitasse a farla, non stimo doversi correre in fretta a dir sì". Indem er die idealistischen Antriebe der amerikanischen Revolution unterschätzte, verstellte sich ihm auch der Blick auf die enormen wirtschaftlichen Entwicklungsmöglichkeiten, die sich in den Vereinigten Staaten durch die Freisetzung einer Gesellschaft unabhängiger Produzenten ergeben sollten. Zitat und weiterer Zusammnehang bei *F. Diaz*, L'abate Galiani consigliere di commercio estero del Regno di Napoli, in: Rivista storica italiana, 80 (1968), S. 883.

188 *J. Mauvillon*, Von der Üppigkeit, in: *ders.*, Sammlung von Aufsätzen über Gegenstände aus der Staatskunst, Staatswirthschaft und neuesten Staaten-Geschichte, 2, Leipzig 1777, S. 9.

189 *I. Iselin*, Versuch über die gesellige Ordnung, Basel 1772; Hildesheim 1969, S. 9.

Die für die theoretische Bestimmung des *produit net* grundlegende Unterscheidung von *propriétaire* und *cultivateur*, von Grundeigentümer und Pächter, wird unscharf und schließlich ganz fallengelassen. So spricht der Markgraf von Baden nur noch allgemein vom Landmann, der um den Lohn seiner Arbeit nicht betrogen werden dürfe:

> „Einwohner der Städte! begehret nicht, dem Landmann die im Schweiß seines Angesichts hervorgebrachten Producte um geringe Preise abzudringen. Er kann seinen Acker nicht ohne Aufwand anbauen: ein Theil dieses Aufwandes ist Verdienst für euch: aber der größte Theil eures Verdienstes wird mit dem reinen Ertrag des Landes bezahlt, nemlich mit der Summe, welche dem Landmann übrig bleibt, wenn von dem ganzen Erwuchs der Kulturaufwand abgezogen ist. Diese Summe ist der freicirculirende Reichthum im Staat, wovon alle Stände leben, ein jeder nach dem Maasse des Antheils, welchen er mit Recht daran zu fordern hat, oder welchen er durch seine Arbeit erwirbt. Je grösser diese Summe, je größer der Wohlstand des Staats, je blühender die Gewerbe, die Künste, der Handel. Begehret also nicht, daß der freie Handel der Produktionen gehemmet werde: Denn so wie sich verhält der Kaufpreis der Produktionen, so verhält sich auch der reine Ertrag. Ueberfluß und Unwerth ist nicht Reichthum ...“[190].

Das analytische Modell einer durch sozialständische Privilegien gekennzeichneten, aber mit gewerbe- und handelskapitalistischen Elementen durchsetzten Gesellschaft ging, auf deutsche Verhältnisse angewandt, offensichtlich nicht auf. Das Beamtentum erhielt sich nicht selbst durch Pfründen, sondern wurde wesentlich aus den Steuereinnahmen des Staates und aus den Einkünften der fürstlichen Domänen bezahlt. Der grundbesitzende Adel diente, vor allem in Preußen, mehrheitlich nicht bei Hof, sondern in Heer und Verwaltung und trat daher kaum als Großabnehmer von Luxusgütern auf. Die zum Großteil noch auf Frondiensten beruhende Agrarverfassung ließ es ohnehin nicht zu, eine Kommerzialisierung der Landwirtschaft und damit die von der physiokratischen Theorie ja schon vorausgesetzte Umwandlung des Landadels in eine kapitalistische Grundbesitzerschicht ins Auge zu fassen. Was die Manufakturen betraf, so konnten sie von privater Kundschaft kaum leben und waren, besonders im Bereich der Luxusgüterherstellung, fast ausnahmslos auf staatliche Finanzhilfen und Absatzgarantien angewiesen.

Dennoch mutet der Gesichtspunkt der deutschen Physiokraten nicht rückständig an. Die Unterscheidung einer vom Politischen getrennten und unbeeinflußten ökonomischen Sphäre wird von den deutschen Physiokraten eher noch deutlicher getroffen als von ihren französischen Vorbildern. Die Kreislauftheorie Quesnays beruhte ja schließlich auf der Verschränkung von Staats- und Wirtschaftsgesellschaft; denn über Geldreichtum verfügten nur die vom König eximierten und an den Hof gezogenen Grundbesitzer. Aus diesen Privilegierten allein rekrutierte sich die Heeres- und Verwaltungsspitze, die über die staatlichen Herrschaftsmittel verfügende Schicht. Von der Gunst des Monarchen hingen sowohl die Karriere im Heeres-, Verwaltungs- und Justizdienst als auch der gesellschaftliche Reichtum ab. Wer über solchermaßen privilegierten Reichtum

---

[190] *Carl Friedrich Markgraf von Baden*, Meine Antwort auf die Danksagung des Landes, S. 75.

genoß, konnte ihn nicht frei und gewinnbringend investieren; er war vornehmlich als Dekor einer herausragenden Stellung in der unmittelbaren Nähe des Königs gedacht[191]. Diese Aufteilung des Staates unter privilegierten Körperschaften war für den politischen Beobachter in Deutschland eine kaum nachvollziehbare Vorstellung. In Österreich und Preußen, den bestimmenden Mächten im Alten Reich, wurde der Grundadel nicht als privilegierte Repräsentationsschicht, sondern als staatsfunktionaler Stand konserviert. Hinzu kam, daß Ämterkauf und der Erwerb adeliger Güter durch Bürgerliche untersagt waren. Für die aufstrebenden Handels- und Gewerbeschichten bestand deshalb nicht die Möglichkeit, sich in den Staatsdienst einzukaufen; Leistung und wissenschaftliche Qualifikation entschieden hier zunehmend über die Aufstiegschancen[192].

Ausgehend von dieser Verfassungsrealität trennten die deutschen Physiokraten die Sphäre des Erwerbs und die Sphäre der Gesetzgebung und Politik. Die für Quesnay und seine Anhänger entscheidende Frage nach der Reinvestition des Reinertrags wurde durch das Reformziel des aufgeklärten Absolutismus überlagert: die finanziellen Ressourcen des Staates durch Auflockerung des Ständegefüges, insbesondere durch Abschaffung der korporativen Gewerbeprivilegien, zu erhöhen. Indem sie die Durchbrechung der „Monopolia" und die Einführung der Gewerbefreiheit zu ihrem zentralen Anliegen machten, setzten sich die deutschen Physiokraten jedoch dem Vorwurf aus, die soziale Wirklichkeit in den deutschen Kleinstaaten nicht zu kennen und verantwortungsvoller Finanz- und Polizeiwissenschaft utopische „Projekten-Macherei" vorzuziehen. So meint der anfangs der physiokratischen Lehre durchaus offenstehende Johann Georg Schlosser:

> „Man denkt sich bey den Raisonnements über den Gang des Handels immer eine ganze Nation auf einen Klumpen, und denkt nicht, daß zwey Drittel derselben in so kleinen Gemeinden zerstreut sind, daß sie vom Schwung des Commerzes gar nichts fühlen. Diesen ists genug, ihre Bedürfnisse sicher zu haben, den Glanz, das Gewühl, den Ab- und Zufluß der Handelnden und der Waaren fühlen die gar nicht"[193].

Für Johann Jacob Moser steht vor allem die Mentalität der Bauern und Handwerker einer auf Gewerbefreiheit beruhenden Wirtschaftsordnung entgegen:

> „Der gemeine Mann ... denket, wie wir in Teutschland zu reden pflegen, kleinstättisch; das ist, er siehet zu viel auf den gegenwärtigen, oder auch wohl nur einen schein-

---

[191] Hierzu immer noch unverzichtbar *N. Elias*, Die höfische Gesellschaft. Untersuchungen zur Soziologie des Königtums und der höfischen Aristokratie, Neuwied 1969.

[192] Vgl. hierzu *P. Lundgreen*, Gegensatz und Verschmelzung von ‚alter' und ‚neuer' Bürokratie im Ancien Régime: Ein Vergleich von Frankreich und Preußen, in: *E. Hinrichs* (Hrsg.), Absolutismus, Frankfurt a.M. 1986, S. 170.

[193] *J.G. Schlosser*, Ueber das neue französische System der Polizeyfreiheit insbesondere in der Aufhebung der Zünfte, in: Ephemeriden der Menschheit, 2. St. 1776, S. 28. Zu Schlossers politischer Philosophie vgl. *H.P. Liebel*, Enlightened Bureaucracy, S. 100 ff., die Schlosser bereits vom englischen Sensualismus (Locke, Shaftesbury) beeinflußt sieht; *J. van der Zande*, Bürger und Beamter. Johann Georg Schlosser 1739-1799, Stuttgart 1986, S. 24 ff., der Schlossers Verbindung zur Baseler Aufklärung, insbesondere zu der von Isaak Iselin 1762 gegründeten „Helvetischen Gesellschaft" erwähnt.

baren, Nutzen, und übersiehet nicht, oder bekümmert sich wenigstens nicht darum, daß eine kleine Ersparniß, oder ein gegenwärtiger geringer Vortheil ihm in der Folge ... einen beträchtlicheren Vortheil entziehet ...“[194].

Man habe deshalb den Eindruck, daß bei den Physiokraten „am Ende alles auf einen schönen Staats-Roman, auf einen philosophischen Traum, auf einen Platonischen Staat, der gleichen es noch nie in der Welt gegeben hat, noch jemalen geben wird, auf speculativistische Grillen hinausläuft“[195]. Denn die Lehre setze stillschweigend die Fähigkeit der Regenten voraus, die Übereinstimmung ihres Interesses mit dem ihrer Untertanen zu erkennen; dies sei jedoch kaum der Fall. Und Untertanen, die ihren Eigennutz verstünden, stellten in den europäischen Staaten durchaus eine Minderheit dar. Vor allem in Deutschland stehe vielmehr die Frage im Mittelpunkt:

> „Wie es anzugreifen seye, sowohl den Verstand als den Willen des gemeinen Mannes in Absicht auf die ihm zukommenden Verrichtungen, besonders in Ansehung des Feldbaues, zu verbessern?“[196].

Moser setzt der physiokratischen Annahme natürlicher, unwandelbarer Wirtschaftsgesetze die vorurteilslose Überprüfung der von Fall zu Fall gegebenen Umstände als logisches Kriterium polizeiwissenschaftlicher Erkenntnis entgegen. Das dabei bestimmende politische Prinzip ist freilich nicht – wie etwa bei Galiani[197] – die Staatsräson, das zur Mehrung der monarchischen Macht Gebotene, sondern die Bewahrung der wohlerworbenen Rechte. So warnt er davor,

> „daß eine forcirte und übereilte allgemeine Verbesserungs-Begierde nur eine allgemeine Verwirrung und ein allgemeines Elend oder gefährliche Staatsrevolutionen nach sich ziehen würde“[198].

Auch der Verfasser einer „Historisch-politischen Betrachtung der Innungen“ vertritt rückblickend die Ansicht, daß es den Physiokraten nicht allein um die Abschaffung bestehender Mißstände gegangen sei. Es habe sich vielmehr um „eine Art von Leuten“ gehandelt,

---

[194] *J.J. Moser*, Anti-Mirabeau, Frankfurt / Leipzig, 1771, S. 40. Dabei war Moser Wirtschaftsreformen keineswegs abgeneigt. Er versuchte wiederholt, die württembergischen Landstände davon zu überzeugen, daß ihre Politik sich nicht allein auf die Bewahrung ihrer Gerechtsamen beschränken dürfe, sondern wesentlich auf die wirtschaftliche „Hebung“ des Landes abzielen müsse. Vgl. dazu *R. Rürup*, Johann Jacob Moser. Pietismus und Reform, Wiesbaden 1965, S. 201 ff.

[195] *J.J. Moser*, Anti-Mirabeau, S. 22.

[196] Ebd., S. 36.

[197] Moser könnte Galianis „Dialogues“ gekannt haben. Im 18. Jahrhundert erschienen in Deutschland zwei Übersetzungen dieser Schrift: Dialoge über die Regierungskunst vornehmlich in Rücksicht auf den Getreidehandel, übersetzt von H.L.W. Barckhausen, Leipzig 1777; Handlungs-Dialoge, übersetzt von H.W. Berisch, Lautern 1778; hinzu kommt eine französische Neuauflage in zwei Bänden bei Rothmann, Berlin 1795. Weitere Übersetzungen folgen im 19. Jahrhundert: Des Abbé Galianis Gespräch über den Kornhandel, übersetzt und kommentiert von D.C.W. Biecht, 2 Bde., Glogau 1802; Galianis Dialoge über den Getreidehandel, mit einer Biographie Galianis, hrsg. von *F. Blei*, Bern 1895. Vgl. dazu die Galiani-Biographie von *L. Guerci*, in: *F. Galiani*, Opere, S. 67-127.

[198] *J.J. Moser*, Anti-Mirabeau, S. 36.

„welche die ganze Staatsverfassung umkehren, alles weit besser einrichten wollten, und daher den Ehren- oder Eckel-Namen Oekonomisten oder auch Polizeiphilosophen erhielten. Diese machten gewaltigen Lärm, schrien und jammerten über die gegenwärtige Staatseinrichtung, und hauptsächlich mit über die Innungen der Gewerbe“[199].

Eine abschließende Bewertung der physiokratischen Lehre in Deutschland fällt schwer. Ihr fehlen nahezu alle Merkmale, die die historische Bedeutung einer politischen Doktrin ausmachen. Sie lieferte keine zutreffende Analyse der sozialen Realität, deren Veränderung sie als ihr praktisches Ziel ausgab; dementsprechend war sie für die aufklärerische Publizistik, die gerade durch die Darstellung des Bestehenden zum Gebrauch der eigenen Vernunft anhalten wollte und die Strukturen des altständischen Sozialgefüges nicht aufzuheben, sondern gleichsam durch Erziehung jedes einzelnen in den Grenzen seines Standes überflüssig zu machen trachtete, ein widersprüchliches Gebilde. Da sie keine Bestandsaufnahme der bestehenden gesellschaftlichen Kräfteverhältnisse vorlegte, entbehrte sie auch einer klaren politischen Bezugsgröße. Während die französischen Physiokraten von Anfang an als Vertreter einer umfassenden, von der absoluten Monarchie per Dekret durchgesetzten Gesellschaftsreform auftraten, beschworen ihre deutschen Anhänger das vage Bild eines aufgeklärten Fürsten, der in den Interessen seines Volkes seine eigenen zu erkennen vermag. Das bewahrte sie allerdings nicht vor dem Verdacht, in Deutschland unter dem Deckmantel eines neuen Wirtschaftssystems die „despotische Gewalt“ durchsetzen und die „Durchlöcherung und Zernichtung derer heiligen, beschworenen und bishero allzeit für unverletzlich gehaltenen Reichs- und Land-Grundgesetze“ erreichen zu wollen[200].

Vor allem durch ihren ökonomischen Freiheitsbegriff setzten sich die Physiokraten zwischen alle Stühle. Indem sie für die Abschaffung der zünftigen Beschränkungen der individuellen Gewerbefreiheit eintraten, bestritten sie auch die Geltung der ständischen ‚wohlerworbenen Rechte‘ und damit die Grundlagen jener landständischen Privilegien, die unter dem Schlagwort „Teutsche Freiheit“ einen Schwerpunkt des vorkantischen Aufklärungsdiskurses bildeten. Da sich ihre Kritik jedoch gleichzeitig gegen die Monopolien und damit gegen die Privilegierungspraxis der monarchischen Gewerbepolicey richtete, sahen auch die Regierungen der absolutistischen Territorialstaaten in der physiokratischen Lehre kein brauchbares Instrument zur Rechtfertigung ihrer Zentralisierungsbestrebungen.

Schließlich fehlte es dem System an philosophischer Plausibilität. Die deutschen Physiokraten hatten es unterlassen, die theoretisch bedeutsamen Passagen der Lehre, insbesondere die Kreislauftheorie, adäquat zu entwickeln. Dadurch wurde der von Quesnay implizit erhobene Anspruch, die logisch unanfechtbaren Bewegungsgesetze des Wirtschaftslebens entdeckt zu haben, in den deutschen Populärversionen der Lehre zu einer rein rhetorischen Floskel. Der im

---

199 *J.H. Firnhaber*, Historisch-politische Betrachtung der Innungen und deren zweckmäßige Einrichtung, Hannover 1782, S. 104.

200 So *J.J. Moser*, Anti-Mirabeau, S. 51.

„Tableau" stets gegenwärtige Bezug auf die Newtonsche Mechanik und die darin zum Ausdruck kommende Selbstevidenz des mathematischen Gesetzes[201] waren in den Schriften Schlettweins, Mauvillons und Iselins nirgends greifbar. Das Bild eines sittlich neutralen Wirtschaftssubjektes, das allein durch den Mechanismus der sich abwechselnden Lust- und Schmerzempfindungen beherrscht wurde, verdankte aber seine Evidenz nicht zuletzt dem Newtonschen *systema mundi*, in dem einzelne, frei sich bewegende Teilchen durch das Gesetz der Schwerkraft aufeinander bezogen sind[202]. Das Verhältnis von individuellen Antriebskräften und gesetzlicher Ordnung wurde in Deutschland hingegen noch lange, bis zur Rezeption Adam Smiths und des englischen Sensualismus, auf der Grundlage der Wolffschen Philosophie, letztlich also der Leibnizschen Monadologie[203] beantwortet: Frei war das Individuum in dem Maße, wie es die Grundsätze der allgemeinen Vernunft vollzog.

---

[201] *A. Mathiez*, Les doctrines politiques de physiocrates, in: Annales historiques de la Révolution française, 13 (1936), S. 193 f. weist darauf hin, daß die physiokratische Lehre nicht nur als ökonomische Theorie konzipiert war, sondern vor allem eine „science nouvelle" von der Gesellschaft sein wollte: „... une science déductive, qui prétendait appliquer à l'ordre social les principes du cartésianisme, et le premier de tous, l'évidence". Er zitiert in diesem Zusammenhang Dupont de Nemours, für den die Beweise der „science économique" „aussi sévères et aussi incontestables" sind „que celles de la géométrie ou de l'algèbre", und resümiert: „Quesnay prétendait avoir appliqué dans son Tableau économique les méthodes arithmétiques à l'étude de la circulation des richesses. Tous croyaient avoir découvert des lois économiques aussi certaines, aussi immuables que les lois du monde physique".

[202] *A. Koyré*, Newtonian Studies, hier zitiert nach der ital. Ausgabe, Studi newtoniani, Torino 1972, S. 14 unterscheidet im Newtonschen Weltbild drei Elemente: 1) die Materie, d.h. eine unendliche Zahl von Teilchen, die voneinander geschieden und untereinander verschieden, undurchdringbar und unveränderbar, aber nicht identisch sind; 2) die Bewegung, durch die die Teilchen nicht verändert, sondern nur in einem unendlichen Raum hin und hertransportiert werden; 3) der Raum, d.h. die unendliche und homogene Leere, in der die Teilchen, ohne auf Widerstand zu stoßen, ihre Bewegungen vollziehen. Die Schwerkraft ist das Einheits- und Kohäsionsprinzip dieser Welt, ein mathematisches Gesetz, das Newton physikalisch nicht erklären möchte und stattdessen auf den Willen des Schöpfers zurückführt. Vgl. auch *A.R. Hall*, The Scientific Revolution 1500-1800. The Formation of the Modern Scientific Attitude, Boston 1956, S. 244-274.

[203] *Th.P. Saine*, Von der Kopernikanischen bis zur Französischen Revolution, S. 38 ff.

# II. Merkantilismus und Eigennutz in Preußen 1740-1786

## 1. Einführung

Preußens Aufstieg zur Großmacht vollzog sich im Zeichen des Merkantilismus, der als theoretisches und politisches System zwar nicht existiert und eigentlich nur als polemischer Begriff der Physiokraten und Adam Smith's in die ökonomische Dogmen- und in die Wirtschaftsgeschichte Eingang gefunden hat[1], aber dennoch einige prägende Züge des 18. Jahrhunderts als Epochenstruktur bezeichnet. So steht ‚Merkantilismus' zunächst einmal ganz allgemein für die unmittelbare Bedeutung des Ökonomischen für die Politik. Die Konstellationen des europäischen Staatensystems folgen nach 1648 den ökonomischen Kräfteverlagerungen zwischen den Handelsmächten Holland, England und Frankreich, wobei dieses Dreiecksverhältnis gegen Ende des 17. Jahrhunderts durch den Gegensatz zwischen Frankreich und England abgelöst wird. Die dynastischen Erwägungen stehen weiterhin im Vordergrund der europäischen Politik, aber private Interessen finden in zunehmendem Maße Berücksichtigung. So war das Ressentiment einflußreicher englischer und holländischer Kaufleute über den Umstand, daß der spanische König 1701 den *Asiento*, das Sklavenhandelsmonopol für das spanische Amerika, an Frankreich vergeben hatte, ein entscheidender Auslöser des Spanischen Erbfolgekriegs.

Dessen Ergebnis signalisiert übrigens den Beginn einer Verschiebung im welthandelspolitischen Kräftegleichgewicht, denn der Friede von Utrecht spricht zwar dem Haus Bourbon den spanischen Thron, England aber den *Asiento* zu[2]. Der Dreieckshandel mit afrikanischen Sklaven und westindischem Zucker[3] ist in seiner gesamtwirtschaftlichen Bedeutung vielfach überschätzt worden; gerade dieses Fehlurteil belegt aber in gewisser Weise noch im historischen Rückblick die nicht zerlegbare Gemengelage von handelsökonomischem Interessenkalkül und machtpolitischem Prestigedenken. Wie ja überhaupt im 18. Jahrhundert der Handel als gesamtwirtschaftliche Größe zu hoch veranschlagt und in seinem Volumen als fest begrenzt angesehen wird, so daß die ökonomischen Gegensätze

---

1 *W. Reinhard*, Geschichte der europäischen Expansion, 1: Die alte Welt bis 1818, Stuttgart 1983, S. 157.

2 Hierzu *I. Wallerstein*, The Modern World-System II: Mercantilism and the Consolidation of the European World-Economy, 1600-1750, New York / London 1980, S. 255.

3 Vgl. das Schema von *W. Reinhard*, Geschichte der europäischen Expansion, 2.: Die neue Welt, Stuttgart 1985, S. 142.

auf diesem Feld im Denken der Zeit sich nicht frei ausspielen können, sondern die Staaten mit ihrer Logik der Selbsterhaltung auf den Plan rufen. Hauptträger der Außenhandelsbeziehungen sind denn auch die privilegierten Handelskompanien, deren Geschäft durch ein vom Monarchen vergebenes Monopol geschützt ist und die als Gegenleistung in den Überseestützpunkten politische und rechtsprechende Funktionen zu erfüllen haben[4]; auch sie dienen, zumindest zu gleichen Teilen, sowohl privaten wie politischen Interessen, dem Eigennutz ebenso wie der Staatsräson.

Die durch das englisch-französische Konkurrenzverhältnis im westindischen Handel hervorgerufenen Spannungen entluden sich dann zum zweiten Mal im Siebenjährigen Krieg, in dem Preußen bekanntlich aufgrund des veränderten europäischen Bündnissystems[5] zwar an der Seite der – wie sich zeigen sollte – außereuropäischen Vormacht stand, sich in der kontinentalen militärischen Auseinandersetzung aber isoliert wiederfand. Daß es in dieser Situation überlebte, hat Preußen zu einem historiographischen Dauerthema gemacht[6], seit 1900 verstärkt unter gesellschaftspolitischem Gesichtspunkt: In der Ära wilhelminischer Weltpolitik war der Beweis zu führen, daß das preußisch-deutsche Sozialgefüge, obwohl verfassungsgeschichtlich gesehen nicht auf marktwirtschaftliche Strukturen gegründet, an innerer Stärke und äußerem Durchsetzungsvermögen dem englischen ebenbürtig war. Was Verfassungshistoriker und Volkswirtschaftler zweier Generationen, von Gustav Schmoller bis Otto Hintze und Max Weber, umtrieb, was sie einerseits zu territorial begrenzten und andererseits zu weltgeschichtlich-vergleichenden Untersuchungen anhielt, war ja nicht primär das militärisch-politische Kräfteverhältnis – hier galt der Dualismus ‚englische See-, deutsche Landmacht' – sondern der dahinter stehende Unterschied der Gesellschaftssysteme: England sei dezidiert ab 1750 auf dem Weg zu einer marktwirtschaftlich organisierten Gesellschaft gewesen, die über expansionspolitische Außenhandelsstrategien den Konsens zwischen etablierten und aufsteigenden Schichten herstellte. Preußen habe zum selben Zeitpunkt eine durch und durch militarisierte Sozialstruktur aufgewiesen, in der Landwirtschaft, Gewerbe und Handel im Dienst der Armee und ihrer Versorgung standen. Dementsprechend seien adlige Herrschaftsstrukturen und nicht bürgerliche Produktionsformen für das Gesellschaftsbild bestimmend gewesen.

---

4 Vgl. *W. Reinhard*, Geschichte der europäischen Expansion, 1, S. 156 f.

5 Hierzu jetzt *L. Schilling*, Wie revolutionär war die diplomatische Revolution? Überlegungen zum Zäsurcharakter des Bündniswechsels von 1756, in: Forschungen zur brandenburgischen und preußischen Geschichte, NF, 6 (1996), S. 163-202 sowie die Allianzwechsel und Wandel des Geschichtsbildes bei den politischen Akteuren aufeinander beziehende Interpretation von *J. Burckhardt*, Geschichte als Argument in der habsburgisch-französischen Diplomatie. Der Wandel des frühneuzeitlichen Geschichtsbewußtseins in seiner Bedeutung für die Diplomatische Revolution von 1756, in: *R. Babel* (Hrsg.), Frankreich im europäischen Staatensystem der Neuzeit, Sigmaringen 1995, S. 191-217.

6 Vgl. hierzu z.B. die Überlegungen von *J.C. Fest*, Preußens letzter Untergang. Gedanken über die Dauer einer historischen Episode, in: *ders.*, Aufgehobene Vergangenheit. Portraits und Betrachtungen, Stuttgart 1981, S. 150-171.

Diese idealtypische Konstruktion ist nicht mehr aktuell und sie verstellt dementsprechend auch nicht mehr den Blick auf die sozialökonomischen Dynamiken, die die mitteleuropäische Gesellschaft etwa ab 1740 erfassen und in ihrer ständischen Gliederung erschüttern. Kann man demgegenüber weiterhin annehmen, daß, wie so oft dargestellt, kalvinistische und neustoische Politik und Heeresorganisation tatsächlich im Preußen des 18. Jahrhunderts Handel und Wirtschaft überformt und daß ökonomische Elemente im politischen Denken der Herrschaftseliten keine Rolle gespielt haben? Wird man hier nicht zumindest von einem Spannungsverhältnis zwischen politischer und ökonomisch-kommerzieller Sphäre auszugehen haben?

So viel ist sicher: Preußen stand außerhalb des frühmodernen Welthandelssystems[7]. Friedrich der Große war sich dessen voll bewußt. In seinem Politischen Testament von 1768 warnt er seinen Nachfolger:

> „Vergleichen wir uns, was den Handel betrifft, nie mit Holland, England, Frankreich oder Spanien. Diese Völker sind zuerst gekommen und haben alles Gute vorweggenommen. So bleibt uns nichts von den einträglichsten und wichtigsten Handelszweigen"[8].

Seine ganze Wirtschaftspolitik trägt diesem Sachverhalt Rechnung[9]. Der Getreidehandel wird nach Möglichkeit reglementiert; ein kapillar organisiertes Magazinwesen soll für eine preisgünstige Versorgung der eigenen Provinzen sorgen; die im Entstehen begriffene Industrie wird durch hohe Einfuhrzölle geschützt; das fehlende Handelskapital sucht der Staat durch eigene Importgesellschaften zu ersetzen.

---

7 Zu dessen Entstehung vgl. *K. Polanyi*, The Great Transformation, New York 1944; *F. Braudel*, Civilisation matérielle, économie et capitalisme. Les jeux de l'échange, Paris 1979. Zu Preußens Stellung vgl. *H. Kellenbenz*, Deutsche Wirtschaftsgeschichte, I: Von den Anfängen bis zum Ende des 18. Jahrhunderts, München 1977, S. 377: den amtlichen Statistiken zufolge exportierte Preußen 1785/86 Fabrikerzeugnisse und Landesprodukte im Wert von 22,4 Millionen Taler; 1795/96 betrug die Ausfuhr 51,7 Millionen, die Einfuhr 53,3 Millionen Taler. Den Umsatz des gesamten deutschen Außenhandels schätzt Kellenbenz, ebd., S. 376 auf 223 Millionen Taler; *W. Sombart*, Der moderne Kapitalismus, II, 1: Das europäische Wirtschaftsleben im Zeitalter des Frühkapitalismus, Neudruck der 2. Aufl., München 1987, S. 954 war noch auf 300 Millionen Taler gekommen. Der Umsatz des englischen Außenhandels betrug im gleichen Zeitraum das Acht- bis Neunfache: vgl. *H. Kellenbenz*, Deutsche Wirtschaftsgeschichte, I, S. 375.

8 Vgl. *Friedrich II.*, Die politischen Testamente, übers. von F. von Oppeln-Bronikowski, Berlin 1922, S. 132.

9 Eine umfassende Darstellung der preußischen Wirtschaftspolitik unter der Regierung Friedrichs II. steht noch aus. Dies vor allem deshalb, weil es zur gewerbepoliceylichen Tätigkeit der Provinzialbehörden, der Kriegs- und Domänenkammern, keinen gesicherten, den „Acta Borussica" vergleichbaren, Quellenbestand gibt. Die einschlägigen Arbeiten der Schmoller-Schule sind deshalb weiterhin unverzichtbar. Auf ihnen aufbauend: *L. Tümpel*, Die Entstehung des brandenburgisch-preußischen Einheitsstaates im Zeitalter des Absolutismus, Breslau 1915; *A. Zottmann*, Die Wirtschaftspolitik Friedrichs des Großen, Leipzig 1937; *F. Terveen*, Gesamtstaat und Retablissement, Göttingen 1954. Aus der neueren Literatur vgl. *W.O. Henderson*, Studies in the Economic Policy of Frederick the Great, London 1963 und *K.E. Born*, Wirtschaft und Gesellschaft im Denken Friedrichs des Großen, Mainz 1979.

Der Aufgeklärte Absolutismus, Preußens politisches System in der zweiten Hälfte des 18. Jahrhunderts, ist denn auch wiederholt mit der wirtschaftlichen Rückständigkeit seiner Territorien in Zusammenhang gebracht worden[10]. Da die Gewerbeproduktion nur schwach ausgeprägt gewesen sei und ein kapitalkräftiges Wirtschafts- und Handelsbürgertum gefehlt habe, das eine eventuelle Staatsschuld hätte abdecken können, habe der Staat sich aus seinen Domänen selbst finanzieren müssen und nur durch eine militärisch disziplinierte Steuerverwaltung die zur Etablierung neuer Manufakturbetriebe notwendigen Geldmittel einsparen können. Kurz: der Polizeistaat sei das Entwicklungsmodell der ökonomisch rückständigen Territorien im Alten Reich gewesen[11].

Diese Argumentation richtet sich offensichtlich gegen die von der Schmoller-Schule ausgehende Untersuchungsrichtung der preußischen Verwaltungshistoriographie, die die Wirtschafts- und Gesellschaftsbildung in den brandenburgisch-preußischen Territorien von der gleichzeitigen Entstehung des monarchischen Staates her zu begreifen sucht und diese damit zum Gegenstand einer, unter ganz bestimmten kulturellen Vorzeichen stehenden, Politik macht.

So ist der Merkantilismus für Schmoller „in seinem innersten Kern nichts anderes, als Staatsbildung – aber nicht Staatsbildung schlechtweg, sondern Staats- und Volkswirtschaftsbildung zugleich ... Nicht etwa nur in der Lehre von der Geldvermehrung oder von der Handelsbilanz ... liegt das Wesen dieses Systems, sondern ... in der totalen Umbildung der Gesellschaft und ihrer Organisation, sowie des Staates und seiner Einrichtungen“[12].

Das Wirtschaftssystem erscheint hier als Glied eines Verfassungsgefüges, das zwar mit altständischen Elementen durchsetzt ist, aber mit der Monarchie ein dynamisches Element besitzt. Aus dem Blickwinkel dieses Ansatzes heraus ist Preußens Absolutismus nicht das für wirtschaftlich zurückgebliebene Territorien unter den Bedingungen des kapitalistischen Welthandelssystems einzig mögliche politische System, sondern die konkrete, wirtschaftliche und politische Strukturen gleichermaßen einschließende, Gesamtverfassung, die sich aus dem Zusammentreffen monarchischer Zentralisierungsbestrebungen und entsprechender

---

[10] Vgl. z.B. *I. Mittenzwei*, Preußen nach dem Siebenjährigen Krieg. Auseinandersetzungen zwischen Bürgertum und Staat um die Wirtschaftspolitik, Berlin 1979, S. 5 und *ders.*, Aufgeklärter Absolutismus und Klassenverhältnisse in Brandenburg-Preußen, in: Jahrbuch für Geschichte des Feudalismus, 4, Berlin 1980, S. 315 f.

[11] Vgl. hierzu die bekannte Interpretation von *P. Anderson*, Lineages of the Absolutist State, 2. Aufl., London 1975. Vgl. hierzu den Diskussionsüberblick von K.O. Frh. von Aretin in: *K.O. Frhr. von Aretin* (Hrsg.), Der Aufgeklärte Absolutismus, Köln 1974, S. 27, der den „ökonomischen Aufholprozeß“ „zu den wichtigsten Tatsachen des Aufgeklärten Absolutismus“ zählt. Vgl. dazu den Forschungsüberblick bei *J. Kunisch*, Absolutismus, S. 188-202.

[12] *G. Schmoller*, Das Merkantilsystem in seiner historischen Bedeutung: städtische, territoriale und staatliche Wirtschaftspolitik, in: *G. Schmoller*, Umrisse und Untersuchungen zur Verfassungs-, Verwaltungs- und Wirtschaftsgeschichte besonders des Preußischen Staates im 17. und 18. Jahrhundert, Leipzig 1890, S. 137.

ständischer Widerstände ergibt[13]. Wirtschaftliche und politische Strukturen folgen nicht ihrer jeweiligen Eigendynamik, sie sind vielmehr beide Ergebnis eines Staatsbildungsprozesses, in dessen Verlauf das altständische Sozialgefüge den Erfordernissen des monarchischen Herrschaftsapparats entsprechend umgestaltet wird: Die Stände verlieren ihre politischen Vorrechte und werden zu staatsfunktionalen Sozialständen.

Daß Schmoller in dieses Modell seine sozialpolitischen Konzeptionen hat einfließen lassen, liegt auf der Hand. In seiner jahrzehntelangen wissenschaftlichen und politischen Auseinandersetzung mit der Freihandelslehre hatte er die Überzeugung gewonnen, daß eine auf Kapitalbildung ausgerichtete Produktionsgesellschaft aus sich selbst heraus nur unüberbrückbare soziale Gegensätze hervorbringe[14]. Die unter dem Begriff „Soziale Frage" von den „gebildeten Ständen" zwischen 1840 und 1914 immer wieder problematisierte Integrierung der Arbeiterschaft in die bestehende Gesellschaftsordnung[15] sah Schmoller nur durch den monarchischen Interventionsstaat gewährleistet. Durch die sachgerechte Verwaltungstätigkeit eines akademisch gebildeten Beamtentums sollten soziale Probleme entpolitisiert und auf empirisch fundierte und zugleich an der historischen Verfaßtheit politischer und gesellschaftlicher Institutionen orientierte Lösungsmodelle zurückgeführt werden[16]. Für die jüngere Generation deutscher Nationalökonomen und Sozialpolitiker um Max und Alfred Weber, Werner Sombart und Friedrich Naumann – um nur die herausragenden zu nennen – war dieses sozialpolitische Konzept allerdings nicht mehr akzeptabel. Nicht mehr der Staat, sondern der Kapitalismus erschien ihnen die alles bestimmende soziale Realität[17].

Für den Soziologen Max Weber kommt mit der Etablierung der zeitgenössischen Marktgesellschaft ein Prozeß zum Abschluß, der mit der Entzauberung

---

[13] Vgl. dazu *G. Schmoller*, Preußische Verfassungs- und Verwaltungs- und Finanzgeschichte, Berlin 1921.

[14] Vgl. hierzu *E. Pankoke*, Historisches Verstehen und geschichtliche Verantwortung. Zur historisch-ethischen Schule Gustav Schmollers, in: *P. Schiera / F. Tenbruck* (Hrsg.), Gustav Schmoller e il suo tempo: la nascita delle scienze sociali in Germania e in Italia / Gustav Schmoller in seiner Zeit: die Entstehung der Sozialwissenschaften in Deutschland und Italien (Annali dell'Istituto storico italo-germanico in Trento. Contributi/Beiträge 5), Bologna / Berlin 1989, S. 22 f.

[15] Vgl. hierzu die Beiträge in *R. vom Bruch* (Hrsg.), ‚Weder Kapitalismus noch Sozialismus'. Bürgerliche Sozialreform in Deutschland vom Vormärz bis zur Ära Adenauer, München 1985.

[16] Vgl. zur Wilhelminischen Gelehrtenpolitik *R. vom Bruch*, Wissenschaft, Politik und öffentliche Meinung. Gelehrtenpolitik im Wilhelminischen Deutschland 1890-1914, Husum 1980, mit w. Nachw.; *P. Schiera*, Laboratorium der bürgerlichen Welt. Deutsche Wissenschaft im 19. Jahrhundert, Frankfurt a.M. 1992.

[17] Immer noch grundlegend hierzu *D. Lindenlaub*, Richtungskämpfe im Verein für Sozialpolitik. Wissenschaft und Sozialpolitik im Kaiserreich vornehmlich vom Beginn des „Neuen Kurses" bis zum Ausbruch des Ersten Weltkrieges (1890-1914), Teil 2, Wiesbaden 1967, S. 291 ff. Aus zeitgenössischer Sicht: *F. Meinecke*, Drei Generationen deutscher Gelehrtenpolitik, in: Historische Zeitschrift, 125 (1922), S. 248-296.

religiöser Weltbilder beginnt und in die umfassende Rationalisierung aller sozialen Lebensbereiche einmündet[18]. Ausscheidung aller traditional bestimmten Denk- und Verhaltensmuster und Einübung einer individuelle Bewußtseinslagen überformenden Sachrationalität sind die sichtbarsten Konsequenzen dieser Entwicklung. Dementsprechend unterschiedlich kennzeichnet Weber die kulturgeschichtlichen Voraussetzungen für die Entstehung des frühneuzeitlichen Staates: Das Dienstethos des monarchischen Offiziers und Verwaltungsbeamten läßt sich für ihn nicht mehr allein als vorsichtige Funktionalisierung altständischer Sozialtugenden begreifen; vielmehr liege eine Verdrängung traditionaler Werthaltungen durch formal-logische Zweckerwägungen, von emotional bestimmten Verhaltensformen durch zweckrationales, tendenziell gleichförmiges und insoweit berechenbares Handeln vor[19].

Zwar übersieht Weber keineswegs die Überreste alteuropäischer Lebensordnungen; aber die Genese der neuzeitlichen Herrschafts- und Gesellschaftsformen führt er auf ein qualitativ völlig neues, zur altständischen Welt im Gegensatz stehendes Phänomen zurück: die zwischen 17. und 18. Jahrhundert allmählich sich herausbildende Marktgesellschaft. Der auf kapitalistischer Profitrechnung beruhende Betrieb und der durch die formale Rationalität seiner Gesetzgebung legitimierte Staat sind für ihn gleichermaßen funktionale Größen dieser neuen sozialen Lebensordnung[20]. Indem er aber die geistigen Grundlagen der Marktgesellschaft auf die protestantische, und hier vor allem auf die kalvinistische, Wirtschaftsethik zurückführte[21], hat Weber dann doch wieder Anschluß gefunden an die Tradition der preußischen Verwaltungshistoriographie. Das wird besonders deutlich an der intellektuellen Biographie des Schmoller-Schülers Otto Hintze[22].

---

[18] Vgl. etwa *M. Weber*, Gesammelte Aufsätze zur Religionssoziologie, 1, 6. Aufl., Tübingen 1972, S. 237-275. Die jüngere Literatur zu Webers Rationalisierungskonzept ist ebenso umfangreich wie kontrovers. Ich nenne hier deshalb nur einige repräsentative Beiträge: *F.H. Tenbruck*, Das Werk Max Webers, in: Kölner Zeitschrift für Soziologie und Sozialpsychologie, 27 (1975), S. 663-702; *J. Weiß*, Max Webers Grundlegung der Soziologie, München 1975; *W. Schluchter*, Die Entwicklung des okzidentalen Rationalismus, Tübingen 1979; *ders.*, Rationalismus als Weltbeherrschung. Studien zu Max Weber, Frankfurt a.M. 1980; *W. Hennis*, Max Webers Fragestellung, Tübingen 1987.

[19] Vgl. z.B. die entsprechenden Passagen zum legalen Herrschaftstyp: *M. Weber*, Wirtschaft und Gesellschaft, 5. Aufl., München 1980, S.125-130.

[20] *M. Weber*, Gesammelte Aufsätze zur Religionssoziologie, 6. Aufl., Tübingen 1972, S. 1-16.

[21] Vgl. den berühmten Aufsatz: Die protestantische Ethik und der Geist des Kapitalismus, in: *M. Weber*, Gesammelte Aufsätze, S. 17-206.

[22] Zum Gesamtwerk Hintzes grundlegend die Aufsätze von *G. Oestreich*, Otto Hintze und die Verwaltungsgeschichte, in: *O. Hintze*, Regierung und Verwaltung. Gesammelte Abhandlungen zur Staats-, Rechts- und Sozialgeschichte Preußens, hrsg. von *G. Oestreich*, 2. Aufl., Göttingen 1967, S. 7-29 und *ders.*, Otto Hintzes Stellung zu Politikwissenschaft und Soziologie, in: *O. Hintze*, Soziologie und Geschichte. Gesammelte Abhandlungen zur Soziologie, Politik und Theorie der Geschichte, hrsg. von *G. Oestreich*, 2. Aufl., Göttingen 1964, S. 7-67. Darüber hinaus *P. Schiera*, Otto Hintze, Napoli 1974 und *J. Kocka*, Otto Hintze, in: *H.-U. Wehler* (Hrsg.), Deutsche Historiker, 3, Göttingen 1972, S. 41-64.

Zunächst mit der Erforschung der politischen und sozialen Strukturen Preußens im 18. Jahrhundert beschäftigt, formulierte er in den zwanziger Jahren, u.a. unter dem Einfluß von Webers kultursoziologischen Untersuchungen, das Ideal einer universalhistorisch vorgehenden Verfassungsgeschichte, die der Wechselwirkung von geistig-kulturellen Zusammenhängen und politisch-sozialen Strukturen nachgehen soll[23].

Hintze hat dann mit der Umsetzung dieses Forschungsprogramms selber den Anfang gemacht und nach den kulturhistorischen Wurzeln der preußischen Staatswerdung gefragt. In seiner Abhandlung „Kalvinismus und Staatsraison in Brandenburg zu Beginn des 17. Jahrhunderts" geht er ganz im Sinne Webers von einer Wahlverwandtschaft zwischen Staatsräson und Kapitalismus aus[24]. Die gesteigerte Intensität des wirtschaftlichen Betriebs und der staatlichen Verwaltung, die Unterordnung der individuellen Willkür unter die Interessen der ‚Firma' oder des Staats – das alles entspräche sich vollkommen; „und auch die Auffassung des Fürstenamts und der politischen Tätigkeit als eines verantwortlichen, stetig und methodisch auszuübenden Berufs bricht sich ebenso Bahn wie in den bürgerlichen, wirtschaftlich-geschäftlichen Kreisen"[25].

Diesem neuen, durch den Kalvinismus nach Brandenburg-Preußen gelangten ‚Geist' habe das Luthertum durchweg entgegengestanden. Es hafte mehr an den traditionsgebundenen, rückständigen Lebensformen des ausgehenden Mittelalters, während der Kalvinismus eine entschiedene Wahlverwandtschaft mit dem Geist der modernen Staats- und Gesellschaftsordnung besitze[26].

Insgesamt gesehen habe der Kalvinismus eine Staats- und Gesellschaftsordnung erstrebt oder vorausgesetzt, „die nicht mehr vorwiegend auf agrarischer Grundlage beruhte; die in der ländlichen Verfassung die freie Bauerngemeinde mehr begünstigte als die feudale Gutsherrschaft oder Grundherrschaft; die über diese agrarische Grundlage weit hinausgewachsen war, ein hochentwickeltes städtisches Leben mit blühendem Gewerbe, mit Handel und Schiffahrt kannte; die gegenüber den alten monarchischen und seigneurialen Bindungen nach staatsbürgerlicher Freiheit strebte, sei es in der Form ständischer Autonomie oder gar in der republikanischen Selbständigkeit, die zwar nicht eigentlich demokratisch war, sondern eher patrizisch und unter Umständen ‚baronial' (wie zum Teil in Frankreich und Schottland), die aber doch einen Zug zu demokratischer Nivellierung in sich trug ..."[27]. Das Selbstbewußtsein und die persönliche Rechts-

---

[23] Vgl. *O. Hintze*, Roschers politische Entwicklungstheorie, in: *ders.*, Soziologie und Geschichte, S. 44.

[24] *O. Hintze*, Kalvinismus und Staatsraison in Brandenburg-Preußen zu Beginn des 17. Jahrhunderts in: *O. Hintze*, Regierung und Verwaltung. Gesammelte Abhandlungen zur Staats-, Rechts- und Sozialgeschichte Preußens, hrsg. von *G. Oestreich*, 2. Aufl., Göttingen 1967, S. 255-312.

[25] Ebd., S. 256.

[26] Ebd., S. 260.

[27] Ebd., S. 262.

sphäre der Individuen seien denn auch in den gesellschaftlichen Einrichtungen der kalvinistischen Länder stärker entwickelt als in denen der lutherischen.

Hintze stellt dann im folgenden dar, wie der Bekenntniswechsel Johann Sigismunds den Übertritt des Kurfürstentums in das Lager des militanten politischen Protestantismus einleitete. Damals sei Preußen das grundlegende Prinzip seiner Staatswerdung eingeimpft worden: der Gedanke „eines machtvollen einheitlichen Großstaates, der als Führer des Protestantismus und als Jünger moderner niederländischer und französischer Staatskunst nach einer unabhängigen Stellung in der Welt zu streben als Lebenszweck in sich trug“[28]. Gerhard Oestreich hat später zeigen können, daß sich der Einfluß des niederländischen Kalvinismus nicht auf religiöse Suggestionen beschränkt hat, sondern in Form einer in sich geschlossenen politischen Lehre, des niederländischen Neustoizismus, wirksam geworden ist. Dieser habe in der Zeit der Konfessionsspaltung und des Übergangs von der mittelalterlichen Feudalverfassung zum frühmodernen Staat, die durch militärische Disziplinlosigkeit und das Schwinden „weltlicher und geistiger Zucht und Autorität“ gekennzeichnet gewesen sei, Leitprinzipien auf moralischem, militärischem und sozialem Gebiet formuliert[29].

Die in diesem Zusammenhang gar nicht zu überschätzende Bedeutung von Justus Lipsius und seiner philologischen Forschungstätigkeit in zeitgenössisch-politischer Absicht ist von Oestreich erstmals unterstrichen und seitdem eingehend untersucht worden. Seine 1589 erschienene „Politik“ gilt heute als das bei weitem einflußreichste „Handbuch der politischen Ethik und Psychologie“ zwischen 17. und 18. Jahrhundert[30].

Daß der politische Neustoizismus auch in die brandenburgisch-preußischen Regierungskreise eindrang, ist wohl den persönlichen Verbindungen des „Großen Kurfürsten“ Friedrich Wilhelm zu verdanken. Er lernte niederländische Kultur und Politik am oranischen Hof kennen und heiratete die Tochter des Prinzen Friedrich Heinrich, Luise Henriette[31]. Der auf diese Weise institutionalisierte Kulturaustausch zwischen dem Kurfürstentum und den Niederlanden färbte bald auf

---

[28] Ebd.

[29] *G. Oestreich*, Politischer Neustoizismus und Niederländische Bewegung in Europa und besonders in Brandenburg-Preußen, in: *ders.*, Geist und Gestalt des frühmodernen Staates, pp. 101-156, Berlin 1969, S. 106.

[30] Ebd., S. 113. Vgl. auch *G. Abel*, Stoizismus und Frühe Neuzeit. Zur Entstehungsgeschichte modernen Denkens im Felde von Ethik und Politik, Berlin / New York 1978, besonders S. 67-113; zur Lipsius-Rezeption in Frankreich in der ersten Hälfte des 17. Jahrhunderts vgl. *K. Siedschlag*, Der Einfluß der niederländisch-neustoischen Ethik in der politischen Theorie zur Zeit Sullys und Richelieus, Berlin 1978. Zur Bedeutung des Lipsius für die Reichspublizistik vgl. *M. Stolleis*, Lipsius-Rezeption in der politisch-juristischen Literatur des 17. Jahrhunderts in Deutschland, in: *ders.*, Staat und Staatsraison in der frühen Neuzeit. Studien zur Geschichte des öffentlichen Rechts, Frankfurt a.M. 1990, S. 232-267 sowie die entsprechenden Passagen in: *ders.*, Geschichte des öffentlichen Rechts in Deutschland, I: Reichspublizistik und Policeywissenschaft 1600-1800, München 1988, S. 97-104.

[31] *G. Oestreich*, Politischer Neustoizismus, S. 143.

den Bildungsgang der Anwärter auf den Verwaltungsdienst ab. Die Universität Leiden wurde damals zur bevorzugten Ausbildungsstätte des brandenburgisch-preußischen Beamtentums[32]. Aber auch an beliebten Studienorten innerhalb des Reiches, wie Straßburg, Altdorf, Heidelberg und Jena, kam man mit dem staats- und moralphilosophischen Gedankengut der Niederländischen Bewegung in Berührung[33]. Die Überzeugung, daß der Staat das ‚gemeine Wohl' und nicht die Privatinteressen des Monarchen zu verfolgen habe, daß dieser vielmehr nur der erste Diener der *res publica* sei, gehörte seitdem zum ethisch-politischen Kollektivbewußtsein der brandenburgisch-preußischen Hof- und Verwaltungselite.

Auf den kulturellen Einfluß der ‚Niederländischen Bewegung' führt Oestreich auch „die starke bürgerliche Tendenz" zurück, die in Brandenburg-Preußen zwischen 1640 und 1740 geherrscht habe[34]. Der Verzicht auf barocke Hofhaltung, wie sie selbst in den deutschen Kleinfürstentümern anzutreffen war; die Etablierung einer auf peinlichst genaue Verbuchung der steuerlichen Einnahmen bedachten Verwaltung, in der Können und Leistung tendenziell ebensoviel zählten wie adelige Herkunft und die deshalb bürgerlichen Kandidaten reelle Aufstiegschancen bot[35]; die zunehmende Wertschätzung der gewerbewirtschaftlichen Berufe: der staatsfunktionale Umbau des vom Adel beherrschten altständischen Sozialgefüges kündigt sich hier in der Tat schon an.

Bereits erkennbar ist freilich auch, daß dieser neue ‚bürgerliche Geist' lediglich die Staatsgesellschaft, also Hof und Verwaltung, erfaßte, im übrigen aber das durch ständische Vorrechte gekennzeichnete Wirtschaftsgefüge unberührt ließ. Im Zeichen des Staatsmerkantilismus[36] bemühte sich die Verwaltung zwar um einen Abbau unwirtschaftlicher Standesprivilegien und förderte entschlossen das allmählich entstehende außerzünftige Gewerbe. Aber eine freie Kapitalbildung, wie sie für die Etablierung einer staatsunabhängigen, allein marktorientierten Wirtschaftsordnung unabdingbar gewesen wäre, wurde von vornherein unterbunden. Oestreich sieht hierin eine „Entscheidung gegen die Förderung

---

[32] Vgl. hierzu *H. Schneppen*, Niederländische Universitäten und Deutsches Geistesleben. Von der Gründung der Universität Leiden bis ins späte 18. Jahrhundert, Aschendorff 1960; zur kulturgeschichtlichen Gesamtbedeutung Leidens vgl. *E.G. Ruestow*, Physics at Seventeenth and Eighteenth-Century Leiden: Philosophy and the New Science in the University, Den Haag 1973 sowie den Festband: Leiden University in the Seventeenth Century. An Exchange of Learning, hrsg. von Th.H. Lunsingh Scheurleer und G.H.M. Posthumus Meyjes, Leiden 1975.

[33] *M. Stolleis*, Lipsius-Rezeption, S. 237 ff.

[34] *G. Oestreich*, Politischer Neustoizismus, S. 155.

[35] Zur preußischen Finanzverwaltung in der zweiten Hälfte des 17. Jahrhunderts vgl., außer den einschlägigen Untersuchungen Schmollers und Hintzes, *F. Schneider*, Geschichte der formellen Staatswirtschaft von Brandenburg-Preußen, Berlin 1952, S. 51-71.

[36] Hierzu immer noch unverzichtbar *E.F. Heckscher*, Der Merkantilismus, 2 Bde., Jena 1932; vgl. auch *I. Wallerstein*, The Modern World System; zur dogmengeschichtlichen Einordnung *F. Blaich*, Die Epoche des Merkantilismus, Wiesbaden 1973 und *E. Zagari*, Mercantilismo e fisiocrazia. La teoria e il dibattito, Napoli 1984.

des Handels und des Großkaufmannsstandes", die „für das Wachsen des Geistes staatlicher Bevormundung und Lenkung in Preußen von nicht geringer Bedeutung" gewesen sei. Die absolutistische Staatsgesellschaft sei auf diese Weise „ohne das Gegengewicht eines starken Großbürgertums" geblieben[37].

Der Spielraum für wirtschafts- und gesellschaftspolitische Weichenstellungen war jedoch so groß nicht. Der soziale Reichtum wurde in Preußen das ganze 18. Jahrhundert hindurch noch ganz überwiegend in der Landwirtschaft erarbeitet[38]. Eine größere Menge an gesamtwirtschaftlichem Umlaufkapital hätte deshalb die Aufhebung des adeligen Vorrechtes auf Großgrundbesitz vorausgesetzt. Dem stand jedoch die Staatsräson entgegen: Der Adel war der einzige ethisch auf den Monarchen und damit tendenziell bereits auf den Staat verpflichtete Stand; seine spezifischen sozialen Tugenden gewährleisteten jenen Korpsgeist, der Heer und Verwaltung zu zuverlässigen und zugleich verantwortungsbewußten Herrschaftsmitteln machte[39]. Ohne die bewußte Konservierung des Adels und die entsprechende Aufrechterhaltung der Trennung von Stadt und Land hätte der absolutistische Staat sich nicht konsolidieren können. Das öffentliche Laufbahnwesen eröffnete unter diesen Bedingungen die Chancen auf soziales Prestige, die in Holland oder England Handel und Gewerbe boten.

Daß der preußische Staat, unter Beibehaltung dieser gesellschaftspolitischen Vorbehalte, vor allem in der zweiten Hälfte des 18. Jahrhunderts, versucht hat, ein im Manufaktursektor tätiges Wirtschaftsbürgertum heranzubilden, ist kein Widerspruch. Da das stehende Heer sich ständig vergrößerte und die Verwaltung im Zuge der intensiven Zentralisierungstendenzen des absolutistischen Staatswesens immer neue Aufgabenbereiche hinzubekam, wurde auf Erhöhung des Steueraufkommens gesehen[40]. Die Wachstumsraten der landwirtschaftlichen Produktion waren indes klimaabhängig, so daß der Staat auf Handwerk und Manufakturgewerbe verwiesen wurde. Domänenverwaltung und Gewerbepolicey haben denn auch, neben der Außenpolitik, die preußischen Herrscher im 18. Jahrhundert am meisten in Anspruch genommen. Friedrich Wilhelm I. hat zwar die Steuereinkünfte vorwiegend an die Vergrößerung seiner Armee gewandt, gleichzeitig aber den militärischen Kleidungsbedarf zum Schwungrad der

---

37 *G. Oestreich*, Politischer Neustoizismus, S. 155.

38 Vgl. dazu den knappen Überblick von *F.-W. Henning*, Landwirtschaft und ländliche Gesellschaft in Deutschland, 1: 800 bis 1750, Paderborn 1985, S. 235 ff.

39 Zur staatspolitischen Funktion des preußischen Adels vgl. *G. Birtsch*, Zur sozialen und politischen Rolle des deutschen, vornehmlich preußischen Adels am Ende des 18. Jahrhunderts, in: *R. Vierhaus* (Hrsg.), Der Adel vor der Revolution. Zur sozialen und politischen Funktion des Adels im vorrevolutionären Europa, Göttingen 1971, S. 77-95; *F.L. Carsten*, Der preußische Adel und seine Stellung in Staat und Gesellschaft bis 1945, in: *H.-U. Wehler* (Hrsg.), Europäischer Adel 1750-1950, Göttingen 1990, S. 112-125; vgl. auch den begriffsgeschichtlichen Überblick von *W. Conze*, Art. Adel, Aristokratie in: *O. Brunner / W. Conze / R. Koselleck* (Hrsg.), Geschichtliche Grundbegriffe. Historisches Lexikon zur politisch-sozialen Sprache in Deutschland, 1, Stuttgart 1972, S. 1-48.

40 Vgl. hierzu die einschlägigen Arbeiten in *G. Schmoller*, Preußische Verfassungs- und Verwaltungs- und Finanzgeschichte.

preußischen Wollindustrie gemacht. Friedrich II. ist dann über eine allein von der Heeresversorgung her konzipierte Wirtschaftspolitik hinausgegangen und hat unter großem Geldaufwand einen rein marktabhängigen Gewerbesektor wie die Seidenindustrie geschaffen, der zwar die staatlichen Akziseeinnahmen nicht wesentlich vermehrt hat, aber als kaufmännische und industrietechnische Schule des späteren preußischen Wirtschaftsbürgertums von großer Bedeutung gewesen ist.

Hinzu kommt, daß die Beschäftigung mit ökonomischen Dingen dem geistigen Habitus beider Herrscher offensichtlich entsprach. Friedrich II. ist zwar nicht von dem zuweilen pathologisch anmutenden Geiz seines Vaters besessen gewesen[41], aber die Handhabung der Staatsfinanzen wie auch sein persönlicher Lebenswandel waren die eines strengen und überdies mißtrauischen Kaufmanns. Die Finanzverwaltung unterstellte er zwei parallel zueinander arbeitenden Behörden, dem Generaldirektorium und der Regie, so daß nur er die staatlichen Einnahmen gänzlich übersah. Die Höhe der im Staatsschatz vorhandenen Geldreserven hielt er geheim; die Eingänge wurden auf verschiedene Kassen verteilt; deren jeweiligen Stand notierte der König auf kleine Zettel[42]. Genauso sparsam und methodisch war seine Lebensführung. Der Tagesablauf war gänzlich auf die Erledigung der Amtsgeschäfte hin ausgerichtet; das Arbeitspensum lag weit über dem der allermeisten europäischen Herrscher und versetzt auch im historischen Rückblick in Erstaunen; die höfischen Repräsentationspflichten schließlich waren auf ein Minimum reduziert[43]. Dem preußischen Staatswesen war also durch Kalvinismus und politischen Neustoizismus nicht nur das Prinzip der Staatsräson, sondern auch ein auf Eigennutz gestimmter Wirtschaftsgeist eingeimpft worden.

Allerdings stellte der Merkantilismus in Preußen mehr dar als nur staatlich organisierte Gewerbeproduktion und protektionistische Zollpolitik; er war Ausdruck eines gesellschaftspolitischen Balanceakts zwischen vorindustrieller Ressourcensteigerung und Konservierung der Adels- und Zunftprivilegien[44]. In diesem Zusammenhang erscheint mir die von Weber formulierte und von Hintze auf die preußische Verfassungsgeschichte angewandte These einer kulturhistorischen Entsprechung von Marktgesellschaft und modernem Staat weiterhin beachtenswert. Die im Zuge ertragsreicher Erntejahre stetig wachsende Bevölkerung begann nämlich in Preußen in der zweiten Hälfte des 18. Jahrhunderts die

---

[41] Vgl. die biographischen Darstellungen von *C. Hinrichs*, Friedrich Wilhelm I., König in Preußen. Jugend und Aufstieg, Hamburg 1941, Neudruck Darmstadt 1974; *G. Oestreich*, Friedrich Wilhelm I. Preußischer Absolutismus, Merkantilismus, Militarismus, Göttingen 1977.

[42] So *H. Haussherr*, Verwaltungseinheit und Ressorttrennung vom Ende des 17. bis zum Beginn des 19. Jahrhunderts, Berlin 1953, S. 131.

[43] Biographische Nachweise bei *Th. Schieder*, Friedrich der Große. Ein Königtum der Widersprüche, Frankfurt a.M. 1983.

[44] Auf die verfassungspolitischen Implikationen des preußischen Merkantilismus hat nach Schmoller vor allem *P. Schiera*, Dall'arte di governo alle scienze dello stato. Il cameralismo e l'assolutismo tedesco, Milano 1969 hingewiesen.

Versorgungsmechanismen der altständischen Gesellschaft zu sprengen. Auf dem Lande nahm die Zahl der außerhalb der Grundherrschaft stehenden, je nach Bedarf in der Gutswirtschaft oder im verlagsabhängigen Heimgewerbe arbeitenden Lohnempfänger zu; in der Stadt waren die in zunehmendem Maße von den Zünften abgewiesenen Handwerksgesellen gezwungen, entweder auf das platte Land auszuweichen oder, mit staatlicher Teilfinanzierung, eigene Kleinbetriebe aufzubauen.

Parallel zum Prozeß der Sozialdisziplinierung vollzog sich eine kontinuierliche Zerfaserung der altständischen Sozialbindungen, in deren Verlauf eine immer größere Zahl von Menschen sozial freigesetzt wurde. Sie waren der eigentliche Gegenstand der merkantilistischen Wirtschaftspolicey: Handwerkslehrlinge und Tagelöhner wurden zu Arbeitsdisziplin und Leistungsdenken angehalten, talentierte Gewerbetreibende mit Pensionen, Mietszulagen und Kapitalvorschüssen zu unternehmerischer Initiative ermutigt. Von der Entstehung eines freien Marktes kann noch lange nicht gesprochen werden; aber die Chancen sozialen Aufstiegs ständisch Ungebundener nahmen auch außerhalb des staatlichen Laufbahnwesens zu. Der Wandel des altständischen Sozialgefüges zog also nicht nur eine verstärkte Reglementierungstätigkeit des absolutistischen Polizeistaates nach sich; er eröffnete auch neue Erwerbsspielräume, in denen persönliches Glück und individuelle Leistung in weit größerem Maße als zuvor die Verteilung sozialer Chancen mitbestimmten. Das Ergebnis dieser Untersuchung vorwegnehmend, kann man sagen: Staatsräson und Eigennutz, Sozialdisziplinierung und Individualisierung des Soziallebens waren bei der Staatswerdung Preußens in der zweiten Hälfte des 18. Jahrhunderts unterschiedliche, aber einander bedingende Aspekte.

## 2. Grundzüge des preußischen Merkantilismus in der zweiten Hälfte des 18. Jahrhunderts

Preußens Überlebenschancen als geographisch unzusammenhängender Territorialstaat hingen an Größe und Stärke seiner Armee. Das Bonmot Mirabeaus, Preußen sei eine Armee, die sich einen Staat halte, verdeutlicht den eigentümlichen Eindruck, den die kleinste europäische Großmacht auf die Zeitgenossen machte. Der Anteil der Militärausgaben am Staatshaushalt war in der Tat das ganze 18. Jahrhundert hindurch ungeheuer. Er betrug im Jahre 1713-14 66% (3.132.174 zu 4.710.225 Tl.), stieg 1739-40 sogar auf 72% (5.039.663 zu 6.991.082 Tl.) und belief sich noch 1786 auf 63% (12.263.612 zu 19.689.144 Tl)[45]. Diese Zahlen sagen jedoch so gut wie nichts aus über die Verflechtung der Militärverfassung mit dem gesamten Sozialgefüge Preußens. Da war zunächst das System der Rekrutenaushebung und Werbung, das tief in die adelige Agrarverfassung eingriff und deren Herrschaftsstruktur radikalisierte. Die zunächst übliche Selbstergänzung der Regimenter durch Zwangswerbung wurde von Friedrich

---

[45] So *J. Kunisch*, Absolutismus. Europäische Geschichte vom Westfälischen Frieden bis zur Krise des Ancien Régime, Göttingen 1986, S. 85.

Wilhelm I. durch eine Reihe von Edikten zwischen Februar und März 1721 verboten, weil sie die bäuerliche Wirtschaft zu stark belastete und zum Zusammenbruch des gesamten Steuer- und Militärwesens geführt hätte[46]. Die Kompaniechefs waren daraufhin gezwungen, die Auslandswerbung zu verstärken. Die entsprechend höheren Geldausgaben konnten sie wettmachen, weil sie entweder selbst Gutsbesitzer oder doch mit solchen verwandt waren und somit bäuerliche Leibeigene als Rekruten in ihre Kompanie stellen konnten. Parallel dazu gewann die Praxis der Enrollierung große Bedeutung. Im Konkurrenzkampf um den Nachwuchs ihrer Regimenter begannen die Werber, die männliche Jugend in Rollen einzutragen und jedem einzelnen Rekrut einen Urlaubspaß auszuhändigen, der ihn auf eine bestimmte Kompanie verpflichtete[47].

Der König legalisierte schließlich diese Selbsthilfemaßnahmen seiner adeligen Offiziere. Durch eine Reihe von Verordnungen wurden 1733 die Territorien der Monarchie in feste Aushebungsdistrikte, sog. Kantons, eingeteilt und die „Enrollierung der jungen Mannschaft", d.h. die Aufnahme der männlichen Jugend in die Regimentslisten des jeweiligen Kantons bestimmt[48]. Der Kantonist, nach dem Urteil eines Zeitgenossen ein unglückliches Mittelding zwischen Bauer und Soldat[49], blieb zwar in die Guts- oder Grundherrschaft eingebunden, wurde aber als Soldat gleichzeitig zu einem unmittelbaren Untertanen des obersten Kriegsherrn; die Exemption von der ordentlichen Gerichtsbarkeit führte ihm seinen neuen Status eindrucksvoll vor Augen. Ob die „Adaption eines militärischen Charakters an seinen zivilen Status ... den ländlichen Untertanen zu einer Steigerung seines Selbstgefühls" geführt hat, „das in seinen Auswirkungen die bisherige ständische Ordnung zwischen der adeligen Herrschaft und ihren Untertanen nicht unwesentlich gelockert" hat[50], läßt sich wohl nicht zweifelsfrei entscheiden. Aber die spezifisch preußische Sozialdisziplinierung der bäuerlichen Bevölkerung resultierte mit Sicherheit aus diesem Zusammenwirken von grundherrlicher Untertänigkeit und militärischer Subordination.

Aus der Einfügung in das Kantonswesen erwuchsen den bäuerlichen Untertanen aber auch vermehrte Steuerlasten. Neben der Grund- und Personalsteuer

---

[46] Hierzu grundlegend *O. Büsch*, Militärsystem und Sozialleben im alten Preußen 1713-1807. Die Anfänge der sozialen Militarisierung der preußisch-deutschen Gesellschaft, Berlin 1962. Vgl. auch die klassische Studie von *O. Hintze*, Staatsverfassung und Heeresverfassung, in: *ders.*, Staat und Verfassung. Gesammelte Abhandlungen zur allgemeinen Verfassungsgeschichte, hrsg. von *G. Oestreich*, 3. Aufl., Göttingen 1970, S. 73.

[47] Vgl. *G. Oestreich*, Friedrich Wilhelm I., S. 72.

[48] Vgl. *U. Marwitz*, Friedrich der Große als Heeresorganisator, in: *O. Hauser* (Hrsg.), Friedrich der Große in seiner Zeit, Köln 1987, S. 222. Zur Sozialgeschichte des preußischen Offizierskorps im 17. und zu Beginn des 18. Jahrhunderts, vgl. jetzt *P.-M. Hahn*, Aristokratisierung und Professionalisierung. Der Aufstieg der Obristen zu einer militärischen und höfischen Élite in Brandenburg-Preußen von 1650-1725, in: Forschungen zur brandeburgischen und preußischen Geschichte, NF, 3 (1991), S. 161-208.

[49] *G.H. von Behrenhorst*, Betrachtungen über die Kriegskunst, 2, 2. Aufl., Leipzig 1798, S. 210, zit. nach *O. Büsch*, Militärsystem, S. 47.

[50] *O. Büsch*, Militärsystem, S. 55.

gleichermaßen umfaßenden Kontribution hatten die Bauern das sogenannte Kavalleriegeld zu leisten; außerdem lieferten sie zu festgesetzten Preisen Fourageartikel in die Stadt. Und bei Einquartierungen der Soldaten auf den Höfen wurde ihnen nur ein Bruchteil ihrer Ausgaben vergütet[51]. Das Werben und Enrollieren schwächte überdies die wirtschaftliche und rechtliche Position der Bauern gegenüber der Gutsherrschaft. Denn die durch Einziehung des Bauern oder seiner Söhne freigewordenen oder unterbesetzten Höfe schlug der Gutsherr nicht selten direkt oder in Form von Vorwerken zu seinem Besitz. Die nicht zuletzt zur Stabilisierung des Kantonswesens erlassenen Bestimmungen zum Bauernschutz wurden also durch ein im Rahmen der Militärverfassung vollzogenes Bauernlegen wieder zunichtegemacht[52]. Aber auch der Adel hatte wirtschaftliche Opfer zu bringen. Zwar war er in den meisten Provinzen von der eigentlichen Kontribution befreit; aber der Rittergutsbesitzer war nur grundsteuerfrei für seinen im Kataster festgelegten Ritteracker, nicht aber für die bäuerlichen kontributionspflichtigen Hufe. Entstanden auf den untertänigen Höfen infolge von Einziehung Ausfälle, hatte der Gutsherr für das festgesetzte Kontributionsquantum aufzukommen[53].

Um die Armee auf Sollstärke zu halten, war der Staat um Erhöhung der Bevölkerungszahlen bemüht. In der Tat stieg die Volkszahl der preußischen Staaten in der zweiten Hälfte des 18. Jahrhunderts von 3,48 auf 6,22 Millionen, bei einer Wachstumsrate, die in Westpreußen, der am schnellsten wachsenden Provinz im Alten Reich, jährlich 17% erreichte[54]. Dieser Bevölkerungszuwachs war aber weniger auf die Maßnahmen der ‚Peuplierungspolicey' zurückzuführen als auf den in ganz Mitteleuropa zu verzeichnenden Anstieg der Geburtenrate, der durch kollektive Verhaltensänderungen wie das sinkende Heiratsalter der Frauen und die zurückgehende Neigung zum zölibatären Leben bedingt war[55].

Einen Bevölkerungsboom erlebte Preußen deshalb freilich noch nicht; denn in die zweite Hälfte des 18. Jahrhunderts fielen auch zwei schwere Wirtschaftskrisen. Die erste brach am Vorabend des Siebenjährigen Krieges aus und wurde durch dessen Begleiterscheinungen noch zusätzlich verschärft. Dabei handelte es sich nicht mehr um eine Wirtschaftskrise „alten Typs", d.h. um eine durch Mißernte ausgelöste und durch rapides Steigen der Lebenshaltungskosten eskalierende Subsistenzkrise. Die Folgen der Ernteausfälle blieben nicht mehr auf die Landwirtschaft beschränkt, sondern schlugen auf den marktabhängigen Gewerbe-

---

51 Vgl. die knappe Darstellung von *G. Oestreich*, Friedrich Wilhelm I., S. 78 f. sowie *O. Büsch*, Militärsystem, S. 23 ff.

52 Zur Praxis des Bauernlegens vgl. zummenfassend *G. Corni*, Stato assoluto e società agraria in Prussia nell'età di Federico II, Bologna 1982, S. 340 ff. Zu den bäuerlichen Besitzrechten vgl. *F.-W. Henning*, Herrschaft und Bauernuntertänigkeit. Beiträge zur Geschichte der Herrschaftsverhältnisse in den ländlichen Bereichen Ostpreußens und des Fürstentums Paderborn vor 1800, Würzburg 1964, S. 171 ff.

53 *O. Büsch*, Militärsystem, S. 94.

54 *Ch. Dipper*, Deutsche Geschichte 1648-1789, Frankfurt a.M. 1991, S. 68.

55 Vgl. *Ch. Dipper*, Übergangsgesellschaft. Die ländliche Sozialordnung in Mitteleuropa um 1800, in: Zeitschrift für historische Forschung, 23 (1996), S. 63.

sektor durch[56]; denn der Nahrungsmittelmangel führte zu einem drastischen Auftragsrückgang in der auf Massenbedarf eingestellten Woll- und Leinenproduktion. Das Urteil Süßmilchs, wonach die hohen Sterbeziffern im Siebenjährigen Krieg nicht so sehr auf das widrige Klima und die Kampfhandlungen zurückzuführen seien, sondern in erster Linie auf die Absatzkrise im Verlags- und Manufakturwesen, beruht vielleicht nicht auf statistisch zuverlässiger Grundlage[57]; es belegt jedoch, daß Landwirtschaft und Gewerbe für die Zeitgenossen bereits interdependente Teile des staatlichen Wohlfahrtssystems waren.

Bemerkenswert ist freilich, daß der Staat die Interdependenz von Agrar- und Gewerbesektor nicht nur reagierend zur Kenntnis genommen, sondern die damit verbundenen Konjunkturschwankungen zu kontrollieren versucht hat.

Dies geschah in erster Linie durch die Reglementierung des Getreidemarktes auf der Grundlage des Magazinwesens[58]. Bereits Friedrich Wilhelm I. hatte ja Kornspeicher errichten lassen, sie jedoch auf militärische Zwecke beschränkt. Friedrich II. vermehrte sie und legte sie an strategisch günstigere Orte. Gleichzeitig aber ließ er Landmagazine errichten, die nicht nur der Versorgung der Bevölkerung in Notzeiten dienen sollten, sondern vor allem zur Regulierung der Getreidepreise eingesetzt wurden[59].

Vor allem im Bereich der Getreideausfuhr ging diese Preispolitik natürlich auf Kosten der Handelsfreiheit. In seinem Politischen Testament von 1768 legt Friedrich die Grundsätze seiner Getreideexportpolitik dar. Dabei polemisiert er indirekt gegen die Anschauungen der Physiokraten, die, zu jenem Zeitpunkt in Frankreich auf dem Höhepunkt ihres publizistischen Einflusses, die Nützlichkeit von Ausfuhrbeschränkungen bestritten und statt dessen für einen freien Getreidemarkt eintraten:

> „Grundregeln gibt es für alles und für alle Länder. Der Fehler der Regierenden ist es nur, daß sie nicht mit genügender Mühe und Sorgfalt darnach suchen. Warum weiß man weder in Frankreich noch in England, wann die Getreideausfuhr nützlich oder schädlich ist? Weil man in diesen Ländern weder den Ertrag der Ernten kennt, noch

---

[56] Vgl. zur Charakterisierung der Krisensituationen in der zweiten Hälfte des 18. Jahrhunderts *E. Labrousse*, La crise de l'économie française à la fin de l'Ancien régime et au début de la Révolution, Paris 1944, S. 7-52; neu abgedruckt in: *E. Schmitt* (Hrsg.), Die französische Revolution. Anlässe und langfristige Ursachen, Darmstadt 1973, S.49-98.

[57] *J.P. Süßmilch*, Gedanken von den epidemischen Kranckheiten und dem größeren Sterben des 1757ten Jahres, 1758, zit. nach *Ch. Dipper*, Übergangsgesellschaft, S. 59.

[58] Zur Getreidehandelspolitik Preußens im 18. Jahrhundert vgl. *G. Schmoller*, Die Epochen der Getreidehandelsverfassung und -politik, in: Schmollers Jahrbuch, 20 (1896), S. 695-744; spezifisch zur friderizianischen Epoche *O. Hintze*, Zur Agrarpolitik Friedrichs des Großen, in: Forschungen zur brandenburgischen und preußischen Geschichte, 10 (1898), S. 275-309; *A. Skalweit*, Höhe und Verfall der friderizianischen Getreidepolitik, Kiel 1931. Vgl. auch zusammenfassend *G. Corni*, Stato assoluto, S. 155 ff.

[59] Vgl. Acta Borussica. Denkmäler der Preußischen Staatsverwaltung im 18. Jahrhundert, hrsg. von der Preußischen Akademie der Wissenschaften. Die einzelnen Gebiete der Verwaltung. Getreidehandelspolitik, 4 Bde., Berlin 1896 ff., Neudruck Frankfurt a.M. 1986-87 (von nun an: ABG), 4: Die Getreidehandelspolitik und die Kriegsmagazinverwaltung Preußens 1756-1806, Berlin 1931, S. 49 ff.

weiß, wieviel Getreide zur Ernährung der Bewohner gebraucht wird. In meinem Staate habe ich darüber eine Aufstellung gemacht; ich weiß, was jede Provinz verbraucht, was jede Provinz übrig behält, oder wieviel sie gegebenenfalls zum Unterhalt ihrer Bewohner noch hinzukaufen muß. Um das um so sicherer abschätzen zu können, habe ich eine Ernte-Ertragsaufstellung machen lassen für gute, mittlere und schlechte Jahre und darnach kann ich dann beurteilen, ob es für uns gut sein wird, den Getreidehandel frei zu lassen, oder wie weit man die Ausführung beschränken muß ..."[60].

Deshalb die dringende Empfehlung an den Nachfolger:

„Wenn ... die Ernte schlecht ausgefallen ist ... , dürft Ihr die Ausfuhr nicht zulassen oder es geht Euch wie den Engländern, die, um an der Ausfuhr ihres Erzeugnisses einen Thaler zu gewinnen, nachher genötigt waren, dasselbe Quantum zum doppelten Preis wieder zu kaufen, so daß sie – genau genommen – das letzte Jahr überhaupt keinen Ernteertrag gehabt haben"[61].

Daß Friedrich hier die antiphysiokratischen Argumente der „Dialogues sur le commerce des bleds" vorwegnimmt, sollte nicht weiter verwundern. Der Abbé Galiani hatte seine Ansichten zur französischen Wirtschaftspolitik und zum physiokratischen System bereits Monate vorher in den – auch preußischen Diplomaten zugänglichen – Salons der Pariser Aufklärung dargelegt[62]. Interessanter ist schon, daß das von Galiani zum Dreh- und Angelpunkt seiner Argumentation erhobene Prinzip, nämlich der Vorrang der *raison d'État* vor der *raison économique*, der Staatsräson vor dem Eigennutz, von Friedrich aufgegriffen und zum wichtigsten Grundsatz seiner gesamten Wirtschafts- und Gesellschaftspolitik gemacht wird:

„Der Privatmann denkt allerorts nur an seinen eigenen Gewinn; aber Pflicht einer guten Regierung ist es, das Gemeinwohl mit dem Wohl des Einzelnen in Einklang zu bringen, und wenn sie sich im Widerstreit befinden, dann hat das Gemeinwohl stets den Ausschlag zu geben"[63].

Der Satz drückt freilich nicht nur eine ökonomische Anschauung aus; er ist vielmehr die Abwandlung einer Stelle zu Eingang des Testaments, in der Friedrich sein Staatsverständnis beschreibt:

„Es ist die Pflicht jedes guten Staatsbürgers, seinem Vaterland zu dienen und sich bewußt zu sein, daß er nicht für sich allein auf der Welt ist, sondern zum Wohle der Gesellschaft beizutragen hat, in die ihn die Natur gesetzt hat"[64].

Gerade im Ökonomischen hatte die Staatsräson zu gelten. So wurden die Exportinteressen der Fernhandelskaufleute gegen die Versorgungslage auf dem inneren Markt abgewogen. Um den Bedarf der einzelnen Territorien richtig einzuschätzen, wurde für jede Provinz eine Ernte- und Verbrauchsstatistik eingeführt. Zu diesem Zweck wurden jeden Monat von den Präsidenten der jeweiligen Kriegs- und Domänenkammern Saatenstands- und Ernteberichte ange-

---

60 Zit. nach ABG, S. 5.

61 ABG, S. 5.

62 Vgl. hierzu die Nachweise in dem Aufsatz „Staatsbildung und ökonomische Freiheitsrechte in Deutschland im 18. Jahrhundert", in diesem Band, Anm. 175.

63 Zit. nach ABG, S. 6.

64 *Friedrich II.*, Die politischen Testamente, S. 117.

fordert, die direkt, also unter Umgehung des Generaldirektoriums, an das königliche Kabinett gesandt werden mußten[65]. Darüber hinaus wurden in regelmäßigen Abständen aufgrund besonderer Erhebungen der Land- und Steuerräte „Productions- und Consumptionsbalancen" erstellt, die aus den Ernteergebnissen mehrerer Jahre Durchschnittswerte errechneten. Diese wurden dann der Menge gegenübergestellt, die für den Konsum des jeweiligen Territoriums notwendig war; daraus ergab sich dann das Quantum, das in jeder Provinz zur Ausfuhr freigegeben werden konnte. Die Balancen, die für gute, schlechte und mittelmäßige Jahre aufgestellt wurden, sollten dem König „zu einer Boussole dienen", ihm also die allgemeinen Grundsätze seiner Getreidehandelspolitik liefern; die Monatsberichte sollten hingegen anzeigen, welche besonderen Maßnahmen die aktuellen Ernteberichte erforderlich machten[66].

Entsprechend großen Wert legte der Monarch auf genaue Berichterstattung; Fehler oder Mängel darin zogen dem Kammerpräsidenten harte Verweise zu und konnten sogar zur Dienstentlassung führen. Allerdings verlangte der König die großen Getreideertrags- und Verbrauchsbalancen erst nach dem Siebenjährigen Krieg, erstmals 1766, dann 1776-77 und zum letzten Mal 1783-84. An der Zuverlässigkeit dieser Erhebungen darf gezweifelt werden. So wurde für die Provinz Magdeburg die Menge überschüssigen Getreides 1777 etwa viermal so hoch veranschlagt wie 1783, weil man den Ernteertrag zu hoch, den Verbrauch aber zu niedrig eingeschätzt hatte[67].

Von einer wirksamen staatlichen Reglementierung des Getreideverkehrs und der Preisbildung kann jedoch nicht die Rede sein. Denn gerade nach dem Siebenjährigen Krieg zogen die Agrarpreise stark an. Konjunkturfördernd wirkte nicht nur der erhöhte Bedarf des englischen Marktes ab 1766-1775, sondern auch die gleichzeitig steigende Binnennachfrage. So profitierte die Getreideproduktion der Kurmark ganz entschieden von der wachsenden Nachfrage der aufgrund der hohen gewerblichen Dichte demographisch stark expandierenden Stadt Berlin. Die Zahlen sprechen für sich: Zwischen 1755 und 1803 erhöhte sich die Bevölkerungszahl von 126.661 auf 178.308, während etwa im gleichen Zeitraum der Getreideverbrauch von 36,000 auf 53,400 Tonnen stieg[68]. Aber auch im ländlichen Bereich stieg die Nachfrage nach Nahrungsmittel durch die ständig wachsende Zahl der Landarmen und Landlosen beträchtlich. Der Agrarmarkt kam also um 1770 wahrlich in Bewegung: Die Getreidemengen stiegen um durchschnittlich 50%, und die Erlöse versechsfachten sich. Auf deren Verteilung versuchte der Staat allerdings Einfluß zu nehmen. Das wird anhand der seit dem Siebenjährigen Krieg geltenden Exportrestriktionen deutlich. In der

65 ABG, S. 7.

66 ABG, S. 7.

67 ABG, S. 7.

68 Vgl. *H. Harnisch*, Peasants and Markets. The Background to the Agrarian Reforms in Feudal Prussia East of the Elbe, 1760-1897, in: *R.J. Evans / W.R. Lee* (Hrsg.), The German Peasantry. Conflict and Community in Rural Society from the Eighteenth to the Twentieth Centuries, London / Sydney, S. 50.

Kurmark blieb die Ausfuhr seit 1756 ständig gesperrt, und auch die Getreideproduktion Pommerns reichte, den staatlichen Verbrauchsstatistiken zufolge, gerade eben zur Eigenversorgung. Der vormals schwunghafte Exporthandel über Stettin kam durch das Ausfuhrverbot, das seit dem Siebenjährigen Krieg mit Rücksicht auf die Versorgung Berlins fast ständig galt, vollständig zum Erliegen. Als die Stettiner Kaufmannschaft Beschwerde einreichte, warf der König ihr mangelnden Unternehmungsgeist vor[69]. Diese offenkundige Voreingenommenheit gegenüber dem Handelsstand beruhte allerdings nicht auf persönlichen Abneigungen des Monarchen; sie war vielmehr Indiz einer ganz bestimmten gesellschaftspolitischen Zielsetzung: den Getreidehandel zu verstaatlichen, um den Grundadel vom bürgerlichen Kapital unabhängig zu halten.

Das wird deutlich, wenn man sich die staatliche Handhabung des Magdeburger Getreidehandels betrachtet. Magdeburg war die kornreichste Provinz der Monarchie; sie brachte nicht nur die größten, sondern auch die sichersten Ernten hervor. Selbst in schlechten Erntejahren produzierte sie mehr Getreide, als in der Provinz selbst verbraucht wurde. Die Getreideversorgung Berlins hing denn auch größtenteils von der Zufuhr aus der Elbprovinz ab. Aber auch hier wurde die Ausfuhr über die Elbe nach Hamburg solange verboten, wie die Versorgung Berlins nicht sichergestellt war.

Die Grenzen dieses staatlichen Reglementierungswesens zeigten sich, als in den Jahren nach 1766 derart reiche Ernten erzielt wurden, daß Berlin und die Kurmark nicht imstande waren, den Überschuß Magdeburgs aufzunehmen. Da auch die Kriegsmagazine bereits überfüllt waren, wurde schließlich der Außenhandel gänzlich freigegeben. Er brachte jedoch keine Besserung, da er der Konkurrenz des Ostseehandels, der mit billigerem Getreide aus Polen versorgt wurde, nicht standhalten konnte. Der König erkannte bald, daß das von ihm konzipierte Prohibitivsystem nicht gleichzeitig den Außenhandel regeln konnte, der ganz wesentlich von kaufmännischen Beziehungen und unternehmerischer Initiative abhängig war. Am 27. Dezember 1769 entwickelte er deshalb vor den Ministern des Generaldirektoriums den Plan, zwei Kornhandelssozietäten, jeweils auf der Oder und auf der Elbe, zu gründen. Die Gesellschaften sollten halbstaatlich sein und dementsprechend sowohl gemeinwirtschaftlichen Zwecken als auch privaten Profitinteressen dienen. Die Aufgabe der Elb-Handelskompanie sollte darin bestehen, die inländischen, vor allem magdeburgischen Überschüsse zu verwerten, darüber hinaus im benachbarten Sachsen Korn aufzukaufen und über Hamburg nach Übersee zu vertreiben. Die Gewinnquote für die Sozietät wurde auf 15% festgesetzt.

Zweck dieser Gesellschaft war es offensichtlich, die Handelsbeziehungen der magdeburgischen Kaufmannschaft in den Dienst der staatlichen Marktreglementierung zu stellen. Gleichzeitig aber verfolgte der Staat ein gesellschaftspolitisches Ziel: Der Adel sollte eine Handelsgesellschaft zum selbständigen Vertrieb seines Getreides erhalten und damit aus seiner finanziellen Abhängigkeit

---

[69] Ebd., S. 16.

gegenüber der städtischen Kaufmannschaft gelöst werden. In der Kabinettsordre von 2. Januar 1770 heißt es dazu:

„Da S.K.M. um Dero getreuen Landständen von der Ritterschaft die Mittel zu derselben Aufnahme zu facilitiren, selbigen den Kornhandel nach auswärtige Weise auf beständig nachzugeben allergnädigst resolviret sind und zu dem Ende gern sehen werden, wenn ein paar vom Adel und aus Handelsleuten bestehende Compagnien ... zusammengebracht ...“[70].

Denn der Adel hatte im Siebenjährigen Krieg große finanzielle Einbußen erlitten und war hoch verschuldet. Um der nach 1770 um sich greifenden Güterspekulation zu begegnen, in dessen Verlauf eine große Anzahl von Rittergütern in bürgerlichen Besitz übergegangen war[71], wurden auf Anregung des Königs Landschaften gebildet. Die Gutsbesitzer innerhalb einer Provinz schlossen sich zu einer Gemeinschaft zusammen, die als solche den Kredit jedes einzelnen Gutes garantierte. Da der Landschaftskredit zudem unkündbar war, wurde in vielen Fällen adeligen Besitzern ermöglicht, ihre Güter zu behalten[72].

Diese günstige Kreditmöglichkeit verleitete jedoch viele Gutsbesitzer dazu, immer neue Gelder aufzunehmen; die totalverschuldeten Güter gelangten somit schließlich doch in kapitalkräftigere, also zumeist bürgerliche, Hände[73]. Oft verkauften die Adeligen aber auch aus eigenem Antrieb, da die Güterpreise im letzten Drittel des Jahrhunderts in die Höhe geklettert waren[74]. Das war nicht nur durch die verbesserten Kreditverhältnisse und die damit verbundene Verbilligung des Bodenleihkapitals bedingt; die im Zuge der wachsenden Auslandsnachfrage steigenden Agrarpreise und die durch Betriebserweiterungen und die

---

70 ABG, Nr. 21, S. 260.

71 Vgl. *W. Abel*, Geschichte der deutschen Landwirtschaft vom frühen Mittelalter bis zum 19. Jahrhundert, 2. Aufl., Stuttgart 1967, S. 329.

72 Vgl. dazu *H. Mauer*, Das landschaftliche Kreditwesen Preußens, agrarwirtschaftlich und volkswirtschaftlich betrachtet, Straßburg 1907.

73 Der Staat stand dieser Entwicklung letztlich machtlos gegenüber. Als ein von Goltz bittet, zur Regulierung seiner Leißenenschen Lehngüter seine Markienenschen und Paulienenschen Güter bei Bartenstein an einen Bürgerlichen verkaufen zu dürfen, gibt ihm Friedrich eine abschlägige Antwort: „Nein, das geht nicht an, es sind schon so viele in bürgerlichen Händen, und wenn ich das wollte zugeben, so würden alle Jahr etliche 100 Güter in bürgerliche Hände kommen, und darum kann ich das nicht accordiren“. Als umgekehrt ein Bürgerlicher namens Kroll um die Erlaubnis bittet, das dem Baron von Stillfried gehörige Gut Glambach zu erwerben, nachdem er das 32 Jahre lang innegehabte Gut Laubsky an einen von Adel verkauft habe, versucht der König, bereits im Vorgriff auf den Text des Allgemeinen Landrechts, Adel und Bürgertum gegeneinander abzugrenzen: „Er soll sein Geld hübsch im Handel stechen und mit Commerce-Sachen sich abgeben, da wird er mehr verdienen, als wenn er ein Gut hat. Die Bürgerlichen sollen nicht adelige Güter haben, sie brauchen keine, das Commerce ist ihre Sache“. Vgl. Acta Borussica. Die Behördenorganisation und die allgemeine Staatsverwaltung Preußens im 18. Jahrhundert, 16. Bde., Berlin 1898 ff., Neudruck Frankfurt a.M. 1986-87 (von nun an: ABB), 16, Teil 1, Berlin 1982, Nr. 326, S. 384.

74 Die entsprechenden Zahlen bei *J. Ziekursch*, 100 Jahre schlesischer Agrargeschichte. Vom Hubertusburger Frieden bis zum Abschluß der Bauernbefreiung, 2. Aufl., Breslau 1927, S. 402 f.

Einführung agrartechnischer Neuerungen erhöhte Rentabilität trugen gleichermaßen zur Wertsteigerung der Güter bei[75].

Auch die Schaffung der Elb-Handelskompanie ist m. E. im Zusammenhang mit dem Bemühen des Staates zu sehen, den Adel liquid zu halten und damit in seiner landwirtschaftlichen Existenz zu konservieren. Die Gesellschaft sollte kaufmännische Aktionäre nur insoweit aufnehmen, als sie Kapital und Kompetenzen beisteuerten. Aber der Getreidehandel als solcher sollte ihnen durch diese Sozietät aus der Hand genommen werden und fortan dem Adel unmittelbare Verkaufsgewinne ermöglichen. In der bereits erwähnten Kabinettsordre kommt dies deutlich zum Ausdruck:

> „Da diese Compagnie vorzüglich dem Adel zum besten gereichen soll, so ist auch dieses der Stand, welcher sich vorzüglich bei der Compagnie interessieren kann; weil aber dieser den Handel nicht verstehet und ihm die baare Fonds zur völligen Zusammenbringung der Actien fehlen möchten, so würde die Theilnehmung an diesen Compagnien auch bemittelten und soliden Kaufleuten und Beamten zu gestatten sein“[76].

Auch das königliche Dekret, das Adeligen untersagt, Handelsgeschäfte zu treiben, bleibt hier außer Kraft. Vielmehr wird der Standpunkt vertreten, daß „... dergleichen Handel dem Adel in seinem Ansehen und Prärogativen um so weniger präjudicirlich“ sei, „da bei der Nothwendigkeit, das gewonnene Getreide zu Gelde zu machen, es immer auf eines hinausläuft, solches im Lande zu verfahren oder nach auswärtige Handelsplätze oder Hafens zu verschiffen“[77].

Der Staat hatte jedoch die Zähigkeit ständischer Vorrechte im Wirtschaftsgefüge der Elbprovinz, den dort noch stark verwurzelten Gegensatz von Stadt und Land unterschätzt. Denn gerade Magdeburgs Kaufmannsgilden hatten sich jahrhundertelang mit den Vorstädten und dem Adel um das Privileg der Kornverschiffung gestritten. Die Stettiner Kaufmannschaft protestierte gegen den Eingriff der Ritterschaft und anderer, nicht zunftgebundener Privatleute in ihre Handelsgeschäfte. Aber auch der Adel äußerte Bedenken; er war nach wie vor vom Kredit der Kaufmannschaft abhängig und hatte Angst, es mit ihr zu verderben. Eine Flut von Eingaben ergoß sich über die Stettiner Kriegs- und Domänenkammer[78]. Der König befahl daraufhin, das Projekt umzuarbeiten, und erließ am 5. Februar 1770 das *Elbcompagnie-Octroi*. Die Gesellschaft machte anfänglich gute Geschäfte; als aber 1770 die Ernte in Magdeburg mißriet, ließ der König sofort die Ausfuhr sperren. Damit erübrigte sich die Tätigkeit der Elbcompagnie; sie wurde bald darauf eingestellt. Erst 1776 war wieder eine reiche Ernte zu verzeichnen; sofort häuften sich die Immediatgesuche von Particuliers und

---

75 So *O. Büsch*, Militärsystem, S. 149.

76 ABG, IV, Nr. 21, S. 262.

77 ABG, IV, Nr. 21, S. 260. Zum Handelsverbot für Adelige vgl. *B. Stollberg-Rillinger*, Handelsgeist und Arbeitsethos. Zur Diskussion um das Handelsverbot für den deutschen Adel vom 16. bis zum 18. Jahrhundert, in: Geschichte und Gesellschaft, 15 (1988), S. 273-309.

78 ABG, IV, Nr. 21, S. 16.

Getreidekaufleuten, nach Hamburg exportieren zu dürfen. Der Etatsminister von der Schulenburg wollte daraufhin 36000 Wespel zur Ausfuhr freigeben. Der König, aufgrund der jüngsten Fehlspekulationen vorsichtig geworden, reduzierte die Menge auf 9000 Wespel und bestimmte, sie „nach Verhältnis" unter den Antragstellern aufzuteilen; dabei solle „vorzüglich auf die von Adel und Beamte Rücksicht genommen" werden[79].

Auch bei dieser Gelegenheit wurden die Interessen der Kaufleute kaum berücksichtigt; sie sollten zwar „soweit es tunlich, nicht gänzlich übergangen" werden; aber ihre Ausfuhrpässe wurden auf so geringe Mengen ausgestellt, daß sich nicht einmal die Verschiffung lohnte. Die Halberstädter Kammerdeputation ging sogar noch weiter und machte den Vorschlag, „alle Kornhändler, so selbst keinen Ackerbau treiben, und nur das Getreide durch ihren Ankauf und Wucher verteuerten"[80], überhaupt auszuschließen. Dem Getreidehandel sollte gegenüber der Agrarproduktion keine unabhängige Stellung zugestanden werden. Der Staat fürchtete, daß sich die Kaufmannschaft bei völliger Handelsfreiheit überwiegend auf die Verschiffung des billigeren und damit gewinnträchtigeren polnischen Getreides verlegen würde. Da die Landwirtschaft Existenzgrundlage des im Staatsdienst stehenden Adels war, glaubte man den Zwischenhandel mit Getreide nicht zulassen zu dürfen. Überhaupt stand der Staat dem Handel fremd, ja mißtrauisch gegenüber. Die Kaufmannschaft erschien dem König und den Beamten der Wirtschaftspolicey als eine allein auf Profit eingestellte Schicht, die sich dem allgemeinen Wohl nicht verpflichtet fühlte und deshalb staatswirtschaftlichen Interessen nicht untergeordnet werden konnte.

Diese im gesamten Verwaltungskörper verbreitete Einstellung gegen den Eigennutz ist jedoch kein Produkt aus friderizianischer Zeit; sie wurzelt vielmehr in der Entstehungsgeschichte des preußischen Merkantilismus.

### 3. Die Anfänge der Gewerbepolicey 1713-1740

Ähnlich wie der Adels- und der Bauernschutz ist auch die Gewerbeförderung eine ursprünglich aus der Militärverfassung sich ergebende gesellschaftspolitische Notwendigkeit. Als Friedrich Wilhelm I. zu Beginn seiner Regierung die innenpolitischen Hauptziele formulierte, Vergrößerung der Armee und Abschaffung der städtischen Massenarmut, waren Handwerk und Gewerbe noch durch die überkommenen Zunftverfassungen bestimmt[81]. Die genossenschaftlich organisierten Innungen entschieden durch die Begrenzung der Meisterstellen wesentlich über Produktionsniveau, Arbeitsangebot und Warenqualität. Die Öffnung der

---

79 ABG, IV, Nr. 21, S. 20.

80 ABG, IV, Nr. 21, S. 20.

81 Allgemeine Darstellungen: *R. Wissel*, Des alten Handwerks Recht und Gewohnheit, 5 Bde., 2. Aufl. Berlin 1971-1986; *W. Reininghaus*, Gewerbe in der frühen Neuzeit, München 1990 mit w. Nachw.; aus der älteren Literatur vgl. *K. von Rohrscheidt*, Vom Zunftzwange zur Gewerbefreiheit, Berlin 1898.

Zünfte und die Beschränkung der Gesellenzahlen wurden je nach Gewerbe unterschiedlich gehandhabt. Im Nahrungsmittelgewerbe, das für einen begrenzten lokalen Markt produzierte, herrschten die geschlossenen Handwerke vor; neue Meister konnten nur dann zugelassen werden, wenn durch Todesfall eine Stelle frei geworden war. Unbeschränkt war bei geschlossenen Handwerken hingegen die Gesellenzahl; auf diese Weise war eine schnelle Anpassung an die Nachfrage möglich. Im Baugewerbe dominierten Zünfte mit offener Meisterzahl und begrenzter Lehrlings- und Gesellenzahl, während im arbeitsintensiven Textil- und Metallgewerbe Handwerke mit unbegrenzter Meister- und Gesellenzahl die Regel waren[82].

Das Mißverhältnis zwischen Gesellen- und Meisterstellen hatte bereits im 17. Jahrhundert wiederholt zu Gesellenunruhen und -streiks geführt[83]. Eine das Streikrecht regelnde Handwerksordnung schien allen Territorialstaaten dringend geboten. Sie konnte jedoch nur auf Reichsebene erlassen werden, da die zünftige Vorschrift einer mehrjährigen Wanderzeit die Gesellen unter Umständen der territorialstaatlichen Policey entzog[84]. Die erstmals 1672 eingebrachte Gesetzesvorlage fand jedoch keine Mehrheit. Anfang des 18. Jahrhunderts versuchten dann einige Reichsstände, durch Einzelvorstöße oder bilaterale Abkommen eine reichsrechtliche Regelung herbeizuführen[85].

So erließ Österreich 1722 im Anschluß an die Gesellenunruhen in Wien eine Handwerksordnung, in der den Gesellen das Streikrecht abgesprochen wurde. Und 1727 versuchte Brandenburg-Preußen, die Höfe in Hannover und Dresden zu einem Abkommen über das Handwerksrecht zu bewegen. Sachsen und Hannover fürchteten jedoch, bei einem Separatabkommen mit Brandenburg würden die Gesellen in andere Reichsgebiete abwandern[86]. Bei aller Bereitschaft, überterritoriale Fragen wie die Handwerksordnung im reichsrechtlichen Rahmen zu lösen, waren die Territorialstaaten zu einseitigen Zugeständnissen kaum bereit. Jeder war in erster Linie auf seine eigene wirtschaftliche Stärke bedacht; die einzelnen Interessen galten als unvereinbar; für überstaatliche Rahmenvereinbarungen fehlte deshalb der Sinn. Als 1731 dann doch ein Reichsabschied über die Handwerksordnung zustande kam, rezipierten die Territorialstaaten ihn zwar durch die eigene Gesetzgebung, modifizierten ihn aber ihren jeweiligen Verhältnissen entsprechend. So ersetzte Preußen zwischen 1734 und 1737 die überkommenen Zunftverfassungen durch 61 Generalprivilegien, eine Art gewerbe-

---

82 *K. Schwieger*, Das Bürgertum in Preußen vor der Französischen Revolution, Diss., Kiel 1971, S. 192-194; *W. Reininghaus*, Gewerbe, S. 18 ff.

83 Vgl. *H. Aubin / W. Zorn* (Hrsg.), Handbuch der deutschen Wirtschafts- und Sozialgeschichte, 1, Stuttgart 1971, S. 596.

84 Vgl. hierzu *K.J. Bade*, Altes Handwerk, Wanderzwang und Gute Policey: Gesellenwanderung zwischen Zunftökonomie und Gewerbereform, in: Vierteljahresschrift für Sozial- und Wirtschaftsgeschichte, 69 (1982), S. 1-37.

85 Vgl. *F. Blaich*, Die Wirtschaftspolitik des Reichstags im Heiligen Römischen Reich. Ein Beitrag zur Problemgeschichte wirtschaftlichen Gestaltens, Stuttgart 1970, S. 241.

86 Ebd., S. 242.

wirtschaftlicher Rahmenverfassung[87]. Bei seiner Reform des zünftigen Handwerks beschränkte sich der Staat jedoch nicht nur auf Gesetzeserlasse. Angesichts von Massenarmut und Bettel in den Städten hatte man begriffen, daß die Zünfte allein nicht mehr genügend Nahrung boten und nur die staatliche Gewerbeförderung Abhilfe schaffen konnte.

Der Etatsminister Grumbkow schlug in einer Denkschrift vom 28. Mai 1713 vor, die bereits unter Friedrich I. begonnene höfische Ausgabenwirtschaft auszubauen und dadurch das Bau- und Luxushandwerk anzukurbeln[88]. Daß der König diesen Vorschlag ablehnte, gab dem preußischen Merkantilismus seine spezifische Richtung. Ausschlaggebend war dabei nicht so sehr Friedrich Wilhelms persönliche, religiös fundierte Abneigung gegen höfische Etikette und Repräsentation gewesen[89]. Ausgehend von dem Machtstaatsgedanken, den er von seinem kalvinistischen Erzieher, Alexander von Dohna, übernommen hatte[90], war er zu der Überzeugung gelangt, daß Preußens Existenz als souveräner Territorialstaat nicht allein von höfisch-diplomatischen Beziehungen abhängig gemacht werden durfte, sondern vielmehr nur durch eigene Stärke, durch ausreichende Finanzreserven und eine zahlreiche, auf dem höchsten militärischen Ausbildungsniveau gehaltene Armee auf Dauer gesichert werden konnte. Die Vermehrung der Domäneneinkünfte und die Erhöhung der Akzise-, d.h. der Konsumtionssteuereinnahmen, waren deshalb die vorrangigen Ziele seiner Wirtschaftspolicey[91].

---

87 Vgl. *K. Schwieger*, Das Bürgertum, S. 190-191.

88 ABB, 1, Nr. 159, S. 461: Grumbkow beziffert den Anteil der höfischen Ausgaben am Akzisegefälle auf 200.000 Taler, „welches fast der dritte Theil ist, so die ganze Kurmark kann aufbringen ...". Der Minister entwickelt hier eine fiskalische Kreislauftheorie: Zur Vermehrung der Akziseeinkünfte habe „der Hofstaat und die Anzahl der Bedienten das Größte beigetragen, dergestalt, daß was der Hof an die Bediente gegeben, aus der Hand der Bedienten in die Hand des Handwerkers und aus der Hand des Handwerkers wieder in die Königl. Kasse gegangen ..." (S. 463). Freilich wird der Ursprung des Reichtums nicht geklärt. Grumbkow geht, im Unterschied etwa zu den Physiokraten, nicht über den Rahmen einer Steuererhebungstheorie hinaus und beschränkt sich auf die Feststellung, „daß der Zuwachs oder Abgang der Accise in hiesigen Residenzien von der Circulation des Geldes dependire. Es kann aber solches nicht circuliren, wenn die Quelle, woraus es bishero geflossen, verstopfet ist. Diese Quelle ist bishero gewesen die Depense des Hofes und der Hofbedienten und dann die Manufacturen, durch welche fremdes Geld ins Land gebracht worden" (S. 465).

89 Vgl. *G. Oestreich*, Friedrich Wilhelm I. Preußischer Absolutismus, Merkantilismus, Militarismus, Göttingen 1977, S. 16 ff.

90 Vgl. *O. Hintze*, Kalvinismus und Staatsraison, S. 269 ff.

91 Vgl. ABB, III, Nr. 286, S. 667: Die „dirigirenden Minister" im Generaldirektorium nahmen diese doppelte Zielsetzung auch in ihren Amts- und Treueeid auf: „... gelobe und schwöre ich ... , S.K.M. Nutzen und Bestes, insonderheit aber die wahre Verbesserung und Vermehrung Dero sämmtlicher Revenüen und Einkünfte, imgleichen die Conservation Dero Unterthanen, sowohl auf dem Lande als in den Städten ... suchen und befordern ...". Zur Errichtung des Generaldirektoriums, das Domänen- und Akziseverwaltung in sich vereinigte, vgl. *H. Haussherr*, Friedrich Wilhelm I. und die Begründung des Generaldirektoriums in Preußen, in: *ders.*, Verwaltungseinheit und Ressorttrennung, S. 1-30. Zum Aufbau der preußischen Verwaltung ab 1723 vgl. auch *G. Schmoller*, Die innere

Den Ertrag der Domänen suchte der Monarch durch immer neue Arrondierungen seines Grundbesitzes zu Lasten der adeligen Güter zu steigern. Diese Enteignungsverfahren kamen zügig voran, weil die mit der Domänenverwaltung beauftragten Amtskammern bei Rechtsstreitigkeiten mit adeligen Rittergutsbesitzern auch die entscheidende gerichtliche Instanz bildeten[92]. Um gleichzeitig die landwirtschaftliche Rentabilität zu erhöhen, wurde auf den Domänen ein neues Organisationsprinzip eingeführt: Der königliche Grundbesitz wurde in Pachten unterteilt, die jeweils einem kapitalkräftigen Bewirtschafter auf mehrere Jahre – in der Regel waren es sechs – überlassen wurde[93]. Wie die Arrondierungspraxis war auch die Etablierung der Domänenpächter gegen den Adel gerichtet; denn nur Bürgerliche konnten mit dem Staat Pachtverträge abschließen. Die adeligen Zweit- und Drittgeborenen waren damit einer standesgemäßen Beschäftigungsalternative beraubt; ihnen blieb weiter nichts übrig, als sich als Offiziere in der königlichen Armee zu verdingen. Die Heranbildung des preußischen Militäradels war also in nicht geringem Maße das Ergebnis staatlichen Zwangs, der in Form von wirtschaftlichen Repressalien gegen die adeligen Güter ausgeübt wurde. Erst in der Regierungszeit Friedrichs II., als die zahlreichen Kriege und die Konjunkturschwankungen auf dem Agrarmarkt die soziale Existenz des Adels bedrohten, wurde die Konservierung der Güter zur staatlichen Gegenleistung für den adeligen Militär- und Verwaltungsdienst.

Die Domänenpächter hingegen wuchsen zur ersten großbürgerlichen Kapitalistenklasse Preußens heran. Für sie war ein landwirtschaftliches Gut nicht Grundlage einer kavaliersmäßigen Rentiersexistenz, sondern Gegenstand einer profitorientierten Betriebsführung[94]. An Bildungsniveau und Berufswissen waren

---

Verwaltung des preußischen Staates unter Friedrich Wilhelm I., in: Preußische Jahrbücher, 25 (1869), S. 575-591 und 26 (1870), S. 1-17; *ders.*, Der preußische Beamtenstand unter Friedrich Wilhelm I, ebd., S. 148-172, 538-556; *O. Hintze*, Behördenorganisation und allgemeine Verwaltung in Preußen um 1740 (ABB, VI, Teil 1); *F. Hartung*, Studien zur Geschichte der preußischen Verwaltung, in: *ders.*, Staatsbildende Kräfte der Neuzeit, Berlin 1961; *W. Neugebauer*, Zur neueren Deutung der preußischen Verwaltung im 17. und 18. Jahrhundert in vergleichender Sicht, in: *O. Büsch / W. Neugebauer* (Hrsg.), Moderne Preußische Geschichte 1648-1947, 2, Berlin 1981, S. 541-598; *W. Hubatsch*, Die preußische Verwaltung in der Regierungszeit Friedrich Wilhelms I., in: *K. Jeserich / H. Pohl / G.Ch. von Unruh* (Hrsg.), Deutsche Verwaltungsgeschichte, 2, Stuttgart 1983, S. 910-931.

92 Vgl. hierzu *O. Hintze*, Preußens Weg zum Rechtsstaat in: *ders.*, Regierung und Verwaltung, S. 114 f.

93 Vgl. aus der älteren Literatur: *C.F. von Benekendorff*, Über die hohen Verpachtungen, in: Annalen des Ackerbaus, 2 (1805); *F. Berghoff-Ising*, Die Entwicklung des landwirtschaftlichen Pachtwesens in Preußen, Leipzig 1887. Neuere Studien hat vor allem die Wirtschaftshistoriographie der ehemaligen DDR vorgelegt: *R. Strehlke*, Der Verlauf der Domänenpacht im 18. Jahrhundert, Phil. Diss., Berlin 1954; *H.-H. Müller*, Domänen und Domänenpächter in Brandenburg-Preußen im 18. Jahrhundert, in: Jahrbuch für Wirtschaftsgeschichte, 1965, Teil 4, S. 152-192, jetzt in: *O. Büsch / W. Neugebauer* (Hrsg.), Moderne preußische Geschichte 1648-1947, 1, Berlin / New York 1981, S. 316-359; *H.-H. Müller*, Bauern, Pächter und Adel im alten Preußen, in: Jahrbuch für Wirtschaftsgeschichte (1966), Teil 1, S. 259-277.

94 *H.-H. Müller*, Domänen und Domänenpächter, 337 f.

sie den adeligen Rittergutsbesitzern überlegen. Sie hatten meist die Universität besucht und ausgedehnte Reisen nach England unternommen, um sich mit den neuesten agrartechnischen Methoden vertraut zu machen[95]. Durch die Mitwirkung an landwirtschaftlichen Vereinen[96] und durch die Veröffentlichung hauswirtschaftlicher Preisschriften[97] nahmen sie, über Preußens Grenzen hinaus, regen Anteil an der ökonomischen Aufklärungsbewegung.

Eine entschiedene Erhöhung der staatlichen Einkünfte war jedoch nur in dem Maße zu erreichen, wie es gelang, die breite werktätige Masse, die bisher als Steuerträger ganz ausgefallen war, in Arbeit zu setzen. Grundlage der staatlichen Gewerbeförderung konnte deshalb nicht mehr die höfische Ausgabenwirtschaft sein; sie hatte lediglich den Luxuskonsum einer kleinen Anzahl großer Herren und ihrer Familien bewirkt, deren Ausgaben überdies nicht das einheimische Luxusgewerbe gestärkt hatten, sondern über die Luxuswaren importierende Kaufmannschaft ins Ausland geflossen waren. Und die Masse der gewöhnlichen Handwerker wurde von der verstärkten Nachfrage nach Luxusgütern ohnehin nicht berührt[98]. Finanziell tragbar war für den Staat nur die Unterstützung eines arbeitsintensiven Gewerbesektors, der eine Massennachfrage zu befriedigen hatte und dessen Rohstoff möglichst im Lande gewonnen wurde. Ausgehend von diesen Voraussetzungen entwickelte der König die Idee, das Kleidungsbedürfnis der Armee zum Schwungrad einer staatlichen Wollindustrie zu machen. Zu diesem Zweck gründete er 1713 die als „Königliches Lagerhaus" bekannte Tuchmanufaktur. Die Finanzierung dieses Betriebs halste der Monarch dem Berliner Kaufmann Krautt auf[99], der durch die Vorfinanzierung der Heeressoldgelder unter Friedrich I. ein Vermögen verdient hatte. Krautt sträubte sich natürlich gegen das Amt, denn es handelte sich um ein Unternehmen, das nicht

---

[95] Ebd., S. 342.

[96] Zur Rolle der ökonomischen Vereine vgl. *R. Rübberdt*, Die ökonomischen Sozietäten. Ein Beitrag zur Wirtschaftsgeschichte des 18. Jahrhunderts, Diss., Halle 1934. Aus der neueren Literatur vgl. vor allem *H. Hubrig*, Die patriotischen Gesellschaften; *R. van Dülmen*, Die Gesellschaft der Aufklärer. Zur bürgerlichen Emanzipation und aufklärerischen Kultur in Deutschland, Frankfurt a.M. 1986; eine interessante Fallstudie bietet *H. Eichler*, Die Leipziger ökonomische Sozietät im 18. Jahrhundert, in: Jahrbuch für Geschichte des Feudalismus, 2 (1978), S. 357-386.

[97] Zur Bedeutung der Preisschriften für die Verbreitung agrartechnischer Neuerungen in Deutschland grundlegend *H.-H. Müller*, Akademie und Wirtschaft im 18. Jahrhundert. Agrarökonomische Preisaufgaben und Preisschriften der Preußischen Akademie der Wissenschaften. Versuch, Tendenzen und Überblick, Berlin 1975; vgl. auch *H. Koschwitz*, Die periodische Wirtschaftspublizistik im Zeitalter des Kameralismus. Ein Beitrag zur Entstehung der Wirtschaftsfachzeitschrift im 18. Jahrhundert, Diss., Göttingen 1968.

[98] Vgl. Acta Borussica. Die Wollindustrie in Preußen unter Friedrich Wilhelm I, Berlin 1933, Neudruck Frankfurt a.M. 1986-87 (von nun an: ABW), S. 13 ff.

[99] In dem entsprechenden königl. Reskript vom 22. August 1713 heißt es dazu: „Im übrigen finden S.K.M. am besten zu seyn, daß der von Krautt das ganze Werck durch seinen Credit und Verlag und vor seine Rechnung, so wohl auf Gewinn als Verlust fortsetze, allermaßen die Erfahrung von vielen Jahren her bezeiget, daß, wann auf anderer als Particulier-Personen Rechnung und Conto dergleichen unternommen worden, die Königl. Cassen zuletzt darunter ein vieles verlohren ..." (ABW, Nr. 2, S. 350).

am Gewinn, sondern an staatlichen und sozialen Zwecken orientiert war[100]. Die Stuhlarbeit im Lagerhaus war auf zünftige Meister beschränkt, die zwar ihre Selbständigkeit verloren hatten, dessen Lohn aber weit über dem lag, was private Verleger und Fabrikanten bezahlten[101].

Das erste sozialpolitische Ziel dieser staatlichen Initiative wird damit bereits deutlich: das traditionelle Wollhandwerk, Preußens größter Gewerbesektor, sollte von lohndrückenden privaten Verlegern unabhängig gemacht werden. Darüber hinaus ging es der Gewerbepolicey darum, die von den Fabrikanten an den Rand des Existenzminimums gedrängten, heimgewerblich arbeitenden Lohnabhängigen, die großteils aus exerzierfreien Soldaten, Soldatenfrauen und -kindern bestanden, über die Armutsgrenze zu heben[102]. Es wurde deshalb angeordnet, daß Vorbereitungsarbeiten für das Lagerhaus, wie Wollekratzen, Spinnen und Noppen, außerhalb Berlins nicht vergeben werden dürften und daß überhaupt jeder sich meldenden Soldatenfamilie Arbeit zu geben sei. Der staatlich festgesetzte Spinnerlohn lag dabei 25% über dem von Privatverlegern bezahlten Tarif[103].

Da ein Großteil der preußischen Tuchherstellung nunmehr im Lagerhaus konzentriert war, konnte die Armee nicht mehr die gesamte Produktion aufnehmen. Die Einfuhr ausländischer Textilwaren wurde deshalb 1719 untersagt; das Lagerhaus deckte jetzt nicht mehr allein den Heeresbedarf, sondern produzierte mehr und mehr für das Privatpublikum. Freilich wurde auch weiterhin nicht profitorientiert gewirtschaftet. Denn die Gewinne, die es beim privaten Absatz machte, flossen nicht in die Betriebskasse, sondern wurden zur Stützung des staatlich festgesetzten Lohnniveaus verwandt. Die privaten Abnehmer feiner Stoffe mußten also für die verhältnismäßig hohen Löhne und für die niedrigen Heerestuchpreise aufkommen[104].

---

[100] Krautt versuchte denn auch, sich so weit wie möglich abzusichern. So fordert er u.a. in einer Immediatvorstellung vom 19. August 1713: „... Daß E.K.M. dieser schweren Sache, welche bis dato durch Commissiones und angewandte große Kosten nicht zum Stande gebracht werden können, ein wahrhaffter Protector des gantzen Wercks seyn, mich über alle dabey vorkommende Umbstände, so offt es die Noth erfordert, allergnädigst hören und alle obstacles, so viel menschenmöglich, durch Dero unbeschrenkte Macht heben wollten ... Daß E.K.M. allergnädigst geruhen wollen, ohne mein vorhero abgestattetes allerunterthänigstes Gutachten und Bedencken in Manufactur- und Commercien-Sachen auf anderer Dero Bedienten Vortrag nichts zu resolviren, noch zu ändern ... Daß E.K.M. alle diejenige Ordonnanzien in Commercien- und Manufactursachen, so ich allerunterthänigst vorschlagen und entwerffen werde, allergnädigst confirmiren wollen, ohne welche die Manufacturen und die dazu nöthige Ouvriers ohnmöglich bestehen, noch in Flor kommen können" (ABW, Nr. 1, S. 347-348). Vom unternehmerischen Risiko kam Krautt damit freilich nicht los.

[101] ABW, S. 308.

[102] Ebd., Es ging um „die Konservierung eines vom traditionalistischen Schlendrian befreiten Handwerkerstandes, sein Schutz vor dem Abgleiten ins Proletariat, ganz dem Bauernstand entsprechend". Dies entsprach auch der kalvinistischen Sozialethik des Königs: „... holle der Deuffel lieber meine zeitl. wohl fahrdt als das so viell leutte Betler werden und ich reich" (ABW, Nr. 10, S. 361).

[103] ABW, Nr. 101, S. 361.

[104] ABW, S. 309.

Daß eine solche Manufaktur unter kaufmännischem Gesichtspunkt wenig attraktiv war, liegt auf der Hand. Bei unflexiblen Löhnen und Verkaufspreisen konnte Krautt das Unternehmen nur so lange verlustfrei halten, wie die Wollpreise stabil blieben. Als diese dann 1718 infolge der erhöhten Nachfrage in die Höhe schnellten, hat der Staat nicht die Militärtuchpreise erhöht, sondern die Verluste auf den Betreiber des Lagerhauses abgewälzt. Der König fühlte sich dazu berechtigt, weil Krautt sein Vermögen den Wucherzinsen verdankte, die er bei der Finanzierung des Staatshaushaltes unter Friedrich I. erhoben hatte; Krautts Vermögen war für ihn deshalb ein staatliches Guthaben, das nur vorübergehend von einem Privatmann verwaltet worden war. Der Finanzier versuchte den Ruin von sich abzuwenden, indem er vorschlug, dem Lagerhaus eine Wollhandlungskompanie auf Aktienbasis anzugliedern; dem König sollte damit das Monopol des Wollhandels und die Kontrolle über die Wollpreise übertragen werden. Friedrich Wilhelm argwöhnte wohl, Krautt wolle privates Kapital aufnehmen, um die Leitung des Lagerhauses zu kommerzialisieren. Jedenfalls beschritt er einen anderen Weg und erließ ein Wollausfuhrverbot[105].

Als die Wollpreise weiter stiegen, bewog der König, auf Drängen Krautts, die kurmärkische Landschaft, sich am Lagerhaus zu beteiligen. Die Ritterschaft, nunmehr selbst Abnehmer, wurde auf diese Weise veranlaßt, die Wollpreise unter Kontrolle zu halten. Zu einem reinen Staatsunternehmen wurde das Lagerhaus jedoch erst nach Krautts Tod. Daß er sich als dessen natürlichen Erben betrachtete, demonstrierte der König, als er die Angehörigen des Kaufmanns zwang, das Lagerhauskapital dem Militärwaisenhaus zu schenken. Bei der Begründung der Wollindustrie war es nicht nur darum gegangen, Heeresversorgung und Gewerbeförderung möglichst kostengünstig miteinander zu verbinden. Der Monarch verfolgte darüber hinaus ein staatspädagogisches Ziel: die städtischen Unterschichten sollten an regelmäßige Arbeit gewöhnt und damit „sittlich gehoben" werden[106]. Er versprach sich davon nicht nur ein höheres Produktionsniveau in den Manufakturen. Da die städtischen Gewerbeschichten gleichzeitig das Aushebungsreservoir der Armee bildeten, schien ihm eine geordnete, durch Arbeit bestimmte Lebensführung die beste Voraussetzung zu bieten für die Einübung der militärischen Disziplin.

Die oft zitierte Militarisierung des preußischen Soziallebens[107], die durch die Angliederung des Lagerhauses an das Militärwaisenhaus eingeleitet wurde, hatte

---

[105] Der König fürchtete dabei jedoch den Widerstand des Adels, denn das Wollausfuhrverbot bedeutete einen Eingriff in seine verbrieften Rechte. In einem Handschreiben Friedrich Wilhelms heißt es dazu: „wegen verboht der wolle ist unter schrieben ist aber gegen die Reversales was wierdt der adell sagen … ich kan in wahrheit sagen das dieses werck gennerahlement guht und Nützl: vor dem Lande ist aber ich hab es mit der grösten Repuniance geschrieben von der weldt weil … ich mache mir ein gewissen meinem getreuen Kurmerckischen adell das Messer am halse zu setzen …" (ABW, Nr. 10, S. 361).

[106] ABW, S. 312.

[107] Vgl. hierzu *K. Schwieger*, Militär und Bürgertum. Zur gesellschaftlichen Prägkraft des preußischen Militärsystems im 18. Jahrhundert, in: *D. Blasius* (Hrsg.), Preußen in der deutschen Geschichte, Königstein/Ts. 1980, S. 179-200; *G. Oestreich*, Friedrich Wilhelm, S. 88 f.

auch eine ökonomische Komponente: Soldatischer Drill und Gewerbefleiß brachten nicht nur den gehorsamen Untertan in Uniform hervor, sondern auch den durch und durch auf Leistung eingestellten Arbeitsmenschen. Diese eigentümliche Verschränkung von sittlicher Disziplin und wirtschaftlich rentabler Arbeit hatte Friedrich Wilhelm wahrscheinlich von den Hallischen Stiftungen August Herrmann Franckes übernommen[108]. Der von existentiellen Krisen heimgesuchte Francke[109] war 1686 mit dem Theologen Philipp Jakob Spener bekannt geworden, der in seiner programmatischen Schrift „Pia desideria" (1675) der lutherischen Kirche vorgeworfen hatte, sie habe das Laienpriestertum faktisch abgeschafft und stattdessen die ausschließliche Lehrberechtigung der Geistlichen wieder eingeführt[110]. Das Luthertum habe sich damit auf einen äußeren Buchstabenglauben zurückgezogen, der sich auf die Erfüllung der kirchlichen Pflichten beschränke, im übrigen aber den Menschen und seine Lebensführung unberührt lasse[111].

Diesem in den lutherisch-orthodoxen Rechtfertigungsbegriff aufgenommenen Buchstabenglauben (*fides quae iustificat*) stellt Spener die Rechtfertigung im Bußkampf (*fides qua iustificat*) gegenüber[112]: Nur wer durch ein Erweckungserlebnis zu einem „neuen Menschen" wiedergeboren werde und durch seine *praxis pietatis*, d.h. durch die Arbeit an der sittlichen und sozialen Verbesserung der Welt und des Menschen, seine Bekehrung unter Beweis stelle, könne sich Hoffnung auf Rechtfertigung machen[113].

Die von Spener begründete, alsbald mit der Bezeichnung „Pietismus" versehene, religiöse Erneuerungsbewegung ging, ebenso wie der Genfer Kalvinismus und der angelsächsische Puritanismus, von einem engen Zusammenhang zwi-

---

[108] Hierzu grundlegend *C. Hinrichs*, Preußentum und Pietismus. Der Pietismus in Brandenburg-Preußen als religiös-soziale Reformbewegung, Göttingen 1971.

[109] Vgl. *E. Peschke*, Die Bedeutung der Mystik für die Bekehrung August Hermann Franckes, in: Theologische Literaturzeitung, 91 (1966), S. 881-892, jetzt in: *M. Greschat* (Hrsg.), Zur neueren Pietismusforschung, Darmstadt 1977, S. 294-316.

[110] Dazu grundlegend *M. Schmidt*, Das pietistische Pfarrerideal und seine altkirchlichen Wurzeln, in: *ders.*, Der Pietismus als theologische Erscheinung (Gesammelte Studien zur Geschichte des Pietismus 2), hrsg. von *K. Aland*, Göttingen 1984, S. 122-155; vgl. auch *M. Schmidt*, Speners ‚Pia desideria'. Versuch einer theologischen Interpretation, in: Theologia Viatorum. Jahrbuch der Kirchlichen Hochschule Berlin, III (1951), S. 70-112, jetzt in: *M.Greschat* (Hrsg.), Zur neueren Pietismusforschung, S. 126 f.; zusammenfassend *J. Wallmann*, Der Pietismus, Göttingen 1990, S. 47 f.

[111] *C. Hinrichs*, Preußentum, S. 10.

[112] Vgl. *E. Hirsch*, Geschichte der neueren evangelischen Theologie im Zusammenhang mit den allgemeinen Bewegungen des europäischen Denkens, 2, Gütsersloh 1951, S. 91-97, S. 138-151, wieder abgedruckt in: *M. Greschat* (Hrsg.), Zur neueren Pietismusforschung, S. 48.

[113] So *C. Hinrichs*, Preußentum, S. 11; vgl. auch *R. Osculati*, Vero cristianesimo. Teologia e società moderna nel pietismo luterano, Bari 1990, S. 115 ff. Zur theologischen Argumentation Speners vgl. *M. Schmidt*, Speners Wiedergeburtslehre, in: Theologische Literaturzeitung, 76 (1951), S. 17-30, jetzt in: *M. Greschat* (Hrsg.), Zur neueren Pietismusforschung, S. 9-33.

schen Rechtfertigung und Berufsarbeit aus[114]. Während jedoch der Kalvinismus, im Zuge der Prädestinationslehre den individuellen Erfolg als Hauptindiz für die Erwählung wertete, sah der Pietismus gerade im Dienst am bedürftigen Nächsten die entscheidende Bewährungsprobe. Armut und Reichtum wurden damit gleichermaßen enttheologisiert; sie waren nicht mehr Anzeichen von Heil oder Verdammnis, sondern konkrete Lebenslagen, an denen sich die *praxis pietatis* zu bewähren hatte[115]. Ging es Spener in erster Linie um die theologische Entwicklung der Lehre, suchte Francke nach Möglichkeiten, die Verschränkung von religiöser Heilssuche und gemeinnütziger Tätigkeit sozialpädagogisch umzusetzen. Durch Vermittlung Speners, der mit dem preußischen Minister Paul von Fuchs befreundet war, erhielt Francke in Halle Gelegenheit, seinen Plan zur Errichtung eines Waisenhauses und eines „Paedagogiums", einer Schule für alle Stände, zu verwirklichen[116].

Die äußeren Umstände kamen ihm dabei zuhilfe. Das Herzogtum Magdeburg war durch die Verträge von Münster und Osnabrück 1680 an Brandenburg-Preußen gefallen. Es gehörte zu den am schwersten heimgesuchten Gebieten Deutschlands; die Bevölkerung war dezimiert, Handel und Gewerbe auf ein Minimum beschränkt. Als vorgeschobenster südlicher Punkt des brandenburgisch-preußischen Territorialstaates war es eingekeilt in sächsisches Gebiet; die Zollgrenzen durchtrennten nunmehr jedoch die überkommenen wirtschaftlichen Verflechtungen[117]. Um die Provinz wieder in Flor zu bringen, siedelte der Staat in dieser Provinz verstärkt protestantische Glaubensflüchtlinge mit manufakturtechnischen Kenntnissen an. Die 1698 gegründete Universität Halle zog überdies eine große Anzahl begüterter Studenten in die Stadt, die mit ihrem Anhang die Nachfrage nach Manufakturwaren in die Höhe trieben[118]. Der Krieg hatte jedoch nicht nur die potentiellen Arbeitskräfte dezimiert, sondern auch einen allgemeinen Sittenverfall eingeleitet, der weite Teile der Bevölkerung zu regelmäßiger Arbeit ungeeignet machte. Hinzu kamen die zünftigen Gewohnheiten und Bräuche. So besaßen die Gesellen das Vorrecht, mehrmals am Tag die Arbeit zu unterbrechen,

---

[114] Zu den sozialreformerischen Aspekten des Kalvinismus gibt es bekanntlich eine umfangreiche Literatur. Ich nenne hier deshalb nur *H. Kretzer*, Calvinismus versus Demokratie respektive Geist des Kapitalismus? Studien zur politischen Theorie und zur Sozialphilosophie des französischen Protestantismus im 17. Jahrhundert, Oldenburg 1988; *M. Walzer*, The Revolution of the Saints. A Study in the Origins of Radical Politics, Cambridge 1982; *M. Miegge / L. Corsani / U. Gastaldi*, Protestantesimo e capitalismo. Da Calvino a Weber: contributi ad un dibattito, Torino 1983; *M. Prestwich* (Hrsg.), International Calvinism 1541-1715, Clarendon 1986.

[115] So *G. Bondi*, Der Beitrag des hallischen Pietismus zur Entwicklung des ökonomischen Denkens in Deutschland, in: Jahrbuch für Wirtschaftsgeschichte (1964), Teile 2-3, S. 24-48, jetzt in: *M. Greschat*, Zur neueren Pietismusforschung, S. 272.

[116] Auf die Auseinandersetzung zwischen Pietismus und hallischer Aufklärung kann hier nicht eingegangen werden. Vgl. dazu die Arbeiten in: *N. Hinske* (Hrsg.), Halle. Aufklärung und Pietismus, Heidelberg 1989 mit w. Nachw.

[117] Vgl. *G. Bondi*, Die Beitrag, S. 261.

[118] Ebd.

um sich zu einem Umtrunk zusammenzufinden; handwerkliche Feiertage wie der ‚blaue Montag' verkürzten noch zusätzlich die wöchentliche Arbeitszeit[119].

Durch die Gründung eines Waisenhauses, dem bald mehrere Manufakturbetriebe angegliedert wurden, und durch eine breite seelsorgerische Tätigkeit versuchte Francke, den in Handwerk und Gewerbe tätigen Schichten eine religiöse Wirtschaftsethik zu vermitteln[120]. So schärft er in seiner Predigt „Über den rechten Gebrauch der Zeit" seinen Zuhörern ein, sie sollten „keine einzige bequeme Zeit, Gutes zu wirken, versäumen, sondern es so damit halten wie der Kaufmann auf dem Markt, der keinen Augenblick versäumen darf, um seinen Gewinn nicht zu verlieren"[121]. Dieser Hochschätzung von Zeit und Arbeit entspricht die Ablehnung geselliger Zerstreuung. So hatte Francke bereits als Sechsundzwanzigjähriger „Regeln zur Bewahrung des Gewissens und guter Ordnung in der Conversation oder Gesellschaft" aufgestellt:

> „Wenn Du bemerkest, daß die Gesellschaft Dir nicht notwendig ist, oder daß die Ehre Deines Gottes anderweit besser könne befördert werden, oder daß die Liebe Dich nicht dringe, Deinen Nächsten durch Deine Gegenwart zu dienen, so laß Dir ja nicht lieb sein, bei der Gesellschaft zu bleiben. Keinen Augenblick mußt Du dabei sein, wenn Du keinen anderen Zweck hast, als daß Du nur die Zeit unnützlich passirest. Das steht einem Christen übel an, daß ihm mit seinem Gott die Zeit lang wird"[122].

Zu einer disziplinierten Lebensführung gehört aber nicht nur eine rationale Zeiteinteilung, sondern auch die Mäßigung bei Tisch: „Durch viel Essen und Trinken wird Leib und Seele beschweret. Eine beständige Mäßigkeit wird eine große Probe sein Deiner geistlichen Klugheit". Der Disziplinierungsprozeß soll schließlich auch die äußere Haltung erfassen: „Allezeit und bei aller Gesellschaft hüte Dich für allen unanständigen Mienen, Hand-Gebärden und unordentlicher Stellung des Leibes. Es bezeuget Unordnung im Gemüt und verraten sich dadurch Deine heimlichsten Gemütsbewegungen ..."[123].

Die Schuld für die Verderbtheit der Sitten sucht Francke allerdings nicht bei den unteren Schichten, sondern, Spener folgend, bei dem Lehr- und bei dem Regierstand. Vor allem die „Obrigkeit" fordert er immer wieder auf, ihren Pflichten gegenüber den Untertanen nachzukommen. Der Regierstand habe „nicht seine eigene Ehre, Nutz und Lust, sondern seiner Unterthanen wahrhaftiges Beste in allen Dingen zum Zweck" zu haben. „Aber nun ist es gantz umgekehret, und ist im Regenten-Stande es leyder derestalt verderbet, daß an Regenten und Obrigkeitlichen Personen gar selten auch nur ein Glast des göttlichen Bildes in der Barmherzigkeit, in treuer und unpartheyischer Sorgfalt vor der Unterthanen Bestes zu spüren ist, sintemal sich die meisten ihres Standes dazu bedienen,

---

[119] Vgl. allgemein zur frühneuzeitlicher Arbeitsmoral vgl. *Ch. Dipper*, Deutsche Geschichte, S. 188-199.

[120] Vgl. hierzu *W. Oschlies*, Die Arbeits- und Berufspädagogik August Hermann Franckes, Witten 1969.

[121] Zit. nach *C. Hinrichs*, Preußentum, S. 345.

[122] Ebd., S. 346.

[123] Ebd.

nicht daß ihren Unterthanen, sondern daß ihnen nur wohl seyn, und es ihnen an Ehre, Pracht und Herrlichkeit , Wollüsten des Fleisches und andern Vortheilen nicht fehlen möge“[124]. Noch verderbter als die großen Würdenträger seien freilich diejenigen, „welche das Unter-Regiment in allerley Collegiis und Gerichten führen, ja diese sind an dem Verderben im Regier-Stande mehr schuld als die hohe Obrigkeit selbst, indem diese viel böse Rathschläge zu geben pflegen, zu deren Bewerckstelligung die Grossen ihren Namen herleihen müssen“[125]. Ob Francke mit der Machiavellismus- und Tacitismusdiskussion des 17. Jahrhunderts vertraut war, ist nicht bekannt. Die Anspielung auf den Fürstendiener, der „viel böse Rathschläge“ erteilt, ist immerhin unmißverständlich; und auch das Thema der Predigt, „Das Geheimniß der Bosheit“, scheint die *Arcana imperii*-Formel zu paraphrasieren[126].

Daß sein Politikverständnis der Staatsräson-Tradition entgegengesetzt ist, beweist aber vor allem seine Kritik am territorialstaatlichen Policeyregiment[127]. Die Obrigkeit strafe nur jene Laster, die der äußeren Ordnung gefährlich werden können; die sittlichen Laster seien ihr gleichgültig: „sie bezeuget aber eben damit, daß sie ihr Amt nicht zu Gottes Ehre und der Unterthanen Besten lauterlich führe, sondern sich selbst darinn zum Zweck habe ...“[128]. Einem künstlich, durch Geheimnis und List, vom Sozialleben und seinen Bedürfnissen abgekapselten Herrschaftsbereich, der die Ressourcen des Landes nur zu seiner Selbsterhaltung verwendet, zu dessen Hebung jedoch nichts beiträgt, spricht Francke die göttliche Rechtfertigung ab. Der Regierstand sei nicht für sich selbst da, sondern habe wie jeder andere dem allgemeinen Wohl zu dienen.

Jeder müsse „alles, was nach seinem Beruf und Stand möglich ist, zu seiner und anderer Errettung aus dem feuerbrennenden Zorne Gottes getreulich anwenden“; ein jeglicher „muss sein ganzes Talent, so ihm Gott verliehen, dazu anwenden, dass er eine Mauer mache und wider den Riss stehe gegen Gott für das Land, damit ers nicht verderbe“[129].

Diese von Francke vielzitierte Bibelstelle war der Leitsatz seiner religiösen Soziallehre wie auch seiner gemeinnützigen Unternehmungen. Disziplinierte Berufsarbeit sollte nicht nur dem sozialen Fortkommen oder der Vermittlung individueller Heilsgewißheit dienen, sondern wesentlich in die Verantwortung

---

124 *A.H. Francke*, Predigten, 1, Berlin / New York 1987, S. 490.

125 Ebd., S. 491.

126 Vgl. dazu *M. Stolleis*, Arcana Imperii und Ratio Status. Bemerkungen zur politischen Theorie des frühen 17. Jahrhunderts, in: *ders.*, Staat und Staatsraison in der frühen Neuzeit. Studien zur Geschichte des öffentlichen Rechts, Frankfurt a.M. 1990, S. 37-73 mit w. Nachw.

127 Zu den territorialen Herrschaftsrechten vgl. *D. Willoweit*, Rechtsgrundlagen der Territorialgewalt. Landesobrigkeit, Herrschaftsrechte und Territorium in der Rechtswissenschaft der Neuzeit, Köln 1975.

128 *A.H. Francke*, Predigten, S. 493.

129 Zitiert nach *C. Hinrichs*, Preußentum, S. 16.

für das gemeine Wohl eingebunden sein. Es sei „der größte Fehler bey den meisten, welche in öffentlicher Berufs-Arbeit stehen, und mit irdischer Handthierung zu thun haben", daß sie nicht mehr bedenken, „was zu ihrer Seelen Heyl dienet"[130]. Arbeitsamkeit an sich sei zwar löblich, aber sie dürfe nicht „aufs Zeitliche abgerichtet seyn"[131]: „Darum ist vor allen Dingen nöthig, daß du ja dem Herrn Christo deine gantze Berufs-Arbeit, deinen gantzen Stand darinne du bist, dein gantzes Amt, das du hast, und alles, was du verrichtest, übergebest"[132]. Gerade der Bezug auf das Gemeinwohl gibt der Berufsarbeit eine religiöse Prägung; die „Polizei- und Regierpraxis" hat zwar die „reale Besserung der Gesellschaft" – eine Franckesche Formel, die bis in die preußische Aktensprache hineingedrungen ist [133] – unmittelbar zum Gegenstand; sie teilt aber mit der nichtöffentlichen Berufsarbeit dieselbe Dienst- und Leistungsethik. Francke läßt dabei keinen Zweifel, daß sein sozialpädagogisches Programm auf einen Umbau des überkommenen Sozialgefüges zielt. Die Stände sollen allesamt auf das allgemeine Wohl verpflichtet, der Regierstand dazu gebracht werden über die Sorge für die öffentliche Sicherheit und Ordnung hinaus an der sittlichen und materiellen Hebung der Gesellschaft zu arbeiten. In dem Maße, wie der vormals lediglich formale Polizeibegriff inhaltlich bestimmt wird, ist auch der bislang nur durch seine Herrschaftsattribute gekennzeichnete Regierstand als ein mit spezifischen Kenntnissen ausgestatteter Berufsstand zu qualifizieren.

In dem Projekt zur Errichtung eines „Paedagogiums", das Francke 1698 seinem Gönner, dem Etatsminister Paul von Fuchs, vorlegt, geht er zwar von der lutherischen Dreiständelehre aus, verpflichtet aber die sozial differenzierten Ausbildungszweige auf dasselbe weltanschauliche Ziel: die Aufziehung neuer Menschen in allen Ständen, die ihre Erweckung zum christlichen Glauben in weltabgewandter Berufsarbeit bewähren[134]. An der Spitze der Ausbildungspyramide stand „eine Anstalt zur Erziehung des Herrenstandes, Adelicher und anderer Fürnehmer Söhne und Töchter"[135]. Diese neue Schule des Regierstandes sollte keine Gelehrtenschule sein, sondern eine Akademie weltmännisch-praktischer Bildung. Die Lehrfächer orientierten sich an den zukünftigen Tätigkeitsbereichen. Für angehende Staatsmänner und Diplomaten waren Latein und neue Sprachen gedacht. Die übrigen Fächer sollten der Vorbereitung auf die Militär- und Verwaltungskarriere dienen: Mathematik, Geometrie, Mechanik, Rechnen nach der *pratica italica*, Moralphilosophie, Politik, Naturrecht sowie die Grundlagen des öffentlichen und des Privatrechts. Einen besonderen Stellenwert nahm das Fach „Oeconomie" ein: Die jungen Adeligen sollten ihre Güter später selber

---

130 *A.-H. Francke*, Predigten, S. 243.

131 Ebd., S. 252.

132 Ebd., S. 254.

133 So *C. Hinrichs*, Preußentum, S. 17.

134 Ebd., S. 24. Zu den ökumenischen Zielsetzungen der Franckeschen Schule vgl. auch *M. Schmidt*, Das hallische Waisenhaus und England im 18. Jahrhundert, in: *ders.*, Der Pietismus als theologische Erscheinung, S. 270-283.

135 *C. Hinrichs*, Preußentum, S. 24.

verwalten können[136]. Die Bedeutung der Franckeschen Schulen für die Ausbildung der preußischen Militär- und Verwaltungselite kann nicht hoch genug eingeschätzt werden. Die ihnen zugrundeliegende Konzeption, die Mitglieder eines Regierstandes, der tatsächlich dem ‚gemeinen Wohl' diene, seien nach meritokratischen Kriterien zu beurteilen, hat wohl der Etablierung des staatlichen Laufbahnwesens[137] nicht unwesentlich vorgearbeitet.

Aber der Pietismus hat, im Unterschied etwa zu anderen bedeutenden geistigen Strömungen, wie dem Neuaristotelismus oder dem niederländischen Neustoizismus[138], nicht nur die Führungskräfte in Heer und Verwaltung im Auge gehabt. Gerade auch den in Handel und Gewerbe tätigen Schichten galt die sozialpädagogische Tätigkeit der Hallischen Stiftungen. Indem versucht wurde, Kaufleuten das Prinzip des Gemeinwohls nahezubringen und Lohnabhängige zu disziplinierter Arbeit anzuhalten, unterstützte die pietistische Bewegung in Preußen die staatliche Gewerbepolicey. Denn das mißtrauische Verhältnis zwischen Kaufmannschaft und Staat stellte ebenso wie die mangelnde Arbeitsmoral der gewerblichen Schichten ein Hemmnis für die wirtschaftliche Entwicklung der preußischen Territorien dar[139].

Die gesellschaftspolitische Benachteiligung des Handelskapitals lag sicher in der spezifischen Entwicklung des preußischen Merkantilsystems begründet. Der Staat hatte das Fernhandelskapital aus Handwerk und Gewerbe herausgedrängt und war selber als deren Auftraggeber und Verleger eingesprungen. Da die Umsätze der Kaufmannschaft seiner Akziseverwaltung zumeist entgingen, hatte er es vorgezogen, durch ein riesiges Arbeitsbeschaffungsprogramm den Massenkonsum zu steigern. Darüber hinaus war ein starkes Handelsbürgertum mit den verfassungs- und gesellschaftspolitischen Zielen des preußischen Absolutismus kaum vereinbar. Der Küstriner Kammerdirektor Hille, der den Kronprinzen Friedrich während der Gefangenschaft mit handelspolitischen Fragen vertraut gemacht hatte, meinte dazu in seiner Denkschrift vom 18. Januar 1725:

> „Der Kaufmanns-Stand ist in diesen Landen überhaupt nicht genug geachtet und respektiert ..., und der elendeste Gelehrte und Beamte, welcher dem Publico nicht das geringste nützet, achtet einen Kaufmann, dafern es nicht seines Beutels wegen geschiehet, gegen sich vor nichts, ist auch durch die Verfassungen des Landes dazu einigermaßen auctorisieret"[140].

---

[136] Ebd.

[137] Zum Laufbahnwesen in Preußen im 18. Jahrhundert vgl. *W. Bleek*, Von der Kameralausbildung zum Juristenprivileg. Studium, Prüfung und Ausbildung der höheren Beamten des allgemeinen Verwaltungsdienstes in Deutschland im 18. und 19. Jahrhundert, Berlin 1972. Gegen dessen These von einem Wandel des universitären Ausbildungsprofils der höheren Beamten nach 1800 im Zuge der allmählichen Etablierung des Rechtsstaats jetzt *B. Schminnes*, Bildung und Staatsbildung. Theoretische Bildung und höhere Staatsverwaltungstätigkeit in Preußen im 18. und frühen 19. Jahrhundert, Kleve 1994.

[138] Vgl. *G. Oestreich*, Politischer Neustoizismus.

[139] Vgl. *G. Bondi*, Der Beitrag, S. 269 ff.

[140] Zit. nach *C. Hinrichs*, Hille und Reinhardt. Zwei Wirtschafts- und Sozialpolitiker des preußischen Absolutismus, in: *ders.*, Preußen als historisches Problem, Berlin 1964, S. 165.

Hille kam von den Kriegskommissariaten her und war damit ein natürlicher Vertreter der Handels- und Gewerbeinteressen aufstrebender Kaufmanns- und Fabrikantenschichten[141]. In seiner Denkschrift versucht er dementsprechend, die Vorteile eines freien Außenhandels darzulegen. In einem Lande, in dem die Produkte nur unter den Bewohnern umgesetzt werden, könne kein Reichtum entstehen; durch staatliche Abgaben, Unglücksfälle und Einfuhr fremder Waren müsse es immer mehr verarmen. Aber selbst wenn alle Waren im eigenen Lande hergestellt würden und die Ernteerträge durchweg hoch ausfielen, wäre das Ergebnis nicht eine Vermehrung des Reichtums im Ganzen, sondern eine Senkung des allgemeinen Preisniveaus. Solle ein Land insgesamt reich und „zu einer considerablen Macht" werden, müsse die vorhandene Geldmasse durch auswärtige Einnahmen vermehrt werden. Der einzige Weg dazu sei der Verkehr mit dem Ausland[142]. Hille möchte Preußens staatliche Existenz auf eine andere wirtschaftliche Grundlage stellen. Unter Ausnutzung seiner geographischen Lage zwischen den Agrarregionen Osteuropas und dem Kolonial- und Fertigwarenmarkt Westeuropas solle Preußen ein Export- und Zwischenhandelsstaat nach dem Muster Hollands werden[143]. Aber der Bezug auf Holland evozierte freilich auch ein Verfassungsgefüge, in dem das Handels- und Manufakturbürgertum die Stelle des Adels als staatstragender Schicht einnahm. Auf solche Überlegungen wollte der König sich nicht einlassen. Preußen sollte ein Militärstaat bleiben, und das Wirtschaftsgefüge hatte dieser Bestimmung Rechnung zu tragen.

Hilles Denkschrift ist denn auch folgenlos geblieben; der Monarch verließ sich lieber auf den kurmärkischen Kammerdirektor und späteren geheimen Finanzrat im Generaldirektorium Carl Franz Reinhardt, der ähnlich wie Friedrich Wilhelm selbst die Gewerbepolicey unter dem Gesichtspunkt der Steuer- und Finanzverwaltung sah. Der von Reinhardt in seiner Denkschrift vom 1. Dezember 1723 niedergelegte Wirtschaftsplan[144] ist für die konkrete Gestaltung der preußischen Gewerbepolicey von erheblicher Bedeutung gewesen. Ähnlich wie Hille geht auch er von dem Verhältnis zwischen Handelsbürgertum und Staat, zwischen Eigennutz und Staatsräson aus:

> „Ein Kauffmann hiesiger und anderer Landen, welche durch einen souverainen Fürsten regiert werden, giebet einen gar schlechten Patrioten ab, sein Profit besteht hauptsächlich mit darinne, daß die Manufacturen im Lande, wo er wohnet unterdrücket und die Manufacturiers selbst unvermögend und arm bleiben ... denn weil er seinen Profit pure allein im Trafiquiren hatt, suchet er sich immer per media obliqua bey einem unprivilegirten monopolio zu erhalten, indem er solchergestalt jeder Zeit kann wohlfeil ein- und theuer verkauffen.
>
> Es ist ihm an der Wohlfahrt des Etats, worinnen er lebet, nicht gelegen, und wann darinnen keine gute Zeit, etwa Krieg und Pestilenz die Oberhand haben, machet er

[141] Zum verwaltungsgeschichtlichen Ursprung der Kriegskommissariate grundlegend *O. Hintze*, Der Commissarius und seine Bedeutung in der allgemeinen Verwaltungsgeschichte, in: *ders.*, Staat und Verfassung, S. 242-274.

[142] Vgl. *W. Naudé*, Die merkantilistische Wirtschaftspolitik Friedrich Wilhelms I. und der Küstriner Kammerdirektor Hille, in: Historische Zeitschrift, 90 (1903), S. 25 ff.

[143] *C. Hinrichs*, Hille und Reinhardt, S. 164.

[144] Abgedruckt in ABW, Nr. 44, S. 405.

es wie der Mietling im Evangelio, lässet die Manufacturiers, welche bisher von ihm gelebet, sitzen, gehet seiner Wege, oder ist er ja possessioniret, daß er ein solches nicht thun kann, schließet er seinen Laden zu und lebet von denen Interessen seiner bereits vorhero außer Landes placirten Capitalien.

In Summa, wann es sich von einem zu etablirenden gemeinen Besten im Lande handelt, wird dabey ein Kauffmann von Profession jeder Zeit schlechten Nutzen schaffen, indem sein und des Fürsten Interesse zwey incompatibilia seyn und beständig einander opponiret bleiben, anstatt daß in freyen Handels-Städten und Republiquen die Commercien-Compagnien den Etat ausmachen, die Kauffleuthe mit vor den Riß stehen, ihr Vermögen zur Unterhaltung der Armeen und Trouppen mit auffsetzen und weil der ganze Etat selbst aus Handwercks- und Krahmer-Zünfften und sogar dem Commercio bestehet ...“[145].

Die Gesichtspunkte sind, wie man sieht, grundverschieden. Hille möchte aus Preußen einen Handelsstaat machen, in dem das Großbürgertum die politisch einflußreichste Schicht darstellt[146]. Reinhardt steht hingegen ganz auf dem Boden des absolutistischen Militärstaates; sein wirtschaftspolitisches Programm zielt nicht auf einen Umbau des überkommenen altständischen Sozialgefüges, sondern geht von der Frage aus, wie die Steuereinkünfte des Staates kurzfristig vermehrt werden können. Das entscheidende Argument gegen eine Privilegierung der Kaufmannschaft war denn auch deren angebliche Gleichgültigkeit gegenüber den Erfordernissen des allgemeinen Wohls: Die Handelsleute entziehen dem Land Kapital, indem sie ihre Gewinne im Ausland anlegen; darüber hinaus drücken sie die Löhne der Handwerker, um diese in Abhängigkeit zu halten und die Erzeugnisse möglichst billig verkaufen zu können[147]. Diese Schicht sei deshalb für den Staat nutzlos; dieser habe größeren Gewinn, wenn er bei seinem System der indirekten Verbrauchssteuern den Konsum und die Lebenshaltung der breiten Handwerks- und Gewerbeschichten hebe[148].

Die Zurückstellung des Eigennutzes gegenüber dem Gemeinnutz[149], der durch Frankes klassischen Topos des „vor den Riß“-Stehens gekennzeichnet wird, scheint bei Reinhardt auf einen pietistischen Hintergrund zu verweisen. Schon Francke hatte in der Predigt „Der Segen Gottes in der leiblichen Arbeit“ das Bild eines Kaufmanns gezeichnet, der seinen Mitbürgern nichts zu verdienen gibt und sein Geld außer Landes schafft: Der Segen Gottes gehe verloren,

„wenn du den Thaler, den du gewonnen hast, gleichsam ins Gefängniß sperrest, damit ja nicht jemand was davon kriege ... Denn das ist des Unglaubens Art und Werck, alles allein ausrichten wollen, damit man alles für sich allein behalten, und zusammen scharren könne. Ja mancher denckt, wenn er könte das Geld und Gut, das im gantzen Lande ist, zusammen bringen, er wolte es nicht bleiben lassen. Aber wenn du alles zusammen gebracht, was wirds denn seyn? das Schiff wird untergehen,

---

145 ABW, Nr. 44, S. 408.

146 Vgl. *C. Hinrichs*, Hille und Reinhardt, S. 165.

147 ABW, Nr. 44, S. 407.

148 ABW, Nr. 44, S. 412 f.

149 Vgl. hierzu *W. Schulze*, Vom Gemeinnutz zum Eigennutz. Über den Normenwandel in der ständischen Gesellschaft der frühen Neuzeit, in: Historische Zeitschrift, 243 (1986), S. 591-626.

ja du wirst selber mit untergehen, und dich mit dem zeitlichen Gut so beladen, daß du in den Abgrund hinein sincken wirst“[150].

Daß jeder einzelne, auch der private Geschäftsmann, für das Allgemeinwohl Verantwortung trägt, wird durch die politische Schiff-Metapher verdeutlicht[151]. Weiter oben heißt es nämlich: „Gleichwie ein Schiff dem Steuermann übergeben wird, daß er es regiere; also must du dein gantzes Gewerbe und Werck, dein gantzes Amt und Stand dem HErrn JEsu überlassen, und ihn also in dein Schiff nehmen“[152]. Die biblische und die politische Bedeutungsschicht des Schiff-Symbols schieben sich übereinander. Der persönliche Erfolg im Beruf ist eingebunden in den Dienst am Nächsten, in die Verantwortung für das Gemeinwohl: „Darum ist vor allen Dingen nöthig, daß du ja dem Herrn Christo deine gantze Berufs-Arbeit, deinen gantzen Stand darinnen du bist, dein gantzes Amt, das du hast, und alles, was du verrichtest, übergebest“[153]. Der christliche Glaube soll ein patriotisches Bewußtsein erzeugen, das adeliges Ehrgefühl und ökonomisches Interesse gleichermaßen überdeckt und das ständische Sozialgefüge in einen geschlossenen Untertanenverband umwandelt.

Aber auch sein Eintreten für die sittliche Hebung der Handwerksmassen rückt Reinhardt in das Umfeld der pietistischen Bewegung. Staatliche Unterstützung solle nicht blind, sondern je nach dem Bedürfnis der einzelnen Handwerker gewährt werden. Die Steuerräte sollten deshalb im Wollgewerbe die Tuchmacher in vier Klassen einteilen:

„Darunter ist die erste und schwächste diejenige, welche keinen Vorschuß gebrauchet, die 2. und die stärkste diejenige, so selbigen gebrauchet, die 3. und eben so starcke die, welche als Meister zu arbeiten niemahls gewohnet, sondern als Gesellen überall gearbeitet und sich genähret, die 4. und wenig kleinere als beyde vorhergehende die, so aus Faulen, Liederlichen und Nichtswürdigen, welche garnicht arbeiten und sich durch angewöhntes Tagelöhnern und Herumblaufen, wann sie sich des Hungers nicht mehr erwehren können, ernähren und bestehen“[154].

Nur die zweite und die dritte Klasse seien zu unterstützen, die vierte müsse „allenfalls par force durch die Magistrate zum Sortiren, Kratzen und Spinnen der Wolle“ angehalten werden[155].

Reinhardt hatte erkannt, daß bei der Personengebundenheit der damaligen Wirtschaft und Technik ein Produkionswachstum nicht über die quantitative

---

150 *A.-H. Francke*, Predigten, S. 260.

151 Die politische Metaphorik gewinnt zunehmend an Interesse. Vgl. den Überblick von *F. Rigotti*, Rassegna introduttiva sulle metafore storico-politiche, in: Annali dell'Istituto storico italo-germanico in Trento, 15 (1989), S. 11-36 mit w. Nachw.; vgl. auch *F. Rigotti*, Il potere e le sue metafore, Milano 1992 sowie *W. Euchner / F. Rigotti / P. Schiera* (Hrsg.), Il potere delle immagini. La metafora politica in prospettiva storica/Die Macht der Vorstellungen. Die politische Metapher in historischer Perspektive, Bologna / Berlin 1993.

152 *A.-H. Francke*, Predigten, S. 254.

153 Ebd.

154 ABW, Nr. 44, S. 421.

155 ABW, Nr. 44, S. 422.

Vermehrung der Arbeitskräfte, sondern nur durch die Hebung des ethischen, ökonomischen und technischen Niveaus der Arbeiter erreicht werden konnte. Freilich hatte sein Projekt einen Schwachpunkt: die Absatzfrage. Denn die Vorstellung, der Handwerker könne selbst Märkte und Messen besuchen und dort seine Waren vertreiben, ging an der Wirklichkeit vorbei. Darüber hinaus hatte er nur auf den Binnenmarkt reflektiert; dessen Umsatzvolumen war jedoch zu gering, um den Handwerksschichten genügend Arbeit zu geben. Auf die ausländischen Märkte konnte nicht verzichtet werden, die Kontakte hierzu hielten jedoch die Fernhandelskaufleute.

Der Plan sah daher auch in erster Linie die Erweiterung des inneren Marktes vor, und zwar durch Verdoppelung der bisherigen Heereslieferungen. Die Armee sollte, statt wie bisher aller zwei Jahre, jährlich neu eingekleidet werden. Bald nach dem Erlaß der entsprechenden Kabinettsordre konnte das Lagerhaus allein die Nachfrage nicht mehr befriedigen. Das Heeresbekleidungsreglement von 1725 verfügte daraufhin, die Lieferungsverträge seien fortan, statt mit den Kaufleuten, direkt mit den Tuchmachergewerben abzuschließen[156]. Der Staat hatte damit endgültig die kaufmännischen Verleger aus dem wichtigsten Gewerbesektor herausgedrängt[157]. Erst unter Friedrich II. wurden unternehmerisch engagierten Kaufleuten wieder Spielräume eröffnet.

### 4. Luxusgewerbe und Eigennutz 1740-1786

Die Begründung der preußischen Seidenindustrie durch Friedrich II. ist ein Paradebeispiel policeystaatlicher Gewerbeförderung. Dies vor allem deshalb, weil der Staat hier nicht auf bereits vorhandene Produktionsstrukturen und technische Fertigkeiten zurückgreifen konnte. Denn die Seidenraupenzucht war in Brandenburg-Preußen nahezu unbekannt. Erst um 1750 entwickelte sich eine z.T. auf staatliche Initiative zurückgehende Publizistik, die die wirtschaftliche Bedeutung des Seidenbaus erläuterte und die dazu notwendigen Kenntnisse lieferte[158]. Um 1780 gehörten diese bereits zum ökonomischen Standardwissen der Land- und Steuerräte[159].

---

[156] ABW, S. 317.

[157] Der starke Anteil des Staates an der Entwicklung der Wollindustrie war jedoch keine preußische Besonderheit. Vgl. etwa zum Göttinger Tuchgewerbe *K. Aßmann*, Verlag-Manufaktur-Fabrik. Die Entwicklung großbetrieblicher Unternehmensformen im Göttinger Tuchmachergewerbe, in: *W. Abel* (Hrsg.), Handwerksgeschichte in neuer Sicht, Göttingen 1978, S. 220 f.

[158] Vgl. *I. Mieck*, Preußischer Seidenbau im 18. Jahrhundert, in: Vierteljahresschrift für Sozial- und Wirtschaftsgeschichte, 56 (1969), S. 481.

[159] So wird den Landräten in Pommern aufgetragen, darauf zu achten, „daß die Pflanzung der Maulbeerbäume und ganzer Plantagen, auch Erweiterung des Seidenbaues mit allem Ernst betrieben" wird; „so hat der Landrath diese gemeinnützige Sache in seinem Kreise bestens zu empfehlen und selbst Plätze zu Plantagen in Vorschlag zu bringen, auch den Leuten den Vorteil begreiflich zu machen, den sie vom Seidenbau haben können …" (ABB, XVI, Teil 2, Nr. 444, S. 543). Und den pommerschen Steuerräten

Der Seidenbau sollte zunächst bei den gemeinnützigen Einrichtungen eingeführt werden. So schlägt der Geheime Rat im V. Departement von Jariges in einer Denkschrift vom 25. Januar 1744 vor, den Grund für die Maulbeerpflanzung durch die „pia corpora, Waisenhäuser, maisons de charité und Klöster" legen zu lassen. Der König heißt den Plan gut und bezeichnet die Initiative als „ein sehr gedeihliches, dem Publico höchst nützliches Werk"[160]. Daraufhin ergeht die Order, „daß solches Werk unter der Obsicht des Potsdamschen Waisenhauses Directorii geführet werde", und „daß alle Waisenhäuser in Meinen Landen, worin die nöthige Jugend vorhanden ..., angewiesen werden, an dieses Werk mit Hand anzulegen und Plantages von Maulbeerbäumen zu machen". Das Potsdamer Militärwaisenhaus solle damit den Anfang machen und „sich dann um die dazu nöthige Plätze umthun"; auch sei er bereit, „einige dazu convenable Plätze, welche bei dem Ambte am ersten gemisset werden können, zu schenken"[161]. Die nach Franckes Tod unter unmittelbare staatliche Aufsicht gelangten Hallischen Waisenhäuser werden in diesen Entwicklungsplan ebenso einbezogen wie die französischen *maisons de charité*. Freilich deckte die preußische Seidenproduktion selbst auf ihrem Höchststand im Jahre 1784 mit 13.432 Pfund Rohseide nur etwa 5% des Bedarfs[162]. Ausgehend von der Anzahl der Maulbeerbäume hätte der Anteil eigentlich doppelt so hoch sein müssen. Grund für diese niedrige Produktionsrate war der passive Widerstand der Landbevölkerung, die sogleich erkannte, daß die Seidenraupenzucht sehr arbeitsintensiv war und im Verhältnis dazu wenig einbrachte[163]. Die Einrichtung eines Seidenmagazins, das die inländische Produktion vor Transportrisiken und Preisschwankungen schützen sollte, war deshalb von Anfang an im Gespräch. Aber erst als im Jahre 1749 infolge von Mißernte der Preis der italienischen Seide derart stieg, daß die Stillegung der bis dahin etablierten preußischen Manufakturen drohte, entschloß

---

wird „die Vermehrung und Erweiterung der Maulbeerbaum-Plantagen, auch Beförderung des damit verknüpften Seidenbaues bestens empfohlen" (ABB, XVI, S. 570).

[160] Acta Borussica. Die preußische Seidenindustrie im 18. Jahrhundert und ihre Begründung durch Friedrich den Großen, 3. Bde., Berlin 1892 ff., Neudruck Frankfurt a.M. 1986-87 (von, nun an: ABS), 1, Nr. 74, S. 81.

[161] ABS, 1, Nr. 74, S. 82.

[162] So *I. Mieck*, Preußischer Seidenbau, S. 484.

[163] Der Staat versuchte daraufhin, Prediger und Schulmänner zur Seidenraupenzucht heranzuziehen. Er stieß dabei allerdings auf heftigen Widerstand: In einem Bericht des geistlichen Inspektors Lemritz zu Derenburg an Regierung und Konsistorium des Fürstentums Halberstadt vom 6. Oktober 1771 wird bemängelt, durch die Einsendung der Maulbeerbaum-Tabellen hätten „Prediger bei ihren gewöhnlichen Amtsarbeiten noch mehr Last, und den Inspectoribus wird das Geschäft um desto lästiger, da selbige von Viertel- zu Vierteljahren bald Schulcatalogos, bald Jahres-, bald Conduitenlisten einschicken und viele jährliche Berichte anfertigen müssen ... Soll der Seidenbau nachdrücklich befördert werden, so kann dies am füglichsten in warmen Gegenden von Leuten, die dazu bestellt und gehalten werden, geschehen. Prediger und Schulleute schicken sich dazu nicht. Sie haben auch keine Zeit, Seide zu bauen, und die Kirchhöfe können unmöglich völlig zu Plantagen gebraucht werden, weil alsdann die Todten darauf keinen Platz hätten" (ABS, II, Nr. 680, S. 48).

sich der Staat, den Einkauf der Rohseide weitgehend selbst zu übernehmen[164]. Man war deshalb zunächst auf die Initiative einzelner angewiesen.

Die Zahl der im Seidengewerbe tätigen Manufakturunternehmer war allerdings begrenzt. Den zwischen Mai 1743 und April 1744 durchgeführten Erhebungen zufolge waren nur in Krefeld und in Berlin Seidenfabrikanten vorhanden[165]. Die Krefelder Seidenfabrikation war dabei die weitaus bedeutendere; sie belieferte fast ausschließlich den holländischen Markt und kam das ganze 18. Jahrhundert hindurch ohne staatliche Absatzhilfen aus. Die führenden Krefelder Seidenfabrikanten, die Gebrüder von der Leyen, unterhielten in diesen Jahren zusammen bereits um die 170 Stühle[166]; sie waren wohl die einzigen preußischen Seidenfabrikanten, die sich durch ihre finanzielle Unabhängigkeit der alsbald einsetzenden gewerbepoliceylichen Reglementierungstätigkeit entziehen konnten und unter marktwirtschaftlichen Bedingungen produzierten. Der Bericht über das Berliner Seidengewerbe ist nicht erhalten. Eine handschriftliche Aktennotiz gibt jedoch Auskunft über die Produktionsmengen der französischen Fabrikanten in Berlin. Danach haben die Strumpfarbeiter in diesem Zeitraum 718 Pfund, die Seidenzeugfabrikanten 240 Pfund, die Tapetenfabrikanten 1270 Pfund, alle zusammen 2228 Pfund Seide verarbeitet. Deutsche Fabrikanten kämen demgegenüber kaum in Betracht[167]. Die hugenottischen Refugiés haben in der Tat an der Entwicklung des preußischen Luxusgewerbes einen bedeutsamen Anteil gehabt. Sie hatten aus Frankreich nicht nur bislang in Deutschland unbekannte technische Fertigkeiten mitgebracht, sondern auch die für das französische Seidengewerbe spezifische Arbeitsorganisation eingeführt: die Verbindung von zentralisierten Werkstätten mit dem Verlag nominell unabhängiger Handwerker[168]. Da der Seidenbau noch unterentwickelt und das Seidengewerbe deshalb vollständig importabhängig war, stellte diese Kombination von Fernhandelskaufmann und Manufakturunternehmer den für die preußische Seidenproduktion idealen Unternehmertyp dar. Das berufliche Selbstverständnis der hugenottischen Refugiés wirkte sich überdies prägend auf die damals noch in den Anfängen stehende staatliche Gewerbeförderung aus. Denn an die Errichtung eines Betriebes knüpften die *marchand-manufacturiers*, ungeachtet ihres Flüchtlingsstatus, hohe Bedingungen. Neben finanziellen Darlehen verlangten sie ein für die Betreibung einer Manufaktur geeignetes Haus, die erforderlichen Webstühle, Pressen und Walken, den Unterhalt für eine festgelegte Zahl von Arbeitern und womöglich noch die Abnahme der Produkte durch den Landesherrn[169].

---

164 Vgl. *O. Hintze*, Die Preußische Seidenindustrie im 18. Jahrhundert (ABS, 3), S. 138 f.

165 ABS, I, Nr. 67, S. 70-74.

166 ABS, I, S. 72.

167 ABS, I, S. 74.

168 Vgl. *I. Mittenzwei*, Hugenotten und Manufakturkapitalismus. Zur Rolle der Hugenotten in der gewerblichen Wirtschaft Brandenburg-Preußens, in: *ders.*, Hugenotten in Brandenburg-Preußen, Berlin 1979, S. 117.

169 Ebd.

Dieser unrealistisch wirkende, anfangs von dem brandenburgisch-preußischen Staat jedoch nicht selten erfüllte Forderungskatalog wird verständlich, wenn man das wahrscheinliche soziale Vorbild der Refugiés berücksichtigt: den Luxushandwerker des *Ancien Régime*[170]. Den Hofkünstlern an sozialem Prestige gleichwertig, ist er der Vorläufer des außerhalb der Zünfte stehenden, staatlich geförderten Produzenten[171]. Die 1667 von Colbert gegründete „Manufacture des Meubles de la Couronne" im *Hôtel des Gaubelins* wurde zur Pflanzstätte dieser ständisch ungebundenen Berufsgruppe. Hier konnten die aus allen Teilen Europas stammenden Handwerker unter beispiellosen materiellen Bedingungen ihre Kunst vervollkommnen. Die einzige Auflage, die ihnen Colbert machte, war, so zu arbeiten, „que les ouvrages qui s'y font surpassent notablement en art & en beauté ce qui vient de plus exquis des pays étrangers"[172]. Die Manufaktur zerfiel bereits dreißig Jahre später, als infolge der Kriege Ludwigs XIV. staatliche Zuschüsse und Aufträge ausblieben; es überlebte nur die im 18. Jahrhundert ausschließlich für den königlichen Bedarf arbeitende Teppichwirkerei. Der soziale Aufstieg der Hofkünstler und Hofhandwerker wurde dadurch jedoch nicht unterbrochen. Im Schutz ihrer Privilegien benutzten sie vielfach ihren technischen und künstlerischen Einfallsreichtum, ihre Leistungsfähigkeit und ihre finanzielle Stärke zum Aufbau von Luxusmanufakturen, die im 18. Jahrhundert den europäischen Markt beherrschen sollten[173].

In Deutschland hatte freilich kein Hof die Mittel, das Modell der *Manufacture Royale* nachzuahmen; dennoch hielt man sich Hofhandwerker und Hofkünstler, die durch Exemptionen gegen die Zünfte und ihre Vorrechte geschützt wurden.

Insofern kamen die Refugiés mit ihrem Vorschlag, Luxusgüter in verlagsabhängigen Manufakturen herzustellen, nicht nur dem fiskalischen Interesse der staatlichen Finanzverwaltung, sondern auch dem Prestigebedürfnis des Hofes entgegen. In größeren Städten wie Magdeburg, Halle und Frankfurt an der Oder gingen die dort etablierten Luxusmanufakturen hingegen bald wieder ein[174]. Als Friedrich II. die Neubegründung der preußischen Seidenindustrie einleitete, versuchte er, eine zweite Einwanderungswelle ausländischer Techniker und Kaufleute herbeizuführen. Dem aufgeklärten Zeitgeist entsprechend, lockte man nicht mehr mit religiöser Toleranz, sondern mit Steuervergünstigungen. So verspricht der König in seinem Patent vom 27. Juli 1740:

---

[170] Vgl. hierzu *M. Stürmer*, Höfische Kultur und frühmoderne Unternehmer. Zur Ökonomie des Luxus im 18. Jahrhundert, in: Historische Zeitschrift, 229 (1979), S. 265-297; *ders.*, Handwerk und höfische Kultur. Europäische Möbelkunst im 18. Jahrhundert, München 1982; *U.-Ch. Pallach*, Materielle Kultur und Mentalitäten im 18. Jahrhundert. Wirtschaftliche Entwicklung und politisch-sozialer Funktionswandel des Luxus in Frankreich und im Alten Reich am Ende des Ancien Régime, München 1987 mit w. Nachw.

[171] *M. Stürmer*, Höfische Kultur, S. 281.

[172] Ebd., S. 284.

[173] Beispiele bei *U.-Ch. Pallach*, Materielle Kultur, S. 169 ff.

[174] Vgl. *I. Mittenzwei*, Hugenotten, S. 120 f.

„Alle wohlhabenden oder wegen ihrer Geschicklichkeit zu gebrauchenden Leute, Rentiers, Kaufleute, Manufacturiers und Künstler, welche sich aus fremden Landen nach Berlin begeben und daselbst niederlassen werden, sollen hinfort nicht allein die bereits übliche Exemption von den bürgerlichen Lasten, welche die königlichen Kassen nicht afficiren, sondern auch eine zweijährige Servis- und Accisefreiheit genießen"[175].

Die preußischen Gesandtschaften wurden angewiesen, nach ausreisewilligen Seidenfabrikanten Ausschau zu halten. So berichtet der Botschaftssekretär in Kopenhagen am 4. Oktober 1740 von einem Lyoner Seidenfabrikanten namens Peyron, der in Kopenhagen Absatzschwierigkeiten hatte und sich deshalb, dem Aufruf des preußischen Monarchen folgend, in Berlin niederlassen wollte. Bereits eine Woche später entscheidet der König durch eigenhändigen Aktenvermerk: „gut, soll ihn nur herschicken". Und als ein Seidenstrumpffabrikant aus Nîmes ihm die Einrichtung von sechs Webstühlen aus eigenen Mitteln verspricht, ist der König sofort bereit, 500 Taler Reisekosten für die sechsköpfige Familie und die Arbeiter des Fabrikanten zu vergüten[176].

Gelegentlich führte die Anwerbungspraxis des preußischen Staates auch zu diplomatischen Zwischenfällen. So meldet der Geheime Rat Kircheisen am 18. Oktober 1749, der Dessinateur und Fabrikant Paquelin sei samt Ehefrau und vier Kindern, aus Paris kommend, auf der Durchreise nach Berlin in Straßburg verhaftet worden. Andere Fabrikantenfamilien hätten zwar Straßburg glücklich passiert; „auf der Post allda" aber seien „der aus Frankreich allhier sich neuerlich etablirten Fabricanten Namen notiret, mit der Ordre, alle von ihnen oder an dieselbe gehende Briefe an den Contrôleur Général in Paris zu senden". Die Familie Paquelin ersuche daher den König um Protektion und bitte ihn, beim französischen Hof zu intervenieren[177]. Daß der König den Fabrikanten nicht einfach fallenließ, sondern seinen Staatsminister von Podewils beauftragte, den französischen Gesandten in Berlin, Marquis de Babory, zu kontaktieren, belegt den hohen Stellenwert, den die Etablierung des Seidengewerbes unter dem Gesichtspunkt der Staatsräson einnahm.

Zuverlässige Zahlen, die über das Wachstum der preußischen Seidenwarenproduktion und damit über den Erfolg der gewerbepoliceylichen Förderungsmaßnahmen Aufschluß geben könnten, gibt es leider nicht. Immerhin aber existiert eine Aufstellung sämtlicher 1748 in Berlin ansässiger Fabrikanten, die insgesamt 97 Stühle in Betrieb haben und 466 Arbeiter beschäftigen. Zählt man die staatlich unterstützten Heimarbeiter hinzu, kommt man auf 124 Stühle und 544 *ouvriers*[178]. Hält man die Produktions- und Beschäftigungszahlen im Wollgewerbe dagegen[179], wird jedoch deutlich, daß die Luxusmanufakturen nicht zur

---

175 ABS, I, Nr. 51, S. 51.

176 ABS, I, Nr. 53, S. 52.

177 ABS, I, Nr. 185, S. 176.

178 Vgl. die Aufstellung in: ABS, I, Nr. 126, S. 124-125.

179 *K.H. Kaufhold*, Das Gewerbe in Preußen um 1800, Göttingen 1978, S. 75 kommt z.B. auf 11.796 selbständig arbeitende Tuchmacher.

Vermehrung der Akziseeinkünfte beitragen sollten, sondern offensichtlich einem Zweck dienten, der über die militarisierte Sozialverfassung Preußens hinauswies.

Denn die Begründung der Seidenindustrie bedeutete ja auch einen Bruch mit den bisherigen gesellschaftspolitischen Tendenzen der preußischen Gewerbepolicey. Der Staat versuchte nicht mehr, das Handelskapital aus der gewerblichen Produktion herauszudrängen und die Handwerkszünfte gegenüber den Verlagskaufleuten unabhängig zu halten. Ganz im Gegenteil dazu wurde auf die Gründung zentralisierter und dezentralisierter Manufakturen gesetzt. Ihre Betreiber waren in ihrer rechtlichen Stellung gegenüber den Zünften durch königliches Privileg geschützt. Die damit verbundene Schutzzusage bezog sich jedoch nur auf die konkrete betriebswirtschaftliche Tätigkeit des Fabrikanten, nicht auf die zu Produktionszwecken eingesetzten Sachwerte. Die Manufaktur wurde nicht als persönliches Eigentum aufgefaßt, sondern als ein vom Staat punktuell eröffneter Freiheitsraum, der die Entfaltung individueller Fertigkeiten inmitten eines immer noch ständisch strukturierten Wirtschaftsgefüges ermöglichen sollte[180]. In den entsprechenden Gesetzestexten ist denn auch nicht von „Eigenthum" des Fabrikanten die Rede, sondern von der „Arbeit", bei der er „souteniret" werden müsse. Die Manufakturunternehmer waren aus der Sicht der Gewerbepolicey staatlich konzessionierte und subventionierte Arbeitgeber, deren Tätigkeit nur insoweit rechtlich geschützt war, als sie dem ‚gemeinen Wohl' diente. Die Erteilung und die Erneuerung von Privilegien wurden von der Zusage eines bestimmten Produktionsvolumens abhängig gemacht und durch die Formel des *publici interesse* gerechtfertigt[181]. Der privilegierte Fabrikant war damit nicht Eigentümer, sondern nur Nutznießer einer auf seine Person beschränkten und an die Erfüllung eines gemeinnützigen Zwecks gebundenen Gewerbefreiheit.

Da der Wille des Herrschers Geltungsgrund des Privilegs war[182], konnte der damit verbundene Rechtsschutz nur gegenüber Dritten, nicht gegenüber der

---

[180] Zur rechtsgeschichtlichen Einordnung des Begriffs ‚Privileg' vgl. den Aufsatz „Staatsbildung und ökonomische Freiheitsrechte in Deutschland im 18. Jahrhundert" in diesem Band, S. 31 f. So war die Erteilung von Privilegien oftmals auch an die Anwendung bestimmter, zumeist unbekannter technischer Mittel gebunden: vgl. *B. Dölemeyer*, Einführungsprivilegien und Einführungspatente. Mittel des Technologietransfers, in: Ius commune, 12 (1984), S. 207-234; *ders.*, Vom Privileg zum Gesetz. Am Beispiel österreichischer Erfindungsprivilegien, ebd., 15 (1988), S. 57-72; vgl. dazu auch *G. Otruba*, Erfindung, technischer Transfer und Innovation in Manufaktur und Bergbau in Österreich, in: *U. Troitzsch* (Hrsg.), Technologischer Wandel im 18. Jahrhundert, Wolfenbüttel 1981, S. 73-104 sowie *H. Freudenberger*, Technologie-Transfer von England nach Deutschland und insbesondere Österreich im 18. Jahrhundert, ebd., S. 105-124.

[181] So wird dem Seidenfabrikanten David Hirsch sein Privileg mit folgender Begründung verlängert: „Da S.K.M. von dem bisherigen guten Succeß der Potsdamschen Samet-, Plüsch- und Belph-Fabrique sehr wohl zufrieden sind und dero und des Publici Interesse erfordert selbige zu souteniren ..." (ABS, I, Nr. 61, S. 64-65).

[182] Vgl. *H. Mohnhaupt*, Potestas legislatoria und Gesetzesbegriff im Ancien Régime, in: Ius Commune, IV (1972), S. 199 f. Zum vorkonstitutionellen Gesetzesbegriff vgl. die Forschungsbilanz von *R. Schulze*, Geschichte der neueren vorkonstitutionellen Gesetzgebung. Zu Forschungsstand und Methodenfragen eines rechtshistorischen Arbeitsgebietes,

staatlichen Gewerbepolicey wirksam werden[183]. Wurde einem Fabrikanten wegen Nichteinhaltung der gegebenen Produktionszusage die Konzession entzogen, konnte dieser kein Einspruchsrecht geltend machen. Dem nach außen hin Gesetzeskraft entfaltenden Privileg liegt also ein gleichsam privatrechtliches Vertragsverhältnis zugrunde: Der Staat beauftragt einen Privatmann mit der Errichtung einer Manufaktur und stellt die dazu notwendigen Sachmittel zur Verfügung; der Auftragnehmer hat dafür ein bestimmtes Produktionsvolumen zu garantieren. Die Aufkündigung dieses Vertrags ist freilich nicht vertraglich geregelt, sondern bleibt dem staatlichen Auftraggeber anheimgestellt.

Es kam jedoch auch vor, daß verdienstvolle Fabrikanten ihre Betriebseinrichtungen als Eigentum überschrieben erhielten. So wurde etwa dem Samtfabrikanten David Hirsch am 24. April 1748 ein Schenkungsbrief über fünf Häuser in Potsdam ausgestellt. Sie werden Hirsch „sammt Hofraum und Zubehör, sowie er solches alles bisher bewohnet und inne hat, zu desto besserer Pussirung gedachter Sammtfabrique erb- und eigentümlich geschenket ... dergestalt, daß derselbe damit, als mit seinem wahren Eigenthum, auf eine wirtschaftliche zu Recht beständige Art nach seinem Gefallen schalten und walten könne, und weder der Hirsch David, noch seine Erben und Nachkommen oder die jedesmaligen rechtmäßigen Besitzer dererselben in den ruhigen Eigenthum dieser fünf Häuser sammt Zubehör von niemandem beeinträchtigt, noch gestört werden sollen“[184]. Man sieht: Auch der Schenkungsakt enthält die Klausel, das neuerworbene Eigentum habe dem ‚gemeinen Wohl‘ zu dienen. Es muß „auf eine wirthschaftliche zu Recht beständige Art“ genutzt werden. Anderen die Ausübung regelmäßiger Arbeit zu ermöglichen und sich selber einer rigorosen Berufsdisziplin zu unterwerfen, sind für den Staat die Voraussetzungen ökonomischer Freiheit.

Dementsprechend eng war der Spielraum unternehmerischer Initiative. Bevor er überhaupt eine Konzession erhielt, hatte der angehende Fabrikant genaue Angaben über die Stoffqualität, die Beschäftigtenzahl und das Produktionsvolumen zu machen[185]. Die Grundsätze einer rentablen Betriebsführung wurden dabei freilich außer acht gelassen. Den „Succes“ einer Manufaktur bewertete die

---

in: Zeitschrift der Savigny-Stiftung für Rechtsgeschichte. Germanistische Abteilung, 98 (1981), S. 157-235; darüber hinaus *R. Grawert*, Historische Entwicklungslinien des neuzeitlichen Gesetzesrechts, in: Der Staat, 11 (1972), S. 1-25; *D. Diestelkamp*, Einige Beobachtungen zur Geschichte des Gesetzes in vorkonstitutioneller Zeit, in: Zeitschrift für historische Forschung, 10 (1983), S. 385-420.

[183] Vgl. *H. Mohnhaupt*, Untersuchungen zum Verhältnis Privileg und Kodifikation im 18. und 19. Jahrhundert, in: Ius Commune, V (1975): Christian Wolff spricht hinsichtlich dieser Drittwirkung des Privilegs von „lex prohibitiva“.

[184] ABS, I, Nr. 133, S. 130.

[185] Vgl. dazu z.B. ABS, I, Nr. 66, S. 68 f.: Als die Fabrikanten Cuissart und Bajo beim V. Departement um einen Vorschuß zur Errichtung jeweils einer Manufaktur einkommen, läßt der Monarch nachfragen, „was vor Sorten von Seidenzeugen sie recht wohl und tüchtig zu fabriciren gedächten? wie viele Stühle sie in Arbeit zu stellen vermeinten, wenn ihnen ein Vorschuß von ein oder zweitausend Thlr. geschähe? und wieviel Zeuge sie alsdann jährlich fabriciren könten?“.

Gewerbepolicey nämlich nach der Höhe der Beschäftigtenzahl. Konnten die Fabrikanten die zugesagte Anzahl an Stühlen aus eigener Kraft nicht mehr in Arbeit halten, kamen sie um staatliche Unterstützung nach. So berichtet das Generaldirektorium am 12. Dezember 1742 von der Tapetenmanufaktur des Kaufmanns Bigne, in der von 27 Métiers nur 16 bezogen seien. Da er „die Fabrique bloß aus seinen eigenen Mitteln zu guter Perfection gebracht hat und durch dieselbe noch bis dato 400 Personen Brod schaffet", schlägt das Generaldirektorium dem König vor, ihm durch Hofaufträge einen jährlichen Debit von 10.000 Talern zu garantieren[186].

Es stellte sich jedoch bald heraus, daß die Betriebe bei unflexibler Beschäftigtenzahl, starrem Lohngefüge und schwankenden Absatzquoten auf die Dauer sich nicht hielten und früher oder später von staatlichen Subventionen abhängig wurden. Da für jeden in Betrieb genommenen Stuhl aus der Manufakturkasse bis zu 250 Talern Prämie gezahlt wurden, waren die Fabrikanten ohnehin versucht, möglichst viele Stühle in Betrieb zu nehmen. Die Gewerbepolicey versuchte dem entgegenzuwirken, indem sie die Antragsteller anwies, anfangs das Produktionsvolumen zu begrenzen und stattdessen auf die Stoffqualität zu sehen. So wurde dem Fabrikanten *Cuissart*, der zur Errichtung einer Manufaktur einen Vorschuß von 4000 Talern erhalten hatte, bedeutet, „seine Fabrique nicht auf einmal sehr groß anzulegen und lauter gute currente Waaren um guten Preis und von tüchtiger Arbeit fertigen zu lassen, damit er erst in rechten Debit komme und dadurch alsdann seine Fabrique immer mehr und mehr vergrößern könne"[187]. Und auch der König selbst gewann im Laufe der Zeit den Eindruck, „daß die gar zu großen Fabriquen nicht immer die besten und vorteilhaftesten für den Staat sind, sondern gemeiniglich bei kleinern mehr Industrie und auch mehrere Vorheile für das Land anzutreffen sind"[188].

Das hatte nicht zuletzt finanzielle Gründe. Zwischen 1740 und 1748 wurden aus der Manufakturkasse allein für die Etablierung von Seidenmanufakturen 44.360 Taler gezahlt[189]; das war in etwa die Hälfte der für die gesamte Gewerbeförderung aufgewandten Summe. Allein an Pensions-, Subsistenz- und Hausmietegeldern überwies der Staat in diesem Zeitraum weit über 16.000 Taler. Und in den siebziger Jahren sind für Stuhlgelder jährlich zwischen 37.000 und 50.000 Talern gezahlt worden[190]. Dementsprechend weit ging die policeyliche Überwachung der subventionierten Betriebe. Die eigens dazu eingesetzten Fabrikinspektoren sollten zwar lediglich über die sachgerechte Verwendung der staatlichen Subventionsgelder wachen; sie scheinen aber nicht selten versucht zu haben, ihre Kontrollfunktion auch auf die Betriebsführung auszudehnen. Am 25. August 1743 legt der Monarch sogar dem V. Departement nahe, „nicht sowohl

---

186 ABS, I, Nr. 62, S. 65.

187 ABS, I, Nr. 66, S. 70.

188 ABS, II, Nr. 779, S. 138. Zur durchschnittlichen Betriebsgröße in den einzelnen Gewerbezweigen vgl. *K. Kaufhold*, Das Gewerbe in Preußen, S. 183 ff.

189 Vgl. die Aufstellung in ABS, I, Nr. 149, S. 143.

190 Vgl. ABS, II, Nr. 694, S. 63 und Nr. 798, S. 155.

den Fabrikanten Cuissart in seiner Arbeit oder Verkehr zu geniren, sondern hergegen nur dahin zu sehen, daß diese Fabrique in beständige Arbeit bleibe und das von Sr. K. M. dazu geschenkte Geld auch wirklich darin verwandt werde"[191]. Und in einer Kabinettsordre vom 19. März 1750 heißt es:

> „Ueberhaupt würde es gut sein, wann Ihr généralement die dortige commissaires de quartier dahin instruiret, daß selbige auf die ganze Fabricanten und andere Metiers, zu deren Etablissement Ich einige Kosten zahlen lasse, einige besondere Attention haben und sehen müßten, wie dieselbe sich in ihrer Nahrung und Etablissement anlassen und was von ihnen zu hoffen ist, wie Euch davon mit Ablauf jedes Monats einigen Rapport zu erstatten; welche Aufsicht über erwähnte Fabricanten jedennoch aber auf eine gute Art geschehen muß; so daß gedachte commissaires erwähnte Fabricanten nicht brutalisiren, grob anfahren oder aber sich einer besondern Controlle und Direction über solche anmaßen müssen ..."[192].

Hatte ein Fabrikant einmal staatliche Subventionsgelder in Anspruch genommen, war er allerdings einer militärähnlichen Disziplin unterworfen. Die Nichteinhaltung der eingegangenen Dienstpflichten wurde ohne weiteres mit Freiheitsentzug geahndet. Bei der Verfolgung der ökonomischen Staatsräson wurde dabei zwischen preußischen Untertanen und Ausländern wenig Unterschied gemacht. Als der französische Seidenfabrikant Taillander versucht, heimlich von Berlin nach Lyon umzusiedeln, ordnet der König eine großangelegte policeyliche Überwachungsaktion an:

> „Ihr habet ... mit aller Behutsamkeit, jedennoch aber auch ohne allen unnöthigen Eclat zu machen, Eure Dispositiones so einzurichten, daß dieser Fabricant sowohl durch die Commissaires des Quartiers, als sonsten durch ohnvermerkt expreß bestellte mouches gar genau observiret werden müsse, um auf alle Art und Weise zu verhüten, daß er nicht aus Berlin wegkommen könne, wie Ihr dann auch auf eine gute Art hinter seine Correspondence zu kommen suchen müsset, um diejenigen zu coupiren, welche ihn debauchiren oder seine Entfernung favorisiren wollten. Sollte er sich auch schon mit einem Paß von Mylord Tyrconnel versehen wollen, so muß darauf gar keine Attention genommen werden, vielmehr habet Ihr euch nöthigenfalls mit den General-Lieutenant Graf von Hacke zu concertiren, um ohne daß es Eclat mache alles so einzurichten, daß dieser Mensch ohnmöglich von Berlin wegkommen könne"[193].

*Capacité*, Eifer und *application* waren die Tugenden, die Friedrich II. von einem Fabrikanten verlangte. Sofern der Grund für den Niedergang einer Manufaktur nicht auf Mißwirtschaft beruhte, sondern auf strukturelle Probleme, wie den Ankauf der Rohseide oder den Absatz der Fertigwaren, zurückgeführt werden konnte, versuchte die Gewerbepolicey, Abhilfe zu schaffen[194]. Vor allem der

---

191 ABS, I, Nr. 68, S. 74.

192 ABS, I, Nr. 209, S. 199.

193 ABS, I, Nr. 248, S. 240. Tyrconnel war der französische *ministre plénipotentiaire* am preußischen Hof, von Hacke der Militärkommandant von Berlin.

194 Als der Seidenfabrikant Claude Pitra erklärt, er habe weder das Fabrikationshaus noch die versprochene Pension erhalten und sei deshalb mit seinen finanziellen Kräften am Ende, ergeht am 26. Oktober 1740 an den Staatsminister Marschall folgende Kabinettsordre: „Ihr sollt mit dem General-Directorio examiniren, ob es seine Schuld sei, daß es ihm so gleich ergangen, oder ob es sonst, ohngeachtet seiner Capacité, Eifer und

Vertrieb der preußischen Seidenwaren bereitete Schwierigkeiten. Denn die Seidenkaufleute übergingen die einheimischen Fabrikanten und zogen es vor, mit französischen Erzeugnissen zu handeln. In einer Kabinettsordre vom 20. Januar 1745 heißt es dazu:

> „Da ich vernehme, wie die hiesigen französischen Kaufleute, ihren gewohnten, gegen alle im Lande etablirten Fabriquen und Manufacturen hegenden Haß nach, dem hiesigen Seidenfabrikanten Cuissart insonderheit fast gar nichts abnehmen noch abkaufen wollen, obschon solcher sie mit guten Waaren und billigen Preisen zu versehen gewillet ist, als habt Ihr diejenigen französischen Kaufleute allhier, nicht weniger die Juden, welche mit dergleichen Seidenwaren allhier handeln, selbst vorzufordern, ihnen die Unbilligkeit ihres Verfahrens … nochmalen zu Gemüthe zu führen …"[195].

Erst als sich herumsprach, daß die Gründung eines Seidenmagazins beschlossen worden war, das kleineren Produzenten über die Nachschub- und Absatzsorgen hinweghelfen sollte, fanden sich die Kaufleute zu Verhandlungen bereit. Am 4. Dezember 1749 wurden einige Berliner Seidenhändler durch eine Kommission des V. Departements vernommen. Den Kaufleuten wurde zugesagt, von der Errichtung eines Seidenlagers abzusehen, wenn sie ihre Bereitschaft erklärten, die Erzeugnisse der Berliner Seidenmanufakturen zu verlegen[196]. Diese vermieden es jedoch, sich zu diesem Vorschlag sofort zu äußern und versprachen schriftliche Stellungnahmen. Die Verhandlungen scheinen dann ergebnislos verlaufen zu sein, denn am 15. Januar 1750 berichtet der Etatsminister von Katt dem König von einem neuerlich gescheiterten Versuch, die Berliner Kaufleute zu verstärkter Abnahme der inländischen Erzeugnisse zu bewegen[197]. Die Durchsetzung des Herrscherwillens ist jetzt für Katt nur noch durch einen Gesetzeserlaß zu erreichen. Der König solle verordnen, „daß sowohl hier in Berlin, als auch künftig an andern Orten, wo Seidenfabriquen vorhanden oder angelegt werden möchten, alle diejenigen Kaufleute und Juden, welche mit fremden Seidenwaaren handeln, sich dessen gänzlich enthalten sollen, daferne sie nicht, und zwar jeder derselben 3 bis 4 Seidenstühle beständig in Arbeit unterhalten und den Landesfabriquen ihre Seidenwaaren gegen billigmäßige Bezahlung abnehmen"[198]. Ob es zu dem Edikt gekommen ist, läßt sich heute nicht mehr feststellen. Jedenfalls gehen Ende Mai 1751 drei Denkschriften des Berliner Großkaufmanns und Fabrikanten Gotzkowski ein; als Fürsprecher der Seidenfabrikanten beschwert er sich darin über die inländischen Kaufleute, die sich von vornherein in einer feindlichen Stellung zu den Fabrikanten befänden, weil sie bei fremden Waren mehr zu verdienen glaubten als bei einheimischen[199]. Als der König daraufhin

---

Application, aus andern Umständen, etwa aus Mangel des Zuschubs und Verlags geschehen. In dem letzteren Fall sollt Ihr auf Mittel gedenken und Vorschläge thun, wie ihm und seiner Fabrique recht unter die Arme gegriffen werden könne, weil es leichter ist, einer bereits angefangenen zu helfen, als eine neue zu etabliren" (ABS, I, Nr. 54, S. 53).

195 ABS, I, Nr. 85, S. 92.

196 ABS, I, Nr. 193, S. 184.

197 ABS, I, Nr. 198, S. 191.

198 ABS, I, Nr. 198, S. 191.

199 ABS, I, Nr. 246, S. 234.

drohte, die Exportzölle heraufzusetzen, erklärte sich die Königsberger Kaufmannschaft bereit, drei Jahre lang jährlich für über 4000 Taler seidene Waren von den Berliner Verlegern Gotzkowski und Gerard & Michelet abzunehmen. Darüber hinaus sagten einzelne Königsberger Kaufleute zu, auf eigene Rechnung noch einmal dasselbe Quantum abzunehmen[200].

Vor allem die jüdischen Kaufleute hatte man im Verdacht, sich durch die illegale Einfuhr ausländischer Waren auf Kosten der inländischen Manufakturen zu bereichern. In einer Kabinettsordre vom 10. Mai 1752 wurde verfügt, die jüdischen Kaufleute dürften mit Seidenwaren „durchaus nicht weiter einen Groshandel ... treiben"; sie hätten sich darauf zu beschränken, „die bei denen Landesfabriquen und Manufacturen gefertigte seidene Waaren *en détail* zu verkaufen, keineswegs aber *en gros* damit zu handeln". Wer gegen diese Verordnung zum Nachteil der einheimischen Fabriken verstoße, solle „sofort seines Schutzprivilegii verlustig erkannt und dessen Schutzprivilegium cassiret, mithin keine neue Judenfamilie dagegen etabliret werden"[201].

Über das Ausmaß des Zwischenhandels jüdischer Kaufleute gibt es allerdings unterschiedliche Versionen. Gotzkowki führt in einer Denkschrift vom 22. März 1753 aus, seine Fabriken würden zusammen mit denen von Girard & Michelet und Friedrich Wilhelm Schütze jährlich für 150.000 Taler Seidenzeuge herstellen. Demgegenüber verkauften die jüdischen Händler in Berlin jährlich für mehr als 100.000 Taler fremde Seidenwaren[202]. Der Finanzrat Klinggräf berichtet jedoch am 2. März 1753 auf entsprechende königliche Anfrage hin, daß „der Handel der hiesigen Schutzjuden mit fremden seidenen Waaren nicht viel bedeutet"; es zeige sich vielmehr, „daß nach dem Durchschnitt von 3 Jahren die Christen-Kaufleute allhier in einem Jahre für 60403 Rthl. und 22 Gr., die Juden-Kaufleute dagegen nur 13308 Rthlr. 5 Gr. 2 Pf. fremde Seidenwaaren eingebracht und versteuert haben ..."[203].

Das alte Mißtrauen zwischen absolutistischem Policeystaat und Handelskapital schlägt hier wieder durch. Auch Friedrich II. sah in der Fernhandelskaufmannschaft eine wirtschaftliche Kraft, die aus eigenem Antrieb heraus handelte und sich staatlicher Kontrolle und Reglementierung letztendlich entzog. Die in den Verwaltungsakten sich häufenden Klagen über den Schmuggel mit ausländischen Erzeugnissen belegen die Unfähigkeit der Verwaltung, das Wirtschaftsleben in den preußischen Territorien in seiner Gesamtheit zu übersehen. Da die Angaben über die wahre Marktlage meist widersprüchlich waren, gelang es nicht, die Zahl der staatlich subventionierten Betriebe an der Nachfrage auszurichten. Ja, man hat den Eindruck, daß der Markt als eine letztlich staatlich regulierbare

---

200 ABS, I, Nr. 250 f.

201 ABS, I, Nr. 273, S. 256.

202 ABS, I, Nr. 309, S. 298-299.

203 ABS, I, Nr. 307, S. 296. Zum Anteil der jüdischen Minderheit an der Entwicklung der preußischen Gewerbewirtschaft im 18. Jahrhundert grundlegend *S. Jersch-Wenzel*, Juden und ‚Franzosen' in der Wirtschaft des Raumes Berlin/Brandenburg zur Zeit des Merkantilismus, Berlin 1978.

Größe betrachtet und der Einschlag konjunktureller Schwankungen unterschätzt wurde. Der immer wieder auftauchende Gegensatz zwischen Fabrikanten und Kaufleuten war denn auch nicht durch einander widerstreitende Marktinteressen begründet, sondern resultierte letztlich aus dem staatlichen Wirtschaftsdirigismus. Die staatlich subventionierten Betriebe waren bestrebt, möglichst viele Stühle in Gang zu halten und achteten dabei wenig auf die Qualität der Stoffe.

Durch das Seidenwirkerreglement von 1766 versuchte die Gewerbepolicey, Qualitätsnormen für die Seidenerzeugnisse einzuführen[204]. Bei der Ausarbeitung dieses Gesetzes hatte man das, freilich bereits durch neue Bestimmungen überholte, Lyoner Seidenreglement von 1737 zur Vorlage genommen, ungeachtet der Tatsache, daß in Lyon die Arbeitsorganisation im Seidengewerbe grundverschieden war. Denn während dort auf Verlagsbasis produziert und die Gewerbegerichtsbarkeit und Warenschau den Gewerbetreibenden selbst überlassen wurden[205], hatten sich in Preußen immer mehr die staatlich kontrollierten und subventionierten Manufakturen durchgesetzt. Grund dafür war nicht nur die staatliche Privilegierungspraxis, sondern auch der Bedeutungsschwund der Zünfte im Bereich der Luxusgüterherstellung[206]. Entsprechend ungeregelt war das Verhältnis zwischen den Entrepreneurs und den Produzenten. Da der Staat bestrebt gewesen war, das Seidengewerbe in möglichst kurzer Zeit zu entwickeln, hatte er für die Arbeiter ein hohes Lohnniveau angesetzt. Die Fähigkeit zu regelmäßiger und sorgfältiger Arbeit war jedoch bei den wenigsten vorhanden; das Ergebnis waren fehlerhafte Produkte, die sich nicht absetzen ließen.

Wollte der Staat nicht weiter einen konkurrenzunfähigen Gewerbezweig subventionieren, mußte er für die Durchsetzung einer strengen Arbeitsdisziplin sorgen[207]. Der mit Ausarbeitung des Reglements beauftragte Polizeidirektor Kircheisen hatte zunächst vorgeschlagen, ein „Fabriken-Collegium" zu errichten, das „aus einem Praesidenten, einem decretierenden Rath, welcher ein Jurist seyn muß, einem Rechtserfahrenen Asessore ... und 4 Schau-Meistern ... besteht"[208]. Eine solche Kommission sah jedoch zu sehr nach korporativer Selbstverwaltung aus; und gerade an den Sachkenntnissen der privilegierten Unternehmer glaubte man zweifeln zu müssen. Der König bestellte daher, neben

204 Vgl. dazu ABS, III, S. 172-192 und *R. Straubel*, Das Berliner Seidenwirkerreglement von 1766. Ein Beitrag zur Gewerbepolitik des brandenburgisch-preußischen Staates, in: Jahrbuch für Geschichte des Feudalismus, 8 (1984), S. 370-395.

205 *R. Straubel*, Das Berliner Seidenwirkerreglement, S. 379.

206 Ebd., S. 380.

207 Unter Art. 8 des Seidenwirkerreglements heißt es dazu: „Die Meister sollen auf ihre Gesellen und Lehrlinge genaue Obacht haben, sowohl um sie zu Fleiß und tüchtiger Arbeit anzuhalten, als auch, um Unredlichkeit zu verhüten. Wer seine Arbeit muthwillig verdirbt, muß ein Jahr länger Lehrling oder Geselle bleiben; wer Seide veruntreut, unterliegt der Strafe des Halseisens und wird, wenn er den Schaden nicht ersetzen kann, aus dem Gewerk gestoßen. Trifft dabei den Meister der Vorwurf der Nachlässigkeit, so wird er in erster Linie zum Schadensersatz herangezogen; ist er mitschuldig, so soll er als Dieb an den Pranger gestellt werden" (ABS, I, Nr. 501, S. 479).

208 Zit. nach *R. Straubel*, Das Berliner Seidenwirkerreglement, S. 376.

einem „Fabriquen-Director" und einem Gewerksassessor, vier beamtete Schaumeister. Damit war keine selbständige, auf dem Mitspracherecht der Fabrikanten beruhende Einrichtung etabliert worden, sondern eine staatliche Kontrollbehörde, die aus sechs regulär besoldeten Beamten bestand. Deren Finanzierung sollte aus der Subventionskasse bestritten werden, also zu Lasten der Produktionsprämien gehen. Einen entsprechenden Protest der Fabrikanten lehnte das Generaldirektorium ab und bestimmte 1100 Taler, etwa ein Sechstel des Prämienfonds, zur Besoldung der Aufsichtsbeamten[209].

Die gewerbepoliceylichen Kontrollmöglichkeiten waren jedoch begrenzt; immer wieder wurde über die sachfremde Verwendung staatlicher Subventionsgelder geklagt. So heißt es in einer Kabinettsordre vom 21. März 1776:

> „... bishero haben die mehrsten Fabricanten mit den erhaltenen Beneficien schlecht gewirthschaftet. Die Geldvorschüsse haben sie auf liederliche Weise durchgebracht und die ihnen gegebenen Häuser theils ganz verschuldet, theils gar verkaufet, wodurch denn die Fabriquen in Abnahme und Verfall gerathen ...".

Das V. Departement solle deshalb in Zukunft mehr darauf achten, daß die Unternehmer „besser wirthschaften, das, was sie bekommen, nicht so liederlich durchbringen, vielmehr allen Fleiß und Industrie auf die Fabriquen wenden, und solche in Ordnung betreiben und fortsetzen"[210]. Hinzu kam, daß viele Verleger ihre Manufakturen aus eigenen Mitteln unterhielten. Diesen konnte, nach Eingeständnis des V. Departements, ohnehin nichts vorgeschrieben werden; vielmehr müsse es „ihrer Willkür überlassen" werden, ob sie die Fabrikation „stark oder schwach betreiben" wollten[211]. Weit davon entfernt, sich in ihrer Betriebsführung von königlichen Aufsichtsbeamten lenken zu lassen, versuchten die Manufakturunternehmer vielmehr, staatliche Vergünstigungen zur Sicherung ihres privaten Wohlstandes zu benutzen.

Wir haben es eben noch nicht mit einer frühindustriellen Unternehmerschicht zu tun, die durch ständiges kaufmännisches Wagnis nach unbegrenzter Kapitalvermehrung strebt. Aber auch das zünftige Prinzip der Nahrung bestimmte nicht mehr die Denk- und Verhaltensmuster dieser Existenzen. Gerade weil sie ständisch nicht mehr eingebunden waren und als Träger kaufmännischer und manufakturtechnischer Fertigkeiten dem Staat in einem vertragsähnlichen Verhältnis unmittelbar gegenüberstanden, entwickelten sie die Mentalität von Glücksrittern, die die prekäre Gunst eines Fürsten ausnutzten, um sich in kurzer Zeit zu bereichern. Da sie ständischen Wertvorstellungen nicht mehr verhaftet waren, gleichzeitig aber auch der Dienstethik des Beamtentums fremd gegenüberstanden, entzogen sie sich der Disziplinierung durch die Policey[212]. Der Staat hatte gewis-

---

209 Ebd., S. 377.

210 ABS, II, Nr. 786, S. 143

211 ABS, II, Nr. 786, S. 144.

212 Zur mentalitätsgeschichtlichen Charakterisierung der frühindustriellen Unternehmerschicht vgl. *R. Braun*, Zur Einwirkung sozio-kultureller Umweltbedingungen auf das Unternehmerpotential und das Unternehmerverhalten, in: *W. Fischer* (Hrsg.), Wirtschafts- und sozialgeschichtliche Probleme der frühen Industrialisierung, Berlin 1968,

sermaßen die Entstehung einer sozialen Schicht begünstigt, die sich in sein Wohlfahrtssystem nicht einfügen ließ, ja es, in eigentümlicher Umkehrung des Disziplinierungsprozesses, für ihre Profitinteressen auszunutzen suchte.

Auch wurden die privilegierten Fabrikanten im Wirtschaftsleben Preußens als Fremdkörper empfunden. Die Zünfte standen ihnen mißtrauisch gegenüber, weil sie neben zünftigen Meistern und Gesellen beliebig viele unzünftige Lohnarbeiter beschäftigen konnten; die Kaufleute schließlich, die nur Zwischenhandel betrieben, fürchteten, der Staat werde, um die inländischen Manufakturen zu begünstigen, den gewinnträchtigen Import der höherwertigen ausländischen Erzeugnisse verbieten.

Friedrich II. hat die Unverträglichkeit größerer, staatlich privilegierter Manufakturen mit dem Wirtschaftsgefüge in den preußischen Territorien früh erkannt. Bereits 1746 hält er dafür, „daß wir weit besser thun werden, wann wir in der Stille und ohne Eclat gute Seidenarbeiter und kleine Fabricanten ... zu bekommen und nach und nach zu etabliren und in Gange zu bringen suchen ..., als wann wir die Sache mit vielen Eclat und durch große Fabricanten anfangen wollen, welches mehrentheils nichts anderes als Jalousie und Emulation bei denen Nachbaren zuwege bringet und gemeiniglich verursachet, daß dergleichen groß und weitläufig angefangene Fabriquen kurz nach ihrer Geburt ersticket werden“[213]. Die Gewerbepolicey stellte für angehende Seidenouvriers Pensionen zur Verfügung, dessen Höhe sich nach den Vorkenntnissen und nach dem Familienanhang der Antragsteller richtete. Überdies versorgte der Staat sie mit preisgünstigerer Seide und übernahm den Verlag ihrer Produkte. Wie sich bald herausstellen sollte, ermunterte die Zahlung von Pensionen jedoch nicht zu wirtschaftlicher Eigeninitiative. In einer Kabinettsordre vom 27. November 1750 weist der Monarch auf die Gefahr hin, Seidenhandwerkern unbedacht hohe Pensionen zukommen zu lassen, „indem Mir der Erfolg dessen gezeigt hat, daß mehrenteils, wann dergleichen Leute mit austräglichen Pensionen versehen werden, selbige sich in der Arbeit negligiret und sich mit ihrer Pension so gut als möglich hingebracht haben“[214].

Statt hohe Summen aufzuwenden, um ausländische Arbeitskräfte anzuwerben, sei es besser, möglichst viele einheimische Lehrjungen auszubilden. In den Berliner Seidenmanufakturen seien die beschäftigten Lehrjungen „beständig zu erhalten und das darauf accordirte jährliche Quantum bezahlen zu lassen ...“. Ziel dieser Maßnahme war es, „daß keiner von gedachten Lehrjungen, wann er dahin gebracht worden, als geschulter Gesell arbeiten, oder sich selbst etabliren zu können, nicht leichtlich außerhalb des Landes gehe“[215]. Als das V. Departement daraufhin feststellte, daß in den Berliner Seidenmanufakturen 51 Lehrjungen beschäftigt waren, befahl der König, diese Zahl auf 57 zu erhöhen. Darüber

S. 247-284, sowie *F. Redlich*, Frühindustrielle Unternehmer und ihre Probleme im Lichte ihrer Selbstzeugnisse, ebd., S. 339-412.

213 ABS, I, Nr. 105, S. 109.

214 ABS, I, Nr. 233, S. 224.

215 ABS, I, Nr. 233, S. 225.

hinaus sollte Meistern, die sich bei der Lehrlingsausbildung auszeichneten, eine silberne Medaille verliehen und den vier fleißigsten und geschicktesten Lehrjungen jedes Jahr ein Kleid geschenkt werden, „auf daß dadurch selbige sowohl als die andern encouragiret werden, sich um so fleißiger zu bezeigen und desto geschickter zu machen“[216].

Der preußische Staat plante beim Aufbau der Seidenindustrie auf lange Sicht. Er ließ sich nicht allein von seinen fiskalischen Interessen leiten und vermied es, eine möglichst große Anzahl arbeitsintensiver Manufakturen zu schaffen. Denn im Unterschied zur Wollindustrie wurden hier höhere Anforderungen an Unternehmer und *ouvriers* gestellt. Die zur Präparierung und Färbung der Seide erforderlichen Techniken konnten erst durch jahrelange Praxis erworben werden; und der Absatz der Seidenwaren erforderte eine genaue Kenntnis der herrschenden Moden. Im Unterschied zu Frankreich waren in Preußen in der zweiten Hälfte des 18. Jahrhunderts auf dem Gebiet des Luxusgewerbes weder ein technisch versierter Handwerksstand noch eine über internationale Verbindungen verfügende Unternehmer- und Kaufmannsschicht vorhanden. Es fehlte ein tatsächlich marktorientierter, gegenüber dem Ausland konkurrenzfähiger und ohne staatswirtschaftliche Flankierungen arbeitender Gewerbesektor. Daß Friedrich II. den Entschluß faßte, dafür den Grundstein zu legen, zeigt, daß er die Gewerbewirtschaft nicht mehr allein als Versorgungsbasis des Militärstaates betrachtete. Sie sollte durchaus auch Güter produzieren, die nicht der Befriedigung alltäglicher Bedürfnisse dienten, sondern Gegenstand individuellen Geschmacks waren. Freilich konnte der Hof, an dem die Kultivierung der schönen Form anspruchsvoller Selbstdarstellung und damit der Schaffung sozialer Distanz diente[217], durch seine Repräsentationsausgaben längst nicht mehr den Absatz des Luxusgewerbes decken. Vor allem in Preußen nicht, denn hier hatte der Hof bereits in den ersten Jahrzehnten des 18. Jahrhunderts seine Funktion, die absolutistische Macht zu vergegenwärtigen, an Heer und Verwaltung verloren. Immerhin nahm der Luxuskonsum bürgerlicher Schichten zu. Vor allem nach dem Siebenjährigen Krieg, in dem Heereslieferungen und Münzspekulationen Riesengewinne gebracht hatten, wurde der Lebensstil der Kaufmanns- und Fabrikantenfamilien merklich aufwendiger[218].

Auch für Friedrich selbst war die *civilisation* nicht mehr auf die Sphäre des Hofes beschränkt, sondern vielmehr Ausdruck einer umfassenderen Kulturentwicklung, deren Fortgang wesentlich vom ökonomischen Aufschwung der preußischen Territorien abhing:

> „Ce n'est donc ni à l'esprit, ni au génie de la nation qu'il faut attribuer le peu de progrès que nous avons fait, mais nous ne devons nous en prendre qu'à une suite

---

216 ABS, I, Nr. 239, S. 229.

217 Vgl. dazu grundlegend *N. Elias*, Die höfische Gesellschaft. Untersuchungen zur Soziologie des Königtums und der höfischen Aristokratie, Neuwied 1969; für Deutschland vgl. die knappe Darstellung von *R. Vierhaus*, Höfe und höfische Gesellschaft in Deutschland im 17. und 18. Jahrhundert, München 1981.

218 Vgl. dazu *K. Schwieger*, Das Bürgertum in Preußen, S. 253.

de conjunctures fâcheuses, à une enchaînement de guèrres qui nous ont ruinés et appauvris autant d'hommes que d'argent"[219].

Das pädagogische Moment in der preußischen Staatswerdung kommt hier wieder zum Vorschein; allerdings mit einer bedeutenden Akzentverschiebung: Hatte für Friedrich Wilhelm I. noch die Heranbildung des durch und durch disziplinierten Soldaten-Untertans im Vordergrund gestanden, wollte Friedrich, bei allem Festhalten an der Verschränkung von Sozial- und Heeresverfassung, den einzelnen Bürger zur *civilisation*, zu vernünftiger Weltkenntnis und individualistischer Lebensführung erziehen.

Durch die Begründung der Seidenindustrie hat er den Anstoß gegeben zur Entstehung eines Wirtschaftsbereichs, der tendenziell nicht auf Staat und Armee, sondern auf den Markt und damit auf die frei sich artikulierenden Konsumbedürfnisse bürgerlicher Schichten hin ausgerichtet war. Von den staatlich subventionierten Fabrikanten wurde deshalb mehr verlangt als die punktuelle Ausführung gewerbepoliceylicher Befehle. Individueller Geschmack und Kreativität sollten den außerzünftigen Produzenten ebenso kennzeichnen wie technische Fertigkeit und unternehmerisches Wagnis[220]. Diese individualistische Konzeption des Wirtschaftslebens kollidierte freilich im ausgehenden 18. Jahrhundert mit den überkommenen ständischen Strukturen; sozial durchsetzbar war sie letztendlich nur im Wege absolutistischer Reglementierungsgewalt. In diesem Spannungsfeld von ständischem Wirtschaftsgefüge und absolutistischer Gewerbepolicey sollten sich erst allmählich die Konturen der bürgerlichen Marktgesellschaft abzeichnen.

---

[219] Zit. nach *N. Elias*, Die höfische Gesellschaft, Soziologie des Königtums und die höfischen Aristokratie, der ‚civilisation' der Lebensstil u. dementsprechend, Neuwied 1969. Diese Konzeption bestimmte auch die Bauvorhaben Friedrichs II: vgl. *J. Kunisch*, Funktion und Ausbau der kurfürstlich-königlichen Residenzen in brandenburg-Preußen im Zeitalter des Absolutismus, in: Forschungen zur brandenburgischen und preußischen Geschichte, NF, 36 (1993), S. 189 f., S. 13.

[220] Vgl. dazu den Vorschlag des Leiters der Regie, de Launay, das Prämienwesen abzuschaffen. Zwar sei es bei der Etablierung des Seidengewerbes von Nutzen gewesen, „puisqu'il a égalisé l'artisan dans son travail, celui qui a fait les étoffes riches; et il a été très utile, puisqu'il a perfectionné l'art en aiguillonnant l'ouvrier pour augmenter le travail, qui se perfectionne toujours par l'habitude …". Nunmehr sei die Lebensgrundlage für die Produzenten gesichert, sie verstünden ihr Handwerk, und das Angebot von Luxusgütern habe eine solide Nachfrage geschaffen: „ … les besoins ont été remplis, et que, s'ils ne l'ont pas été, on est en état de les remplir, l'ouvrier étant instruit et ne demandant que l'ouvrage qui ne peut lui manquer, puisque ceux qui ont été faits, ont occasionné une dépense si condidérable en gratifications" (ABS, II, Nr. 666, S. 37-38).

# III. Die ökonomische Aufklärung in Neapel 1700-1734

## 1. Einführung

Neapel gehörte im 18. Jahrhundert zu den bedeutenden Zentren der europäischen Aufklärung[1]. Dies mag auf den ersten Blick hin überraschen. Das süditalienische Reich zählte seit dem 17. Jahrhundert zu den wirtschaftlich rückständigsten Gebieten Europas und war damit während der Erbfolgekriege in der ersten Hälfte des 18. Jahrhunderts vorwiegend Beute- und Tauschobjekt in den Händen der großen europäischen Dynastien[2]. Die etwa für den Aufschwung Preußens oder Österreichs so entscheidenden Tendenzen zur Schaffung eines einheitlichen Verwaltungs- und Justizapparats[3] fehlten hier ganz. Der Grund hierfür ist unmittelbar einsichtig: Seine Stellung als Vizekönigtum enthob den neapolitanischen Staat der Notwendigkeit, die finanziellen Mittel zur Unterhaltung eines stehenden Heeres beizubringen[4].

Der staatsfunktionale Umbau des altständischen Sozialgefüges und die daran sich anschließende Entstehung einer tendenziell ständeübergreifenden Staatsgesellschaft haben ja in den absolutistischen Monarchien der Aufklärung erst den Boden bereitet. Vor allem in den protestantischen Territorien des Alten Reichs war sie in ihrer sozialen Tragweite vom Fortgang der Staatsbildung abhängig[5].

---

[1] Vgl. dazu *G. Galasso*, Illuminismo napoletano e Illuminismo europeo, in: *ders.*, La filosofia in soccorso de' governi. La cultura napoletana del Settecento, Napoli 1989, S. 17 f.

[2] Vgl. zur neapolitanischen Wirtschaftsgeschichte in der ersten Hälfte des 18. Jahrhunderts *R. Villani*, Mezzogiorno tra riforme e rivoluzione, Bari 1973, S. 1 f. Darüber hinaus: *ders.*, Mezzogiorno e contadini nell'età moderna, Bari 1961; *A. Lepre*, Contadini, borghesi e operai nel tramonto del feudalesimo meridionale, Milano 1963. Zusammenfassend *A. Lepre*, Storia del Mezzogiorno d'Italia, II: Dall'Antico Regime alla società borghese (1657-1860), Napoli 1986, S. 11-73.

[3] Vgl. hierzu den Aufsatz: Staatsbildung und ökonomische Freiheitsrechte in Deutschland im 18. Jahrhundert, in diesem Band.

[4] So *V. Ferrone*, Togati, baroni, illuministi e il problema dello Stato a Napoli, in: *ders.*, I profeti dell'illuminismo. Le metamorfosi della ragione nel tardo Settecento italiano, Bari 1989, S. 184.

[5] Vgl. etwa die zusammenfassenden Darstellungen von *E. Weis*, Der aufgeklärte Absolutismus in den mittleren und kleinen deutschen Staaten, in: *ders.*, Deutschland und Frankreich um 1800. Aufklärung-Revolution-Reform, München 1990, S. 9-27; *ders.*, Aufklärung und Absolutismus im Heiligen Römischen Reich, ebd., S. 28-45 sowie die Arbeiten von *R. Vierhaus* in: *ders.*, Deutschland im 18. Jahrhundert. Politische Verfassung, soziales Gefüge, geistige Bewegungen, Göttingen 1987.

In Neapel ist dieses Wechselverhältnis von Absolutismus und Aufklärung nicht so unmittelbar gegeben. Der Staat war hier bei seinem Versuch, die Fülle konkurrierender Gerichtsbarkeiten durch ein einheitliches, straff organisiertes Polizei- und Justizwesen zu ersetzen, über erste Ansätze nicht hinausgekommen; kirchliche Immunitäten und baronale Privilegien trotzten dem monarchischen Verordnungsrecht nahezu das ganze 18. Jahrhundert hindurch[6]. Die wichtigste soziale Trägerschicht des neapolitanischen Verfassungsgefüges war denn auch, bis zur Mitte des 18. Jahrhunderts, nicht ein vom Souverän unmittelbar abhängiges, die Verwaltungs- und Justizämter monopolisierendes Beamtentum, sondern der *ceto togato*, der an den zahlreichen Gerichtshöfen der Stadt tätige Juristenstand. Seine überragende soziale und politische Bedeutung beruhte zunächst einmal auf seiner institutionellen Stellung: Als Hüter und Interpreten des *ius commune* übten die Juristen die für die Sozialordnung des Ancien Régime zentrale Funktion der An- und Zuerkennung ständischer Privilegien aus. Freilich nahm er damit keine Stellung *super partes* ein; vielmehr benutzte er die Rechtssprechungsinstrumente, um politischen Einfluß und große finanzielle Mittel zu gewinnen[7].

Was ihn jedoch von den Justizeliten in den großen europäischen Monarchien unterscheidet[8], ist sein politisches Gewicht bei den städtischen Mittel- und Unterschichten, denen er zum Teil auch entstammte. Zwischen 26.000 und 50.000 Menschen gehörten vor 1750 in vielfältiger Funktion zum Gerichtspersonal oder erhielten anderweitig über die Justizämter Arbeit[9]. Bei einer Gesamtbevölkerung von etwa 200.000 verdeutlicht allein schon diese Schätzung das überragende Gewicht des Justizbetriebes im Sozialleben der Stadt. Nimmt man hinzu, daß die *togati* über das „Tribunale della Sommaria“ auch auf die öffentliche Getreidemagazinierung Einfluß nahmen, wird ihr Prestige als „dispositori della vita e della morte di ognuno“[10] verständlich. Die ungewöhnliche Stellung dieser sozial offenen und durch Bildung sich legitimierenden Schicht ist wohl mit ein Grund dafür, daß Neapel zu einem der bedeutendsten Rezeptionszentren der rationalistischen Denkströmungen zwischen 17. und 18. Jahrhundert wurde[11].

---

6 Vgl. den Überblick von *D. Carpanetto / G. Ricuperati*, L'Italia del Settecento. Crisi, trasformazioni e lumi, Bari 1986, S. 223-240 und S. 261-276 sowie die eingehende Darstellung von *R. Ajello*, La vita politica napoletana sotto Carlo di Borbone, in: Storia di Napoli, 4, Napoli 1976, S. 445-726.

7 Hierzu grundlegend *R. Ajello*, Arcana juris. Diritto e politica nel Settecento italiano, Napoli 1976, S. 275 ff; vgl. darüber hinaus *ders.*, Potere ministeriale e società al tempo di Giannone. Il modello napoletano nella storia del pubblico funzionario, in: *R. Ajello* (Hrsg.), Pietro Giannone e il suo tempo, 2, Napoli 1980, S. 451-511.

8 Für Frankreich grundegend *R. Mousnier*, Les institutions de la France sous la monarchie absolue 1598-1789, 2, Paris 1980, S. 297-411; vgl. auch den Überblick von *E. Hinrichs*, „Justice“ versus „Administration“. Aspekte des politischen Systemkonflikts in der Krise des Ancien Régime in: *ders.*, Ancien Régime und Revolution. Studien zur Verfassungsgeschichte Frankreichs zwischen 1589 und 1789, Frankfurt a.M. 1989, S. 99-125.

9 So *R. Carpanetto / G. Ricuperati*, L'Italia del Settecento, S. 83.

10 So der Magistrat Francesco Ventura, zit. nach *R. Ajello*, Potere ministeriale, S. 475.

11 So auch *V. Ferrone*, Togati, S. 185.

Freilich ist damit die kulturgeschichtliche Eigentümlichkeit der Stadt noch nicht zureichend beschrieben. Denn die intellektuellen Kreise Neapels haben durch die Aufnahme neuer kultureller Strömungen nicht bloß Anschluß gesucht an die fortgeschritteneren Sozialordnungen Frankreichs, Englands oder Hollands. Die Auseinandersetzung mit der kartesianischen Philosophie, dem gassendistischen Epikuräismus und der Newtonschen Mechanik[12] führte hier im Übergang vom 17. zum 18. Jahrhundert vielmehr zu der Überzeugung, daß die soziale und wirtschaftliche Rückständigkeit der neapolitanischen Territorien, ihr Abhängigkeitsverhältnis gegenüber den europäischen Handelsmächten eben auf ihrer unterschiedlichen kulturellen Verfaßtheit beruhten[13]. Das Übergewicht der kirchlichen Rechts- und Sozialstrukturen stand in der Tat das gesamte 18. Jahrhundert hindurch der Etablierung einer absolutistischen Zentralgewalt entgegen. Die vielfältigen kirchlichen Immunitäten und Exemptionen setzten dem staatlichen Justiz- und Steuerwesen schier unüberwindliche Schranken[14]. Im Unterschied etwa zu Spanien, wo es der Monarchie gelungen war, die kirchlichen Gewalten zu staatlichen Disziplinierungszwecken einzusetzen[15], stellte die Kirche im Königreich Neapel einen in jeder Hinsicht autonomen politischen Körper dar.

Die „Krise des europäischen Bewußtseins"[16], die Infragestellung der religiösen Grundlagen des europäischen Soziallebens, äußerte sich in Neapel deshalb zunächst als Kritik an den überkommenen rechtlichen Institutionen und an den theoretischen Voraussetzungen der herrschenden juristischen Lehre. Im Umkreis der obersten Gerichtshöfe und der juristischen Fakultäten entstand gegen Ende des 17. Jahrhunderts eine auf den kartesianischen Antiaristotelismus und auf die Positionen des klassischen Naturrechts gleichermaßen zurückgreifende Bewegung[17], die einige der einflußreichen Persönlichkeiten des *ceto togato* für sich gewinnen konnte und sich bald als Hüter der staatlichen Souveränität der konkurrierenden Rechtssprechung der kirchlichen Institutionen entgegenstellte. Eine antikuriale Partei war entstanden, die dem päpstlichen Hof in Rom um so mehr ein Dorn im Auge war, als der *giurisdizionalismo*, wie man die Bewegung

[12] Vgl. hierzu den Überblick von *R. Ajello*, Gli „afrancesados" a Napoli nella prima metà del Settecento. Idee e progetti di sviluppo, in: *M. Di Pinto* (Hrsg.), I Borbone di Napoli e i Borbone di Spagna. Un bilancio storiografico, 1, Napoli 1985, S. 115-192.

[13] Vgl. hierzu *G. Galasso*, La filosofia, S. 19 f.

[14] Zur sozialen Stellung der Kirche in Süditalien vgl. *G. De Rosa*, Vescovi, popolo e magia nel Sud. Ricerche di storia socio-religiosa dal XVII al XIX secolo, 2. Aufl., Napoli 1983; *R. De Maio*, Società e vita religiosa a Napoli nell'età moderna (1656-1799), Napoli 1971 sowie die Beiträge in: *G. Galasso / C. Russo*, Per la storia sociale e religiosa del mezzogiorno d'Italia, 2 Bde., Napoli 1980-1982.

[15] Vgl. hierzu etwa *J.A. Maravall*, Estado moderno y mentalidad social (siglos XV a XVII), 1, Madrid 1972, S. 215-245.

[16] Die Formel stammt von Paul Hazard, der damit sein ideengeschichtliches Standardwerk überschreibt.

[17] Vgl. dazu den Überblick von *R. Ajello*, Cartesianesimo e cultura oltremontana al tempo dell'Istoria civile, in: *R. Ajello* (Hrsg.), Pietro Giannone e il suo tempo, 1, Napoli 1980, S. 3-181.

bald nannte, nicht nur an den kirchlichen Immunitäten im Reich rührte, sondern auch dem Anspruch des Papstes, Lehensherr des neapolitanischen Monarchen zu sein, jede völkerrechtliche Grundlage absprach[18]. Bedeutendstes Erzeugnis dieses rechtstheoretischen Paradigmenwechsels war Giannones „Istoria civile del Regno di Napoli". Darin wies der Autor auf historischer Grundlage auf, daß römisches und kanonisches Recht zwei unterschiedliche Rechtstraditionen darstellen, die nur durch die juristische Fiktion der *comunis opinio doctorum* zu einem einheitlichen Corpus, dem *ius commune*, vereint worden seien. Sie resultierten vielmehr aus je unterschiedlichen historischen Interessenlagen, die sich fremd gegenüberstünden und miteinander unvereinbar seien, weil jede sich auf „altro monarca e legislatore" beziehe[19]. Indem er dem kanonischen Recht jeden Bezug auf das *imperium* absprach, stellte Giannone natürlich die Legitimität der kirchlichen Immunitäten von Grund auf in Frage. Die Reaktion blieb nicht aus. Bereits kurz nach Erscheinen des Werks verließ Giannone Neapel und flüchtete nach Wien, wo er sich unter den Schutz des Prinzen Eugen stellte. Dort begann er schon bald mit den Vorarbeiten zu seinem zweiten großangelegten Werk, „Il Triregno", in dem er unter dem Einfluß der spinozistischen Bibelkritik und des englischen Deismus die religiösen und institutionellen Grundlagen des katholischen Bekenntnisses kritisch hinterfragte[20].

Damit brach er freilich nur scheinbar mit seinen rechtshistorischen Interessen. Er legte vielmehr offen, daß sich hinter dem *giurisdizionalismo* von Anfang an mehr verborgen hatte als bloß eine Enttheologisierung des Rechtsverständnisses im Zeichen des Naturrechts. Der neapolitanischen Frühaufklärung ging es nicht nur darum, das Sozial- und Wirtschaftsgefüge des Königreichs aus seiner überkommenen Erstarrung zu befreien; sie zielte, weit darüber hinaus, auf den Entwurf einer neuen Gesellschaftsordnung, die Glaubens- und Sittenfreiheit ebenso gewährleisten sollte wie Rechtssicherheit und eine geordnete Verwaltung. Die Vormachtstellung der katholischen Kirche in Neapel wurde nicht nur als ein rechtlicher oder ein politischer Tatbestand aufgefaßt, sondern wesentlich als kulturelle Dominanz begriffen[21]. Die Verflechtung des Schul- und

---

[18] Zu den Ursprüngen des *giurisdizionalismo* vgl. *S. Mastellone*, Pensiero politico e vita culturale a Napoli nella seconda metà del Seicento, Firenze 1965; *B. De Giovanni*, La vita intellettuale a Napoli fra la metà del '600 e la restaurazione del regno, in: Storia di Napoli, 8, Napoli 1980, S. 353-466; *A. Lauro*, Il giurisdizionalismo pregiannoniano nel Regno di Napoli. Problema e bibliografia, Roma 1974. Zusammenfassend: *G. Galasso*, La filosofia, Teil 3, Kap. 5: La parabola del giurisdizionalismo, S. 171-192.

[19] So *R. Ajello*, Arcana juris, S. 256.

[20] Vgl. zusammenfassend *P. Carpanetto / G. Ricuperati*, L'Italia del Settecento, S. 139 f.

[21] Auf diesen für die vorliegende Untersuchung grundlegenden Sachverhalt hat *G. Ricuperati*, Pietro Giannone: bilancio storiografico e prospettive di ricerca, in: *R. Ajello*, Giannone e il suo tempo, 1, S. 186 hingewiesen. Der *giurisdizionalismo* bezweckte freilich nicht – das darf nicht übersehen werden – die Abschaffung kirchlicher oder feudaler Privilegien, sondern die Offenlegung der rechtlichen Grundlagen dieser sozialen Vorrangstellungen. Es ging nicht um neue Rechtsinhalte, sondern um Rechtsgarantien. Indem er die willkürliche Zuerkennung von Privilegien in Frage stellte, rührte der *giurisdizionalismo* freilich an den Grundfesten der Ancien Régime-Gesellschaft.

Universitätswesens mit den kirchlichen Einrichtungen erschien als der geistige Nährboden eines privilegienfixierten Soziallebens. In den Vordergrund traten diese sozialreformerischen Ansätze freilich erst, als eine Gruppe politisch engagierter neapolitanischer Naturwissenschaftler um den späteren Hofkaplan Celestino Galiani die Mechanik und die rationalistische Theologie Newtons zu rezipieren und zu kommentieren begann[22]. Newtons Philosophie hatte für diese katholischen Aufklärer den Vorzug, ein säkularisiertes Weltbild zu etablieren und es gleichzeitig mit wissenschaftlicher Notwendigkeit, gleichsam experimentell, auf den göttlichen Willen zurückzuführen. Newtons Teilchenphysik suggerierte gleichzeitig die Plausibilität einer sich selbst regulierenden Sozialordnung, in der die Individuen in ihrer Bewegungsfreiheit lediglich durch natürliche Gesetze beschränkt werden[23].

Galiani gelang es sogar, den Primat der Experimentalwissenschaften durch die Gründung einer Akademie der Wissenschaften institutionell zu verankern. Sie sollte zur Verbreitung eines neuen, praxisbezogenen Wissensverständnisses und zur Heranbildung einer weltoffenen, profitorientierten und technischen Neuerungen aufgeschlossenen Handels- und Gewerbeschicht beitragen[24]. Die rationalistische Theologie Newtons lieferte für dieses sozialreformerische Programm die geeignete ideologische Grundlage: Die Konzeption eines von mechanischen Gesetzen beherrschten, gleichzeitig aber im göttlichen Willen verankerten *systema mundi* verwies analogisch auf die Möglichkeit einer zwar durch das Wechselspiel individueller Profitinteressen gekennzeichneten, aber gleichzeitig auf das göttliche Naturgesetz gegründeten Gesellschaftsordnung[25].

Ein solcher Entwurf war das denkbar krasseste Gegenmodell zu dem parasitären, auf der spekulativen Umsetzung des Staatskredits beruhenden neapolitanischen Sozial- und Wirtschaftsgefüge. Da es an einem konkurrenzfähigen Gewerbesektor fast gänzlich fehlte und die über den Hafen von Neapel laufenden Handelsgeschäfte großteils von den französischen und englischen Kompanien in Beschlag genommen wurden[26], investierten die vermögenden Schichten, im wesentlichen die feudalen Großgrundbesitzer und die Getreidehandelsmonopolisten, in den Erwerb einträglicher Ämter. Die königliche Verwaltung sanktionierte diese Praxis, denn die vielfältigen kirchlichen Steuerexemptionen machten den Aufbau eines geordneten Finanzwesens ohnehin unmöglich. Erhöhten

---

22 Hierzu grundlegend *V. Ferrone*, Scienza, natura, religione. Mondo newtoniano e cultura italiana nel primo Settecento, Napoli 1982, S. 455.

23 Vgl. unten, Anm. 219.

24 *V. Ferrone*, Mondo newtoniano, S. 502.

25 Zu den gesellschaftspolitischen Implikationen der Newtonschen Philosophie sei vorab verwiesen auf *M.C. Jacob*, The Newtonians and the English Revolution 1689-1720, Hassocks 1976.

26 Vgl. hierzu *R. Romano*, Le commerce de Naples avec la France et les pays de l'Adriatique au XVIIIe siècle, Paris 1951; *ders.*, Il commercio franco-napoletano nel secolo XVIII, in: *R. Romano*, Napoli: dal Viceregno al Regno. Storia economica, Torino 1976, S. 67-122; *ders.*, Il Regno di Napoli e la vita commerciale nell'Adriatico, ebd., S. 123-158.

sich in günstigen Erntejahren die Profite der Grundbesitzer und Getreidehändler, stieg auch die Nachfrage nach einträglichen Ämtern. Die daraus resultierende künstliche Vermehrung der indirekten Verbrauchssteuern drückte natürlich auf den Massenkonsum und erschwerte den Aufschwung der ohnehin schwach fundierten Gewerbeproduktion.

Diese Verschränkung von öffentlicher Steuerverwaltung und privater Kapitalspekulation auf der Grundlage des Ämterkaufs ist freilich eine für das Ancien Régime typische Erscheinung[27]. Sie ist durch den Funktionswandel des Adels unter den veränderten Bedingungen der absoluten Monarchie bedingt. Seine Stellung und sein Selbstverständnis als Kriegerkaste waren angesichts der Massenheere und der damit verbundenen neuen Kriegstechniken obsolet geworden; dafür eröffnete sich ihm aber die Möglichkeit, über die Verwaltungsmittel des sich allmählich konsolidierenden modernen Staates zu gebieten[28]. Ja, erst der gesamtstaatliche Rahmen, auf den er sich als eine vorwiegend mit höfischen Repräsentationsaufgaben betraute Schicht verwiesen sah, schuf die Voraussetzungen für seinen Aufstieg zu einer wahrhaft politischen Elite[29].

Daß der Adel innerhalb kürzester Zeit den Wandel von einer ländlichen Grundbesitzerschicht hin zu einer überwiegend städtischen, humanistisch gebildeten und in Justiz und Verwaltung tätigen Herrschaftselite vollziehen konnte, verdankt er jedoch in erster Linie nicht seinen Feudalprivilegien, sondern dem, freilich auf deren Grundlage, erworbenen Reichtum. Denn ein durchgegliedertes staatliches Finanzwesen war noch nicht vorhanden[30]. Eine ganze Reihe ständischer Steuerprivilegien behauptete sich noch hartnäckig bis ins 18. Jahrhundert hinein; und – sieht man von Frankreich, Österreich und auch Preußen ab – fehlte es dem europäischen Absolutismus eigentlich bis an die Schwelle des Revolutionszeitalters an einem leistungsfähigen Verwaltungsapparat. Vor allem in den Territorien der spanischen Monarchie beruhte deshalb der Staatskredit fast ausschließlich auf dem Ämterkauf. Der den Grundbesitz monopolisierende Adel konnte unter diesen Bedingungen als wichtigster Gläubiger des monarchischen Staates aufzutreten. Auf diese Weise gelang es ihm, einen sich selbst in Gang haltenden Kreislauf von sozialen Privilegien, Geldreichtum und politischer Macht herzustellen[31]. Die Feudalprivilegien waren zwar ihrer politischen

---

[27] Zum Ämterkauf in Frankreich grundlegend *R. Mousnier*, La venalité des offices sous Henri IV et Louis XIII, 2. Aufl., Paris 1971.

[28] Vgl. hierzu *J.A. Maravall*, Poder, honor y élites en el siglo XVII, Madrid 1979, S. 201 ff.

[29] Hierzu immer noch unverzichtbar *N. Elias*, Die höfische Gesellschaft. Untersuchungen zur Soziologie des Königtums und der höfischen Aristokratie, Neuwied 1969; vgl. auch *H. Ehalt*, Ausdrucksformen absolutistischer Herrschaft. Der Wiener Hof im 17. und 18. Jahrhundert, München 1980.

[30] Zum Verhältnis von vorkapitalistischer Wirtschaft und modernem Staat vgl., unter besonderer Berücksichtigung Spaniens, *J.A. Maravall*, Estado moderno, 2, S. 57 ff.

[31] Vgl. *J.A. Maravall*, Poder, S. 218-219: „Si fue posible, a través de los primeros siglos del Estado moderno, el doble fenomeno de que los nobles, sin dejar de articularse con la sobernìa real, non dejaran tampoco de dominar sobre aquél, aconteciò asì por la

Inhalte weitgehend beraubt worden, aber sie sicherten dem Adel weiterhin einen Großteil des landwirtschaftlichen Profits. Die auf den Gütern erwirtschafteten Gewinne flossen vielfach unmittelbar in den Erwerb von Justiz- oder Steuerämtern.

Auf dem Weg von der Kriegerkaste zum Staatsstand wandelte der Adel sich allerdings nicht zu einer rein kommerziellen Schicht; vielmehr verstärkte sich im 17. Jahrhundert noch sein Bedürfnis nach Abgrenzung gegenüber den aufstrebenden Handels- und Gewerbeschichten[32]. Auch reichte finanzieller Reichtum allein zum Aufstieg in die Sphäre politischer Macht nicht aus. Zwar gelang es einer immer größeren Zahl von reich gewordenen Kaufleuten und Manufakturisten, sich durch Ämterkauf unter die Justiz- und Verwaltungselite zu mischen. Diesen Aufstiegsmanövern gingen aber fast ausnahmslos die Heirat mit der Angehörigen einer fest etablierten Adelsfamilie oder zumindest der Kauf eines Guts und eines Adelsprädikats voraus. Erst dem mit adeligem Dekor[33] versehenen Reichtum, der seinen kommerziellen Ursprung gleichsam abgeworfen hatte, standen die Türen zur politischen Macht offen. In dem Maße jedoch, wie der Adel seine soziale Existenz auf eine neue Grundlage stellte, bedurfte er auch neuer Rechtsgarantien; denn die ständischen Vorrechte deckten nur die Grundherrschaft ab, aber nicht die Anrechte auf die erworbenen Ämter und die daraus fließenden Renditen. Für die Fest- und Sicherstellung der neuen Staatsprivilegien war der Adel deshalb auf die in den großen Gerichtshöfen tätigen Juristen angewiesen.

Im Königreich Neapel erstreckte sich der Ämterkauf ausnahmslos auf alle Zweige und auf alle Ebenen der Verwaltung; auch bekam der Staat jährlich neue Ämter hinzu, weil sich die Zahl der Antragsteller ständig erhöhte. Diese Praxis wurde von den spanischen Machthabern nach Kräften unterstützt, denn sie ermöglichte es, aus dem neapolitanischen Staat einen vorausberechenbaren Steuererlös zu ziehen[34]. Die Förderung des Ämterkaufs hatte aber darüber hinaus handfeste politische Gründe: Indem der Madrider Hof die Stabilität des politischen Systems zur Voraussetzung spekulativer Kapitalgewinne erhob, si-

---

acumulaciòn de riqueza y la alianza de los ricos, lo cual les permitiò mantener la reserva a su favor de la mayor parte de las plazas de los colegios universitarios y de la Administraciòn, a la par que su posiciòn en aquéllos y en ésta fortalecìa sus recursos ecnòmicos. Pienso que, en fin de cuentas, su poder econòmico era la base principal en la formaciòn de esa élite dirigente, porque con él podìan adquirir los otros puestos".

[32] Zum sozialen Selbstverständnis des italienischen Adels in jener Zeit des Umbruchs vgl. *C. Donati*, L'idea di nobiltà in Italia. Secoli XIV-XVIII, Bari 1988, S. 290-314.

[33] Zur adeligen Ideologie der *honnêté* vgl. *J.-P. Dens*, L'honnête homme et la critique du goût. Esthétique et societé au XVIIe siècle, Lexington 1981; vgl. auch *A. Höfer / R. Reichardt*, Honnête homme, Honnêté, Honnêtes gens, in: *R. Reichardt / E. Schmitt* (Hrsg.), Handbuch politisch-sozialer Grundbegriffe in Frankreich 1680-1820, München 1986, S. 7-73.

[34] Zur spanischen Herrschaft in Neapel vgl. allgemein *G. Galasso*, Napoli spagnola dopo Masaniello. Politica, cultura, società, Napoli 1972.

cherte er sich die Unterstützung der vermögenden Schichten, in erster Linie des an der rechtlichen Absicherung des Ämterkaufs verdienenden *ceto togato*[35]. Das feudale Privilegienwesen stützte in Neapel das parasitäre, auf die spekulative Umsetzung des Staatskredits gegründete Wirtschaftsgefüge. Ja, man kann sagen, daß die ständischen *iura et libertates* im Übergang vom 17. zum 18. Jahrhundert einen regelrechten kommerziellen Kurs erhielten.

Insofern darf der *giurisdizionalismo*, die rechtshistorisch akzentuierte Forderung nach Abschaffung der baronalen Privilegien und kirchlichen Immunitäten und nach Befestigung der territorialstaatlichen Vollsouvernität nach innen wie nach außen, durchaus als Vorstufe der ökonomischen Aufklärung gelten[36]. Und erweitert man den Gesichtspunkt auf das gesamte 18. Jahrhundert, wird deutlich, daß durch die für Neapels aufklärerisches Klima kennzeichnende Verschränkung von kartesianischem Aristotelismus, Naturrechtsdenken, englischem Deismus und Newtonscher Physik in der Tat eine Wendung vom humanistisch-rhetorischen Wissensideal hin zur pragmatisch-sozialreformerischen Wissenschaftskonzeption eingeleitet worden ist. Auch fehlte es nicht an politischer Anerkennung für die aufklärerischen Reformziele. So stimmte der Staat 1754 der Einrichtung eines Antonio Genovesi zugedachten Lehrstuhls für „Scienza del commercio" zu[37]. Aber der Einfluß der Intellektuellen auf die absolutistische Regierung – überhaupt das große Thema der europäischen Aufklärungsbewegung – blieb sporadisch. Genovesi, dessen ökonomische Schriften in den Kreisen der höheren Staatsverwaltung gelesen wurden und europäischen Ruf erlangten[38], meinte dazu resigniert:

> „È vero che non so per quale funesto destino l'uomo di lettere non è sempre ammesso a discutere i grandi interessi dello Stato alla presenza de' principi ... Il libero filosofo non può far altro che confidare la sua anima ad alcuni scritti, interpreti muti de' suoi sentimenti. Ma si può sperare in un secolo, nel quale lo spirito di lettura non è incompatibile collo spirito di sovranità, ed in un secolo, nel quale il corso rapido della immaginazione non vien trattenuto dagli ostacoli che il dispotismo si suole opporre"[39].

---

[35] So *R. Ajello*, Arcana juris, S. 481.

[36] Ebd., S. 318 ff.

[37] Zum kulturellen und politischen Umfeld der neapolitanischen Ökonomik vgl. *F. Venturi*, La Napoli di Antonio Genovesi, in: *ders.*, Settecento riformatore. Da Muratori a Beccaria, 2. Aufl., Torino 1969, S. 523-644.

[38] Zu Genovesi, der ab Mitte des 18. Jahrhunderts zentralen Figur in der neapolitanischen Aufklärungsbewegung, vgl. aus der umfangreichen Literatur *F. Venturi*, La Napoli; *P. Zambelli*, La formazione filosofica di Antonio Genovesi, Napoli 1973; *G. Galasso*, Il pensiero religioso di Antonio Genovesi sowie *ders.*, Il pensiero economico di Antonio Genovesi, beide nunmehr in: *ders.*, La filosofia, S. 369-499 bzw. 401-429; *R. Villari*, Antonio Genovesi e la ricerca delle forze motrici dello sviluppo storico, in: Studi storici, 1 (1970), nunmehr in: *ders.*, Ribelli e riformatori, Roma 1979; *F. Arata*, Antonio Genovesi. Una proposta di morale illuminista, Padova 1978; *E. Pii*, Antonio Genovesi dalla politica economica alla politica „civile", Firenze 1984.

[39] A. Genovesi, zit. nach *G. Galasso*, La filosofia, S. 33.

Und noch der am Ausgang der neapolitanischen Aufklärung stehende Gaetano Filangieri[40] sah in dem Bündnis zwischen monarchischem Staat und politischer Intelligenz die entscheidende Voraussetzung für eine umfassende Reform des überkommenen Sozialgefüges:

> „La gloria dell'uomo che scrive è di preparare i materiali utili a coloro che governano. I principi non hanno il tempo di istruirsi ... Essi debbono confidare ad altri la cura di cercare i mezzi propri per facilitare le utili intraprese. A' ministri della verità, a pacifici filosofi si appartiene dunque questo sacro ministero“[41].

Eigentümlicher Grundzug der neapolitanischen Aufklärung sind in der Tat der reformerische Wirkungswille, die dezidierte Praxisbezogenheit des juristischen, naturwissenschaftlichen und ökonomischen Schrifttums. Im Unterschied etwa zur Aufklärungsbewegung in den protestantischen Territorien des Alten Reichs beschränkte man sich nicht darauf, kulturelle Freiheit vom Staat zu fordern[42], sondern strebte einen vollständigen Umbau des überkommenen Sozialgefüges an. Freilich war schon Anfang des 18. Jahrhunderts die Staatsbildung in der protestantischen Kultursphäre ungleich weiter fortgeschritten. Durch Verstaatlichung des Kirchenwesens, Entpolitisierung des Adels und fortschreitende Zentralisierung aller territorialen Ressourcen war der monarchische Absolutismus hier bereits im Begriff, die Bedingungen für die Entstehung einer tendenziell säkularisierten und dekorporierten Sozialordnung zu schaffen[43]. In dem durch den lähmenden Dualismus von Staat und Kirche geprägten *Regno di Napoli* entwikkelte erst eine von außerständischen Intellektuellen, kirchenfeindlichen Teilen des Juristenstandes und Vertretern des monarchischen Zentralismus getragene aufklärerische Gegenkultur theoretische Instanzen, die auf eine Überwindung der parasitären neapolitanischen Privilegiengesellschaft zielten. Der Ausbau zentralstaatlicher, aus dem Ständegefüge herausgehobener Verwaltungs- und Justizstrukturen und die punktuelle Schaffung wirtschaftlicher Freiräume – vornehmlich in den protestantischen Monarchien Kernpunkte der Staatsräson[44] – waren in Neapel nicht nur politisches, sondern gleichzeitig auch kulturelles Programm

---

[40] Zu Filangieri vgl. *S. Cotta*, Filangieri e la scienza di governo, Torino 1954 und *M. Maestro*, Filangieri and his „Science of Legislation“, Philadelphia 1976. Zur Rezeption in Deutschland: *P. Becchi*, Vico e Filangieri in Germania, Napoli 1986.

[41] Zit. nach *G. Galasso*, La filosofia, S. 33.

[42] Kennzeichnend für die aufklärerische Tendenz, eher Freiheit vom als Sicherheit gegen den Staat zu fordern, sind z.B. die frühbürgerlichen Vereine: vgl. hierzu etwa *Th. Nipperdey*, Verein als soziale Struktur in Deutschland im späten 18. und frühen 19. Jahrhundert. Eine Fallstudie zur Modernisierung, I, in: *ders.*, Gesellschaft, Kultur, Theorie. Gesammelte Aufsätze zur neueren Geschichte, Göttingen 1976, S. 174-205 und *W. Hardtwig*, Politische Gesellschaft und Verein zwischen aufgeklärtem Absolutismus und der Grundrechtserklärung der Frankfurter Paulskirche, in: *G. Birtsch* (Hrsg.), Grund- und Freiheitsrechte vom Ausgang des Mittelalters bis zur Revolution von 1848, Göttingen 1981, S. 336-358.

[43] Vgl. die Darstellung in: Staatsbildung und ökonomische Freiheitsrechte in Deutschland im 18. Jahrhundert, in diesem Band.

[44] Dies gilt vor allem für Preußen; vgl. den Aufsatz „Merkantilismus und Eigennutz in Preußen 1740-1786“, in diesem Band.

einer auf der Höhe des europäischen Aufklärungsdiskurses stehenden patriotischen Reformbewegung.

## 2. Das Verfassungsgefüge des neapolitanischen Staates: Kirche, Adel und Juristen

Von Montesquieu stammt das Wort, der König von Spanien habe „abaissé la noblesse napolitaine en élevant la Magistrature“[45]. Die Anfang des 18. Jahrhunderts unangefochtene soziale und politische Überlegenheit des *ceto togato* beeindruckte ihn so sehr, daß er sie auf ein strategisches Manöver der monarchischen Gewalt zurückführen zu müssen glaubte. Und erklärend fügte er hinzu: „Les magistrats, payés par le Roi, dépendoient de lui, et les nobles, dépendoient d'eux“[46]. Dies war zwar nur bedingt richtig, denn die Gerichtshöfe finanzierten sich größtenteils selbst und stellten in jeder Hinsicht autonome Institutionen dar[47]; aber die untergeordnete Rolle des Adels hat Montesquieu durchaus richtig gesehen. Die Geringschätzung der einheimischen *nobiltà* durch die spanischen Machthaber spiegelte in gewisser Weise deren politische Funktionslosigeit wider: Da das neapolitanische Reich kein handlungsfähiges völkerrechtliches Subjekt darstellte und sich gegenüber Spanien auch in einem wirtschaftlichen Abhängigkeitsverhältnis befand, waren die Voraussetzungen für die Schaffung eines stehenden Heeres von vornherein nicht gegeben. Die militärische Sicherheit der neapolitanischen Territorien beruhte das ganze 18. Jahrhundert hindurch auf den diplomatischen Absprachen zwischen den beteiligten europäischen

[45] *Montesquieu*, Voyage de Gratz à la Haye, I: Italie, VIII: Royaume de Naples, in: Oeuvres complètes, 1, Paris 1949, S. 722, zit. nach *R. Ajello*, Potere ministeriale, S. 451.

[46] Ebd., S. 351 Anm. 1.

[47] Die Stellung der Gerichtshöfe wurde über die territorialen Grenzen hinweg anerkannt. Ebenso wie der Adel und die katholische Geistlichkeit unterhielten etwa die französischen Parlamente, die florentinische und die römische Rota, der Senat von Mailand, von Mantua, von Turin und Savoyen und das Sacro Regio Consiglio von Neapel Beziehungen untereinander. Die Gerichtshöfe trugen zur Ausprägung der für das Ancien Régime typischen Sozial- und Mentalitätsstrukturen entscheidend bei. Die moralistisch-formaljuristische Sicht der altständischen Sozialordnung wurde erst mit dem Aufkommen des englisch-niederländischen Sozialmodells frühkapitalistischer Prägung in Frage gestellt. Bis dahin war der von den großen Gerichtshöfen formulierte Ordnungsentwurf einer auf dem *ius commune* fußenden Sozialordnung bestimmend gewesen: juristische Normen, Institutionen und Lehren, die durch eine unanfechtbare Tradition abgesichert waren und durch eine breite, überall in Europa gelesene und anerkannte wissenschaftliche Publizistik abgesichert wurden; vgl. hierzu *G. Gorla*, I grandi tribunali italiani fra i secoli XVI e XIX: un capitolo incompiuto della storia politico-giuridica d'Italia, in: Quaderni del Foro italico, 1969, S. 629-668; *ders.*, I tribunali supremi degli Stati italiani fra i secoli XVI e XIX quali fattori della unificazione del diritto nello Stato e della sua uniformazione fra Stati, in: La formazione storica del diritto moderno in Europa, 1, Firenze 1977, S. 447-532; *K.W. Nörr*, Ein Kapitel aus der Geschichte der Rechtssprechung: Die Rota Romana, in: Ius commune, V (1975), S. 192-209 sowie zusammenfassend *M. Ascheri*, Italien, in: Handbuch der Quellen und Literatur der neueren europäischen Privatrechtsgeschichte, 2: Neuere Zeit (1500-1800), Teil 2, München 1976, S. 1113-1221.

Mächten[48]. Sie auf eine eigenständige Grundlage zu stellen, hätte deshalb die Aufhebung des dynastischen Kräftegleichgewichts auf dem Kontinent bedeutet. Überdies fehlte es an finanziellen Mitteln. Die Spanier hatten im 17. Jahrhundert auf den Aufbau eines straff organisierten Finanz- und Steuerwesens verzichtet und sich darauf beschränkt, die aus dem Ämterkauf resultierenden Einnahmen aus dem süditalienischen Reich abzuziehen.

Der Adel sah sich damit seiner natürlichen sozialen Bestimmung, die Verteidigung des Territoriums zu gewährleisten, beraubt. Eine Streitschrift des Fürsten von Chiusano, Tiberio Carafa, dem langjährigen Haupt des neapolitanischen Stadtadels, vermittelt anschaulich die Ressentiments der alten, nunmehr orientierungslosen Schichten:

> „Con iscandaloso ed orgoglioso disordine oggi i Napoletani Cavalieri e Baroni si vedon rimossi da qualunque onesto impiego militare e politico, e vulnerati quasi in tutti i loro privilegi ed anzi con onta e sdegno riguardano avviliti e spreggevoli fin anco que' speciosi titoli, onde per l'addietro andavano adorni, ed alteri ..."[49].

Und Carafa schließt mit der Forderung nach einer Rechtskodifizierung, die auch die adeligen Gerechtsamen verbürgen und der Willkür des *ceto togato* Schranken setzen soll[50]. Ohne die Entschädigung einer herausragenden Stellung im monarchischen Militär- und Verwaltungsdienst geblieben, konnte der Adel seinen sozialen Niedergang nur als Verschwörung der aufgestiegenen Schichten, Juristen und Großkaufleute, begreifen. Da es an einer wirklich absolutistischen Gewalt und dementsprechend an einer alle wichtigen sozialen Beziehungen im Staat zentralisierenden Hofgesellschaft fehlte, gelang es ihm nicht, sich durch Ämterkauf alle Schlüsselstellen der politischen Macht zu sichern.

Dabei darf jedoch nicht übersehen werden, daß er selbst ein vielschichtiges soziales Gebilde darstellte. Da war zunächst der Adel spanischen Ursprungs, der, seit Anfang des 16. Jahrhunderts in Neapel ansässig[51], die Spitzen der wich-

---

48 Vgl. zur Außenpolitik des Staatsministers Tanucci zwischen 1730 und 1766 *L. Auer*, Tanucci e le relazioni diplomatiche fra l'Austria e il regno di Napoli, in: *R. Ajello / M. D'Addio* (Hrsg.), Bernardo Tanucci statista, letterato, giurista, 1, Napoli 1986, S. 239-258; *A.V. Migliorini*, Le successioni borboniche a Napoli e a Parma, ebd., S. 277-296; *S. Lollini*, Tanucci e la neutralità napoletana: la mancata adesione al Patto di famiglia, ebd., S. 297-312.

49 *E. Ajello*, Potere ministeriale, S. 468-469. Die Schuld daran wird den obersten Gerichtshöfen gegeben, deren Mitglieder niederer Herkunft seien und ihre Ämter erkauft hätten: „... mostruosità non meno scandalosa è quella dell'osservarsi in Napoli che ancora il Supremo Magistrato, detto Collateral Consiglio, ove le maggior bisogna dello Stato si giudicano, esser composto al dì presente della peggior feccia della plebe, e quali tutti o quasi tutti avendo comprato a denari contanti le cariche, vendono con la giustizia le loro coscienze, et l'onore".

50 Ebd., S. 469-470.

51 Zur Ansiedlung des vermögenden spanischen Landadels in der Stadt im Laufe des 16. Jahrhunderts und dessen ökonomischer und architektonischer Etablierung vgl. *G. Labrot*, Le comportement collectif de l'aristocratie napolitaine du seizième au dix-huitième siècle, in: Revue historique, 257 (1977), S. 45-71; vgl. auch *ders.*, Baroni in città. Residenze e comportamenti dell'aristocrazia napoletana 1530-1734, Napoli 1979.

tigsten Gerichtshöfe besetzt hielt. Daneben gab es den alten Stadtadel, der sich im munizipalen Verwaltungsgefüge festgesetzt hatte und die politischen Vertretungen der einzelnen Stadtteile, die sogenannten *piazze*, anführte. Die *piazze* wählten die städtische Regierung, die aus fünf Adeligen und einem Volksvertreter, den *eletti*, bestand. Die *eletti* waren Sprecher des Vizekönigs und besaßen im Bereich der Stadt- und Steuerverwaltung und der öffentlichen Sicherheit weitreichende Kompetenzen[52]. Groß war überdies der Einfluß der *nobiltà di piazza* auf die öffentliche Getreidemagazinierung, die *annona*, und ihr gerichtliches Organ, das „Tribunale di S. Lorenzo"[53]. Aufgrund des demographischen Übergewichts der Stadt war das Gericht in der Lage, das Preisgefüge auf den wichtigsten Getreideumschlagplätzen des Reiches zu beeinflussen. Die Politik der *annona* lief dabei durchweg auf ein Drücken der Preise in den getreideproduzierenden Provinzen und damit auf die Aufrechterhaltung der Preisschere zwischen Stadt und Land hinaus[54]. Die niedrigen Einkaufspreise kamen jedoch nicht der neapolitanischen Bevölkerung zugute, denn die *annona* verfügte nicht über ein landesweites Netz von Getreidespeichern. Vielmehr übernahmen private Kaufleute den Ankauf für die öffentlichen Magazine[55]. Da sie sich dabei der amtlichen Preiskontrollinstrumente und der für die öffentliche Versorgung geltenden Steuerprivilegien bedienen konnten, waren die Gewinnmargen gesichert. Hinzu kam, daß die *annona* den Kaufleuten Preise zahlte, die weit über dem Marktdurchschnitt lagen. Diese institutionell abgesicherte Vorrangstellung ermöglichte einer sozial eng begrenzten Schicht, den gesamten Getreidehandel des Reiches zu monopolisieren[56].

Zu diesem Kreis von Großspekulanten gehörten einflußreiche Mitglieder des *ceto togato* ebenso wie Großkaufleute und Vertreter des alten Adels. Letzterer darf aber auch in diesem Zusammenhang nicht als einheitliche Interessengruppe gesehen werden. Denn der in Neapel politisch vertretene Adel, die *nobiltà*

---

[52] Vgl. hierzu *G. Muto*, Gestione del potere e classi sociali nel mezzogiorno spagnolo, in: *A. Tagliaferri* (Hrsg.), I ceti dirigenti in Italia in età moderna e contemporanea, Udine 1984, S. 297 f. Ferner *D. Carpanetto / G. Ricuperati*, L'Italia del Settecento, S. 82.

[53] Vgl. für den Zeitraum der habsburgischen Herrschaft *A. Di Vittorio*, Gli austriaci e il Regno di Napoli 1707-1734. Ideologia e politica di sviluppo, Napoli 1973, S. 432 ff.

[54] Grundlegend hierzu *P. Macry*, Mercato e società nel Regno di Napoli. Commercio del grano e politica economica nel Settecento, Napoli 1974, S. 15. Der auf den Getreideumschlagplätzen des Reichs, Foggia, Taranto, Barletta, übliche mündliche Kaufvertrag, *la voce*, sicherte dem Agrarhändler gegenüber dem Produzenten entscheidende Vorteile. Da die Vereinbarungen nie im Herbst-Winter abgeschlossen wurden, wenn die Preise am höchsten standen, sondern nach der Ernte, konnten die Kaufleute das Preisgefälle zwischen dem Zeitpunkt der Kreditverleihung an die Produzenten und dem der Zurückzahlung in Naturalien nutzen. Dieses Vertragsverhältnis spiegelte freilich nur das soziale Ungleichgewicht zwischen kleineren und mittleren Produzenten und den mit dem neapolitanischen Stadtadel verbündeten Großkaufleuten wider.

[55] Vgl. das Gegenbeispiel Preußen in: Merkantilismus und Eigennutz in Preußens 1740-1786, in diesem Band.

[56] *P. Macry*, Mercato e società, S. 325. Zur stark manipulierten Preisentwicklung auf dem neapolitanischen Agrarmarkt im 17. und 18. Jahrhundert vgl. *A. Lepre*, Storia del Mezzogiorno und *R. Romano*, Napoli: dal Viceregno al Regno, S. 197-238.

*di seggio*, betätigte sich nicht in der Agrarproduktion, sondern zog seine Gewinne aus der spekulativen Manipulierung des Getreidehandels, d.h. aus der künstlichen Aufrechterhaltung der Preisdiskrepanz zwischen ländlicher Produktion und städtischem Konsum. Der Stadtadel war also ganz wesentlich an niedrigen Verkaufspreisen auf den einzelnen territorialen Märkten des Reiches interessiert[57]. Der Landadel versuchte demgegenüber, die Getreidemengen niedrig und den Preis hoch zu halten. So wurden in günstigen Erntejahren Überschüsse zurückgehalten oder nach Übersee verschifft. Freilich waren die adeligen Produzenten, entgegen aller lautstark bekundeten Vorbehalte gegen die Kaufmannschaft, selber kräftig im Handel engagiert, so daß sie die im Verkauf erlittenen Verluste durch Spekulations- und Exportgeschäfte leicht wettmachen konnten. Entsprechend zahlreich waren auch die sozialen Querverbindungen zur Großkaufmannschaft, die früh die Vorteile einer direkten Kontrolle der Getreideproduktion erkannte und sich durch Heirat oder durch Grund- und Titelerwerb Eingang in die adeligen Kreise zu verschaffen wußte[58].

Aber auch die *nobiltà di seggio*, der neapolitanische Stadtadel, war längst keine sozial abgeschlossene Schicht mehr. Da er seinen Reichtum wesentlich aus den Ämterrenditen und aus der Handels- und Kapitalspekulation zog, unterhielt er enge Beziehungen zum *ceto togato* und zu den *monopolisti*[59]. Die Juristen lieferten dem Adel, aber auch den Kaufleuten, die zur Sicherung ihrer Monopolstellung notwendigen Rechtsgarantien. Denn hinter der *annona* stand keine wirklich effektive monarchische Policeygewalt; die Anerkennung der von den Monopolisten vorgenommenen Preisdiktate beruhte daher auf dem Prestige der Gerichtshöfe, deren Rechtssprechung die kommerziellen Interessen zu Lasten der Produzenten deckte[60].

Ein bezeichnendes Beispiel für die vom *ceto togato* geleistete ökonomische Rechtsgarantie ist der Güterkauf. Zwar stand er formal allen Ständen frei; aber nur wer über Druckmittel verfügte, um seine Herrschaftsrechte auch tatsächlich durchzusetzen, konnte einen solchen Erwerb wagen. Denn vor allem in den

---

57 Hierzu ausführlich *P. Macry*, Mercato e società, S. 338 f.

58 Vgl. *A. Di Vittorio*, Interventi economici e ceto dirigente nel mezzogiorno in età viceregnale (con particolare riferimento al periodo „austriaco"), in: *A. Tagliaferri*, I ceti dirigenti, S. 259-276.

59 Das Übergewicht der *togati* und die steigende Bedeutung der Handelsschichten zeichnet sich bereits in der ersten Hälfte des 17. Jahrhunderts ab. So unterscheidet etwa *G.C. Capaccio*, Il Forastiero, Napoli 1634, S. 783, zit. nach *G. Muto*, Gestione del potere, S. 296 deutlich zwischen „gentil'homini", „persone stimate di tribunali, dottori, magistrati" (che ponno comandare alla nobiltà) sowie „mercanti e commercianti". Diese Stände werden nicht mehr als unterschiedliche *ordines* eines politischen *corpus* begriffen, sondern als drei „qualità di popolo", d.h. als im Prinzip durchlässige soziale Schichten.

60 Zum Aufstieg des *ceto togato* im 17. Jahrhundert grundlegend *P.L. Rovito*, Respublica dei togati. Giuristi e società nella Napoli del Seicento, 1: Le garanzie giuridiche, Napoli 1981; vgl. auch *S. Mastellone*, Pensiero politico sowie die Hinweise in: *R. Colapietra*, Vita pubblica e classi politiche del viceregno spagnolo (1656-1734), Roma 1961, S. 85-118 sowie in: *V.I. Comparato*, Uffici e società a Napoli (1600-1647). Aspetti dell'ideologia del magistrato nell'età moderna, Firenze 1974.

abgelegeneren Provinzen Kalabriens und Siziliens wurden die baronalen Rechte nicht selten von Vasallen und benachbarten Gutsherren auch mit Waffengewalt angefochten[61]. Der bedeutendste Jurist Neapels im ausgehenden 17. Jahrhundert, Francesco D'Andrea, beschreibt bündig die Situation: „Nel nostro regno, se il barone non è tiranno de' vassalli, i vassalli vogliono essere tiranni dei baroni"[62]. Dem neu Etablierten standen nach Meinung D'Andreas nur zwei Möglichkeiten offen: Entweder er war selber in der Lage, sich durch Anwendung von Gewalt seine Rechte zu verschaffen, oder er unterhielt – sofern das Gut nicht zu weit von Neapel entfernt lag – enge Beziehungen zu den Gerichtshöfen.

Nur wer persönliche Kontakte zu den *ministri*, also zu den Spitzen der Justizorgane, besaß, konnte sich sicher sein, daß seine erworbenen und verbrieften Rechte nicht auf dem Papier blieben, sondern faktischen Rechtsschutz genossen. Und dies galt tendenziell für die alten Privilegien ebenso wie für die auf kommerziellem Wege erworbenen Rechte[63]. Denn der Adel war von sich aus nicht mehr herrschaftsfähig. Er bedurfte selbst zur Bewahrung seiner angestammten *iura et libertates* und vor allem zur Mehrung seines Vermögens der Unterstützung anderer Schichten. Diesem Zwang konnte sich auch die *nobiltà di seggio* nicht entziehen; sie repräsentierte seit 1642, als zum letzten Mal die Ständeversammlung einberufen worden war, den gesamten Adel des Reiches. In dem Maße, wie sie ihre Ämter und ihr Vermögen in spekulative Handelsgeschäfte einbrachte, war sie gezwungen, ihre soziale Vorrangstellung mit den *togati* und den aufstrebenden Handelsleuten zu teilen. Vertretern aus beiden Schichten gelang es denn auch zunehmend, in die Reihen des Stadtadels einzuheiraten. Vor allem herausragende, vielfach aus dem Nichts aufgestiegene *togati* verschwägerten sich nicht selten mit den alten Familien spanischen Ursprungs[64].

Gänzlich ohne Bezug zu politischen Ämtern war jedoch der Landadel, die *nobiltà fuori seggio*. Die Liberalisierung des Güterkaufs und die vom Hof aus einleuchtenden Gründen freizügig gehandhabte Verleihung von Adelsprädikaten hatten deren soziales Prestige nachhaltig erschüttert. Sofern sie nicht als Agrarproduzenten und Großspekulanten Verbindungen zu den führenden Kreisen der Hauptstadt unterhielten, besaßen die Landadeligen keine Möglichkeit,

---

[61] So *R. Ajello*, Potere ministeriale, S. 477.

[62] *F. D'Andrea*, Avvertimenti ai nipoti, in: *N. Cortese*, i ricordi di un avvocato napoletano del Seicento, Francesco D'Andrea, Napoli 1923, S. 206. Zur politischen Bedeutung D'Andreas vgl. *B. De Giovanni*, Filosofia e diritto in: *F. D'Andrea*, Contributo alla storia del previchismo, Milano 1958; *S. Mastellone*, Francesco D'Andrea politico e giurista (1648-1698). L'ascesa del ceto civile, Firenze 1969; *R. Colapietra*, L'amabile fierezza di F. D'Andrea. Il Seicento napoletano nel carteggio con Gian Andrea Doria, Milano 1981.

[63] Vgl. *R. Ajello*, Potere ministeriale, S. 478 f.

[64] Dennoch scheinen wenigstens die großen Adelsfamilien Neapels bis Mitte des 18. Jahrhunderts unter sich geblieben zu sein: vgl. *M.A. Visceglia*, Linee per uno studio unitario dei testamenti e dei contratti matrimoniali dell'aristocrazia feudale napoletana tra fine Quattrocento e Settecento, in: Mélanges de l'École Française de Rome, 1983, S. 56, zit. nach *G. Muto*, Gestione del potere, S. 291, Anm. 12.

in die *nobiltà di seggio* aufgenommen zu werden. Sie waren fortan politisch deklassiert und wurden zum *popolo* gerechnet. Francesco D'Andrea bezeichnete sie in machiavellistischen Wendungen als so gut wie nicht existent, denn sie besäßen selber keinerlei Gewicht, lehnten dabei aber Bündnisse mit dem Volk aus unzeitgemäßen sozialen Vorurteilen ab. Deshalb würden sie behandelt, „come ne anche fussero nel mondo, perché in nessuna cosa pensano aver di bisogno, ed il bisogno solo che si potrà avere da un altro il potrà rendere considerabile"[65].

Das Vorrecht auf Grundbesitz hatte der Adel bereits Anfang des 18. Jahrhunderts verloren. So bemerkt der Zeitgenosse Giovanni Pallante: „Oggi i feudi par che abbiano mutato natura ... chi ha denari compra feudi ed è Barone"[66]. Vor allem erfolgreiche *togati* strebten den Erwerb eines Feudalgutes und eines Adelstitels an, um sich den Eintritt in eine der adeligen *piazze* zu erleichtern. Umsonst schärfte Francesco D'Andrea in seinen „Avvertimenti ai nipoti" Richtern und Anwälten ein, an der *dignità* und *autonomia* des Juristenstandes festzuhalten[67]; zur *nobiltà di piazza* gerechnet zu werden, blieb das soziale Hauptziel der Juristen. In der Tat bot der Feudalbesitz noch das gesamte 18. Jahrhundert hindurch beträchtliche wirtschaftliche Vorteile. Neben umfangreichen steuerlichen Exemptionen machten die Feudalherren ihr Recht geltend, die Produkte ihrer Güter an die Vasallen zu beliebigen Preisen zu verkaufen. Darüber hinaus wurden sie bei der Belieferung der Städte bevorzugt[68].

Den Hauptgewinn aber zogen die Barone aus der Verpachtung der Patrimonialjustiz. Die Rechtssprechung wurde sogenannten *governatori* übertragen, die aus den unteren Schichten stammten, ohne juristische Vorbildung waren und keinerlei Entgeld erhielten. Zwar schrieb ein Gesetz die ordnungsgemäße Bezahlung der Justizhilfskräfte vor, aber naturgemäß dachten die Betroffenen nicht daran, ihre Rechte einzuklagen[69]. Die *governatori* zogen es vor, sich durch Erpressung und allerlei Tauschhändel schadlos zu halten: Durch Zahlung einer mäßigen Summe konnten sich die Beklagten in der Regel von ihrer Strafe freikaufen. Die wichtigste Einnahmequelle stellten in diesem Zusammenhang die *composizioni* und *transazioni* dar, die allerdings von den *governatori* lediglich für die Feudalherren eingetrieben wurden. Gestanden die Beklagten das Delikt und erklärten sie sich bereit zu zahlen, wurde das Strafmaß herabgesetzt oder, im Falle eines Kapitalverbrechens, ein weniger gravierender Straftatbestand in die Prozeßakte eingetragen. Oft kam es hierbei zu eklatanten Rechtsbeugungen: Die *governatori* ließen auch Unschuldige verhaften und hielten sie solange fest,

---

[65] *F. D'Andrea*, Avvertimenti, S. 170-171, zit. nach *R. Ajello*, Potere ministeriale, S. 494.

[66] Zit. nach *R. Ajello*, Il problema della riforma giudiziaria e legislativa nel regno di Napoli durante la prima metà del secolo XVIII, 1: La vita giudiziaria, Napoli 1961, S. 103.

[67] Ebd.

[68] Vgl. hierzu *A. Lepre*, Feudi e masserie. Problemi della società meridionale nel Sei e Settecento, Napoli 1973, S. 33-50.

[69] Hierzu grundlegend *R. Ajello*, Il problema, S. 114.

bis sie ein fiktives Schuldgeständnis und eine Geldsumme von ihnen erpreßt hatten[70].

Der Staat unternahm unter der Regierung Karls IV. verschiedentlich den Versuch, in die Patrimonialgerichtsbarkeit ordnend einzugreifen[71]. Aber den einschlägigen verordnungsrechtlichen Reskripten hielt der oberste Gerichtshof, die „Regia Camera di Santa Chiara", durchweg die älteren, zugunsten des Landadels ergangenen königlichen Gesetzeserlasse entgegen. Die Gründe liegen auf der Hand. Da der *ceto togato* selbst am Erwerb von Grundbesitz interessiert war und überdies aus der rechtlichen Absicherung erkaufter Privilegien einen nicht unbeträchtlichen Teil seiner beruflichen Einnahmen zog, benutzte er die von der *doctrina juris* bereitgestellten Interpretationsmittel, um die Wirkung der königlichen Verordnungen praktisch auszusetzen. Die Ausblendung der monarchischen Gesetzgebungstätigkeit durch die Gerichte zwang die Regierung ihrerseits dazu, ihre Verordnungen immerzu zu wiederholen und zu präzisieren; sie produzierte aber auf diese Weise bloß gesetzliche Neuauflagen, die wiederum ins Leere stießen[72].

Zwar war es 1738 gelungen, eine Reform der Patrimonialgerichtsbarkeit zu erlassen; sie sah unter anderem vor, daß die baronalen Justizämter den königlichen Gerichten in regelmäßigen Abständen über die anhängigen Verfahren zu berichten hatten. Der Adel wertete dies jedoch als einen schwerwiegenden Eingriff in seine überkommenen Gerechtsamen und erinnerte den Monarchen wiederholt an die bei der Eroberung des Reiches im 16. Jahrhundert geleisteten Kriegsdienste. Anläßlich des militärischen Erfolges von 1744 hat Karl IV. das Gesetz dann auch tatsächlich zurückgezogen. Aber auch das zweite, nach dem Dynastiewechsel von 1734 ins Auge gefaßte Reformziel, die Zusammenstellung einer einheitlichen Kodifikation aller Landesgesetze, die das römische Recht als primäre Rechtsquelle ersetzen sollte, wurde nicht erreicht. Die 1741 mit der Gesetzessammlung beauftragte Kommission kam nicht voran und hatte 1774 ihre Arbeit noch nicht abgeschlossen[73].

---

[70] Ebd., S. 116.

[71] Zur Reformgesetzgebung Karls IV. vgl. A. *Marongiu*, Carlo di Borbone legislatore, in: *M. Di Pinto* (Hrsg.), I Borbone di Napoli e i Borbone di Spagna. Un bilancio storiografico, 1, Napoli 1985, S. 35-54.

[72] Der oberste Gerichtshof, das Sacro Regio Consiglio, beschränkte sich unter diesen Umständen auf die Mahnung, die Justizprivilegien nicht zu mißbrauchen. In einem kritischen Reskript an die Adresse des Consiglio vom 26. Oktober 1775, zit. nach *R. Ajello*, Il problema, S. 107 heißt es denn auch: „Il re non ignora che nei nostri tribunali, dove si tratta di concussioni, oppressioni e gravezze che dai baroni si impongono violentemente a' sudditi del Re, tutto finisce col decreto di doversene il barone astenere, e con ciò si crede messa in salvo la giustizia, senza castigarsi gli oppressori e senza rifarsi agli oppressi il danno". Vgl. auch *A. Marongiu*, Carlo di Borbone, S. 36 f.

[73] *R. Ajello*, Il problema, S. 39. Zum aufklärerischen Kodifikationsdenken in Italien vgl. *G. D'Amelio*, Illuminismo e scienza del diritto, Milano 1965; *A. Cattaneo*, Illuminismo e legislazione, Milano 1966; *G. Tarello*, Storia della cultura giuridica moderna, I: Assolutismo e codificazione del diritto, Bologna 1976.

Der interessanteste Reformversuch wurde allerdings 1744 im Bereich der Handelsgesetzgebung durch die Schaffung des „Supremo Magistrato di Commercio" unternommen. Das neue Gericht wich in wesentlichen Punkten von der hergebrachten Prozeßordnung ab: Es bediente sich erstmals des Italienischen als Amtssprache und führte ein abgekürztes, dem natürlichen Interesse der Parteien an schnellen Entscheidungen entgegenkommendes Verfahren ein. Auch wurde mit der an den Gerichten im Ancien Régime ausnahmslos geübten Sportelpraxis gebrochen; das Justizpersonal des „Magistrato di Commercio" erhielt einen regulären Sold und durfte bei Strafe keine Drittgelder mehr annehmen.

Was dieses Gericht jedoch zu einem Fremdkörper innerhalb des neapolitanischen Justizwesens machte, war die gemischte Zusammensetzung des Kollegiums: Neben Juristen wurden auch Sachverständige, Kaufleute und Bankiers, mit vollem Strimmrecht hinzugezogen[74]. Der *ceto togato* fürchtete nun um sein Rechtssprechungsmonopol und machte seinen ganzen politischen Einfluß geltend, um den weiteren Ausbau dieses neuen Justizorgans zu verhindern. Die vielfachen Widerstände führten dann tatsächlich 1747 zu einer empfindlichen Einschränkung des Kompetenzbereichs: Das Gericht war von jenem Zeitpunkt an nur noch für den Außenhandel zuständig[75].

Im Zusammenhang mit dem „Supremo Magistrato di Commercio" waren in den Hafenstädten auch zwanzig *consolati marittimi* eingerichtet worden. Sie entschieden in erster Instanz bei rechtlichen Auseinandersetzungen im Bereich des Seehandels. Diese außerordentlichen Justizorgane waren vor allem den Feudalherren ein Dorn im Auge, denn sie entzogen ihrer Gerichtsbarkeit eine Interessensphäre, in die sie selbst in nicht geringem Maße einbezogen waren[76]. Aber auch die *consolati* stellten, auf den organisierten politischen Widerstand des Adels und Teilen des *ceto togato* hin, ihre Tätigkeit wieder ein.

Die Versuche zur Neuordnung des Justizwesens waren freilich von vornherein zum Scheitern verurteilt, denn der Staat gebot nicht über ein festbesoldetes und diszipliniertes Gerichtspersonal, das eine unparteiische Justiz hätte administrieren können. Die Rechtssprechung lag vollkommen in der Hand des *ceto togato*, der sich zwar als eine Ordnungsinstanz *super partes* darzustellen pflegte, in Wirklichkeit aber mit eben jenen Schichten ein wirtschaftliches Interessenbündnis geschlossen hatte, die einer staatlichen Neuordnung des Justizwesens entgegenstanden. Dennoch ist es im Laufe des 18. Jahrhunderts zu einer Einschränkung der Patrimonialgerichtsbarkeit gekommen; allerdings nicht im Wege staatlicher Gesetzgebung, sondern im Zuge des für das Justizwesen im Ancien Régime typischen Konkurrenzverhältnisses zwischen den Gerichten unterschiedlicher Instanz[77]. Da die Einträglichkeit der käuflichen Justizämter von der Anzahl

---

74 Vgl. *R. Ajello*, Il problema, S. 150-153.

75 Vgl. *A. Marongiu*, Carlo di Borbone, S. 44.

76 Vgl. *P. Macry*, Mercato e società, S. 325-398.

77 Vgl. etwa *R. Mousnier*, Les institutions, S. 251 ff.

der Prozesse abhing, waren die höheren Gerichte bestrebt, ihren Kompetenzbereich auf Kosten der niedrigeren zu erweitern. So zog das „Sacro Regio Collegio" die Prozesse der *Vicaria* an sich, und die *Vicaria* erklärte sich für die bei den *Udienze* anhängigen Verfahren für zuständig; diese schließlich griffen nach Möglichkeit in die örtliche Patrimonialjustiz ein, was den lautstarken Protest der in ihren Einnahmen empfindlich getroffenen Feudalherren hervorrief[78].

Aber die monarchische Regierung unterstützte stillschweigend diese Entwicklung. Die Boykottierung der baronalen Ämter durch die Stadtgerichte wirkte gleichzeitig den Mißständen in der Patrimonialgerichtsbarkeit entgegen, die jetzt dennoch der Kontrolle übergeordneter Instanzen unterworfen war. Die Standesinteressen des *ceto togato* gingen, so schien es, letztendlich in die von der staatlichen Reformgesetzgebung aufgezeigte Richtung. Indem er sich jedoch der Eigendynamik des Justizbetriebes fügte, nahm der Staat in Kauf, daß sich an den neapolitanischen Stadtgerichten eine Unzahl von Prozessen häufte; wer dennoch einen halbwegs berechenbaren und zügigen Rechtsweg beschreiten wollte, war eben auf das Wohlwollen eines einflußreichen *togato* angewiesen. Freilich nutzten die Gerichte bloß die Freiräume, die ihnen eine schwache, zur Durchsetzung ihres Souveränitätsanspruchs nicht fähige monarchische Gewalt ließ. Auch unter der Regierung Karls IV., der als erster tatsächlich in Neapel residierender Monarch die völkerrechtliche Aufwertung des Reiches zu einem formal unabhängigen Staat erreicht hatte, änderte sich daran nichts[79]. Die vielfältigen Ansätze zu einer Sanierung der Finanzen und zu einer Reform des Justizwesens scheiterten, weil der Staat die Trennung von Verwaltungs- und Justizämtern noch nicht vollzogen hatte[80]; er verfügte deshalb über keinen leistungsfähigen, allein dem Monarchen gefügigen Behördenapparat und bedurfte bei seiner Gesetzgebungstätigkeit der Zustimmung und der juristischen Kompetenz der *togati*. Denn das königliche Verordnungsrecht konnte sich aus eigener Kraft nicht durchsetzen: Die Gerichte folgten nicht der klassischen Naturrechtslehre, wonach der Wille des Souveräns Geltungsgrund des Gesetzes ist[81], sondern schoben über die monarchischen Erlasse die Interpretationsraster des *ius commune*.

---

[78] *R. Ajello*, Il problema, S. 193 f.

[79] Vgl. hierzu den Überblick von *D. Carpanetto / G. Ricuperati*, L'Italia del Settecento, S. 261-275.

[80] In Preußen etwa erstreckt sich die Auseinandersetzung um die Trennung der Justiz- und Verwaltungsbehörden über das ganze 18. Jahrhundert hinweg. Sie ist gewissermaßen das dynamische Element in der preußischen Staatswerdung, an deren Ende die Aufhebung der Verwaltungsjustiz, aber eben auch die Verstaatlichung der Rechtssprechung stehen: vgl. dazu *O. Hintze*, Preußens Entwicklung zum Rechtsstaat in: *ders.*, Regierung und Verwaltung. Gesammelte Abhandlungen zur Staats-, Rechts- und Sozialgeschichte Preußens, hrsg. von *O. Oestreich*, 2. Aufl., Göttingen 1967; sowie *E. Löning*, Gerichte und Verwaltungsbehörden in Brandenburg-Preußen, Halle 1914.

[81] Vgl. hierzu *H. Mohnhaupt*, Potestas legislatoria und Gesetzesbegriff im Ancien Régime, in: Ius Commune, IV (1972); *R. Schulze*, Geschichte der neueren vorkonstitutionellen Gesetzgebung. Zu Forschungsstand und Methodenfragen eines rechtshistorischen Arbeitsgebiets, in: Zeitschrift der Savigny-Stiftung für Rechtsgeschichte. Germanistische Abteilung, 98 (1981).

Die entscheidende Schwächung erfuhr die monarchische Souveränität[82] durch die kirchlichen Immunitäten. Sie waren räumlicher, persönlicher und realer Art[83]. Zentral für das Verhältnis von staatlicher und kirchlicher Gewalt war vor allem die räumliche Immunität der heiligen Stätten. Das kanonische Recht führte sie auf göttliche Satzung zurück, und auch das Konzil von Trient hatte bestätigt, „esser l'immunità ecclesiastica istituita per ordinazione divina ed ecclesiastiche leggi“[84]. In Neapel blieb das *ius asylorum* in der von Gregorius XIV. durch die *constitutio cum alios* festgesetzten Form bis zum Konkordat von 1741 gültig. Die räumliche Ausdehnung der Immunität war beträchtlich; in Landbezirken umfaßte sie außer der Kirche noch dreißig Fuß Boden. Für die Stadt war diese erweiterte Eximierung aufgehoben worden; da es in Neapel Anfang des 18. Jahrhunderts jedoch Hunderte von Kirchen gab, änderte dies am Tatbestand nichts[85]. Zumal auch die der Kirche angeschlossenen Gebäude Immunität genossen. In einem zeitgenössischen Gesetzeskommentar heißt es dazu:

> „In conseguenza di questi principi si reputano immuni le case delle prepositure, i forni delle Chiese o ospedali, e per via di una general regola tutte le abitazioni e botteghe, benché destinate a qualunque uso più vile e più profano, non escluse neppure le case abitate dalle meretrici, purché abbiano in qualche maniera una interna comunicazione con la Chiesa“[86].

Die räumlichen Immunitäten setzten den königlichen Gerichten fast unüberwindliche Schranken, denn jeder, der sich auf kirchlichem Boden befand, unterstand der kirchlichen Jurisdiktion und konnte von den staatlichen Ordnungskräften nicht verfolgt werden. Man schätzt, daß es um 1740 in Neapel etwa zwanzigtausend Verbrecher gab, die in der einen oder anderen Weise kirchlichen Schutz genossen[87]. Die Immunität galt strenggenommen nur für das Innere der kirchlichen Stätten, aber sie wurde zuweilen auch auf die äußeren Begrenzungen ausgedehnt. So ist in einer Entscheidung der *Sacra Congregazione* vom 28. September 1694 von einem Flüchtigen die Rede, der verhaftet worden war, während er sich an das Außengitter des Dante-Grabmals in Ravenna klammerte. Der Verdächtige mußte wieder freigelassen werden, weil das Grab die äußere Mauer einer „wiesen- oder hofähnlichen Fläche“ berührte, die an die Franziskaner-

---

[82] Zur Durchsetzung des Souveränitätsprinzips im 16. und 17. Jahrhundert vgl. *M. Stolleis*, Condere leges et interpretari. Gesetzgebungsmacht und Staatsbildung in der frühen Neuzeit, jetzt in: *ders.*, Staat und Staatsraison in der frühen Neuzeit. Studien zur Geschichte des öffentlichen Rechts, Frankfurt a.M. 1990, S. 167-196; *H. Quaritsch*, Staat und Souveränität, Berlin 1970; *A. Weber-Möckl*, „Das Recht des Königs der über euch herrschen soll“. Studien zu 1 Sam 8, 11 ff. in der Literatur der frühen Neuzeit, Berlin 1986.

[83] Zusammenfassend *D. Carpanetto / G. Ricuperati*, L'Italia del Settecento, S. 228.

[84] *R. Ajello*, Il problema, S. 27.

[85] Dem entsprach Anfang des 18. Jahrhunderts auch ein unverhältnismäßig hoher Anteil des Klerus an der Gesamtbevölkerung: vgl. hierzu *A. Placanica*, Chiesa e società nel Settecento meridionale: vecchio e nuovo clero nel quadro della legislazione riformatrice, in: Ricerche di storia sociale e religiosa, 7/8 (1975), S. 122.

[86] Zit. nach *R. Ajello*, Il problema, S. 29-30.

[87] So *D. Carpanetto / G. Ricuperati*, L'Italia del Settecento, S. 228.

kirche angrenzte[88]. Oft flüchteten die staatlich Verfolgten Neapels auch in die erzbischöflichen Kerker, wo sie als Gäste und nicht als Sträflinge behandelt wurden. Selbst Diebes- oder unterschlagenes Gut unterlag, wenn es in kirchlichen Stätten verwahrt wurde, der Immunität. Und erreichte ein weltlicher Richter doch dessen Auslieferung, konnte es im Prozeß nicht als *corpus delicti* verwandt werden; die Anerkennung dieser Bedingung hatte der Richter auf seinen Eid zu nehmen. Die Flüchtigen hielten sich oft lange Zeit in den kirchlichen Stätten auf: „come in sicuro asilo si dimoravano continuamente abusandole, tenendovi giochi proibiti, introducendovi donne“[89]. Auch kam es vor, daß sie die Kirchen als Stützpunkte für weitere Straftaten benutzten. So drehte sich eine bekannte rechtliche Kontroverse jener Zeit um die Frage, ob ein Flüchtiger, der vom Portal einer Kirche aus jemanden erschossen hatte, weiterhin Immunität genießen sollte oder nicht.

Fand sich im kanonischen Recht kein Argument zur Abstützung eines fraglichen *ius asylorum*, wurde auf die *consuetudines* zurückgegriffen, die meist den kirchlichen Rechtsanspruch bestätigten. Allgemein galt: „si ammette nell'istessa materia la giusta credulità o la publica opinione, talmente che si fa godere l'Immune a quei luoghi che per altro non avrebbero i requisiti necessari per goderlo, purché si provi che siano comunemente reputati tali“[90]. Ja, die strafrechtlich Verfolgten wurden vielfach nur geschützt, um dem kirchlichen Anspruch auf Souveränität Nachdruck zu verleihen. Auslieferungen kamen dementsprechend selten vor; bei besonders eklatanten Fällen zog man es vor, den Belangten die Flucht zu ermöglichen. Die Durchsetzungsfähigkeit der kirchlichen Justizorgane hing freilich auch von der Kompromißbereitschaft der Regierung ab. Der kurienfreundliche Vizekönig von Althann beispielsweise deckte die Immunitätspraxis derart unverhohlen, daß der Wiener Hof ihn 1725 praktisch seiner Befugnisse enthob und direkt mit dem obersten Justiz- und Verwaltungsorgan, dem „Consiglio Collaterale“, zu korrespondieren begann[91].

Die Situation änderte sich im darauffolgenden Jahr, als von Althann in seinem Amt durch von Harrach abgelöst wurde. Die staatlichen Ordnungskräfte griffen nun zu radikalen Maßnahmen, die auch den offenen Rechtsbruch miteinschlossen: Die königlichen Schergen drangen in die Kirchen ein, schleppten die Verfolgten weg und richteten sie bei Schwerstverbrechen auch an Ort und Stelle hin. Die Kirche reagierte auf diese Übergriffe, indem sie die verantwortlichen Richter exkommunizierte. Es war dies eine für die säkulare Justiz nicht ungefährliche Maßnahme, denn das kanonische Recht sah die Suspendierung der exkommunizierten Richter vor. Der Exkommunizierung eines weltlichen

---

[88] *R. Ajello*, Il problema, S. 30.

[89] Ebd., S. 47.

[90] Ebd., S. 32.

[91] Zum Machtkampf zwischen dem Vizekönig von Althann und dem Consiglio Collaterale vgl. *A. Casella*, Il Consiglio Collaterale ed il viceré d'Althann. Dall'esilio di Giannone alla rivincita del ministero togato, in: *R. Ajello* (Hrsg.), Giannone e il suo tempo, 2, Napoli 1980, S. 567-633.

Richters setzte die Regierung deshalb zumeist die Drohung entgegen, den Bischof, der sie ausgesprochen hatte, des Landes zu verweisen. So wurde der Bischof von Cosenza, der sämtliche Mitglieder des dortigen Gerichts exkommuniziert hatte, weil sie die Verhaftung eines Mörders innerhalb eines „luogo immune" verfügt hatten, aufgefordert, seine Entscheidung zurückzunehmen. Als er sich weigerte, befahl ihm das „Consiglio Collaterale", in die Hauptstadt zu kommen „ad audiendum verbum regis"; gleichzeitig ordnete es die Einkerkerung aller Angehörigen bis zum dritten Grad an[92].

Die kirchlichen Immunitäten wirkten sich jedoch auch auf das staatliche Steuerwesen aus. Denn die reale Immunität sicherte dem Kirchenbesitz die steuerliche Exemtion; da rund 60% des kultivierbaren Bodens sich in kirchlicher Hand befand oder als Kirchengut galt[93], waren die finanziellen Ausfälle des Staates ungeheuer. Hinzu kam, daß die aus den kirchlichen Gütern gezogenen Renditen nicht dem neapolitanischen Wirtschaftsleben zugutekamen, sondern zumeist nach Rom flossen, wo sie den kirchlichen Feudalherren zur Deckung ihrer höfischen Repräsentationskosten dienten[94]. Aber jeder einzelne Kleriker entzog sich aufgrund der persönlichen Immunität der weltlichen Justiz und der staatlichen Finanzverwaltung. Die Steuerprivilegien machten sich auch viele Angehörige von Klerikern zunutze, indem sie diesen zum Schein ihre Vemögen übertrugen. Auf diese Weise war eine Privilegiensphäre entstanden, die weit über den Rahmen der kirchlichen Immunitäten hinausging, aber dennoch durch die Kirche legitimiert war[95]. Auch im Bereich des Handels versuchte man, der königlichen Gesetzgebung Schranken zu setzen und die kirchlichen Exemtionen

---

92 *R. Ajello*, Il problema, S. 64.

93 Die Polemik der Aufklärer gegen den steuerfreien kirchlichen Grundbesitz, die sog. „manomorta", hat die spätere Historiographie nachhaltig beeinflußt und dabei freilich auch zu groben Vereinfachungen geführt. Inzwischen ist von der Kirchenorganisation in Süditalien ein wesentlich differenzierteres Bild gezeichnet worden. Danach scheint die Grundeinheit der kirchlichen Strukturen die „chiesa ricettizia" gewesen zu sein, eine Kirchengemeinde, die kollegial geführt wurde und einem weltlichen Patronat unterstand, das ihr Besitztümer zur Verfügung stellte. Die Vertreter des *giurisdizionalismo* versuchen denn auch durchweg, die Unterscheidung zwischen *beni laicali* und *beni ecclesiastici* durchzusetzen: vgl. hierzu *V. de Vitis*, Chiese ricettizie e organizzazione ecclesiastica nel Regno delle Due Sicilie dal Concordato del 1818 all'Unità, in: *G. Galasso / C. Russo* (Hrsg.), Per la storia sociale e religiosa del mezzogiorno, S. 349 ff. Allgemein zur Kirchenorganisation in Süditalien vgl. *A. Cestaro*, Le strutture ecclesiastiche del Mezzogiorno dal Cinquecento all'Età contemporanea, in: Ricerche di storia sociale e religiosa, 14 (1975), S. 69-119; vgl. auch den Überblick von *G. De Rosa*, Organizzazione del territorio e vita religiosa nel sud tra XVI e XIX secolo, in: La società religiosa nell'età moderna, Napoli 1973, S. 11-29.

94 Vgl. hierzu *M. Rosa*, Curia romana e pensioni ecclesiastiche: fiscalità pontificia nel mezzogiorno (secoli XVI-XVIII), in: Quaderni storici, 42 (1979), S. 1015-1048.

95 Der Staat versuchte allerdings ab 1734, die Bischöfe dazu zu bewegen, die Zahl der Priesterweihen und die Gründung kirchlicher Stätten zu beschränken; vgl. dazu *A. Placanica*, Chiesa e società nel Settecento meridionale: clero, istituti e patrimoni nel quadro delle riforme, in: Società e religione in Basilicata nell'età moderna, Salerno 1977, S. 221-334.

immer weiter auszudehnen. So bestritten die erzbischöflichen Gerichte in Neapel, daß das von der Regierung verfügte Ausfuhrverbot für Wein, Öl, Getreide oder andere Lebensmittel auch für Kleriker zu gelten habe. Als Erleichterung bei der Selbstversorgung der religiösen Orden und Bruderschaften gedacht, gerieten diese Exemtionen oft zur rechtlichen Grundlage eigener steuerlicher Einnahmen. So erhob etwa der Jesuitenorden Abgaben von den Händlern, die ihre Verkaufsbuden auf der Piazza del Gesù aufstellen wollten[96].

Die Kirche beschränkte sich eben nicht darauf, ihre überkommenen Rechte gegenüber Eingriffen des weltlichen Staates abzusichern. Da sie sich als Hüterin des *ius naturale* ebenso wie des *ius divinum* verstand, war ihr Anspruch, die staatliche Gesetzgebung auf deren *iustitia* und *aequitas* zu überprüfen, praktisch unbegrenzt. So schreibt Gian Antonio Bianchi, Apologet einer weltlichen *auctoritas* der Kirche, die natürliche und die göttliche Vernunft seien unlöslich mit der Religion verbunden. Der Kirche komme deshalb die Entscheidung zu, ob die zivilen Gesetze dem Natur- und dem göttlichen Recht entsprächen oder nicht[97]. Und noch 1770 fand sich die monarchische Regierung genötigt, darauf hinzuweisen, daß auch die Kleriker den neapolitanischen Rechtsgewohnheiten unterlägen, weil sie ebenso wie die *laici* Untertanen seien und deshalb dieselben Gesetze zu befolgen hätten[98]. Der Widerstand gegen den staatlichen Souveränitätsanspruch beruhte nicht mehr, wie noch im 17. Jahrhundert, auf der Hartnäckigkeit ständischer Justizprivilegien; er resultierte aus den neuen, im vorkapitalistisch-parasitären Wirtschaftsgefüge des neapolitanischen Reiches wurzelnden Interessen. In ihnen fanden sich alte Stände und neue Handelsschichten gleichermaßen wieder. So legten auch die kirchlichen Immunitäten am Ausgang des Ancien Régime, ebenso wie die Adels- und Juristenprivilegien, ihren ökonomischen Kern offen.

## 3. Der ‚giurisdizionalismo' im Umfeld des europäischen Libertinismus

Der neapolitanische *giurisdizionalismo* entstand innerhalb eines komplexen kulturellen Umfeldes, das zwar durch die Rezeption des klassischen Naturrechts

---

96 Vgl. *R. Ajello*, Il problema, S. 83. Der verbreitete Schwarzhandel der kirchlichen Gemeinden ging jedoch oftmals auf die weltlichen Stifter, die sogenannten *maestri*, zurück. Die Unregelmäßigkeiten in der kirchengemeindlichen Verwaltung riefen auch die staatliche Justiz auf den Plan: vgl. *C. Russo*, Parrocchie, fabbricerie e comunità nell'area suburbana della diocesi di Napoli (XVI-XVIII secolo), in: *G. Galasso / C. Russo* (Hrsg.), Per la storia sociale e religiosa del mezzogiorno, 2, S. 65 ff.

97 *G.A. Bianchi*, Della potestà e della politica della Chiesa, trattati due, contro le nuove opinioni di P. Giannone, 3, Roma 1745, S. 415: „essendo colla Religione connesse la naturale e divina ragione … alla medesima Chiesa appartiene il giudicare se le leggi civili sono conformi al diritto naturale e divino o da esso discordanti ed in conseguenza ammetterle o riprovarle". Giannone mache sich der „aperta bestemmia" schuldig, wenn er behaupte, daß „la Chiesa nei suoi regolamenti non possa distruggere le leggi civili né stabilir cose a quelle contrarie".

98 *R. Ajello*, Il problema, S. 85.

und die Auseinandersetzung mit den vielfältigen Strömungen der neuzeitlichen Philosophie wesentlich geprägt wurde, gleichzeitig aber weiterhin unter dem Einfluß der humanistischen *Prudentia civilis*-Tradition stand[99]. Institutioneller Kristallisationspunkt dieser unterschiedlichen Strömungen war die 1697 von dem Vizekönig Medina-Coeli ins Leben gerufene „Accademia Palatina". Vertreter der experimentellen Methode Galileis, der mechanizistischen Philosophie Descartes' und des epikuräisch-gassendistischen Atomismus diskutierten hier die Möglichkeit, die im Bereich der Naturwissenschaften gemachten Entdeckungen in ein rationalistisches Weltbild einzugliedern, das den herrschenden Aristotelismus ablösen konnte[100].

Parallel dazu wurde kritische Altertumsforschung betrieben. So fragt Giuseppe Lucima nach den Ursprüngen der heidnischen Astrologie und Theologie, der Teilchenphilosophie und des göttlich-deterministischen Weltbildes. Dabei versucht er, die Abhängigkeit der pythagoreischen Philosophie von dem assyrischen Sonnenkult zu zeigen. Die Assyrer seien von einer Wesensgleichheit von Sonne und Seele ausgegangen und hätten diese als erstes heidnisches Volk für unsterblich gehalten[101]. Der spinozistische Hintergrund dieses Interesses für die mesopotamischen Urvölker ist offenkundig: Mit den Mitteln der Philologie und der astronomischen Chronologie sollten die Grundlagen des biblischen Glaubens hinterfragt werden.

Vor diesem rationalistisch-skeptizistischen Hintergrund machten die in der „Accademia" vertretenen Publizisten die Herrschaftsrechte im Ancien Régime zum Gegenstand einer kontroversen Auseinandersetzung. Ständische Privilegien und staatliche Souveränitätsansprüche wurden dabei gleichermaßen kritisch durchleuchtet. So unterstreicht etwa Francesco D'Andrea in seiner „Risposta al Trattato delle ragioni"[102], daß staats- und völkerrechtliche Kontroversen nur durch die historische Erforschung der zur Diskussion stehenden Rechtsinstitute gelöst werden können. Denn erst die genaue Kenntnis der Rechtsgeschichte ermögliche es, zwischen privatrechtlichen und publizistischen Instanzen zu unterscheiden[103].

Gegenüber dieser – ja für das *ius publicum imperii* insgesamt kennzeichnenden – Wendung hin zur Historisierung der Rechtsquellen[104] betont der be-

---

[99] Vgl. Anm. 18 sowie zusammenfassend *D. Carpanetto / G. Ricuperati*, L'Italia del Settecento, S. 133-149.

[100] Vgl. zum ideengeschichtlichen Hintergrund *S. Suppa*, L'accademia Medina coeli fra tradizione investigante e nuova scienza civile, Napoli 1971.

[101] Vgl. *G. Ricuperati*, L'esperienza civile e religiosa di Pietro Giannone, Milano / Napoli 1970, S. 15.

[102] Der vollständige Titel lautet: Risposta al trattato delle ragioni della Regina Cristianissima, sopra il ducato di Brabante e altri stati della Fiandra, Napoli 1667-1676.

[103] Vgl. hierzu *S. Mastellone*, Francesco D'Andrea, S. 15 ff. sowie *A. Mazzacane*, Francesco D'Andrea, in: Dizionario biografico degli italiani, 32, S. 529-536.

[104] Vgl. hierzu *N. Hammerstein*, Jus und Historie. Ein Beitrag zur Geschichte des historischen Denkens an deutschen Universitäten im späten 17. und im 18. Jahrhundert,

kannte Jurist und Literat Gian Vincenzo Gravina zwar den Primat des römischen Rechts, versteht dieses jedoch nicht als einen Komplex abstrakter Normen, sondern als schriftliche Fixierung bestimmter historischer Rechtsgewohnheiten[105]. In seinem ersten Werk, dem „Specimen prisci juris", setzt er sich mit den Vertragstheorien Hobbes' und Spinozas kritisch auseinander und spricht dem *ius sapientioris,* dem von den humanistisch gebildeten Juristeneliten angewandten *ius commune,* die Gesetzgebungsfunktion zu[106]. In zwei nachfolgenden Schriften, „De romano imperio" und „De imperio et iurisdictione", versucht er, auf historischer Grundlage und in offener Frontstellung gegen Machiavelli und Bodin aufzuweisen, daß die souveräne Gewalt sich auf die Natur und auf die Vernunft gründet. Der besondere antiabsolutistische Akzent dieser These wird noch unterstrichen durch die Behauptung, in Rom habe auch während des Prinzipats die Souveränität beim Senat gelegen[107]. Gravina erweist sich hier als Parteigänger einer gleichsam ‚republikanischen', auf der zentralen politischen Stellung der Gerichtshöfe beruhenden Verfassung.

Demgegenüber vertritt der Kirchenrechtler Nicola Capasso den Vorrang der *ragion di Stato* gegenüber dem Naturrecht. In einer vor der Akademie verlesenen *lezione* erklärt er bündig: „sempre è necessario che li sudditi si spoglino di ogni loro jus e quello trasferiscano al principe"[108]. Die durch das *ius naturale* und das *ius gentium* vorgesehenen Beschränkungen der Souveränitätsrechte läßt Capasso nicht gelten. Das Naturrecht sei nichts anderes als die Fähigkeit eines jeden Lebewesens, sich in seinem Sein zu erhalten; und „quello che chiamasi jus delle genti è una bella parola, ma in sostanza non si distingue dalla legge civile"[109]. Der Fürst habe sich deshalb nur nach der *ragion di Stato* zu richten, „non in quanto riguarda Iddio, o la religione, ma in quanto s'appartiene alla vita, estimazione e facoltà degli uomini"[110].

Ähnlich wie Thomasius versucht Capasso, die *superioritas territorialis* rechtlich abzusichern, indem er das *ius positivum* sowohl vom *ius naturale* als auch vom *ius divinum* abgrenzt und die Regierklugheit des Monarchen als oberste Quelle der Rechtsschöpfung ansetzt[111]. Im Unterschied zur Hallischen Reichspu-

---

Göttingen 1972; *M. Stolleis,* Geschichte des öffentlichen Rechts in Deutschland, 1: Reichspublizistik und Policeywissenschaft 1600-1800, München 1988, S. 298 ff.

[105] Zur Biographie Gravinas vgl. *C. Ghisalberti,* Gian Vincenzo Gravina giurista e storico, Milano 1962. Zur ideengeschichtlichen Einordnung grundlegend *A. Quondam,* Cultura e ideologia in Gian Vincenzo Gravina, Milano 1968.

[106] Vgl. *C. Ghisalberti,* Gian Vincenzo Gravina; vgl. auch die Rezension von *G. Ricuperati,* Studi recenti sul primo '700 italiano. Gian Vincenzo Gravina e Antonio Conti, in: Rivista storica italiana, 1970, S. 614.

[107] *G. Ricuperati,* Studi recenti, S. 614.

[108] *N. Capasso,* Se la ragion di stato possa derogare alla legge naturale, zit. nach *G. Ricuperati,* L'esperienza civile, S. 28.

[109] Ebd.

[110] Ebd., S. 28-29.

[111] Zu Thomasius und seiner Begründung des *ius decorum* vgl. etwa *K. Luig,* Christian Thomasius, in: *M. Stolleis* (Hrsg.), Staatsdenker im 17. und 18. Jahrhundert. Reichs-

blizistik[112] verzichtet Capasso jedoch darauf, die Souveränität durch die naturrechtliche Konstruktion des Gesellschaftsvertrags zu begründen. Die Herrschaftsrechte des Fürsten werden nicht weiter hinterfragt; sie sind der *ratio status* wegen da. Dieser nur notdürftig verschleierte Rückgriff auf die Machiavellismus- und Tacitismustradition[113] erklärt sich aus der politischen Absicht Capassos heraus, den baronalen Vorrechten jede autonome Rechtsgrundlage abzusprechen und den Feudalbesitz als ein vom Herrscher verliehenes Privilegium neu zu definieren. Der Anspruch auf die Lehensgüter sei nicht durch das *ius naturale* gedeckt, wie die *dottori* zu beweisen suchten, sondern beruhe allein auf den *leggi civili*, die der Herrscher jeder Zeit ändern könne[114].

Mit dem Verhältnis von *prudentia civilis* und *ius naturale*, von *auctoritas* und *bonum commune* setzt sich auch Giambattista Vico[115], zu jener Zeit einer der jüngsten und kaum beachteten Mitglieder der „Accademia Palatina", auseinander. Allerdings geht er über den Rahmen einer juristischen Diskussion weit hinaus und versucht, die moralischen Grundlagen der *vita civilis* zu bestimmen. Die Auseinandersetzung mit den französischen Moralisten führt ihn zu der Frage, ob und inwieweit die *sapientes* lenkend auf die Volksmenge und damit auf die politischen Geschicke eines Gemeinwesens einwirken können[116].

Charron und mit ihm die um das Thema der *sagesse* kreisende Denkrichtung der Libertins hatten bekanntlich das anthropologische Ideal des Humanismus, einen in seiner Lebensführung nach allen Seiten hin vollkommenen Menschen, zur Richtschnur einer aristokratischen Privatethik gemacht[117]. In seinem „Petit

---

publizistik-Politik-Naturrecht, 2. Aufl., Frankfurt a.M. 1987, S. 256-278 und *H. Rüping*, Die Naturrechtslehre des Christian Thomasius und ihre Fortbildung in der Thomasius-Schule, Bonn 1968.

112 Vgl. hierzu den Überblick von *M. Stolleis*, Geschichte des öffentlichen Rechts, 1, S. 90-96.

113 Vgl. hierzu *M. Stolleis*, Arcana Imperii und Ratio Status. Bemerkungen zur politischen Theorie des frühen 17. Jahrhunderts, in: *ders.*, Staat und Staatsraison in der frühen Neuzeit. Studien zur Geschichte des öffentlichen Rechts, Frankfurt am Main 1990. Zum geschichtlichen Kontext *A.M. Battista*, Come giudicano la ‚politica' libertini e moralisti nella Francia del Seicento, in: *S. Bertelli* (Hrsg.), Il liberalismo in Europa, Milano / Napoli 1980, S. 25-80 und *D. Quaglioni*, „Assolutismo laico" e ricerca del diritto naturale, in: Il pensiero politico. Rivista di storia delle idee politiche e sociali, 25 (1992), S. 96-106, mit w. Nachw.

114 *G. Ricuperati*, L'esperienza civile, S. 29.

115 Die Vico-Literatur ist längst unüberschaubar geworden. Das bekannteste Schriftenverzeichnis, *B. Croce* (Hrsg.), Bibliografia vichiana, 2 Bde., Milano / Napoli 1948, ist ergänzt worden durch *M. Donzelli*, Contributo alla bibliografia vichiana (1948-1970), Napoli 1970. Einen Überblick über die jüngste Literatur bei *D. Carpanetto / G. Ricuperati*, L'Italia del Settecento, S. 460.

116 Vgl. hierzu *E. Nuzzo*, Il diniego della „sagesse": Vico e i moralisti moderni, in: *V. Dini / D. Taranto* (Hrsg.), La saggezza moderna. Temi e problemi dell'opera di Pierre Charron, Napoli 1987, S. 378.

117 Zu Charron vgl. aus der umfangreichen Literatur *J.B. Sabrié*, De l'humanisme au rationalisme. Pierre Charron (1541-1603). L'homme, l'oeuvre, l'influence, Paris 1913; *J.D.*

traité de la sagesse" bemüht er sich um eine genaue Abgrenzung des Untersuchungsgegenstandes und unterscheidet zwischen göttlicher, menschlicher und weltlicher Weisheit. Mit der göttlichen Weisheit befasse sich die Theologie, mit der menschlichen die Philosophie und mit der weltlichen die Klugheit[118]. Die für die Sozialphilosophie des Humanismus zentrale Lehre von der *prudentia civilis*[119] wird bezeichnenderweise aus dem Bereich der menschlichen Weisheit ausgeschieden und nur mehr als Anleitung zur täglichen Lebenspraxis aufgefaßt[120]. Ja, erst durch diese vorab getroffene Unterscheidung gewinnt der wahrhaft Weise, der *preud'homme*, seinen überlegenen Standpunkt:

> „Einige, und es handelt sich um den größten Teil, setzen die menschliche Weisheit mit der Klugheit, mit der Diskretion und mit einem Verhalten gleich, das für die Geschäfte und die Konversation geeignet ist. Dies ist typisch für die gemeine Menge, die alles den Äußerlichkeiten, den praktischen Ergebnissen unterordnet"[121].

Aber auch das Vollkommenheitsideal der Theologie frommt dem Weltweisen nicht:

> „... unser Buch erzieht zum zivilen Leben und bildet einen Menschen für die Welt, d.h. für die menschliche, nicht für die göttliche Weisheit ... diese menschliche Weisheit ist eine harmonische, schöne und edle Konstruktion des Menschen in seiner inneren und äußeren Ganzheit, in seinen Gedanken, seinen Worten, seinen Erfahrungen, seinem Verhalten ...; derjenige ist ein weiser Mensch, der vollkommen Mensch zu sein weiß"[122].

Das höchste Gut des Weisen ist seine innere Freiheit; sein gesamtes Verhalten ist darauf ausgerichtet, die Ruhe des Geistes vor äußeren Einwirkungen zu schützen. Er hält sich deshalb peinlich genau an die landesüblichen Sitten und Gewohnheiten und achtet die Gesetze; freilich nicht um deren, sondern um seiner selbst willen. Vor allem jedoch hütet er sich vor den gemeinen Vorurteilen des Volkes, denn nicht die *comunis opinio* ist die Richtschnur des *sapiens*, sondern die Vernunft[123].

---

*Charron*, The „Wisdom" of P. Charron: an Original and Orthodox Code of Morality, Chapel Hill 1960; *R. Kogel*, Pierre Charron, Genève 1972; *R.H. Popkin*, The History of Scepticism from Erasmus to Descartes, Assen 1964.

[118] Ich zitiere nach der italienischen Übersetzung: *P. Charron*, Piccolo trattato di saggezza, hrsg. von *G. Stabile*, Napoli 1985, S. 87.

[119] Hierzu grundlegend *E. Garin*, La cultura del Rinascimento, Bari 1967, sowie *ders.*, La cultura filosofica del Rinascimento italiano, Firenze 1979.

[120] Zum Verhältnis von Weisheit und Klugheit bei Charron vgl. *E. Di Rienzo*, Saggezza, prudenza, politica: stabilità e crisi nel pensiero francese del Seicento, in: *V. Dini / D. Taranto* (Hrsg.), La saggezza moderna. Temi e problemi dell'opera di Pierre Charron, Napoli 1987, S. 35-112.

[121] *P. Charron*, Piccolo trattato, S. 87.

[122] Ebd., S. 87-88.

[123] Zur skeptizistischen Denkhaltung vgl. *D. Taranto*, Il posto dello scetticismo nell'architettonica della „sagesse", in: *V. Dini / D. Taranto* (Hrsg.), La saggezza, S. 9-34 sowie *G. Paganini*, „Sages", „spirituels", „esprits forts". Filosofia dell'„esprit" e tipologia umana nell'opera di Pierre Charron, ebd., S. 113-156.

Dieser aristokratischen Privatethik setzt Vico eine Repolitisierung der *sagesse* entgegen[124]. Den kontemplativen Tugenden der *preud'hommie* werden die Eigenschaften des *uomo prudente* zur Seite gestellt: „consideratio, providentia, electio, apparatio, circumspectio, cunctatio, celeritas, versatilitas, maturitas, cautela, simulatio et dissimulatio, diligentia, industria, vigilantia, experientia, discretio"[125]. Diese praktischen Fähigkeiten ergänzen die im Zeichen der *sagesse* gewonnenen Einsichten in das Wesen des Menschen und befähigen den Weisen zur *vita activa*, zur öffentlichen Verantwortung in der *societas civilis*. Der humanistischen Gesellschaftslehre entsprechend, die das soziale Leben als „civil conversazione", als eine Verschränkung von Moral, Politik und Rhethorik begreift[126], weist Vico den *sapienti* die Aufgabe zu, sich der „felicità pratica", des allgemeinen Wohls, anzunehmen. Die *sapienti* verhalten sich dabei zur Menge der *stolti* und *deboli* wie das Haupt zum Körper[127]; die entsprechenden Wissensbereiche sind jedoch streng voneinander getrennt. Zwar ist den Weisen das *verum* vorbehalten, aber dafür bewegt sich der *vulgus* im Bereich der Tatsachen, dem *certum*[128]. Im Gegensatz zu Charron, der die menschliche von der weltlichen Weisheit, die Philosophie von der Klugheit streng getrennt halten wollte, versucht Vico zu zeigen, daß die *scienza* nicht höheren Ursprungs ist als die *sapienza volgare*, sondern vielmehr in einem kulturgeschichtlichen Prozeß, über die Entwicklungsstufen Mythos, Dichtung und Sprache, aus dieser hervorgegangen ist[129]. Die *sapienti* stehen der Menge deshalb nicht verständnislos gegenüber; sie haben vielmehr intime Kenntnis von deren Gemütsbewegungen und sind daher prinzipiell in der Lage, sie vermittels der wichtigsten *ars politica*, der Beredsamkeit, zu steuern.

Seine herausragende gesellschaftliche Stellung verdankt der Weise also nicht den passiven Tugenden der *sapientia*, sondern der Fähigkeit, die zur Ausübung

---

[124] So *E. Nuzzo*, Il diniego della „sagesse": Vico e i moralisti moderni, in: *V. Dini / D. Taranto*, La saggezza, S. 378.

[125] Vgl. *Pontano*, De oboedientia, 1490, zit. nach *V. Dini*, La prudenza da virtù a regola di comportamento ed osservazione empirica, in: *V. Dini / G. Stabile*, Saggezza e prudenza, Napoli 1983, S. 57. Die Vernunft habe die Aufgabe, die Begierden im Zaum zu halten und damit zu verhindern, daß der Mensch der *fortuna* hilflos gegenüberstehe: „Ogni vecchia e umana filosofia, ogni divina e umana legge in ciò s'affatica, a ciò tende: che i moti dell'anima ubbidiscano alla ragione e non irrompano troppo liberi e come incustoditi e vaganti alla ventura. Quando l'appetito, scostatosi dalla ragione, abbia perduto di vista le insegne di essa, immemore e insofferente di tal freno può irrompere precipitoso là donde il tornare è difficile ... Se ottemperando ai precetti e alle leggi della filosofia gli uomini comprimessero i moti disordinati e incomposti dell'anima e si sottomettessero al giogo della ragione, né la libidine né la fortuna dominerebbero nelle cose umane e il gener nostro vivrebbe più libero e quieto. Perciò grande virtù, precipuo bene agli uomini, è l'obbedienza".

[126] *E. Garin*, La cultura filosofica, S. 60 bezeichnet die *civil conversazione* als „un convergere di ben ragionare, ben persuadere e bene operare"; Ordnungs- und Harmonieideal der Humanisten sei die „medietà non mediocre", das nicht mittelmäßige Mittelmaß.

[127] Vgl. *E. Nuzzo*, Il diniego, S. 389.

[128] Ebd., S. 391.

[129] Ebd.

der politischen Macht notwendigen *officia* auszufüllen: „Tria ipsissima sapientiae officia: eloquentia stultorum ferociam circuire, prudentia eos ab errore deducere, virtute de iis benemereri"[130]. Die *auctoritas* des Weisen beruht nicht auf der Überlegenheit der *sapientia* gegenüber der *stultitia*, sondern auf dem Vermögen, die *stulti* durch *prudentia* und *eloquentia* zu geselligem Leben, Betriebsamkeit und Befolgung der Gesetze anzuhalten. Durch die Beredsamkeit, die auf die Phantasie und den *sensus communis* einwirkt, soll der Menge das Gemeinwohlprinzip nahegebracht werden. Vico läßt allerdings keinen Zweifel daran, daß dieses Ziel in den monarchischen Staaten nur über eine Beschränkung der *aequitas naturalis* („emendatio aequitate legorum") zugunsten der *aequitas civilis* („emendatio aequitate iudicii") erreicht werden kann[131]. Den hier aufbrechenden Gegensatz zwischen Staatsräson und Naturrecht, zwischen monarchischem Verordnungsrecht und *ius commune* versucht Vico zu überwinden, indem er die *aequitas civilis* als Vermittlungsinstanz zwischen *auctoritas prudens* und *sensus communis* ansetzt[132].

Seinen eigentlichen Höhepunkt erreicht der *giurisdizionalismo* jedoch mit der Veröffentlichung von Giannones „Istoria civile del Regno di Napoli" im Jahre 1723. Das Werk galt bereits den Zeitgenossen als Manifest der antikurialen Bewegung. Es fehlte auch nicht an Versuchen, es als mittelmäßiges Produkt einer von rein polemischen Absichten geleiteten Kollektivarbeit zu diskreditieren[133]. Der intellektuelle Rang und die Originalität der „Istoria civile" sind inzwi-

---

[130] Vico, zit. nach *G. Giarrizzo*, La politica di Vico, in: *ders.*, Vico, la politica e la storia, Napoli 1981, S. 73.

[131] Ebd., S. 79. Vgl. auch *G. Giarrizzo*, ‚Aequitas' e ‚Prudenza': storia di un topos vichiano, ebd., S. 143-174.

[132] Die zentrale Bedeutung des Politischen bei Vico ist allerdings nicht unbestritten. So siedelt etwa *G. Fassò*, Vico e Grozio, Napoli 1971, S. 57 f. die zentralen Aussagen der *Scienza nuova* im Bereich der Rechtsphilosophie an. So sei die für Vicos Wissenschaftskonzeption grundlegende Unterscheidung zwischen *verum* und *certum* auf den Einfluß von Hugo Grotius zurückzuführen. Die philosophische Grundlegung der Gesetzgebung sei gar kein Problem Vicos gewesen; es habe sich erst der Aufklärung gestellt (ebd., S. 60).

[133] Die These, die „Istoria" habe mehrere Autoren, vertritt auch *S. Bertelli*, Nota introduttiva zu P. Giannone, Storia civile del Regno di Napoli, in: Illuministi italiani, 1: Opere di Pietro Giannone, hrsg. von *S. Bertelli / G. Ricuperati*, Napoli 1971, S. 351: „Il contributo personale che impose Giannone alla testa del gruppo fu lo scarto dalla discussione sui diritti feudali del baronaggio laico, a quella sui diritti della feudalità ecclesiastica". Zur Abstützung seiner These zitiert Bertelli (ebd., S. 349) aus einem Brief Tanuccis, dessen Empfänger und Datierung er als unbekannt bezeichnet: „Né vi faccia specie Giannone; egli all'opera famosa contribuî pochi materiali forensi, e la sfacciataggine; il resto fu di Capasso, di Cirillo, di Aloisio, gente di cattedra che, come sapete, è inquieta in tutte le parti del mondo". *R. Ajello*, Arcana juris, S. 239, hat den Brief auf den 14. Januar 1747 datieren und Mons. M. Giacomelli als Empfänger identifizieren können. Er bestreitet entschieden, daß Giannone von der antibaronalen zur antikurialen Polemik übergegangen sei, weil diese angesichts der engen Beziehungen zwischen Juristen und Feudalherren politisch sinnvoller gewesen sei. Vgl. die entsprechenden Passagen bei *S. Bertelli*, Nota introduttiva, S. 352-353: „Troppo stretti erano i legami tra giuristi, avvocati e magistrati da una parte, e baronaggio dall'altra, perché la lotta antibaronale potesse essere spinta oltre certi limiti ... Più facile, invece, la battaglia contro la feudalità eccle-

schen unbestritten; auch die kontroverse Frage nach Giannones Quellen konnte überzeugend beantwortet werden. Wesentliches Material zur Stützung seiner antikurialen Argumentation verdankt er wohl Paolo Sarpi, der in seiner „Istoria del concilio tridentino“ die Gegenreformation nicht ausschließlich als antiprotestantische Reaktionsbewegung darstellt, sondern erstmals nach deren genuin machtpolitischen Implikationen fragt[134]. Der Aufstieg des Jesuitenordens und die Durchsetzung der kirchlichen Steuerimmunitäten kommen dabei ebenso zur Sprache wie die kirchliche Disziplinierung der politischen Eliten in den katholischen Staaten. Wesentliche Einsichten in die Geschichte der Kirchendisziplin werden dem Gallikanismus und vor allem dessen radikalstem Vertreter, Louis Ellies Dupin, entlehnt[135]. In seinen auch für Giannones „Triregno“ grundlegenden Werken, „De antiquissima ecclesiae disciplina und La Nouvelle Bibliothèque des auteurs ecclesiastiques“, unterstreicht Dupin, daß die Kirche in ihrer Entstehungsphase auf die Institutionen des *imperium* zurückgegriffen habe. Die Kirchendisziplin sei deshalb keine rein geistlich-theologische Schöpfung, sondern im wesentlichen das Resultat einer allmählichen Unterwerfung und Assimilierung öffentlicher Gewalten[136].

Diesem Argumentationsmuster folgt auch ein weiterer Bezugstext der „Istoria civile“, das „Jus ecclesiasticum“ des Löwener Kirchenrechtlers Bernard van Espen, einem Klassiker des europäischen Souveränitätsdenkens. Darin wird die überkommene Gegenüberstellung von königlicher und priesterlicher Sakralität aufgegeben und die Existenz zweier voneinander unterschiedener weltlicher Souveränitäten geleugnet. Ausgehend von dieser theoretischen Voranahme fällt

---

siastica, contro l'immissione di Roma negli affari del Regno. Qui era possibile ritrovare un'unità politico-ideologica, su questo terreno era persino facile stabilire un accordo, un'alleanza col potere baronale“. Demgegenüber unterstreicht *R. Ajello*, Arcana juris, S. 232, daß Giannones Position nicht das Ergebnis politisch-taktischer Erwägungen gewesen sei, sondern die Auseinandersetzung mit den kulturellen Einflüssen des Skeptizismus und des Deismus reflektiere. Die Stellungnahme Tanuccis führt *R. Ajello*, Arcana juris, S. 241 überzeugend auf die Einflüsterungen des Kirchen- und Zivilrechtlers Capasso zurück, der sich mit fremden Lorbeeren habe schmücken wollen. Tanucci sei gegenüber dieser Version um so empfänglicher gewesen, als Giannone zum Kreis seines politischen Gegenspielers bei Hof, dem Grafen Salas de Montealegre, gehört habe.

[134] Zu Sarpi vgl. *A. Mercati*, Intorno a fra Paolo Sarpi, Roma 1928; *G. Ponti*, Paolo Sarpi (1552-1623), Paravia 1938. Aus der neueren Literatur: *H. Jedin*, Il Sarpi storico del Concilio di Trento, Brescia 1952; *L. Salvatorelli*, Le idee religiose di fra Paolo Sarpi, Roma 1953; *G. Getto*, Paolo Sarpi, Pisa / Roma 1941, Firenze 1967; *G. Cozzi*, Fra Paolo Sarpi, l'anglicanesimo e la Historia del Concilio tridentino, Napoli 1956; *ders.*, Paolo Sarpi tra Venezia e l'Europa, Torino 1978; *D. Wootton*, Paolo Sarpi between Renaissance and Enlightenment, Cambridge 1983. Auf Sarpis Souveränitätsdenken und dessen theologische Grundlagen kann hier leider nicht eingegangen werden. Vgl. hierzu aber jüngst *V. Frajese*, Sarpi scettico. Stato e Chiesa a Venezia tra Cinque e Seicento, Bologna 1994.

[135] Zur Entstehung des Gallikanismus vgl. *C. Vivanti*, Lotta politica e pace religiosa in Francia fra Cinque e Seicento, Torino 1963; ferner *V. Martin*, Les origines du gallicanisme, Paris 1939; *J. Orcibal*, Louis XIV contre Innocent XI: les appels au futur concile de 1688 et l'opinion française, Paris 1949.

[136] Vgl. *G. Ricuperati*, L'esperienza civile, S. 160.

es van Espen dann leicht, im Zuge einer historischen Untersuchung der alten Kirchenordnungen, die im Laufe der Jahrhunderte erworbenen Disziplinargewalten als *usurpationes* hinzustellen[137]. Fragt man nach den historiographischen Vorbildern Giannones, sind, neben dem gallikanischen Parlamentarier Jacques-Auguste De Thou, in erster Linie Machiavelli und Guicciardini zu nennen. Vor allem Machiavelli hat mit seiner in den „Istorie fiorentine" formulierten These, das Papsttum habe die von den Langobarden angestrebte Gründung eines einheitlichen italienischen Territorialstaates verhindert[138], Giannones antikurialer Polemik den argumentativen Ausgangspunkt geliefert: die Rolle der Kirche bei der Zerstörung des normannisch-staufischen Reiches.

Von Anlage und Inhalt her ist das Werk der von Conring, Struve und Voet begründeten Tradition der Rechtsgeschichte zuzurechnen; sie richtete sich gegen den Alleingeltungsanspruch des römischen Rechts, dem das Reichsherkommen als autonome Rechtsquelle gegenübergestellt werden sollte[139]. Zu Anfang behandelt Giannone die Unterwerfung Neapels unter die römische Herrschaft. Dabei schließt er, den Positionen Dupins entsprechend, aus, daß es in den ersten drei Jahrhunderten n. Ch. in Süditalien eine der zeitgenössischen vergleichbare Kirchendisziplin gegeben habe[140]. Im folgenden wird dann die Invasion Italiens durch die germanischen Völkerschaften beschrieben, die Giannone, Machiavelli und Grotius folgend, als Schöpfer eines neuen Rechts anerkennt[141]. Die zentralen Passagen der „Istoria civile" befassen sich mit der Eroberung Süditaliens durch die Normannen, die als die eigentlichen Gründer des neapolitanischen Staates herausgestellt werden[142]. Kritisch vermerkt wird jedoch die Anerkennung des päpstlichen Investiturrechts durch Roger I.[143]; der

---

137 Ebd., S. 161.

138 *Nicolò Machiavelli*, Istorie fiorentine, in: Opere, 2, (Classici Utet), hrsg. von *A. Montevecchi*, 2. Aufl., Torino 1986, S. 300: „Di modo che tutte le guerre che dopo questi tempi furono da' barbari fatte in Italia, furono in maggiore parte dai pontefici causate, e tutti è barbari che quella inondarono furono il più delle volte da quegli chiamati. Il qual modo di procedere dura ancora in questi nostri tempi; il che ha tenuto e tiene la Italia disunita e inferma".

139 Vgl. hierzu mit spezifischem Bezug auf Conring *K. Luig*, Conring, das deutsche Recht und die Rechtsgeschichte, in: *M. Stolleis* (Hrsg.), Hermann Conring (1606-1681). Beiträge zu Leben und Werk, Berlin 1983, S. 355-395.

140 *P. Giannone*, Istoria civile del Regno di Napoli, hrsg. von *A. Marongiu*, 1, Milano 1970, S. 93-97.

141 Ebd., S. 189: „Splenderà ancora nelle gesta de' loro principi non meno la fortezza e la magnanimità, che la pietà, la giustizia e la temperanza; e le loro leggi e i loro costumi, sebbene non potranno paragonarsi con quelli degli antichi Romani, non dovranno però posporsi a quegli degli ultimi tempi dello scadimento dell'imperio, ne' quali la condizione d'esser Romano divenne più vile ed abbietta che quella di coloro che barbari e stranieri furon riputati".

142 Ebd., 3, S. 242. Der Aufstieg der Normannen wird mit dem der Römer gleichgesetzt: „Certamente a niun'altra nazione, se ne togli i Romani, è sì fortunatamente avvenuto, che da così bassi principii in tanta potenza ed imperio fossero arrivati".

143 Ebd., 3, S. 11: „era in ciò ed a questi tempi così grande l'autorità de' papi, che i principi senza di loro stimavano non poter assumere né titolo di re, né altro più spezioso

Anspruch des Papstes, weiterhin als Lehensherr des süditalienischen Monarchen zu gelten, sei durch nichts gerechtfertigt gewesen, denn der normannische König habe die Herrschaft auf seinen militärischen Sieg gegründet[144].

Giannone stellt sich hier unverhohlen auf die Seite der allmählich entstehenden Territorialstaaten und übernimmt die Polemik Bodins und der gallikanischen Publizistik gegen die mittelalterlichen, als anachronistisch eingestuften Universalinstitutionen Papsttum und Kaisertum. Diese hätten zwar unterschiedliche Interessen vertreten, seien sich jedoch darin einig gewesen, alle Souveränitäten der christlichen Welt als Ausfluß der päpstlichen oder der kaiserlichen *auctoritas* zu betrachten. Dies sei ebenso falsch wie dem gesunden Menschenverstand entgegen, denn die Souveränität gründe sich ausschließlich auf die Eroberung oder die Unterwerfung der Völker[145]. Die Etablierung eines nach innen wie nach außen souveränen Staates ist für Giannone das *Telos* der neapolitanischen Geschichte. Dementsprechend wird die Angliederung des Reiches an das spanische Imperium als der Beginn einer Verfallsepoche gewertet. Giannone räumt in diesem Zusammenhang mit der vor allem von Bodin vertretenen Meinung auf, die Spanier kämen von allen Völkern an *fortitudo* und *prudentia civilis* den Römern am nächsten. Denn während die Römer vorbildliche Gesetzgeber gewesen seien, hätten die Spanier bei ihren Eroberungen bloß auf Beute gesehen und nichts für die Aufbringung der unterworfenen Territorien getan. Handel und Schiffahrt, die Hauptstützen des neapolitanischen Wirtschaftslebens, seien sträflich vernachlässigt worden[146]; stattdessen habe man vor allem während des Dreißigjährigen Krieges einen Großteil der staatlichen Domänen veräußert und die Erweiterung der kirchlichen Jurisdiktionssphäre stillschweigend hingenommen[147].

Zwischen der als kirchenhörig eingestuften spanischen Herrschaft, der Vergrößerung des Kirchenbesitzes und der antimerkantilistischen Steuerpolitik der Regierung stellt Giannone also einen unvermittelten Zusammenhang her. Das spanische Imperium betrachtet er als ein Produkt der Gegenreformation; als solches ist es auf religiöse Massendisziplinierung und militärische Macht gegründet, entbehrt aber eines soliden wirtschaftlichen Unterbaus. Denn zur Deckung des staatlichen Finanzbedarfs ziehe man einer entschlossenen Förderung von Handel und Gewerbe den Verkauf und die sinnlose Vermehrung der

che vi fosse, e sopra gli altri ne stavano ben persuasi i principi normanni e Ruggiero stesso".

[144] Vgl. die ironische Darstellung der Investitur Rogers zum Fürsten von Capua nach verlorenem Feldzug Innozenz' II. gegen den Normannenkönig, ebd., 3, S. 36: „Gli conferma l'investitura del ducato di Puglia, che dal suo predecessore Onorio eragli stata data; e del principato di Capua, vivente ancora il principe Roberto, che ne fu spogliato. E quando prima avea usati tanti sforzi per fargliela restituire, ora ne dà l'investitura a Ruggiero … pretendendo in cotal guisa giustificare per legittimo l'acquisto fatto di questo principato da Ruggiero *jure belli*".

[145] Ebd., S. 9.

[146] Ebd., 5, S. 306.

[147] Ebd., 7, S. 61 ff.

Steuerämter vor[148]. Giannone unterstellt damit nicht nur ein Wechselverhältnis zwischen staatlicher Souveränität und allgemeiner Wohlfahrt; er macht darüber hinaus das politische Übergewicht der Kirche für den wirtschaftlichen Niedergang des Reiches mitverantwortlich. Die später von Antonio Genovesi offen hervorgehobene Unvereinbarkeit von kirchlich bestimmtem Sozialleben und ökonomischem Aufschwung[149] wird hier erstmals angedeutet.

Die Veröffentlichung der „Istoria civile" hatte denn auch für Giannone schwere Konsequenzen. Kaiser Karl VI. war um einen Abbau der Spannungen zwischen dem Kirchenstaat und dem neapolitanischen Reich bemüht und hatte 1722 den kurienfreundlichen Michael von Althann zum Vizekönig bestellt[150]. Inzwischen häuften sich die Angriffe auf Werk und Autor. Vor allem der Jesuitenpater Franchis hetzte von der Kanzel der „Chiesa del Gesù" das Volk gegen Giannone auf. Die daraufhin ausbrechenden Tumulte zwangen das „Consiglio Collaterale", die Entfernung des Predigers zu verfügen; Predigten über Giannones Buch waren fortan untersagt[151]. Die *eletti* der adeligen *piazze* versuchten gegenzusteuern, indem sie Giannone zum Anwalt der Stadt ernannten. Als jedoch die Kurie erkennen ließ, daß sie den Autor der „Istoria civile" exkommunizieren würde, wußte Giannone, daß er seiner Freiheit nicht mehr sicher sein konnte[152]. Er flüchtete an den Wiener Hof, wo ihm dank der Unterstützung einflußreicher Landsleute wie des kaiserlichen Leibarztes Pio Nicolò Garelli, des Steueranwalts des Consejo de España, Alessandro Riccardi, und des Präfekten der Hofbibliothek, Giovanni Benedetto Gentilotti, eine Pension ausgesetzt wurde[153].

Inzwischen wurde seine „Istoria civile" in ganz Europa bekannt. Die Gebrüder Mencken, die Begründer der Leipziger „Acta eruditorum", des wohl bedeutendsten Organs der deutschen Frühaufklärung, trugen entscheidend zu deren Verbreitung in Deutschand bei[154]; und 1731 erschien eine Rezension in der

---

148 „... ciò che più gli (die Spanier) allontanò da' Romani, fu, perché loro mancò quella virtù, senza la quale ogni Stato va in rovina, cioè l'economia: quanto erano profusi, altrettanto per nudrir questo vizio bisognava che ricorressero all'altro della rapacità, gravando i popoli con taglie e donativi".

149 *A. Genovesi*, Ragionamento intorno all'uso delle grandi ricchezze, in: *ders*., Opuscoli di economia politica, Milano 1804, S. 264. Die Rückständigkeit des Mezzogiorno „non vien dal suolo e dal clima, ma dal governo, dalle leggi, dalle scienze, dal culto religioso tendente a far amare la fatica", zit. nach *G. Galasso*, La filosofia in soccorso, S. 424.

150 *A. Casella*, Il Consiglio Collaterale, S. 575 ff.

151 Vgl. *G. Ricuperati*, L'esperienza civile, S. 226.

152 Ebd., S. 227.

153 Ebd., S. 231.

154 Vgl. *G. Ricuperati*, L'esperienza civile, S. 327 ff. Zwischen 1758 und 1770 brachten Otto Christian von Lohenschiold, Professor für Geschichte an der Universität Tübingen, und Johann Friedrich Le Bret, Historiker und Theologe, der 1761 Hauslehrer in Venedig gewesen war, anschließend eine wissenschaftliche Italienreise unternommen hatte und später Kanzler der Karlsschule in Tübingen und Abt in Lorch wurde, die „Istoria civile" in deutscher Übersetzung heraus: Bürgerliche Geschichte des Königreichs Neapel, 4 Bde., Ulm / Frankfurth / Leipzig 1758-1762-1768-1770. Zu Lohenschiold vgl.

kalvinistischen Zeitschrift „Bibliothèque italique“[155]. Selbst in England wurde das Werk schnell bekannt; zwischen 1729 und 1732 wurde eine englische Übersetzung veröffentlicht. Der zum anglikanischen Bekenntnis übergetretene Jesuit Archibald Bower verteidigte es 1730 in der Londoner Zeitschrift „Historia literaria“ gegen die Angriffe seiner ehemaligen Ordensbrüder[156].

Damit ist das Kapitel des *giurisdizionalismo* jedoch noch nicht abgeschlossen. Denn in Wien fand Giannone ein ganz eigentümliches kulturelles Umfeld vor. Die anläßlich des spanischen Erbfolgekriegs zwischen England und Österreich geschlossene Allianz[157] hatte die diplomatischen Vertreter der protestantischen Mächte dem Wiener Hof näher gebracht. Ein interkonfessionelles Klima war entstanden, das den geheimen Austausch verbotenen Schrifttums zwischen Angehörigen unterschiedlicher Konfessionen begünstigte[158]. Die Klassiker des französischen Skeptizismus, die religionskritischen Werke des englischen Deismus, die erotische Literatur des Orients und des klassischen Altertums wurden auf einem schwarzen Büchermarkt gehandelt, der von den zentralen Umschlagplätzen Amsterdam und Den Haag aus, auf den Verbindungswegen von Diplomaten, Spionen, Kunsthändlern, Verlegern und Abenteurern aller Schattierungen, untergründig alle wichtigen Höfe Europas erreichte[159]. Als Abnehmer traten neben vermögenden aristokratischen Libertins vielfach Inhaber herausragender Staatsämter auf, die aus Repräsentationsgründen neben prachtvollen Palastbauten und kunstvoll angelegten Gärten umfangreiche Bibliotheken zur Schau stellten[160], nicht selten jedoch auch einer authentischen bibliophilen Leidenschaft frönten.

Der wohl bekannteste Büchersammler seiner Zeit, Prinz Eugen von Savoyen, besaß eine Bibliothek, in der neben kostbaren Raritäten die wichtigsten Werke aus allen Wissenszweigen und eben auch die skandalumwitterten Texte des

---

Allgemeine deutsche Biographie, 19, S. 119-120; zu Le Bret *M.L. Pesante*, Stato e religione nella storiografia di Göttingen. Johann Friedrich Le Bret, Torino 1971. Die „Göttingischen Anzeigen von gelehrten Sachen“ rezensierten 1742 eine im selben Jahr im Haag erschienene französische Übersetzung der „Istoria civile“.

155 Zur weiteren Rezeptionsgeschichte der „Istoria civile“ grundlegend *S. Bertelli* (Hrsg.), Giannonina. Autografi, manoscritti e documenti della fortuna di Pietro Giannone, Milano / Napoli 1968.

156 Vgl. *S. Bertelli*, Vita di Pietro Giannone, in: *P. Giannone*, Opere (Illuministi italiani, I), hrsg. von *S. Bertelli / G. Ricuperati*, Milano / Napoli 1971, S. 186. Zu Bower vgl. *G. Ricuperati*, Universal History: storia di un progetto europeo. Impostori, storici ed editori nella *Ancient Part*, in: Studi Settecenteschi, 2 (1981), S. 45 ff.

157 Vgl. dazu *M. Braubach*, Vom Westfälischen Frieden bis zur Französischen Revolution, Stuttgart 1970, S. 87-100 und *H. Schilling*, Höfe und Allianzen. Deutschland 1648-1763 (Siedler Deutsche Geschichte), Berlin 1989, S. 260 f.

158 Vgl. die umfassende Darstellung von *G. Ricuperati*, L'esperienza civile, S. 395 ff.

159 Dazu grundlegend *M.C. Jacob*, The Radical Enlightenment. Pantheists, Freemasons and Republicans, London 1981.

160 Vgl. *M. Braubach*, Prinz Eugen von Savoyen. Eine Biographie, 5: Mensch und Schicksal, München 1965, S. 93.

französischen Skeptizismus, der spinozistischen Bibelkritik und des englischen Deismus vertreten waren[161]. Es ist heute nicht mehr zu entscheiden, ob Eugen die religionskritischen Instanzen des europäischen Libertinismus tatsächlich rezipiert hat. Wie bei den allermeisten Vertreten des europäischen Hochadels wird die religiöse Skepsis wohl mehr ein ästhetischer Gestus gewesen sein, eine demonstrierte Denkhaltung, die dem von sittlichen Vorurteilen unberührten höfischen Lebensstil entsprach. Auch haftete diesen Schriften ein Charakter des Okkulten und Erlesenen an, der sie in den Augen eines Sammlers den bibliophilen Raritäten gleichsetzte.

Sicher ist indes, daß Eugen seine literarischen Verbindungen auch zu politischen Zwecken genutzt hat, ja sich seine diplomatischen Vertreter mit Vorliebe unter den protestantisch-libertinischen Aristokraten gesucht hat. Die bekannteste Gestalt in diesem eigentümlichen politischen Personal des Prinzen war der Baron von Hohendorff[162]. Um 1670 in Königsberg geboren, absolvierte er dort Schule und Universität und wurde 1690 von dem zur Entgegennahme der ständischen Huldigungen nach Königsberg gekommenen Kurfürsten Friedrich III. als Page übernommen. Bald wechselte er jedoch in den Militärdienst, wo er anscheinend rasch Karriere machte. Er gehört als Hauptmann zum brandenburgischen Hilfskorps, das der Kurfürst dem Kaiser für den Türkenfeldzug in Ungarn zur Verfügung stellt. Hier unterlief ihm ein Mißgeschick, das seiner Laufbahn ein jähes Ende setzte: er verlor die ihm zur Ausstattung seiner Kompanie übergebene Geldsumme beim Spiel[163]. Um der drohenden Verhaftung zu entgehen, flüchtete er nach Konstantinopel an den Hof des türkischen Großwesirs, wo er sich sechs Jahre lang aufhielt. Nach seiner Rückkehr nach Deutschland wurde er von dem Pfalzgrafen Franz Ludwig von Neuburg, Hochmeister des Deutschen Ordens, als Hofkavalier aufgenommen und wahrscheinlich wenig später an Prinz Eugen weiterempfohlen.

Dieser betraute ihn fortan mit geheimen diplomatischen Missionen[164]. Eugen kam dieser zur protestantischen Konfession gehörende libertinische Vertraute, der noch dazu mit einer Holländerin verheiratet war, in der damaligen politischen Situation gut zupaß. Ab 1711 mehrten sich nämlich die Anzeichen für eine Abwendung Englands von der Haager Allianz gegen Ludwig XIV.; 1712 schickte deshalb der Wiener Hof Prinz Eugen persönlich in die englische Hauptstadt, um ein Auseinanderfallen der Koalition doch noch zu verhindern. Hohendorff ist bei dieser Gelegenheit dem Prinzen vorausgereist und hat ihm diplomatisch den Weg bereitet. Seine Beziehungen zum Staatssekretär St. John, dem späteren Lord Bolingbroke, und zu dem Generalschatzmeister Graf Oxford, den

[161] Zur Entstehung der Eugenschen Bibliothek ebd., S. 96 f.

[162] Zur Bedeutung Hohendorffs im Panorama des europäischen Libertinismus grundlegend *M. Braubach*, Ein Vertrauter des Prinzen Eugen: der Generaladjutant Hohendorff, in: *ders.*, Geschichte und Abenteuer. Gestalten um den Prinzen Eugen, München 1950, S. 126-162.

[163] Ebd., S. 127.

[164] Ebd., S. 129.

maßgebenden Persönlichkeiten der Tory-Regierung, überdauerten selbst das Scheitern von Eugens Mission; über den kurpfälzischen Residenten in London blieb Hohendorff mit seinen englischen Gesprächspartnern weiter in Kontakt. Ein Jahr später nimmt er bereits als Unterhändler an den Verhandlungen zur Vorbereitung eines Bündnisses der beiden katholischen Dynastien gegen England teil[165].

Eine derart flexible Geheimdiplomatie setzte eine überkonfessionelle Geisteshaltung, wenn nicht ausgesprochene religiöse Indifferenz voraus; sie verlangte jedoch auch eine gewisse Bereitschaft zur Mißachtung überkommener Autoritäten und Institutionen, denn die hierbei gesammelten Informationen kamen nicht selten mehreren Seiten zugute. Dieses irreguläre politische Spiel, das von den offiziellen Regierungskreisen mit großem Mißtrauen verfolgt wurde, erforderte Akteure, die aus den herkömmlichen sozialen Bindungen entlassen worden waren oder zumindest innerlich mit den kulturellen Strukturen der bestehenden Sozialordnung gebrochen hatten[166]. Bei Hohendorff kam hinzu, daß er seine aristokratische Irreligiosität, seine Wahlverwandtschaft mit der Kultur des Orients und sein loses Verhältnis zu gesellschaftlichen Hierarchien mit einer bibliophilen Leidenschaft verband, die ihn dem Prinzen auf Dauer nahebrachte und ihm wohl nicht selten die Anbahnung politischer Verbindungen erleichterte. Ja, politische und literarische Mission gingen oft Hand in Hand. Der in London mit seiner Überwachung betraute Agent berichtet erstaunt, er habe mehr von einem Philosophen als von einem Soldaten und Diplomaten an sich und sei von der Bücherleidenschaft nahezu besessen[167].

Wenn Hohendorff für den Prinzen auf den Büchermärkten in England und Holland unterwegs war, kaufte er jedoch gleichzeitig für sich selbst. Auf diese Weise trug er eine Bibliothek zusammen, die, einem Katalog zufolge, der nach seinem Tod 1720 in Den Haag veröffentlicht wurde[168], 6731 gedruckte Werke, weitere 56 mit handschriftlichen Bemerkungen bekannter Gelehrter und 252 wertvolle Manuskripte umfaßte. Die Auswahl der Werke entsprach Hohendorffs intellektuellen Neigungen: Neben dem polemischen Schrifttum für und wider Bayle finden sich die Werke Spinozas, die Autoren des französischen Libertinismus, Saint Evremond und La Mothe Le Vayer, und die Klassiker des englischen Deismus, Toland, Collins und Tindal[169]. Auf Veranlassung des Prin-

---

165 Ebd., S. 137. Zu den diplomatischen Manövern Eugens vgl. *M. Braubach*, Die Geheimdiplomatie des Prinzen Eugen von Savoyen, Köln / Opladen 1962 sowie die einschlägigen Beiträge in: *ders.*, Diplomatie und geistiges Leben im 17. und 18. Jahrhundert, Bonn 1969.

166 Hierzu *G. Ricuperati*, L'esperienza civile, S. 597 f.

167 So *M. Braubach*, Prinz Eugen, 5, S. 93.

168 Bibliotheca Hohendorfiana ou catalogue de la bibliothèque de feu Monsieur George Guillaume Baron de Hohendorf dans son vivant colonel des cuirassiers au service de Sa Majesté Imperiale et Catholique, gouverneur de la ville et de la châtelerie de Courtrai, et commandant des gardes a cheval de Son Altesse Serenissime le Prince Eugène de Savoye, 3 Bde., La Haye 1720, zit. nach *G. Ricuperati*, L'esperienza civile, S. 398.

169 Die wichtigsten Titel bei *G. Ricuperati*, L'esperienza civile, S. 399-404.

zen wurde die Bibliothek von der Witwe Hohendorffs für 60.000 Taler gekauft; der bereits erwähnte Präfekt der Hofbibliothek, Gentilotti, katalogisierte sie und machte sie später Giannone zugänglich.

Das politische Prestige des Prinzen beruhte zweifellos in erster Linie auf seinen militärischen Erfolgen; aber sein Ansehen als *homme d'études* erwarb ihm die für seine Geheimdiplomatie grundlegenden Kontakte. Bezeichnend ist in diesem Zusammenhang sein Verhältnis zu dem Grafen und späteren Kardinal Domenico Passionei, der als geheimer Agent des Papstes in Holland während des spanischen Erbfolgekriegs Eugen wohl manch geheime Information zugespielt hat[170]. Anlaß zu dieser Bekanntschaft waren auch hier gemeinsame literarische Interessen, denn Passionei stand in dem Ruf, ein leidenschaftlicher Büchersammler und ein auf allen Wissensgebieten versierter Gelehrter zu sein.

Einer bekannten Adelsfamilie aus Fossombrone im Fürstentum Urbino entstammend, kam Passionei schon früh dank der Protektion seines Onkels Guido, Sekretär der „Congregazione della Cifra", an den päpstlichen Hof. Sein Ansehen als hochgebildeter Libertin ist schon früh unbestritten[171]. Erst zwanzigjährig, begründet er seinen eigenen literarischen Zirkel, „Il circolo del tamburo", zu dem bald bekannte Gelehrte wie der Theologe Bencini und die Naturwissenschaftler Baglivi und Bianchini zählen[172]. Der Kreis findet schnell Anschluß an den geheimen Büchermarkt der Freidenker. So dankt Jean Le Clerc, der Herausgeber der „Bibliothèque chiosie", dem wohl wichtigsten Rezensionsorgan englischer Aufklärungsliteratur auf dem Kontinent, Passionei in einem Brief von 1709 für die erhaltenen Bücher und stellt dabei fest, daß „tous les gens de lettres de l'Europe entretiennent quelque correspondence ensemble". Passionei solle für diese geheime libertinische Gesellschaft der Verbindungsmann in Rom sein: „il n'y a personne qui peut mieux que vous servir de correspondent commun à tous les savants, si vous étiez à Rome"[173].

Der junge Literat war jedoch auch politisch ambitioniert. Seine verwandtschaftlichen Beziehungen zu Klemens XI. schienen ihm eine brillante diplomatische Karriere zu eröffnen. Tatsächlich gelingt es ihm, 1708 an der Pariser Nuntiatur als Legationsrat unterzukommen; aber eine heftige Auseinandersetzung mit dem Nuntius Cusani, der ihm arrogantes Verhalten und Insubordina-

---

170 Zu Passionei vgl., neben den anonymen „Memorie per servire alla storia della vita del cardinale Domenico Passionei Segretario de' Brevi e Bibliotecario della S. Sede Apostolica", Roma 1762, *A. Caracciolo*, Domenico Passionei tra Roma e la repubblica delle lettere, Roma 1968.

171 Bereits 1705 besitzt er 5000 Bände, den Grundstock zu seiner später in Italien hochberühmten Bibliothek; vgl. *A. Caracciolo*, Domenico Passionei, S. 33.

172 In: Memorie, S. 7 heißt es dazu: „Per poter essere sicuramente al giorno di tutti i migliori libri, che uscissero alla luce per tutta l'Europa, e conoscerne il vero pregio, introdusse in casa sua una conversazione degli uomini più dotti, i quali fiorivano a suoi tempi in Roma ed usò ogn'industria per procacciarsi l'amicizia de' più insigni ch'erano lontani, sebbene presto fu da questi ugualmente ambita la sua, cioè tosto che da per tutto si sparse la fama del suo sapere, e cortesia".

173 Zit. nach *A. Caracciolo*, Domenico Passionei, S. 49.

tion vorwirft, unterbricht seine Laufbahn abrupt[174]. Passionei resignierte jedoch nicht und suchte Anschluß an die ihm aufgrund seiner zahlreichen literarischen Kontakte wohlbekannte Geheimdiplomatie. Er beschloß, auf eigene Faust nach Holland zu reisen und sich dort als Informant dem Meistbietenden zur Verfügung zu stellen. In Paris hatte er bereits entsprechende Beziehungen zu dem Kardinal de Noailles und dem Staatsminister de Torcy geknüpft[175]; auch hoffte er auf eine offizielle Bestallung aus Rom.

Holland war für einen libertinischen Agenten in mehrerlei Hinsicht interessant. Die Generalstaaten stellten das wichtigste Glied in der antifranzösischen Allianz dar; den Haag war deshalb als politisches Zentrum des Bündnisses Schauplatz ununterbrochener diplomatischer Manöver. Gleichzeitig fungierte Holland gewissermaßen als kultureller Vorposten Englands: Religiöse Toleranz und Weltbürgertum prägten das geistige Klima, in dem Europas größter Markt für literarische Kuriositäten blühte.

Passionei ließ sich in den Haag nieder und führte fortan das Leben eines libertinischen Grandseigneurs. Seine bibliophilen Interessen machten ihn in Holland allen bekannt, die zur kleinen Welt der Höfe und Bibliotheken, der Theater und Botschaften gehörten. Er hielt zur Umgebung des Ratspensionärs Heinsius ebenso Kontakt wie zum französischen Gesandten Polignac oder zu den Dissidenten der katholischen Gemeinde in Utrecht[176]. Diese vielfältigen Beziehungen hat sich auch Eugen zunutze gemacht. Dem Bericht eines Augenzeugen zufolge stieg der Prinz am 17. April 1712 bei Passionei ab und übernachtete in dessen Haus. Offizieller Anlaß seines Aufenthalts im Haag war eine Unterredung mit Heinsius, der dazu gebracht werden sollte, das französische Friedensangebot auszuschlagen und durch Forcierung der Kriegsvorbereitungen auf das wankelmütig gewordene England Druck auszuüben. Das hinderte ihn jedoch nicht daran, einen Tag nach seiner Ankunft an einem Bankett teilzunehmen, das Passionei zu seinen Ehren gab und zu dem auch der französische Gesandte erschien[177]. Der Graf bot sich offensichtlich den beteiligten Parteien als neutraler Mittelsmann und Informationsträger an. Obgleich er sich franzosenfreundlich gab, müssen die Beziehungen zum Prinzen im Laufe der Jahre sehr eng geworden sein, denn Eugen versuchte seitdem, seinen Einfluß

---

174 Ebd., S. 62. In den Memorie wird diese Episode nicht erwähnt.

175 In einem Brief an de Noailles aus Rotterdam vom 27. September 1708 heißt es: „Se Mr. de Torcy mi credesse capace di qualche servizio a cotesta Corte io impiegherei volentieri tutte le mie forze, e potrei farlo senza apparenza alcuna, perché è facilissimo che da Roma mi diano l'ordine di travagliare all'accomodamento di questa Missione", zit. nach *A. Caracciolo*, Domenico Passionei, S. 71.

176 Vgl. Memorie, S. 47 f.

177 Vgl. den Brief von G.F. Bergomi an Rinaldo d'Este vom 22. April 1712, zit. nach *A. Caracciolo*, Domenico Passionei, S. 127: Passionei sei, von Utrecht kommend, im Haag eingetroffen „con il principe Eugenio, che scese in sua casa, dove dormì una notte ed è stato banchettato grandiosamente con altri diciassette signori. Questa amicizia ha cominciato in casa del signor conte di Sinsendorf su la cognizione veramente grande che egli ha dei libri".

am päpstlichen Hof zugunsten Passioneis geltend zu machen und erreichte auch 1733 dessen Akkreditierung als Nuntius am Wiener Hof. Es ist naheliegend, daß der Graf, vor allem nach Hohendorffs Ableben, sich als literarischer Berater und als Beschaffer seltener Bücher und Manuskripte verdient gemacht hat[178].

Über Hohendorff scheint der Prinz auch mit dem englischen Radikalaufklärer John Toland in Verbindung gestanden zu haben. Auch hier gab es wieder sowohl politische als auch literarische Berührungspunkte. Toland war Parteigänger John Harleys, des späteren Lord Oxford, und hatte 1701 einer Abordnung der Whigs angehört, die am Hof von Hannover den Dynastiewechsel in England vorbereiten sollte. Sein exzentrisches Verhalten und seine allzu offen geäußerten materialistischen Anschauungen hatten ihn jedoch bald unmöglich gemacht und zu seiner Entfernung aus diesem inoffiziellen diplomatischen Korps geführt[179]. Sein persönlicher Einfluß auf die Kurfürstin und ihre Schwester, die preußische Königin Sophie Charlotte, scheint indes nicht unbeträchtlich gewesen zu sein. Dieser widmete er auch seine „Letters to Serena", in denen er nicht nur die biblischen Grundlagen des christlichen Glaubens kritisch hinterfragt, sondern auch sein politisches Ziel offenlegt: die Aufhebung des historischen Kompromisses zwischen Thron und Altar. Die Enttheologisierung der Politik sollte einer Gesellschaftsordnung den Weg ebnen, die nicht mehr durch den Aberglauben beherrscht wird, sondern auf das Naturgesetz gegründet ist. Von der Etablierung eines protestantischen Hauses auf dem englischen Thron und einem entsprechend stärkeren Engagement Englands auf dem Kontinent versprach er sich günstige Bedingungen für die Verbreitung seiner politisch-theologischen Ideen[180]. Für Hohendorff und seinen Herrn dürfte Toland allerdings in erster Linie wegen seines Zugangs zu radikalaufklärerisch gesinnten Buch- und Kunsthändlern in Holland von Interesse gewesen sein. Daß es literarisch-geschäftliche Verbindungen gegeben hat, belegt das Verzeichnis der Hohendorffschen Bibliothek: Es führt sämtliche wichtige Titel des englischen Freidenkers auf[181].

Dieses in Wien aufgehäuften libertinischen Buchschatzes bediente sich Giannone ab 1730 zur Ausarbeitung des „Triregno", eines religionskritischen Werks, das dem Autor lebenslange Haft eintragen sollte. Ausgangspunkt seines Entwurfs war die bereits während seiner Lehrzeit in der „Accademia Medina-Coeli" rezipierte spinozistische Bibelkritik. Sie hatte erstmals die Möglichkeit

---

[178] Passionei hat dann auch eine Gedenkansprache auf Eugen verfaßt, die womöglich im kleinen Kreis der Wiener „honnêtes hommes" gehalten wurde: vgl. *M. Braubach*, Eugen, S. 168.

[179] Vgl. *C. Giuntini*, Panteismo e ideologia repubblicana: John Toland (1620-1722), Bologna 1979, S. 145-162.

[180] Vgl. *A. Sabetti*, Un difficile messaggio di liberazione: L'Adeisdaemon e le Origines Judaicae di John Toland, Einleitung zu *J. Toland*, Adeisdaemon e Origines Judaicae, Napoli 1984, S. 15.

[181] Vgl. *G. Ricuperati*, L'esperienza civile, S. 401.

aufgewiesen, die sakrale Geschichte durch das Modell einer immanenten Kulturentwicklung der Menschheit zu ersetzen[182]. Der Durchbruch zum theologischen Radikalismus erfolgt jedoch erst durch die Lektüre von Tolands Schriften, insbesondere des „Adeisdaemon", der „Origines Judaicae" und der „Letters to Serena"[183]. Giannone stellt nunmehr die kulturelle Überlegenheit des jüdischen Volkes gegenüber den mesopotamischen Urvölkern in Frage. Es habe vielmehr deren Materialismus geteilt und insbesondere eine Zwei-Welten-Lehre nicht gekannt[184]. Die Entstehung ihrer eigentümlichen Riten und Bräuche sei überdies mehr auf Kollektivängste und in nicht unbeträchtlichem Maße auf die politische Manipulierung religiöser Bedürfnisse zurückzuführen[185]. Indem er die biblische Vorgeschichte der Menschheit, die Geschichte des Judentums, enttheologisiert, hebt Giannone die Spannung zwischen sakraler und profaner Geschichte auf. Damit entzieht er aber nicht nur der kirchlichen Lehre den Boden. Er verwirft auch die theoretische Kompromißformel, die das klassische Naturrecht am Ausgang der Religionskriege den sich ausschließenden Radikalpositionen entgegengehalten hatte: die Vorstellung eines bereits vom religiösen Sittengesetz beherrschten Naturzustands.

Grotius war ja noch davon ausgegangen, daß die *societas civilis* durch die *aequitas* der Gesetze wieder die moralische Vollkommenheit des *status naturalis* erreichen könne[186]. Für die englischen Deisten und für Giannone hingegen verhält es sich umgekehrt: Primitive Moral und Naturreligion sind Kennzeichen einer Welt, die ohne Institutionalisierung der Religion glücklich lebt. Die Kultformen verweisen nicht auf einen bereits von der göttlichen Vernunft eingerichteten gesellschaftlichen Zustand, sondern resultieren aus den frei sich artikulie-

---

[182] Vgl. die einschlägigen Beiträge in: *E. Curley / F. Moreau* (Hrsg.), Spinoza. Issues and directions, Leiden / New York 1990 sowie in: *R. Bouveresse* (Hrsg.), Spinoza, science et religion. De la méthode géometrique à l'interpretation de l'Écriture Sainte, Paris 1988.

[183] *R. Bouveresse* (Hrsg.), Spinoza, science et religion, S. 439 f.

[184] *P. Giannone*, Il Triregno, hrsg. von *A. Parente*, 1: Del regno terreno, Bari 1940, S. 190: „... Iddio non per altro si prese tanta cura per questo suo popolo, se non per dargli la possessione d'un regno terreno. Non gli promise che felicità e beni mondani, non altri premi, né altri castighi se non tutti temporali. Di regno celeste, di felicità e beni spirituali ed eterni, di speranza d'altra vita, se non terrena, non vi è vestigio alcuno".

[185] Ebd., S. 195-196: Die göttlichen Verheißungen und Drohungen, auf denen die spezifischen Gesetze und Bräuche der Juden beruhten, bezögen sich denn auch auf die Welt und die Körperlichkeit des Menschen: „... si rende ciò manifesto dalle maniere usate da Mosè cogli ebrei, dalle sue leggi, precetti, cerimonie e sagrifici che introdusse per tenere in freno un sì riottoso e scostumato popolo. Volle incepparlo con tanti riti e cerimonie perché, inclinati all'idolatria, come per lo più lo erano i popoli d'Oriente ..., non si distraesser dal culto del Dio d'Abramo ... Ma tutte queste cerimonie, tutti i loro sagrifici, olocausti e riti non riguardavano che la mondezza de' loro corpi ...".

[186] Vgl. dazu *F. Todescan*, Le radici teologiche del giusnaturalismo laico, 1: Il problema della secolarizzazione nel pensiero giuridico di Ugo Grozio, Milano 1983, S. 21 ff. Grotius behandelt ja das *ius divinum voluntarium* als systematischen Bestandteil des *ius positivum* und unterstreicht dessen Verbindlichkeit für die *summa potestas*: vgl. *Ch. Link*, Herrschaftsordnung und bürgerliche Freiheit. Grenzen der Staatsgewalt in der älteren deutschen Staatslehre, Wien / Graz 1979, S. 232 f.

renden Bedürfnissen zwanglos zusammengeschlossener Menschen. Wenn die Religion jedoch lediglich auf die Körperlichkeit bezogen und nicht mehr der menschlichen Vernunftnatur einbeschrieben ist, erscheint sie auch als Grundlage des vernünftigen Zusammenlebens entbehrlich. Den Gesellschaftsvertrag schließen dann nicht mehr zwar freie, aber religiös ‚disziplinierte', sondern bedürfnisbestimmte Individuen. Damit verweist Giannone in gewisser Weise bereits auf das Gesellschaftsbild der englischen Aufklärung: einen sich selbst regulierenden Warenkosmos, der göttlicher wie staatlicher Eingriffe nicht bedarf.

## 4. Physiko-Theologie und ökonomische Aufklärung

Obgleich er religionskritische Instanzen heranzog und damit auch um eine geistige Alternative zur herrschenden, kirchlich geprägten Kultur bemüht war, haben sich die Reforminitiativen des *giurisdizionalismo* auf die Neuordnung des Justizwesens und damit auf die Durchsetzung der staatlichen Souveränität beschränkt. Die Rückständigkeit des neapolitanischen Staates lag für diese Anhänger des klassischen Naturrechtsdenkens in dem Konkurrenzverhältnis zwischen unterschiedlichen Rechtsansprüchen begründet. Sie erkannten nicht, daß die Auseinandersetzungen zwischen Landadel und *ceto togato*, zwischen Feudalherren und kirchlichen Grundbesitzern, zwischen altem Adel und nobilitierten Spekulanten längst nicht mehr um ständische Vorrechte geführt wurden, sondern Ausdruck ökonomischer Interessengegensätze waren[187]. Für die aufstrebenden Schichten Neapels ging es nicht mehr allein darum, sich durch Heirat und unter Aufwand beträchtlicher Summen in die Privilegiengesellschaft des Ancien Régime einzugliedern.

Im Zuge der Anbindung an Spanien hatte eine neue Herrschaftsordnung das überkommene Sozialgefüge überlagert. Da es dem Madrider Hof in erster Linie daran gelegen war, möglichst hohe Kontributionen aus dem süditalienischen Reich herauszupressen, versuchte er zuallererst, dessen innere politische Handlungsfähigkeit zu lähmen. Der alte einheimische Adel wurde seiner hergebrachten kriegerischen Funktion und damit seiner sozialen und politischen Vorrangstellung beraubt. Der Juristenstand war fortan die bestimmende Schicht. Die spanischen Machthaber bedurften seiner, denn ihr neues, auf dem Ämterkauf beruhendes Kontributionswesen war nur in dem Maße durchsetzbar, wie die Gerichtshöfe den Kauf staatlicher Erhebungsrechte juristisch absicherten[188]. Dieses Finanzsystem brachte den neuen Herrschaftsträgern offenkundige Vorteile.

---

[187] Vgl. hierzu *R. Ajello*, La rivolta contro il formalismo giuridico, in: *ders.*, Arcana juris, S. 275-358.

[188] In einem zeitgenössischen Dokument heißt es dazu rückblickend: „Sopra tutti gli ordini hanno gli accorti viceré procurato … di tener contento al possibile quello de' togati e de' dottori, facendosi da questi amare e stimare, persuasi che da essi specialmente dipende la loro buona fama non meno alla corte, che tra 'l resto di quel popolo, il quale all'incontro oltremodo crede e stima 'li detti togati … e li teme più che lo stesso Viceré, questi … di tempo in tempo cambiandosi, e quelli rimanendo sempre dispositori della vita e della morte di ognuno"; zit. nach *R. Ajello* Potere ministeriale, S. 475.

Der Verkauf der je nach Nachfrage künstlich vermehrten Ämter sicherte dem Staatsschatz in Madrid vorausberechenbare Einnahmen; den aufstrebenden Handelsschichten wurde eine gewinnbringende Investitionsmöglichkeit und der reibungslose Aufstieg in die Reihen des Stadtadels ermöglicht; der *ceto togato* schließlich machte alle Schichten von sich abhängig und rückte damit in das Zentrum des Herrschafts- und Wirtschaftsgefüges.

Leidtragender dieser Entwicklung war der Adel, aber eben nicht in allen seinen Teilen. Die *nobiltà di seggio*, der neapolitanische Stadtadel, blieb für aufsteigende Juristen und Kaufleute die soziale Zielgruppe; und durch geschickte Bündnisse mit Getreidemonopolisten und einflußreichen *togati* gelang es den adeligen *eletti* auch weiterhin, die wichtigsten Ämter der Stadt zu besetzen. Aber selbst die von jeder politischen Vertretung ausgeschlossenen Landadeligen standen, sofern sie vermögend waren, nicht auf der Verliererseite. Als Getreideproduzenten, die oftmals selber Handel trieben, profitierten sie in hohem Maße von den mit der öffentlichen Getreidemagazinierung verbundenen Privilegien[189]. Hierin bestand gerade das politische Dilemma des *giurisdizionalismo*: Seine Reformprojekte zielten zwar auf die Schaffung eines nach innen wie nach außen souveränen Reiches, in dem alle ständischen und sonstigen sozialen Formationen auf ein staatliches Wohlfahrtssystem hin funktionalisiert werden sollten; dieser Ansatz kam jedoch keinem der beteiligten Interessen entgegen. So blieben selbst nach dem Zusammenbruch der habsburgischen Herrschaft und der Etablierung einer neapolitanischen Monarchie durch Karl IV. im Jahr 1734 die Grundlagen des parasitären Wirtschaftsgefüges und die damit verbundenen sozialen Privilegien weitgehend unangetastet[190].

Der zeitgleich von anderen europäischen Monarchien wenigstens tendenziell vorangebrachte Aufbau eines zentralisierten Verwaltungsapparats, der die systematische Erfassung aller territorialen Ressourcen ermöglichte, scheiterte in Neapel, weil die königliche Regierung sich hier nicht bloß alten, um die Bewahrung ihrer Gerechtsamen kämpfenden Ständen gegenübersah. Das von den Spaniern eingeführte, auf der Ämterkäuflichkeit beruhende Steuerwesen hatte die Liberalisierung des Gütererwerbs nach sich gezogen und den Feudaladel gezwungen, sich auf Getreidehandel und Kapitalspekulation einzulassen. Während sich etwa in den deutschen Territorialstaaten die alten Stände im Laufe des 18. Jahrhunderts unter dem Druck der absolutistischen Zentralgewalt allmählich zu staatsfunktionalen Sozialständen wandelten, fand im süditalienischen Reich eine durch den Verkauf der öffentlichen Ämter ausgelöste Kommerzialisierung des Adels und in gewisser Weise auch des *ceto togato* statt. Wer politische Macht anstrebte, konnte nicht mehr allein durch gesellschaftliche und persönliche Beziehungen zum Hof ans Ziel gelangen; es bedurfte dazu mittlerweile schon eines hohen finanziellen Einsatzes. Umgekehrt war der politische Einfluß unabdingbare Voraussetzung für die Bewahrung und Mehrung privaten Vermögens.

---

[189] Vgl. oben, S. 151-152.

[190] Vgl. dazu den Überblick von *R. Ajello*, La vita politica napoletana sotto Carlo di Borbone.

Diese vom *giurisdizionalismo* nicht thematisierte Verflechtung von alten Gerechtsamen und neuen sozialen Privilegien mit dem parasitären Wirtschaftsgefüge Neapels ist zum ersten Mal von einer wesentlich um Celestino Galiani und Bartolomeo Intieri sich gruppierenden Bewegung aufgeklärter Naturwissenschaftler zum Gegenstand eines politischen Diskurses gemacht worden[191]. Die Anfänge des modernen naturwissenschaftlichen Denkens in Neapel gehen auf die Tradition der *investiganti* zurück, die in der zweiten Hälfte des 17. Jahrhunderts den kartesianischen Mechanizismus und die atomistische Naturphilosophie Gassendis mit der experimentellen Methode Galileis in Beziehung zu setzen vermochten[192]. Man suchte nach einer Alternative zum herrschenden Aristotelismus, nach einem rationalen Weltbild, das die experimentellen Ergebnisse philosophisch miteinander verklammern und gegenüber der kirchlichen Lehre absichern konnte. Galilei war dabei nicht zuletzt wegen seines Lebenslaufs die entscheidende Bezugsfigur[193]. Die Atheistenverfolgung in Neapel Ende des 17. Jahrhunderts hatte der Lehr- und Forschungstätigkeit der *investiganti* ein jähes Ende gesetzt. Die von ihnen in Gang gebrachte Galilei-Diskussion wurde jedoch Anfang des 18. Jahrhunderts wieder aufgenommen und kontrovers fortgesetzt[194]. Dabei fehlte es nicht an Versuchen, Galileis experimentelle Methode auf die Erklärung einzelner, unter ganz bestimmten Bedingungen initiierter Phänomene zu deuten oder die Relevanz einer experimentellen Mechanik gänzlich zu leugnen[195].

---

[191] Hierzu grundlegend *V. Ferrone*, Scienza, natura, religione. Mondo newtoniano e cultura italiana nel primo Settecento, Napoli 1982, S. 525 ff. mit w. Nachw.

[192] Vgl. allgemein zum politischen und philosophischen Denken in Neapel gegen Ende des 17. Jahrhunderts; *S. Mastellone*, Pensiero politico e vita culturale a Napoli nella seconda metà del Seicento; zur Tradition der *investiganti* vgl. *M.H. Fisch*, L'Accademia degli Investiganti, in: De Homine, 27 (1968); *M. Torrini*, L'Accademia degli Investiganti a Napoli 1663-1670, in: Quaderni storici, 48 (1981) S. 845-883.

[193] In der zweiten Hälfte des 18. Jahrhunderts stellten die italienischen Aufklärer häufig zwischen Galilei und Newton einen unmittelbaren Zusammenhang her. So heißt es bei Paolo Frisi, einem Mitglied der Mailänder „Accademia dei pugni", Saggio sul Galileo, in: Il Caffé, 1765, zit. nach *V. Ferrone*, Scienza, S. 109: „Bisognava che si succedessero il Galileo e il Newton: ambedue abbastanza liberi, intraprendenti ed attivi per dare una nuova forma alle scienze, ambedue d'idee vaste e precise, d'una fervida immaginazione, d'un giudizio lento e maturo … Ambedue erano forniti di tutt'i talenti necessari, il primo per cominciare la rivoluzione delle scienze, il secondo per darvi la forma che devono conservare stabilmente".

[194] Die Diskussion philosophischer Neuerungen blieb freilich im 17. Jahrhundert am Rande des gesellschaftlichen und kulturellen Lebens Neapels. Vgl. dazu *G. Galasso*, Mito e storia di Galileo nel Mezzogiorno (sec. XVII-XVIII), in: *P. Galluzzi* (Hrsg.), Novità celesti e crisi del sapere, Firenze 1984, S. 432: „Morale controriformistica, aristotelismo, conformismo assolutistico … compongono l'effettivo panorama di una situazione che, vista esclusivamente con l'ottica del rinnovamento e del mutamento, può apparire assai più dislocata in avanti di quanto effettivamente non fosse".

[195] Die naturalistische Position vertritt *L. Porzio*, De motu corporum nonnulla et de nonnullis fontibus naturalibus, in: *ders.*, Opera omnia, 2, Napoli / Mosca 1736; eine experimentierfeindliche, ‚transzendentale' Mechanik theoretisiert *P.M. Doria*, Considerazioni sopra il moto e la meccanica de' corpi sensibili e de' corpi insensibili, in: *ders.*, Delle opere matematiche, Venezia 1722.

Daß sich die frühaufklärerische, in erster Linie von Celestino Galiani, Bartolomeo Intieri und dem Pisaner Mathematiker Guido Grandi vertretene Interpretation durchsetzte, wonach die „sensate esperienze" Galileis Datensammlungen im Hinblick auf die Formulierung eines physikalischen Gesetzes von universeller Gültigkeit darstellen, ist auf einen entscheidenden Umstand zurückzuführen: Galiani gelang es, in Zusammenarbeit mit dem Leiter der großherzoglichen Druckerei in Florenz, Giovanni Bottari, das Gesamtwerk Galileis 1718, ein volles Jahrhundert nach der ersten Auflage, neu herauszugeben. Den vielfältigen Spekulationen über die kaum noch zugänglichen Texte wurde auf diese Weise ein Ende gemacht[196]. Bei diesem Editionswerk ging es freilich nicht allein um wissenschaftstheoretische Einordnung experimenteller Ergebnisse; die Forschungsmethode Galileis schien den Frühaufklärern vielmehr Ausdruck ihres eigenen Weltbildes, das wissenschaftliche Erkenntnis und christlichen Glauben zu unterscheiden und gleichzeitig zu harmonisieren suchte. Wichtiger noch als die Neuerscheinung der „Discorsi" war deshalb für das kulturpolitische Anliegen Galianis und seiner Freunde die Erstpublizierung der „Lettera scritta alla granduchessa di Toscana"[197], in der Galilei zum Verhältnis von moderner Wissenschaft und christlichem Glauben Stellung nimmt.

Dabei unterscheidet er zwischen *libertas philosophandi* und biblischer Exegese und sprengt damit die überkommene Einheit von Aristotelismus und Theologie. Die Wahrheit sei eine einzige, aber es gebe zwei Wege, sie zu finden: die wissenschaftliche Forschung und die Lektüre der Heiligen Schrift, die nichts Falsches enthalte, aber auch nicht wörtlich genommen werden dürfe, weil sie allgemeinverständlich abgefaßt sei[198]. Die erste gehe streng mathematisch vor und beziehe sich auf die natürliche Ordnung, deren Gesetze unveränderlich

---

[196] *V. Ferrone*, Scienza, S. 131.

[197] Lettera del signor Galileo Galilei scritta alla granduchessa di Toscana, in cui teologicamente e con ragioni saldissime cavate da Padri più sentiti si risponde alle calunnie di coloro, i quali a tutto potere si sforzano non solo di sbandirne la sua opinione intorno alla costituzione delle parti dell'universo, ma altresì di addurne una perpetua infamia alla sua persona, Firenze 1710.

[198] Vgl. *G. Galilei*, A Madama Cristina di Lorena Granduchessa di Toscana, 1615, in: *G. Galilei*, Opere (Classici Utet), hrsg. von *F. Brunetti*, 1, 2. Aufl., Torino 1980, S. 558-559: „... mi par di poter assai ragionevolmente dedurre, che la medesima Sacra Scrittura, qualunque volta gli è occorso di pronunziare alcuna conclusione naturale, e massime delle più recondite e difficili ad essere capite, ella non abbia pretermesso questo medesimo avviso, per non aggiugnere confusione nelle menti di quel medesimo popolo e renderlo più contumace contro a i dogmi di più alto misterio ... Stante, dunque, ciò, mi par che nelle dispute di problemi naturali non si dovrebbe cominciare dalle autorità di luoghi delle scritture, ma dalle sensate esperienze e dalle dimostrazioni necessarie: perché, procedendo di pari dal Verbo divino la Scrittura Sacra e la natura, quella come dettatura dello Spirito Santo ... pare che quello degli effetti naturali che o la sensata esperienza ci pone dinanzi a gli occhi o le necessarie dimostrazioni ci concludono, non debba in conto alcuno esser revocato in dubbio, non che condennato, per luoghi della Scrittura che avesser nelle parole diverso sembiante". Vgl. hierzu auch *C. Vasoli*, „Tradizione" e „Nuova Scienza". Note alle lettere a Cristina di Lorena e al P. Castelli, in: *P. Galluzzi*, Novità, S. 73-94.

seien. Einem Mathematiker oder Philosophen könne man deshalb, im Unterschied zu einem Kaufmann oder Juristen, nicht ohne weiteres Befehle erteilen, denn die bewiesenen Schlußfolgerungen hinsichtlich der natürlichen und himmlischen Erscheinungen seien nicht veränderbar[199]. Galilei fordert also für seine Wissenschaft nicht nur einen eigenständigen, theologischen Erwägungen nicht zugänglichen, disziplinären Status. Er postuliert auch für den Naturwissenschaftler eine besondere, gegenüber der überkommenen sozialen Hierarchie gewissermaßen herausgehobene Stellung; ein Anspruch, der an das gesellschaftliche Selbstverständnis des Renaissancekünstlers erinnert und wie bei diesem durch den Verweis auf technische Fertigkeit und auf intellektuelle *inspiratio* legitimiert wird[200].

In weit stärkerem Maße als auf Galilei, der ja kein zusammenhängendes wissenschaftsphilosophisches Corpus hinterlassen hatte, rekurrierten Anfang des 18. Jahrhunderts die Experimentalwissenschaftler zur Systematisierung ihrer Ergebnisse allerdings auf den epikuräischen und gassendistischen Atomismus. Die Teilchentheorie, die Konzeption des leeren Raumes und die Annahme von Bewegungsgesetzen ermöglichten eine Diskreditierung der scholastischen Formen und Qualitäten[201]. Die atheistischen Implikationen dieses naturphilosophischen Ansatzes hatten allerdings bereits Ende des 17. Jahrhunderts kirchliche Repressionen hervorgerufen. Für die katholischen Vertreter des Atomismus um Galiani ging es deshalb darum, eine Apologie des Epikuräismus zu entwerfen, die den Heiligen Stuhl überzeugen konnte. Zu diesem Zweck regte Galiani die Herausgabe von Gassendis „Opera omnia" an, die dann tatsächlich 1727 in Florenz erschienen[202]. Die redaktionelle Betreuung lag auch diesmal wieder bei Giovanni Bottari, seit 1718 im Dienst des Kardinals Neri Corsini, der, neuen Ideen aufgeschlossen, auch Galiani protegierte. Bottari war von seiner Bildung her für dieses Editionswerk prädestiniert. Kleriker und Theologieabsolvent, hatte er sich nicht nur den Ruf eines hervorragenden Kenners der toskanischen Literatur erworben, sondern war auch wegen seiner Interessen auf physikalischem und mathematischem Gebiet bekannt[203].

Die spätere Karriere Bottaris ist in diesem Zusammenhang erwähnenswert: 1731 wurde er auf Betreiben Corsinis, der dem neuen Papst Klemens XII. nahestand, auf den Lehrstuhl für Kirchengeschichte an der römischen Universität „La Sapienza" berufen. Im Hause der Corsini schuf er bald einen Treffpunkt für Gelehrte und Kleriker, die der aufklärerischen Diskussion offenstanden. Der Kreis erhielt halboffiziellen Charakter, als Klemens XII. Bottari mit dem Aufbau

---

199 *G. Galilei*, A Madama Cristina, S. 570.

200 Vgl. hierzu etwa *P. Burke*, L'artista: momenti e aspetti, in: Storia dell'arte italiana, Teil 1, 2: L'artista e il pubblico, Torino 1979, S. 98 f.; zu Galileis Selbstverständnis vgl. *E. Garin*, Il ‚caso' Galilei nella storia della cultura moderna, in: *ders.*, Umanisti, artisti, scienziati. Studi sul Rinascimento italiano, Roma 1989, S. 249-262.

201 Vgl. *V. Ferrone*, Scienza, S. 154.

202 Ebd.

203 Vgl. *G. Pignatelli*, G.G. Bottari, in: Dizionario biografico degli italiani, 13, S. 409 f.

einer Privatbibliothek betraute. Die Beziehungen zum Papst wurden seitdem immer enger: 1735 ernannte Klemens ihn zu seinem Geheimkaplan und 1739 zum zweiten *custode* der vatikanischen Biliothek[204]. In die Zeit zwischen 1740 und 1758 fiel der Bruch mit dem orthodoxen Glauben und die Annäherung an jansenistische Positionen. Im Jahr 1749 wird erstmals die Existenz eines von Bottari gegründeten jansenistenfreundlichen Zirkels im Palast der Corsini, „l'Archetto", erwähnt. Der Kreis bestand größtenteils aus Klerikern, die sich der Vorherrschaft der Jesuiten innerhalb der römischen Kurie widersetzten. Scheinbar hatten die freundschaftlichen Beziehungen zu Domenico Passionei, der sich in einem Brief an Bottari von 1752 als „capo de giansenisti d'Italia" bezeichnete, den Anstoß gegeben[205].

Mit der Herausgabe von Gassendis Gesamtwerk wollten die Aufklärer um Galiani ein weiteres politisches Signal setzen. So wird der erste Band durch einen Aufsatz mit dem Titel „Typographus philosophiae studiosis" eingeleitet, in dem der kulturelle Verfall Italiens beklagt wird. Die Unterdrückung der *libertas philosophandi* habe zur Erstarrung des geistigen Lebens geführt und das Sektierertum begünstigt. Die orthodoxe Auslegung der Glaubenswahrheiten habe eine Sittenlehre etabliert, die der weltlichen Glückseligkeit fremd gegenüberstehe[206]. Demgegenüber bekannten sich die katholischen Aufklärer offen zu ihrem Ziel, Gott und Reichtum, Religion und Welt wieder miteinander zu versöhnen. Diese eigentümliche theoretische und kulturpolitische Verschränkung von Experimentalwissenschaften und Ökonomik verdankten sie der naturphilosophischen Theologie der Latitudinarier, dem gemäßigten Flügel der anglikanischen Kirche. Diese standen politisch auf dem Boden der im Zuge der Revolution allmählich sich herausbildenden englischen Marktgesellschaft, die sie durch Verbreitung einer rationalen Sittenlehre zu stabilisieren suchten[207]. Religiösem Fanatismus und Enthusiasmus wurde das Ideal eines Lebenswandels entgegengestellt, der die Praktizierung christlicher Tugenden mit der täglichen Sorge um den Gelderwerb verband[208]. Auch der wirtschaftliche Erfolg als solcher wurde enttheologisiert: Er war nicht Zeichen der Erwähltheit, sondern praktische Folge des persönlichen Willens[209]. Das Modell einer auf dem freien Spiel der individuellen Profitinteressen beruhenden Gesellschaft warf jedoch die Frage nach deren Reglementierbarkeit

---

204 Ebd., S. 411.

205 Vgl. *A. Caracciolo*, Domenico Passionei, S. 179.

206 Vgl. *V. Ferrone*, Scienza, S. 158.

207 Hierzu grundlegend *M.C. Jacob*, The Newtonians and the English Revolution 1689-1720, Hassocks 1976, mit w. Nachw.

208 Zur „politischen Theologie" in England im 17. Jahrhundert grundlegend die Arbeiten von Ch. Hill. Vgl. etwa: The First Century of the Church of England, in: *Ch. Hill*, Collected Essays, 2: Religion and Politics in 17th Century England, Brighton 1986, S. 19-86, sowie The World Turned Upside Down. Radical Ideas during the English Revolution, London 1972.

209 *M.C. Jacob*, The Newtonians, S. 51: „... the most historically significant contribution of the latitudinarians lies in their ability to synthesize the operations of a market society and the workings of nature in such a way as to render the market society natural".

auf. Die Natur- und Sozialphilosophie Hobbes' hatte den Menschen als einen sich selbst in Bewegung haltenden Mechanismus begriffen[210]. Moralische und religiöse Vorstellungen wurden dementsprechend nicht auf eine transzendente Instanz bezogen, sondern als Ergebnis rein zerebraler, durch körperliche Bedürfnisse angeregter Bewegungen verstanden. In dem Maße, wie er aus seiner Anthropologie die geistigen Prinzipien ausschied, verwarf er in seiner Soziallehre die sittliche Vernunft als Grundlage der politischen *obligatio*[211]. Die individuellen Erwerbsinteressen waren nicht Ausdruck einer auf unpersönliche Gesetze bezogenen menschlichen Vernunftnatur, sondern körperliche, allein durch eine äußere Disziplinierungsgewalt beherrschbare Bewegungsreflexe[212]. Eine Selbstregulierung der Gesellschaft war von daher ausgeschlossen; die zur sittlichen Selbstbeschränkung und Selbstgestaltung nicht fähigen Einzelnen bedurften einer äußeren Kontrollinstanz, die ihre egoistischen Impulse im Zaum hielt. Den obersten Gesellschaftszweck sieht Hobbes denn auch nicht in der Schaffung der allgemeinen Wohlfahrt, sondern in der Gewährleistung der persönlichen Sicherheit. Nicht die marktwirtschaftliche Produktion, sondern die souveräne politische Gewalt garantiert die Stabilität der *societas*[213].

Dieser materialistischen, den radikalen Umsturztheorien der Nachrevolutionszeit entgegenkommenden Natur- und Sozialphilosophie stellten die Latitudinarier das Newtonsche Weltbild entgegen, deren wissenschaftliche Unangreifbarkeit auch der darauf gegründeten rationalistischen Theologie Plausibilität verlieh. Die ‚ideologische' Brauchbarkeit der Newtonschen Mechanik beruhte vor allem darauf, daß aus ihr sowohl theologische als auch sozialphilosophische Konsequenzen gezogen werden konnten, die der Autor überdies selber andeutete oder zumindest autorisierte[214]. Bekanntlich hatte Newton ja in den „Principia" und in den „Opticks" nicht nach der mechanischen *causa prima* der von ihm entdeckten physikalischen Phänomene gefragt, sondern sich darauf beschränkt, die ihnen zugrundeliegende Gesetzmäßigkeit mathematisch zu formulieren[215].

---

210 Die Hobbes-Literatur ist längst unüberschaubar geworden. Für Deutschland vgl. *P. Collier*, Bibliographie der deutschsprachigen Hobbes-Literatur 1968-1981, in: *U. Bermbach / K.-M. Kodalle* (Hrsg.), Furcht und Freiheit. Leviathan-Diskussion 300 Jahre nach Thomas Hobbes, Opladen 1982, S. 244-259; für Italien: *D. Felice*, Thomas Hobbes in Italia: bibliografia (1880-1981), in: Rivista di filosofia, 73 (1982), S. 440-470. Zu dem hier angesprochenen Aspekt vgl. etwa *B. Willms*, Thomas Hobbes. Das Reich des Leviathan, München 1987, S. 80 f. und *M.M. Goldsmith*, Hobbes's Science of Politics, New York 1966, S. 27 f.

211 Vgl. *K.-M. Kodalle*, Thomas Hobbes – Logik der Herrschaft und Vernunft des Friedens, München 1972, S. 79 f.

212 Zur mechanizistischen Philosophie Hobbes' vgl. jetzt *G. Paganini*, Hobbes, Gassendi e la psicologia del meccanicismo, in: *A. Napoli* (Hrsg.), Hobbes oggi, Milano 1990, S. 351-469.

213 Vgl. hierzu *P. Costa*, Il progetto giuridico. Ricerche sulla giurisprudenza del liberalismo classico, 1: Da Hobbes a Bentham, Milano 1974, S. 100 f.

214 Vgl. *M.C. Jacob*, Newtonians, S. 19.

215 Vgl. hierzu die grundlegenden Untersuchungen von *A. Koyré*, Newtonian Studies, Harvard 1965 sowie *ders.*, From the Closed World to the Infinite Universe, Baltimore

In den „Quaestiones" 17. und 23., um die er den ursprünglich rein wissenschaftstheoretischen Anhang zu den „Opticks" in der lateinischen Übersetzung erweitert hat, wird die dem planetarischen System eigene gesetzliche Ordnung als Ergebnis einer „Entscheidung" begriffen, als „Folge der Weisheit und Fertigkeit eines mächtigen und ewigen Wesens, das überall anwesend und daher imstande ist, durch seinen Willen die Körper in seinem unendlichen und einheitlichen Sensorium zu bewegen"[216].

An derselben Stelle führt Newton aus, daß alle Körper aus harten Teilchen bestehen, die sich im leeren Raum frei bewegen und nur durch die unsichtbar wirkende Anziehungskraft dazu gebracht werden, sich zu festen Verbindungen zusammenzuschließen[217]. Newtons *systema mundi* unterwarf die Materie natürlichen Gesetzen, die der menschlichen Vernunft erkennbar waren, deren konstante Wirkung aber gleichzeitig auf den göttlichen Willen zurückgeführt werden konnte. Die Stabilität der natürlichen Ordnung brauchte nicht durch außergewöhnliche göttliche Eingriffe sichergestellt zu werden; vielmehr schien der göttliche Wille selbst deren Fähigkeit zur Selbstregulierung zu verbürgen[218].

Der naturphilosophisch abgestützten Theorie Hobbes' konnte auf diese Weise ein Sozialmodell entgegengestellt werden, das aufgrund seines analogischen Bezugs zum Newtonschen Weltbild überzeugend wirkte: Ähnlich wie die Teilchen, die in ihren Bewegungen nur durch das natürliche Gesetz der Anziehungskraft beschränkt und zur Bildung fester Körper bewogen werden, stehen auch die ökonomischen Individualinteressen im Bann der natürlichen Kräfte des freien Markts und dienen auf diese Weise dem allgemeinen Wohl[219]. Vor dem Hintergrund der von Newton selbst vorgenommenen theologischen Verankerung seiner Mechanik konnte die auf das individuelle Profitinteresse gegründete Gesellschaftsordnung als ein sich selbst regulierendes, ohne politische Eingriffe auskommendes System dargestellt und zudem auf den göttlichen Ratschluß bezogen werden. Diese, ausgehend von den Newtonschen Vorgaben, durch die Autoren der „Boyle lectures"[220], Clark, Derham, Cheyne und Bentley, vollzogene Verklam-

---

1957; vgl. jetzt auch *M. Mamiani*, Introduzione a Newton, Bari 1990 sowie den kurzen Überblick von *P. Casini*, „Il grande oceano della verità": Newton, la metafisica e le leggi della natura, in: *ders.*, Newton e la coscienza europea, Bologna 1983, S. 41-58.

[216] Zit. nach der ital. Ausgabe von *A. Koyré*, Dal mondo chiuso all'universo infinito, Milano 1970, S. 167.

[217] Ebd., S. 162.

[218] Zu Newtons theologischen Überzeugungen vgl. *F.E. Manuel*, The Religion of Isaac Newton, Oxford 1974.

[219] Vgl. dazu *M.C. Jacob*, Newtonians, S. 19: „The ordered, providentially guided, mathematically regulated universe of Newton gave a model for a stable and prosperous polity, ruled by the self-interest of men". Zum neuen sozialen Prestige der Naturwissenschaften im nachrevolutionären England vgl. *Ch. Hill*, Sir Isaac Newton and His Society, in: *M.C. Jacob*, Change and Continuity in Seventeenth-Century England, Cambridge Mass. 1975, S. 254 f.

[220] Es handelt sich um eine auf testamentarische Verfügung des Naturwissenschaftlers und Kirchenmanns John Boyle hin 1691 institutionalisierte Vorlesungsreihe; vgl. *M.C. Jacob*, Newtonians, S. 32 f.

merung von Theologie und Naturwissenschaft, von christlicher Sittenlehre und marktwirtschaftlicher *Ratio* kam den kulturellen Legitimierungsbedürfnissen der kirchlich verpflichteten oder doch dem katholischen Glauben offiziell verbundenen italienischen Aufklärer entgegen.

Wann Newtons Schriften in Italien überhaupt zum ersten Mal zur Kenntnis genommen worden sind, ist nicht vollends geklärt. Feststeht, daß Guido Grandi 1703 brieflichen Kontakt zu Newton aufnahm und ihm einige seiner geometrischen Schriften übersandte[221]. Lose Verbindungen unterhielten die italienischen Naturwissenschaftler außerdem zu Jean Le Clerc, der in seiner „Bibliothèque choisie" 1706 die „Opticks" rezensierte[222]. Eng wurden die Kontakte zwischen den englischen Newtonianern und den italienischen Naturwissenschaftlern erst im Zuge der Italienreise William Burnets im Jahr 1709. Burnet war Sohn des berühmten Erzbischofs von Salisbury, Gilbert Burnet, und stand Newton persönlich nahe. Politisch und wissenschaftlich unterstützte er die „Boyle lectures" und gehörte in der „Royal Society" zur Gruppe der Latitudinarier[223].

Vor allem bei Galiani und den römischen Naturwissenschaftlern scheint er starkes Interesse für Newtons Schriften gefunden zu haben, denn bereits Ende 1711 schickte er diesem Newtons „Principia" sowie die „Praelectiones physico-mathematicae" und die „Praelectiones physico-astronomicae" Whistons. Im November 1713 folgten die kurz zuvor erschienene zweite Auflage der „Principia" sowie eine Reproduktion des „Scholium generale"[224].

[221] *A.R. Hall*, La matematica, Newton e la letteratura, in: *R. Cremante / W. Tenga* (Hrsg.), Scienza e letteratura nella cultura italiana del Settecento, Bologna 1984, S. 40 scheint die Rezeption Newtons auf das Jahr 1703 datieren zu wollen. Im März jenes Jahres habe Guido Grandi Newton einige seiner geometrischen Schriften übersandt und dafür die „Opticks" und die „Mathematical Principles" erhalten. Es ist indes kaum wahrscheinlich, daß Grandi über diese revolutionären Schriften mit niemandem in Italien korrespondiert hat. Galiani z.B. bittet Grandi lediglich um die Adressen einiger Physiker, die Newtons optische Experimente nachvollzogen haben: vgl. den ersten Brief vom 21. April 1714, in: *C. Galiani / G. Grandi*, Carteggio (1714-1729), hrsg. von *F. Palladino / L. Simonutti*, Firenze 1989, S. 31: „... a proposito del suddetto libro del Signor Newton *de' Refractionibus etc.*, che io lessi fin da cinque o sei anni sono, e feci con Monsig.r Bianchini alcune di quelle sperienze che ritrovammo vere, vorrei che V.P.R.ma favorisse scrivermi se sa che altri le abbiano esaminate e che giudizio ne han fatto".

[222] So *V. Ferrone*, Scienza, S. 177. Umgekehrt verlief die Rezeption des naturwissenschaftlichen Schrifttums aus Italien nicht so reibungslos. Le Clerc führt dies in: Bibliothèque choisie, 27 (1713), zit. nach *V. Ferrone*, Scienza, S. 178, auf die noch geringe Leistungsfähigkeit des europäischen Büchermarktes zurück: „Les livres d'Italie viennent si rarement et si tard ici, à moins qu'on ne les fasse venir exprès, qu'on ne put pas toujours rendre aux savans de ce pais-là l'honneur qui leur est dû". Die Verbindungen italienischer Naturwissenschaftler zur Royal Society von der Mitte des 17. bis zum Ende des 18. Jahrhunderts ist Gegenstand der Untersuchung von *M.B. Hall*, La scienza italiana vista dalla Royal Society, in: *R. Cremante / W. Tenga*, Scienza e letteratura, S. 47-64; besonders aufschlußreich die Liste der italienischen *fellows* 1667-1797, ebd., S. 52-53.

[223] *V. Ferrone*, Scienza, S. 189.

[224] Ebd., S. 191.

Überbringer dieser Schriften war der holländische Wissenschaftler Willem s' Gravesande, der eben in jenem Jahr in Den Haag das „Journal littéraire" begründet hatte, eine Zeitschrift, die sich für die Ansprüche des Hauses Hannover auf den englischen Thron und damit für ein Bündnis der protestantischen Monarchien engagierte. Gleichzeitig gehörte er der bereits erwähnten, 1710 von John Toland, Anthony Collins, Jean Rousset de Missy und Prosper Marchand in Den Haag gegründeten Loge „knights of jubilation" an[225]. Offenbar bedienten sich die Newtonianer derselben geheimen Verbindungswege, auf denen das verbotene libertinische Schrifttum von Holland aus die europäischen Hauptstädte erreichte.

Um so dringender erschien es Galiani, die Theologie Newtons gegenüber dem Deismus abzugrenzen und sie als eine für die katholische Orthodoxie akzeptable Naturphilosophie zu etablieren. Die Gelegenheit dazu bot sich im Jahr 1732 mit der Ernennung Galianis zum „cappellano maggiore" des Königreichs Neapel[226]. Sie kam nicht überraschend, denn Galiani hatte schon die Jahre zuvor auf dieses Ziel hingearbeitet. So war 1728 sein Versuch gescheitert, Koadiuvator des damaligen „cappellano" Vincenzo Vidania zu werden. Sein Prestige als Diplomat und Wissenschaftler, seine persönliche Freundschaft mit dem Vizekönig, sein Vertrauensverhältnis zu dem Kardinal Neri Corsini sowie nicht zuletzt seine inoffiziellen Kontakte zu den einflußreichen neapolitanischen Frühaufklärern Costantino Grimaldi, Bartolomeo Intieri, Niccolò Cirillo und Matteo Egizio haben wohl dann schließlich doch den Ausschlag gegeben[227]. Der „cappellano maggiore" übte die religiöse Disziplin aus; er hatte dafür Sorge zu tragen, daß öffentlich weder in Wort noch Schrift gegen die offizielle Lehre verstoßen wurde. Sein Einfluß war daher nicht nur bei der Handhabung der Zensur, sondern auch bei der Besetzung der akademischen Lehrstühle entscheidend[228]. Die Ernennung Galianis bedeutete freilich auch eine politische Aufwertung der Newtonianer, die bislang im Schatten der kartesianischen Bewegung gestanden hatten.

Galianis kulturreformerische Initiative verbuchte noch in demselben Jahr einen bedeutenden Erfolg: die Gründung der „Accademia delle scienze". In ihr

---

225 Zu s'Gravesandes Verbindungen zu den *freethinkers* und zu der geheimen Loge „knights of jubilation" vgl. *M.C. Jacob*, The Radical Enlightenment, vor allem S. 142 ff.

226 Zum politischen Gewicht der reformfreudigen Kräfte in Neapel vgl. *R. Ajello*, Cartesianismo e cultura oltremontana al tempo dell'„Istoria civile", in: *R. Ajello* (Hrsg.), Pietro Giannone e il suo tempo, 1, S. 165 f.

227 Vgl. *V. Ferrone*, Scienza, S. 487.

228 Galiani gab dies in einem Brief vom 12. Dezember 1732, zit. nach *V. Ferrone*, Scienza, S. 524 auch offen zu: „Si danno qui le cattedre per concorso: ciascuno de' pretensori nello spazio di 14 ore sopra qualche testo, che gli tocca a sorte, dee far una lezione pubblica, e tra pretensori suol esservi una gara ed emulazione incredibile. Dopo che tutti han fatte le lor lezioni, a voti segreti si conferisce ad uno d'essi la cattedra. Ma ciò non ostante, quando il cappellan maggiore è in qualche considerazione, chi egli vuole riman provvisto; così appunto nel mio tempo ne son vacate tre e tutte si son date a chi io ne ho riputato più meritevole".

fanden sich Kartesianer und Newtonianer gleichermaßen zusammen; die Ablehnung der Metaphysik und der überkommenen, nunmehr für sozial nutzlos erachteten akademischen Tradition einte sie über alle theoretischen Differenzen hinweg. In dem Gründungsmanifest heißt es dazu bündig: „Si proibisce espressamente discorrersi di metafisica e di sistemi generali". Den Mitgliedern wird stattdessen aufgegeben, sich mit „filosofia naturale, anatomia, chimica, geometria, astronomia e meccanica" zu beschäftigen[229]. Der Primat der Experimentalwissenschaften machte die Akademie zum Zentrum einer neuen *libertas philosophandi*, das die im 17. Jahrhundert durch die *investiganti* begründete und von der „Accademia Medina Coeli" verkörperte Tradition empirischer Forschung aufnahm und sie in das neue rationalistische, durch die Newtonsche Mechanik geschaffene Weltbild einbezog.

Ein weiterer Schritt zur institutionellen Verankerung der aufklärerischen Kultur sollte die Neuordnung der Universität sein. Gedacht war dabei nicht an einen strukturellen Ausbau, sondern an eine Umgestaltung des Lehrplans. In der theologischen Fakultät sollte das Fach ‚teologia scottista' durch ‚Kirchengeschichte' ersetzt werden. Für die juristische Fakultät forderte Galiani die Einrichtung eines Lehrstuhls für Völkerrecht und eines weiteren für *ius regni* und Munizipalrecht. In der medizinischen Fakultät sollten zwei der vier Lehrstühle für theoretische und praktische Medizin gestrichen und stattdessen die Fächer Botanik, Chemie und praktische Chirurgie eingeführt werden. Für die philosophische Fakultät war die Zusammenlegung der Fächer Metaphysik und Logik sowie die Teilung der ‚Physik' in einen theoretischen und einen experimentellen Teil geplant. In der mathematischen Fakultät schließlich sollten an die Stelle des einzigen Lehrstuhls für Mathematik die Fächer Geometrie und Algebra treten, vermehrt durch die neuen Disziplinen Astronomie, Nautik und Mechanik[230].

Der Vorrang der Experimentalwissenschaften und die neue Wertschätzung der Historie als Grundlage des *ius publicum* sind gleichermaßen kennzeichnend für diesen Reformplan. Bei vielen lagen historische und naturwissenschaftliche Interessen ohnehin eng beieinander. So betrieb der Mathematiker und Astronom Francesco Bianchini, der seit 1715 mit Newton in persönlichem Kontakt stand und 1707 als erster in Italien die in den „Opticks" dargestellten Lichtbrechungsexperimente erfolgreich nachvollzogen hatte, gleichzeitig archäologische und historiographische Untersuchungen[231]. Überdies leitete er die ersten systematischen Ausgrabungen auf dem Palatin und war als Antiquitätensachverständiger sehr gefragt. Autor einer „Istoria universale", bei der erstmals numismatische und archäologische Quellen herangezogen worden waren[232], bediente er sich später auch astronomischer Berechnungen zur Datierung historischer Ereignisse, einer Methode, die auch Newton in seiner „Chronology"

---

229 So Intieri in einem Brief an Bottari, zit. nach *V. Ferrone*, Scienza, S. 502.

230 Ebd., S. 522.

231 Zu Person und Werk vgl. *S. Rotta*, Francesco Bianchini in Inghilterra. Contributo alla storia del newtonianesimo italiano, Brescia 1968.

232 Vgl. *S. Rotta*, Francesco Bianchini, in: Dizionario biografico degli italiani, 10, S. 188.

angewandt hatte[233]. Freilich vermied es Bianchini, biblischen Aussagen eine gleichsam historische Wahrheit entgegenzustellen. Aber schon der Versuch, die Autorität der Heiligen Schrift durch wissenschaftliche Untersuchungen zu bestätigen, durchbrach das theologische Wahrheitsmonopol.

Ebenso nachhaltiges Interesse fanden die von den Latitudinariern entwickelten ökonomischen Implikationen des Newtonschen Systems. Die Annahme, daß auch eine auf die wirtschaftlichen Individualinteressen gegründete Sozialordnung zwar durch natürliche, aber auf den göttlichen Willen rückführbare Gesetze reglementiert wurde, gab den neapolitanischen Frühaufklärern die Möglichkeit, die soziale Vereinbarkeit von kirchlicher und weltlicher Sittenlehre unter dem Schutz der unbestrittenen wissenschaftlichen Autorität der Zeit zu vertreten.

Aber erst die Auseinandersetzung mit den moralphilosophischen Positionen des englischen Empirismus, namentlich Mandevilles, lieferte der Diskussion die zentralen Stichworte. In seiner bekannten „Bienenfabel" hatte Mandeville bekanntlich die These aufgestellt, daß nicht altruistische Neigungen, sondern Eigenliebe und das Streben nach Selbsterhaltung das soziale Verhalten des Einzelnen lenken[234]. Zwar sei das Prinzip des Denkens und Verhaltens bei allen Menschen unerklärlich; die einzelnen Handlungen aber könne man durchweg auf bestimmte Bedürfnisse zurückführen. Sie stellten die Mittel dar, „by which Nature obliges every Creature continually to stir in this Business of Self-Preservation"[235]. Die Bedürfnisse sind jedoch nicht als mechanische Auslöser des menschlichen Handelns zu verstehen. Der Trieb zur natürlichen Selbsterhaltung bestimmt nur deshalb das Verhalten der Individuen, weil es durch den jeden von ihnen eingeborenen Hang zur Selbstliebe vermittelt wird. Gegenüber den materialistischen Soziallehren Spinozas und Hobbes', die in der Furcht der Einzelnen vor der physischen Vernichtung den Antrieb zur Begründung eines *status civilis* sehen, begreift Mandeville die in der Eigenliebe wurzelnde individuelle Bedürfnisbefriedigung als auslösendes Moment menschlicher Vergesellschaftung. Die Modifizierung der Argumentation zeigt an, daß sich die politische Bezugsgröße geändert hat. Die theoretische Grundlegung des Staates durch Rekurs auf den Naturzustand wird abgelöst von einer ökonomischen Sozialtheorie, die bereits den Zustand der Vergesellschaftung voraussetzt. Es geht nicht mehr darum, durch die Kategorie der Selbsterhaltung das Prinzip staatlicher Gewalt zu begründen und die Sicherheit als obersten Zweck der *societas civilis* einsichtig zu machen[236].

---

233 Ebd., S. 191.

234 Vgl. dazu etwa *D. Taranto*, Abilità del politico e meccanismo economico. Saggio sulla ‚Favola delle Api', Napoli 1982, S. 13.

235 Zit. nach *W.H. Schrader*, Ethik und Anthropologie in der englischen Aufklärung. Der Wandel der Moral-Sense-Theorie von Shaftesbury bis Hume, Hamburg 1984, S. 47. Vgl. darüber hinaus *W. Euchner*, Versuch über Mandevilles Bienenfabel, in: *B. Mandeville*, Die Bienenfabel oder private Laster, öffentliche Vorteile, mit einer Einl. von W. Euchner, Frankfurt a.M. 1980, S. 755.

236 *W.H. Schrader*, Ethik, S. 50.

Die Voraussetzungen der Vergesellschaftung sind für Mandeville grundlegend andere. Die Individuen übertragen dem Souverän nicht mehr aus Furcht die ganze Machtfülle. Da sie aus Eigenliebe handeln, geht es ihnen allein um die Befriedigung ihrer Bedürfnisse. Sie müssen daher erst überzeugt werden, daß das öffentliche Wohl dem Privatinteresse vorzuziehen ist. Aufgabe der Gesetzgeber ist es daher, „to make the People they were to govern, believe, that it was more beneficial for every Body to conquer than indulge his Appetites, and much better to mind the Publick than what seem'd his private Interest“[237]. Die Vergesellschaftung ist kein sich selbst initiierender Vorgang; sie kommt vielmehr – und hier steht Mandeville ganz in der Tradition der Hobbesschen Sozialphilosophie[238] – durch einen Eingriff von außen, infolge einer politischen Entscheidung zustande. Der Primat des Politischen wird jedoch sogleich wieder fallengelassen; die Manipulierung der individuellen Eigenliebe stellt nicht mehr als eine Initialzündung dar, die den kulturellen Prozeß der Normenbildung in Gang setzt. Da das tugendhafte Verhalten gesellschaftliche Anerkennung erfährt und damit die Eigenliebe befriedigt, gehen die Individuen bald dazu über, ihre egoistischen Triebe zu verleugnen und ihre Interessen im Rahmen gesellschaftlicher Normen und Konventionen, also unter Berücksichtigung des Allgemeinwohls zu verfolgen[239]. Die natürlichen Bedürfnisse der Einzelnen werden im Laufe dieses Zivilisierungsprozesses in private, aber gesellschaftlich sanktionierte Interessen umgewandelt. Das „Publick benefit“ darf nicht als ein hoheitlich festgesetzter Staatszweck nach dem Muster der klassischen Naturrechtslehre, als ein den Einzelinteressen übergeordnetes, ja vielfach entgegengesetztes Prinzip verstanden werden; es bezeichnet vielmehr die Fähigkeit der Sozialordnung zur Selbstregulierung, den Schwerpunkt, in dem alle individuellen Antriebe zusammentreffen und sich aufheben.

In dem Maße, wie die Normen und Konventionen gesellschaftliche Projektionen natürlicher Bedürfnisse darstellen, unterliegen sie jedoch dem kulturellen Wandel. Denn die aus der politischen Manipulierung der Eigenliebe entsprungenen Affekte, wie Eitelkeit und Stolz, schaffen das Bedürfnis nach sozialer Differenzierung. Die Arbeitsteilung setzt sich durch, Handel und Gewerbe machen sich breit. In einer durch die Vermehrung der Bedürfnisse gekennzeichneten Gesellschaft fällt der Mensch gleichsam wieder in die Hilflosigkeit des Naturzustands zurück, in dem er zwar vielfältige Gefahren zu gewärtigen hatte, dafür aber die Bedürfnisse durch seiner Hände Arbeit befriedigte[240]. Mandevilles bekanntes Paradoxon, „Private Vices, Publick Benefits“, ist somit mehr als eine

---

[237] Ebd., S. 53. Zur zivilisatorischen Rolle der ‚Politiker‘ vgl. *M.M. Goldsmith*, Private Vices, Public Benefits. Bernard Mandeville's Social and Political Thought, Cambridge 1985, S. 47-77.

[238] Vgl. dazu *D. Taranto*, Abilità, S. 14 f.

[239] *W.H. Schrader*, Ethik, S. 57.

[240] Vgl. hierzu auch *N. Rosenberg*, Mandeville and Laissez-faire, in: Journal of the History of Ideas, 24 (1963), S. 183-196 und *J. Lecler*, Libéralisme économique et libre pensée au XVIIIe siècle. Mandeville et la Fable des Abeilles, in: Études, 230 (1937), S. 624-645.

Formel, mit der der Autor seine materialistische Einstellung dokumentieren möchte. Denn seine Soziallehre schließt ja gerade aus, daß die privaten Egoismen sich ungehindert ausleben und damit den gesellschaftlichen Reichtum vermehren. Die Individualinteressen, von deren Förderung Mandeville den allgemeinen Wohlstand abhängig macht, sind bereits durch einen kulturellen Differenzierungs- und Disziplinierungsprozeß gegangen[241]; sie richten sich nicht nur auf vielfältige soziale Ziele, sondern stehen auch im Einklang mit den gängigen sittlichen Standards. Indem Mandeville die Eigenliebe als Triebfeder des Individualinteresses ansetzt, kann er die wirtschaftliche und die kulturelle Entwicklung der Gesellschaft als unterschiedliche Aspekte ein und desselben Prozesses begreifen. Zwar ist ausgemacht, „that what we call Evil in this World Moral as well as natural, is the grand Principle that makes us sociable Creatures, the solid Basis, the Life and Support of all Trades and Employments without Exception: That there we must look for the true Origin of all Arts and Sciences, and that the Moment Evil ceases, the Society must be spoiled, if not totally dissolved“[242]. Aber dieser natürliche Egoismus ist eingebunden in kollektive Normenvorstellungen, die ihm die erlaubten Ziele vorgeben. So zieht die kulturell determinierte Eigenliebe den Einzelnen auch nicht selten vom Erwerbsleben ab und läßt ihn nach Ruhm im Bereich der Kunst und Wissenschaft streben.

Mandevilles Soziallehre wurde in Neapel allerdings nicht direkt rezipiert, sondern vielmehr durch Jean-François Melons „Essai politique sur le commerce“ vermittelt, dessen zweite Auflage von 1738 Galiani und Intieri in die Hände bekamen[243]. Melon hatte darin den sozialen Typus des Kaufmanns rehabilitiert und die Grundsätze einer von theologischen Vorgaben freien Wirtschaftsmoral formuliert. Galiani hat dann unter Verarbeitung der klassischen Naturrechtssysteme (Grotius, Pufendorf, Spinoza, Locke) und des englischen Empirismus eine eigene Soziallehre ausgearbeitet, die aus verständlichen Gründen unveröffentlicht gebliebene „Scienza morale“. Darin betont er entschieden den natürlichen Ursprung „der Ideen und Erkenntnisse, der Sitten und der Moralwissenschaft“[244]. Die Konzeption eingeborener sittlicher Ideen wird unter dem Einfluß Lockes[245] abgelehnt; statt dessen greift Galiani auf das bereits von Pufendorf verwandte Bild des ersten Menschen zurück, der vom Himmel fällt und durch Sinneserfahrung sowohl die physische als auch die moralische Wirklichkeit erschließt[246].

---

[241] Die Vorgaben zum Thema der Selbstkontrolle fand Mandeville in der rationalistischen Philosophie des 17. Jahrhunderts: vgl. *D. Taranto*, Abilità, S. 18 f.

[242] Zit. nach *W.H. Schrader*, Ethik, S. 66.

[243] So *V. Ferrone*, Scienza, S. 557.

[244] Vgl. ebd., S. 423, der erstmals die „Scienza morale“ einer umfassenden Analyse unterzogen hat.

[245] Zu Lockes Toleranzgedanken vgl. aus der umfangreichen Literatur *W. Baumgartner*, Naturrecht und Toleranz. Untersuchungen zur Erkenntnistheorie und politischen Philosophie bei John Locke, Bamberg 1979 sowie den kurzen Überblick von *M. Sina*, Introduzione a Locke, Bari 1982, S. 54-60, mit w. Nachw.

[246] Vgl. *S. Pufendorf*, De jure naturae et gentium libri octo, 1, 3. Aufl., Frankfurt a.M. / Leipzig 1759, S. 112: „Ut igitur status naturalis faciem animo concipere queamus

Damit vollzieht er freilich auch eine entschiedene Trennung von *socialitas* und Religion. Während etwa Vico, der Galiani 1725 ein gewidmetes Exemplar seiner „Scienza nuova" übersandt hatte, in der Ausbildung eines religiösen Kollektivbewußtseins den Ursprung der Gesellschaften erblickt, bestreitet Galiani, daß die Gottesidee allen Völkern gemeinsam sei. Er begreift das religiöse Gefühl, im Unterschied zu Vico, nicht als anthropologische Konstante, sondern als Bestandteil der menschlichen Vernunft. Die Religion ist deshalb, ebenso wie die Wissenschaft, eher Ergebnis denn Ursache der Vergesellschaftung. Ausgehend von diesen Vorannahmen führt Galiani, ganz ähnlich wie Mandeville, die Ausbreitung der menschlichen Ideen und der wissenschaftlichen Erkenntnisse auf die wirtschaftliche Entwicklung der Gesellschaft zurück. Denn „le scienze sono figliuole della riflessione, e questa riconosce per madre l'ozio, la quiete e l'agiata vita"[247]. Nur wer der Sorge um den täglichen Unterhalt enthoben sei, frage nach den verborgenen Ursachen der ihm bekannten Erscheinungen. Erst das Aufkommen der Städte, die Einführung der Eigentumsfreiheit und der daraus resultierende Aufschwung der Gewerbe hätten viele in die Lage versetzt, sich den Wissenschaften zu widmen. Nicht Religion, sondern wirtschaftlicher Wohlstand ermöglicht Gesellschaftsbildung und Kultur – das ist die Kernaussage der „Scienza morale"[248].

Der individuelle Hang zur Geselligkeit wurzelt für Galiani denn auch nicht in der transzendenten Dimension der menschlichen Vernunftnatur, wie sie etwa noch Grotius angenommen hatte; vielmehr führt er sie im Gefolge Lockes auf die anthropologische Grundtatsache der Lust- und Schmerzempfindungen zurück. Der Mensch „per natura fugge il dolore ed ama il piacere. Così in tutte le altre sue operazioni egli fuggirà quelle cose che sentimento spiacevole gli cagioneranno ed abbraccerà quelle da cui piacere riceverà"[249]. Nicht Moral oder Wissenschaft, sondern das Nützlichkeitsprinzip ist das dynamische Element in der Menschheitsgeschichte. Der Mensch strebe das gesellige Zusammenleben an, weil dieses ihm größere Bequemlichkeiten verschaffe als die Einsamkeit. Damit stellt Galiani freilich auch die allgemeine Verbindlichkeit der katholischen Sittenlehre in Frage: „... non vi è nulla di più ordinario che il veder cristiani ortodossi che vivon male e libertini di spirito che vivon bene"[250]. Ziel und Maßstab der Moral ist nunmehr die weltliche Glückseligkeit.

---

qualis is citra ulla subsidia & inventa humana, aut divinitus homini suggesta futurus fuerat, fingendus nobis est homo undecunque in huncce mundum projectus, ac sibi soli plane relictus citra omne subsidium humanum post nativitatem ipsi accidens, & quidem ut non amplioribus animi corporisque dotibus sit instructus, quam nunc nulla praevia cultura deprehendentur, neque eundem peculiari Numinis cura foveri".

[247] Zit. nach *V. Ferrone*, Scienza, S. 429.

[248] Auch sein Neffe Ferdinando Galiani sollte später in seinen „Dialogues sur le commerce des bleds" die Kulturentwicklung auf die Ausbreitung von Handel und Gewerbe zurückführen: vgl. den Aufsatz „Staatsbildung und ökonomische Freiheitsrechte in Deutschland im 18. Jahrhundert", in diesem Band, S. 63 f.

[249] Zit. nach *V. Ferrone*, Scienza, S. 435.

[250] Ebd., S. 427.

An der Verankerung der ‚natürlichen' Gesellschaftslehre im *systema mundi* Newtons hält Galiani jedoch fest. Neben den natürlichen gebe es die moralischen Gesetze; denn wenn die Natur allein aus Materie bestünde und sich nur gemäß der absoluten und geometrischen Notwendigkeit bewegte, gäbe es keine Tugend. Diese setze vielmehr ein bekanntes und erfüllbares Gesetz voraus. Freilich – und hier distanziert Galiani sich bereits unmerklich von der rationalistischen Theologie Newtons – könne Gott die natürlichen Gesetze nicht ohne weiteres aufheben[251]. Die materialistischen Deutungen offenstehende empiristische Sozialphilosophie Lockes wirkte im Grunde der Kompromißfunktion des Newtonschen Weltbildes entgegen. Aber der Spielraum für die katholischen Apologeten einer weltlichen Sittenlehre war ohnehin denkbar eng. Bereits zwei Jahre nach Galianis Ernennung zum *cappellano maggiore* wurde der „Essay on human understanding" auf den Index gesetzt. Aber schon 1722 hatte der Kardinal Davia, ein Freund und Gönner Galianis, vor Locke gewarnt. Er sei hundertmal gefährlicher als Machiavelli, denn während dieser nur der Schreiber einer kleinen und unruhigen Stadtrepublik gewesen sei, greife jener auf die Wissenschaften der Adligen zurück und verwende die natürlichen Erkenntnisse zur Befestigung eines heimtückischen Atheismus[252]. Den Aufklärern, so mutmaßte man, war die ökonomische Aufschlüsselung der *societas* nur ein Mittel zur Enttheologisierung weltlicher Herrschaft.

---

[251] Ebd., S. 441: „Può per esempio Dio creare a suo beneplacito un triangolo. Ma non può determinarsi di creare un triangolo senza voler nell'istesso tempo una figura di tre lati in cui due di essi in qualunque maniera presi siano sempre maggiori del terzo".

[252] Ebd., S. 450: „Io giudico il Locke cento volte più pericoloso del Machiavelli, che così universalmente si eccettua in tutte le licenze si danno di leggere i libri proibiti, perché il nostro italiano nulla è più d'un matto che la discorre con la corta vista di un segretariuccio di una ben piccola e sempre tumultuante repubblica. Ma l'inglese, con metodo preso dalle scienze dei nobili e con cognizioni delle leggi della natura e della società, va insinuando certi principi che sembrano universali e senza applicarli gli fa cadere ad essere fondamenti ... fabbricandoci sopra un perfidissimo ateismo".

# Quellen und Literatur

## 1. Gedruckte Quellen


Acta Borussica. Die Behördenorganisation und die allgemeine Staatsverwaltung Preußens im 18. Jahrhundert, 16 Bde., Berlin 1898 ff.; Neudruck Frankfurt a.M. 1986-87 (ABB).

Acta Borussica. Die Getreidehandelspolitik, 4 Bde., Berlin 1896 ff.; Neudruck Frankfurt a.M. 1986-87 (ABG).

Acta Borussica. Die preußische Seidenindustrie im 18. Jahrhundert und ihre Begründung durch Friedrich den Großen, 3 Bde., Berlin 1892 ff.; Neudruck Frankfurt a.M. 1986-87 (ABS).

Acta Borussica. Die Wollindustrie in Preußen unter Friedrich Wilhelm I., Berlin 1933; Neudruck Frankfurt a.M. 1986-87 (ABW).

*Mylius*, Chr. O.: Corpus Constitutionum Marchicarum; Corporis Constitutionum Marchicarum Continuatio; Novum Corpus Constitutionum Prussico-Brandenburgensium praecipue Marchicarum, Berlin / Halle 1737-1822.


## 2. Primärliteratur


*Abel*, J.F.: Einleitung in die Seelenlehre, Stuttgart 1786.

Anmerkungen zu des Herrn Prof. Dohms Abhandlungen über das physiokratische System, in: Deutsches Museum, 1, Leipzig 1779, S. 427-452.

*Aschenwall*, G.: Prolegomena iuris naturalis, 5. Aufl., Göttingen 1781.

*Becher*, C.A.E.: Ueber Toleranz und Gewissensfreyheit und die Mittel, beyde in ihre gehörige Gränzen zu weisen, den Bedürfnissen unserer Zeit gemäß, Berlin 1782.

*Beckmann*, J.: Anleitung zur Technologie, oder zur Kenntniß der Handwerke, Fabriken und Manufakturen, vornehmlich derer, die mit der Landwirthschaft, Polizey und Cameralwissenschaft in nächster Verbindung stehen, Göttingen 1777.

– Sammlung auserlesener Landesgesetze, welche das Policey- und Cameral-Wesen zum Gegenstande haben, Frankfurt a.M. 1783.

*Behrenhorst* G.H. von: Betrachtungen über die Kriegskunst, 2, 2. Aufl., Leipzig 1798.

*Belloni*, H.: Abhandlung vom Commercien- und Müntz-Wesen, Frankfurt a.M. / Leipzig 1752.

*Benekendorf*, C.F. von: Über die hohen Verpachtungen, in: Annalen des Ackerbaus, 2 (1805).

Beyträge zur Finanzlitteratur in den preußischen Staaten, Frankfurt / Leipzig 1779.

*Bianchi*, G.A.: Della potestà e della politica della Chiesa, trattati due, contro le nuove opinioni di P. Giannone, Roma 1745.

*Boehmer*, J.H.: Introductio In Ius Publicum Universale, Ex Genuinis Iuris Naturae Principiis Deductum, Halle 1710.

– Ius Ecclesiasticum Protestantium Usum Modernum Iuris Canonici Juxta Seriem Decretalium Ostendens, 1-3, 3. Aufl., Halle 1730-1736.

*Büsch*, J.G.: Uber den Gang meiner Thätigkeit und meines Geistes, Erfahrungen, IV, Hamburg 1794.

*Capaccio*, G.C.: Il Forastiero, Napoli 1634.

*Carl Friedrich*, Markgraf von Baden: Meine Antwort auf die Danksagungen des Landes nach Aufhebung der Leibeigenschaft und einiger Abgaben, in: Ephemeriden der Menschheit, 1. Stück, 1784, S. 70-80.

*Cocceji*, H.: Juris publici prudentia, 3. Aufl., Frankfurt/Oder 1705.

*Crusius*, Ch.A.: Anweisung vernünftig zu leben. Darinnen nach Erklärung der Natur des menschlichen Willens die natürlichen Pflichten und allgemeinen Klugheitslehren im richtigen Zusammenhange vorgetragen werden, Leipzig 1744.

*D'Andrea*, F.: Risposta al trattato delle ragioni della Regina Cristianissima, sopra il ducato di Brabante e altri stati della Fiandra, Napoli 1667-1676.

– Avvertimenti ai nipoti, in: *N. Cortese*, I ricordi di un avvocato napoletano del Seicento, Francesco D'Andrea, Napoli 1923.

*Darjes*, J.G.: Erste Gründe der Cameralwissenschaften, 2. Aufl., Leipzig 1756.

*Della Casa*, G.: Galateo, Torino 1975.

Die Freiheit der Schiffahrt und Handlung neutraler Völker im Kriege, Leipzig 1780.

*Dohm*, Ch.W.: Kurze Vorstellung des physiokratischen Systems, nebst einigen Erinnerungen über dasselbe, Kassel 1778.

– Ueber das physiokratische System, in: Deutsches Museum, 2, Leipzig 1778, S. 289-324.

– Ausgewählte Schriften, bearb. von H. Detering, Lemgo 1988.

*Doria*, P.M.: Considerazioni sopra il moto e la meccanica de' corpi sensibili e de' corpi insensibili, in: *ders.*, Delle opere matematiche, Venezia 1722.

*Ehlers*, M.: Ueber die Lehre von der menschlichen Freyheit, und über die Mittel zu einer hohen Stufe moralischer Freyheit zu gelangen, Dessau 1782.

Entwurf der Ephemeriden der Menschheit, in: Ephemeriden der Menschheit, 1. Stück, 1777, S. 1-21.

*Erhard*, Ch.D.: Versuch einer Critik des Allgemeinen Gesetzbuchs für die Preussischen Staaten, Dresden / Leipzig 1792.

*Ernesti*, J.A.: Initia Doctrinae solidioris, 4. Aufl., Leipzig 1783.

*Federsen*, J.F.: Christliches Sittenbuch für den Bürger und Landmann. Einem hohen Auftrage zufolge geschrieben, Hamburg / Kiel 1783.

*Firnhaber*, J.H.: Historisch-politische Betrachtung der Innungen und deren zweckmäßige Einrichtung, Hannover 1782.

*Fischer*, F.C.J.: Geschichte des Despotismus in Teutschland, Halle 1780.

Freymüthige Betrachtungen über die wahren Vortheile eines Staats, Leipzig 1779.

Freimütige Betrachtungen über den Entwurf eines allgemeinen subsidiarischen Gesetzbuchs für die Preussischen Staaten, in: Leipziger Magazin für Rechtsgelehrte, 1, Leipzig 1784.

Freimüthige Betrachtungen über die Gesetzgebung der Teutschen bey Gelegenheit der Wahl eines römischen Kaisers, 1790.

*Friedrich* II.: Die politischen Testamente, übers. von F. von Oppeln-Bronikowski, Berlin 1922.

– Pädagogische Schriften und Äußerungen, hrsg. von *J.B. Meyer*, Langensalza 1885; Königstein/Ts. 1978.

*Fürstenau*, C.G.: Versuch einer Apologie des physiokratischen Systems, Cassel 1779.

*Galiani*, C. / *Grandi*, G.: Carteggio (1714-1729), hrsg. von *F. Palladino* / *L. Simonutti*, Firenze 1989.

*Galiani*, F.: Opere (Illuministi italiani, VI), hrsg. von *F. Diaz* / *L. Guerci*, Milano / Napoli 1975.

*Galilei*, G.: A Madama Cristina di Lorena Granduchessa di Toscana, in: *G. Galilei*, Opere (Classici Utet), hrsg. von *F. Brunetti*, 1, 2. Aufl., Torino 1980, S. 551-593.

*Garve*, Ch.: Anhang einiger Betrachtungen über J. Macfarlans Untersuchungen die Armuth betreffend, Leipzig 1785.

– Philosophische Anmerkungen und Abhandlungen zu Cicero's Büchern von den Pflichten. Anmerkungen zu dem ersten Buche, Breslau 1787.

– Abhandlung über die Verbindung der Moral mit der Politik. Noch einige Betrachtungen über die Frage: „In wiefern ist es möglich, die Moral des Privatlebens bey der Regierung der Staaten zu beobachten“, Breslau 1787 als Anhang zur Ausgabe des Cicero, Separat Breslau 1788 und 1801.

– Fragmente zur Schilderung des Geistes, des Charakters, und der Regierung Friedrichs des Zweyten, I. u. II. Teil, Breslau 1789.

– Ueber Gesellschaft und Einsamkeit. 1, Breslau 1797; 2, Breslau 1800.

– Einige Betrachtungen über die allgemeinsten Grundsätze der Sittenlehre, Breslau 1798.

– Über den Charakter der Bauern und ihr Verhältnis gegen die Gutsherren und die Regierung, Breslau 1786; 1798.

– Übersicht der vornehmsten Principien der Sittenlehre, von dem Zeitalter des Aristoteles an bis auf unsere Zeiten, Breslau 1798.

– Versuche über verschiedene Gegenstände aus der Moral, der Litteratur und dem gesellschaftlichen Leben, 5 Bde., Breslau 1821.

Gedanken über das Physiocratische System, in: Gelehrte Beyträge zu den Braunschweigischen Anzeigen 1779.

*Genovesi*, A.: Ragionamento intorno all'uso delle grandi ricchezze, in: *ders.*, Opuscoli di economia politica, Milano 1804.

*Georgii*, E.F.: Anti-Leviathan oder über das Verhältnis der Moral zum äußern Recht und zur Politik, Göttingen 1807.

*Gericke*, J.M.H.: Versuch einer allgemeinen Abhandlung vom Patriotismus, Hamburg 1782.

*Giannone*, P.: Il Triregno, hrsg. von *A. Parente*, 3 Bde., Bari 1940.

– Istoria civile del Regno di Napoli, hrsg. von *A. Marongiu*, 7 Bde., Milano 1970-1972.

– Opere, hrsg. von *S. Bertelli / G. Ricuperati* (Illuministi italiani, I), Milano / Napoli 1971.

Göttinger Anzeiger für gelehrte Sachen, 1751 ff.

*Graebe*, Vermischte Betrachtungen über Regenten und Unterthanen, Herrschaft und Landeshoheit, insbesondere deren Umfang, Einschränkungen und Gränzen, Frankfurt / Leipzig 1780.

*Grotius*, H.: Mare liberum, 1609; Lausanne 1752.

*Gundling*, N.H.: Jus naturae et gentium, 3. Aufl., Halle 1736.

*Gutschmid*, Ch.G.: De favore commerciorum, Leipzig 1750.

*Hanker*, H.: Die Rechte und Freyheiten des Handels der Völker untereinander nach den Grundsätzen des allgemeinen Völkerrechts und der Völkermoral, Hamburg 1782.

*Heineccius*, J.G. (praes.) / *Henning*, M. (def.), De iure principis circa commerciorum libertatem tuendam, Halle 1738.

*Hestermann*, L.: Der offene Handelsstaat, Stuttgart 1802.

*Hirschfeld*, Ch.C.L.: Versuch über den großen Mann, Leipzig 1768.

– Sammlung einiger Abhandlungen aus der Philosophie und Moral, Frankfurt / Leipzig 1786.

Historisch-politisch-geographische und militärische Beyträge, die königlich preussische und benachbarte Staten betreffend, Berlin 1782.

Historische Beyträge, hrsg. von *L.J. Fischbach*, Berlin 1781-1785.

*Höpfner*, L.J.F.: Naturrecht des einzelnen Menschen, der Gesellschaften und der Völker, 3. Aufl., Gießen 1785.

*Hume*, D.: Geschichte von Großbritannien, 3 Bde., Breßlau / Leipzig 1762-1764.

*Iselin*, I.: Philosophische und politische Versuche, Zürich 1767.

– Versuch über die gesellige Ordnung, Basel 1772; Neudr. Hildesheim 1969.

– Antwort auf Herrn Hofrath Schlossers Schreiben über die Philantropinen, in: Ephemeriden der Menschheit, 3. Stück, 1776, S. 8-26.

– Rezension von Reimarus „Handlungsgrundsätze“ in: Ephemeriden der Menschheit, 10. Stück, 1776, S. 55-75.

– Rezension von Johann Georg Schlosser, Politische Fragmente in: Ephemeriden der Menschheit, 9. Stück, 1777, S. 43-79.

*Jung Stilling*, J.H.: Beleuchtung der Frage: ob ein Volk durch Handel reich werden könne?, in: Ephemeriden der Menschheit, 1784, S. 385-409.

– Antrittsrede über den Ursprung, Fortgang und die Lehrmethode der Staatswirthschaft, Marburg 1787.

*Karbe*, A.: Die in der Mark Brandenburg und andern deutschen Provinzen mögliche und nützliche Einführung der englischen Wechselwirtschaft, Prenzlau 1802.

*Klein*, E.F.: Besprechung von *Ch.D. Erhard*, Versuch einer Critik des allgemeinen Gesetzbuchs für die Preußischen Staaten, in: Annalen der Gesetzgebung und Rechtsgelehrsamkeit in den Preußischen Staaten, hrsg. von *E.F. Klein*, 10, Berlin / Stettin 1793.

*Kraus*, Ch.J.: Staatswirthschaft, 5 e. Aus dem Nachlaß herausgegeben von Hans von Auerswald, Königsberg 1808-1811.

*Krünitz*, J.G.: Das Gesindewesen, nach Grundsätzen der Ökonomie und Polizeywissenschaft, Berlin 1779.

– Deutsche Encyclopädie, 10, Frankfurt a.M. 1780.

– Oeconomische Encyclopädie, 21, Berlin 1780.

*Lamotte*, G.A.H.: Beyträge zur Cameralwissenschaft, für die Cameralisten in den Preussischen Staaten, Leipzig 1783.

– Practische Beyträge zur Cameralwissenschaft in den Preussischen Staaten, Leipzig 1783.

*Lamprecht*, G.F.: Versuch eines vollständigen Systems der Staatslehre, Berlin 1784.

Leipziger Oeconomische Nachrichten, 1750 ff.

*Machiavelli*, N.: Istorie fiorentine, in: *ders.*, Opere (Classici Utet), 2, hrsg. von *A. Montevecchi*, 2. Aufl., Torino 1986.

*Mandeville*, B.: Die Bienenfabel oder private Laster, öffentliche Vorteile, Frankfurt a.M. 1980.

*Martini*, K.A., von: Lehrbegriff des Naturrechts, Wien 1799.

*Mauvillon*, J.: Sammlung von Aufsätzen über Gegenstände aus der Staatskunst, Staatswirthschaft und neuesten Staaten Geschichte, 2 Bde., Leipzig 1776 und 1777.

– Von der Üppigkeit, in: *ders.*, Sammlung von Aufsätzen über Gegenstände aus der Staatskunst, Staatswirthschaft und neuesten Staaten Geschichte, Leipzig 1776.

– Physiokratische Briefe an den Herrn Professor Dohm, Braunschweig 1780.

*Meier*, G.F.: Philosophische Sittenlehre, 5 e, Halle 1762.

Memorie per servire alla storia della vita del cardinale Domenico Passionei Segretario de' Brevi e Bibliotecario della S. Sede Apostolica, Roma 1762.

*Montesquieu*, Voyage de Gratz à la Haye, in: *ders.*, Oeuvres complètes, 1, Paris 1949.

*Moser*, F.C. von (Hrsg.): Vertraute Briefe über die wichtigsten Grund-Sätze und auserlesene Materien des Protestantischen Geistlichen Rechts, Frankfurt a.M. 1761.

*Moser*, J.J.: Anti-Mirabeau, Frankfurt / Leipzig 1771.

– Abhandlungen aus dem Teutschen Kirchen-Recht, Frankfurt / Leipzig 1772.

– Von der Landeshoheit in Regierungssachen überhaupt, besonders auch in Ansehung derer landesherrlichen Raths-Collegien, Beamten, Gesetze, u.s.w., Franckfurt / Leipzig 1772.

– Von der Landes-Hoheit in Justiz-Sachen, Franckfurt / Leipzig 1773.

– Von der Landeshoheit derer Teutschen Reichsstände überhaupt, Franckfurt a.M. / Leipzig 1773.

– Von der Landeshoheit im Geistlichen, Frankfurt / Leipzig 1773.

*Musäus*, J.D.H.: Grundsätze des Handlungs-Rechts, Hamburg / Kiel 1785.

*Nettelbladt*, D.: Systema elementare universae jurisprudentiae naturalis, 3. Aufl., Halle 1767.

– Abhandlungen von den wahren Gründen des protestantischen Kirchenrechts, Halle 1783.

Patriotisches Archiv für Deutschland, 12 Bde., Frankfurt / Mannheim / Leipzig 1784-1790.

*Pestel*, F.W.: Selecta capita doctrinae de servitute commerciorum. Von der Handlungsfreyheit und Dienstbarkeit, 2. Aufl., Rinteln 1763.

*Pfeiffer*, J.A.: Der Antiphysiocrat, Frankfurt a.M. 1780.

*Pfeiffer*, J.F. von: Grundriß der wahren und falschen Staatskunst, 1, Berlin 1778.

– Natürliche aus dem Endzweck der Gesellschaft entstehende Allgemeine Policeywissenschaft, 1, Frankfurt a.M. 1779.

*Philippi*, J.A.: Der vergrößerte Staat, Frankfurt / Leipzig 1759.

*Pontano*, De oboedientia, 1490.

*Porzio*, L.: De motu corporum nonnulla et de nonnullis fontibus naturalibus, in: *ders.*, Opera omnia, 2, Napoli / Mosca 1736.

*Pufendorf*, S.: De Habitu Religionis Christianae ad vitam Civilem, 5. Aufl., Bremen 1713.

– De jure naturae et gentium libri octo, 3. Aufl., Leipzig 1759.

*Pütter*, J.S.: Beyträge zum Teutschen Staats- und Fürsten-Rechte, Teil 1, Göttingen 1777.

– Institutiones iuris publici germanici, Göttingen 1782.

– Geist des Westphälischen Friedens, Göttingen 1795.

*Quesnay*, F.: Maximes générales du gouvernement économique d'un royaume agricole, in: *ders.*, Oeuvres économiques et philosophiques, hrsg. von *August Oncken*, Frankfurt 1888.

*Reimarus*, J.A.: Handlungsgrundsätze zur wahren Aufnahme der Länder und zur Beförderung der Glückseligkeit ihrer Einwohner aus der Natur und Geschichte untersucht, Frankfurt / Leipzig 1768.

– Lebensbeschreibung von ihm selbst aufgesetzt, Hamburg 1814.

*Resewitz*, F.G.: Die Erziehung des Bürgers zum Gebrauch des gesunden Verstandes, und zur gemeinnützigen Geschäfftigkeit, Wien 1787.

Rezension von *Carl Friedrich Markgraf von Baden*, Meine Antwort auf die Danksagungen des Landes, in: Göttingische Anzeigen von gelehrten Sachen, 2 (185. Stück), Göttingen 1783, S. 1863-1864.

Rezension von *Ch.W. Dohm*, Kurze Vorstellung des physiokratischen Systems, in: Göttingische gelehrte Anzeigen, 2 (130. Stück), Göttingen 1778.

Rezension von *C.G. Fürstenau*, Versuch einer Apologie des physiokratischen Systems, in: Göttingische gelehrte Anzeigen, 2 (48. Stück), Göttingen 1780, S. 766-768.

Rezension von *Jakob Friedrich Feddersen*, Christliches Sittenbuch, in: Ephemeriden der Menschheit, 1, 1784, S. 461-465.

Rezension von *Johann August Schlettwein*, Die Rechte der Menschheit, in: Ephemeriden der Menschheit, 1, 1784, S. 537-585.

Rezension von *A. Young*, Arithmétique politique, in: Ephemeriden der Menschheit, 7. Stück, 1777, S. 75-91.

Rezension von *J. Mauvillon*, Physiokratische Briefe an den Herrn prof. Dohm, in: Göttingische Anzeigen von gelehrten Sachen, 1 (1. Stück), Göttingen 1780, S. 1-7.

Rezension von *Necker*, Sur la législation et le commerce des grains, in: Göttingsche Anzeigen von gelehrten Sachen, 2 (128. Stück), S. 1098-1104.

Rezension von *A. Smith*, Inquiry into the Nature and Causes of the Wealth of Nations, in: Göttingische Anzeigen für gelehrte Sachen, 1 (30. Stück), 1777, S. 234-240.

*Rode*, A. (Hrsg.): Anfangsgründe der feinen Lebensart und Weltkenntniß ... von Dr. John Trusler. Aus dem Englischen übersetzt von Karl Philipp Moritz, 2. Aufl., Berlin 1799.

*Scheidemantel*, H.G.: Das Staatsrecht nach der Vernunft und den Sitten der vornehmsten Völker betrachtet, 2, Jena 1771.

– Das allgemeine Staatsrecht überhaupt und nach der Regierungsform, Jena 1775.

*Schilter*, J.: De Libertate Ecclesiarum Germaniae, Jena 1683.

*Schlettwein*, J.A.: Die wichtigste Angelegenheit für das ganze Publicum, oder die natürliche Ordnung, in: Der Politik überhaupt, 2 Teile, Karlsruhe 1772 u. 1773.

– Schriften für alle Staaten zur Aufklärung der Ordnung der Natur im Staats-, Regierungs- und Finanzwesen, 1. Teil, Karlsruhe 1775.

– Evidente und unverletzliche aber zum Unglück der Welt meistens verkannte oder nicht geachtete Grundwahrheiten der gesellschaftlichen Ordnung, Gießen 1777.

– Grundverfassung der neugerichteten ökonomischen Facultät auf der Universität Gießen, Gießen 1778.

– Grundfeste der Staaten oder die politische Oekonomie, Gießen 1779.

– Die Rechte der Menschheit oder der einzige wahre Grund aller Gesetze, Ordnungen und Verfassungen, Gießen 1784.

*Schlosser*, J.G.: Schreiben an Herrn Rathschreiber Iselin über die Philantropinen, in: Ephemeriden der Menschheit, 1. Stück, 1776, S. 23-42.

– Ueber das neue französische System der Polizeifreyheit insbesondere in der Aufhebung der Zünfte, in: Ephemeriden der Menschheit, 2. Stück, 1776, S. 6-39.

– Vorschlag und Versuch einer Verbesserung des deutschen bürgerlichen Rechts ohne Abschaffung des römischen Gesetzbuchs, Leipzig 1777.

– Politische Fragmente, in: *ders.*, Kleine Schriften, 2. Theil, Basel 1780, S. 224-260.

– Rede auf Isaac Iselin, gehalten am 4. Juni 1783 in der Helvetischen Gesellschaft zu Olten, Basel 1783.

– Über das neue französische System der Polizeyfreyheit insbesondere in der Aufhebung der Zünfte, in: Ephemeriden der Menschheit 1776, später in: *ders.*, Kleine Schriften, Erster Theil, 2. Aufl., Basel 1787, S. 133-166.

*Schmalz*, Th. von: Encyclopädie der Cameralwissenschaften, 2. Aufl., Königsberg 1819.

*Schmid*, L.B.M.: Lehre von der Staatswirthschaft. Zu den Vorlesungen auf der Kameralhohenschule zu Lautern, Mannheim / Lautern 1780.

*Stolle*, G.: Kurze Anleitung zur Historie der Gelahrtheit. Dritter Teil: Darinnen von der Historia Litteraria der Practischen Philosophie überhaupt und deren Disciplinen insonderheit gehandelt wird, Halle 1718.

*Struve*, B.G.: Discurs vom Ursprung, Unterscheid, Gerechtsahme der Landstände in Teutschland, in Sonderheit im Herzogthum Mecklenburg, Hamburg 1741.

*Sulzer*, J.G.: Kurzer Begriff aller Wissenschaften und andern Theile der Gelehrsamkeit, worin jeder nach seinem Inhalt, Nutzen und Vollommenheit kürzlich beschrieben wird, Vierte ganz veränderte und sehr vermehrte Auflage, Leipzig 1774.

*Süßmilch*, J.P.: Gedanken von den epidemischen Kranckheiten und dem größeren Sterben des 1757ten Jahres, 1758.

*Svarez*, C.G.: Vorträge über Recht und Staat, hrsg. von *H. Conrad / G. Kleinheyer*, Köln / Opladen 1960.

*Tevenar*, J.W.: Versuch über die Rechtsgelahrtheit, Magdeburg / Leipzig 1777.

*Thomasius*, Ch.: Fundamenta iuris naturae et gentium, 4. Aufl., Halle 1718.

Über die wirthschaftliche Organisation der Gesellschaft, oder Versuch einer Erläuterung der wirthschaftlichen Tafel, in: Ephemeriden der Menschheit, 1. Stück, 1780, S. 3-34.

Ueber den Religionszustand in den preussischen Staaten, seit Friedrich dem Großen, in einer Reihe von Briefen, Leipzig 1778.

Ueber die neue preußische Justizverfassung, in: Berlinische Monatsschrift, 3, 1784.

Ueber Freyheit und Einschränkung der Handelsgeschäffte. Oder neuere und ältere Regierungs-Maximen der Handels-Policey im Contraste, (aus dem Englischen übersetzt von Christian August Wichmann), Leipzig 1793.

*Ulrich*, J.H.F.: Moralische Encyclopädie, 6 Bde., Berlin / Stettin 1779-1780.

Unvorgreifliche Anmerkungen zu der berüchtigten Broschüre: Ueber den Diensthandel deutscher Fürsten, 1786.

*Veit*, D.: Johann Albert Heinrich Reimarus nach zurückgelegten Fünfzig Jahren seiner medizinischen Laufbahn, 2 Bde., Hamburg 1807.

*Villaume*, P.: Geschichte des Menschen, Zweite verbesserte Auflage, Leipzig 1788.

*Voltaire*: Lettres philosophiques, hrsg. von *G. Lanson*, Paris 1909.

*Waldeck*, F.W.: Ueber die Unzertrennlichkeit der deutschen Bauerngüter, Giessen 1783.

*Westphal*, E.Ch.: Institutiones juris naturalis, Leipzig 1776.

*Will*, G.A.: Versuch über die Physiokratie, Nürnberg 1782.

*Wolff*, Ch.: Vernünfftige Gedancken von der Menschen Thun und Lassen, zur Beförderung der Glückseligkeit, 1720.

*Zech*, P.E.: Meditationes De Origine, Indole, Effectibus atque Historia Juris Reformandi circa Religionem, Frankfurt / Leipzig 1728.

*Zedlitz*, K.A. von.: Über den Patriotismus als Gegenstand der Erziehung in monarchischen Staaten, Berlin 1770.

## 3. Sekundärliteratur

*Abel*, G.: Stoizismus und Frühe Neuzeit. Zur Entstehungsgeschichte modernen Denkens im Felde von Ethik und Politik, Berlin / New York 1978.

*Abel*, W.: Geschichte der deutschen Landwirtschaft vom frühen Mittelalter bis zum 19. Jahrhundert, 2. Aufl., Stuttgart 1967.

– Agrarkrisen und Agrarkonjunktur, Hamburg / Berlin 1978.

*Ajello*, R.: Il problema della riforma giudiziaria e legislativa nel regno di Napoli durante la prima metà del secolo XVIII, Napoli 1961.

– Arcana juris. Diritto e politica nel Settecento italiano, Napoli 1976.

– La vita politica napoletana sotto Carlo di Borbone, in: Storia di Napoli, 4, Napoli 1976, S. 445-726.

– Cartesianismo e cultura oltremontana al tempo dell'„Istoria civile", in: *R. Ajello* (Hrsg.), Pietro Giannone e il suo tempo. Atti del convegno di studi nel tricentenario della nascita, Napoli 1980, S. 3-181.

– Potere ministeriale e società al tempo di Giannone. Il modello napoletano nella storia del pubblico funzionario, in: *R. Ajello* (Hrsg.), Pietro Giannone e il suo tempo. Atti del convegno di studi nel tricentenario della nascita, 2, Napoli 1980, S. 451-511.

– Gli „afrancesados" a Napoli nella prima metà del Settecento. Idee e progetti di sviluppo, in: *M. Di Pinto*, (Hrsg.), I Borbone di Napoli e i Borbone di Spagna. Un bilancio storiografico, 1, Napoli 1985, S. 115-192.

*Ajello*, R. / *Firpo*, M. / *Guerci*, L. / *Ricuperati*, G. (Hrsg.): L'età dei lumi. Studi storici sul Settecento europeo in onore di Franco Venturi, 2 Bde., Napoli 1985.

*Anderson*, P.: Lineages of the Absolutist State, 2. Aufl., London 1975.

*Arata*, F.: Antonio Genovesi. Una proposta di morale illuminista, Padova 1978.

*Aretin*, K.O. Frh. von: Die Konfessionen als politische Kräfte am Ausgang des alten Reiches, in: Festschrift Joseph Lortz, 2, Baden-Baden 1958, S. 181-241.

– Heiliges Römisches Reich 1776-1806. Reichsverfassung und Staatssouveränität, Teil 1, Wiesbaden 1967.

– Der Aufgeklärte Absolutismus, Köln 1974, S. 11-51.

– Vom Deutschen Reich zum Deutschen Bund (Deutsche Geschichte, 7), Göttingen 1980.

– Die Lehensordnungen in Italien im 16. und 17. Jahrhundert und ihre Auswirkungen auf die europäische Politik. Ein Beitrag zur Geschichte des europäischen Spätfeudalismus, in: *H. Weber* (Hrsg.), Politische Ordnungen und soziale Kräfte im Alten Reich, Wiesbaden 1980, S. 53-84.

– (Hrsg.): Friedrich der Große, Freiburg 1985.

– Das Alte Reich 1648-1806, 1: Föderalistische oder hierarchische Ordnung (1648-1684), Stuttgart 1993; 2: Kaisertradition und österreichische Machpolitik (1684-1745), Stuttgart 1997; 3: Das Reich und der österreichisch-preußische Dualismus (1745-1806), Stuttgart 1997.

*Arndt*, G.: Grundsätze der Siedlungspolitik und Siedlungsmethode Friedrichs des Großen, Phil. Diss., Leipzig 1933.

*Ascheri*, M.: Italien, in: Handbuch der Quellen und Literatur der neueren europäischen Privatrechtsgeschichte, 2: Neuere Zeit (1500-1800), T. 2, München 1976, S. 1113-1221.

*Aßmann*, K.: Verlag-Manufaktur-Fabrik. Die Entwicklung großbetrieblicher Unternehmensformen im Göttinger Tuchmachergewerbe, in: *W. Abel* (Hrsg.), Handwerksgeschichte in neuer Sicht, Göttingen 1978, S. 211-240.

*Aubin*, H. / *Zorn*, W. (Hrsg.): Handbuch der deutschen Wirtschafts- und Sozialgeschichte, 1, Stuttgart 1971.

*Auer*, L.: Tanucci e le relazioni diplomatiche fra l'Austria e il regno di Napoli, in: *R. Ajello / M. D'Addio* (Hrsg.), Bernardo Tanucci statista, letterato, giurista, 1, Napoli 1986, S. 239-258.

*Baasch*, E.: Zur Geschichte des Ehrbaren Kaufmanns in Hamburg. Festschrift für die Versammlung des Hansischen Geschichtsvereins und des Vereins für niederdeutsche Sprachforschung am 23. und 24. Mai 1899 in Hamburg, Hamburg 1899.

– Quellen zur Geschichte von Hamburgs Handel und Schiffahrt im 17., 18. und 19. Jahrhundert, Hamburg 1908-1910.

– Die Handelskammer zu Hamburg 1665-1915, Hamburg 1915.

– Die führenden Kaufleute und ihre Stellung in der Hamburgischen Handelsgeschichte (Hamburger Uebersee Jahrbuch), Hamburg 1922.

*Bachmann*, H.-M.: Die naturrechtliche Staatslehre Christian Wolffs, Berlin 1977.

*Bade*, K.J.: Altes Handwerk, Wanderzwang und Gute Policey: Gesellenwanderung zwischen Zunftökonomie und Gewerbereform, in: Vierteljahresschrift für Sozial- und Wirtschaftsgeschichte, 69 (1982), S. 1-37.

*Bahner*, W.: Aufklärung als europäisches Phänomen, Leipzig 1985.

*Bähr*, M.: Westpreußen unter Friedrich dem Großen, 2, Leipzig 1909.

*Barta*, J.: Das Bauernideal des aufgeklärten Absolutismus, in: Acta Univ. Debrecenensis, 19 (1974).

*Barton*, P.H. (Hrsg.): Der lange Weg zur Toleranz. Festschrift zum 200-jährigen Bestehen des Toleranzpatentes, Wien / Köln / Graz 1981.

*Batscha*, Z. / *Garber*, J. (Hrsg.): Von der ständischen zur bürgerlichen Gesellschaft, Frankfurt a.M. 1981.

– Studien zur politischen Theorie des deutschen Frühliberalismus, 1981.

*Battaglia*, F.: Cristiano Thomasio. Filosofo e giurista, Roma 1936; Nachdruck Bologna 1982.

*Battista*, A.M.: Come giudicano la ‚politica' libertini e moralisti nella Francia del Seicento, in: *S. Bertelli* (Hrsg.), Il liberalismo in Europa, Milano / Napoli 1980, S. 25-80

*Bauer*, B.: Geschichte der Politik, Kultur und Aufklärung des 18. Jahrhunderts, 4 Teile, Berlin 1843-1845; Nachdruck Aalen 1965.

*Baumgart*, P. (Hrsg.): Erscheinungsformen des preußischen Absolutismus, Gemering 1966.

– Epochen der preußischen Monarchie im 18. Jahrhundert, in: Zeitschrift für historische Forschung, 6 (1979), S. 287-316.

– Rezension von I. Mittenzwei, Preußen nach dem siebenjährigen Krieg, in: Zeitschrift für historische Forschung, 9 (1982), S. 106-111.

– (Hrsg.): Ständetum und Staatsbildung in Brandenburg-Preußen. Ergebnisse einer internationalen Fachtagung, Berlin 1983.

*Baumgartner*, W.: Naturrecht und Toleranz. Untersuchungen zur Erkenntnistheorie und politischen Philosophie bei John Locke, Bamberg 1979.

*Becchi*, P.: Vico e Filangieri in Germania, Napoli 1986.

*Benecke*, G.: Society and Politics in Germany 1500-1750, London 1974.

*Berghoff-Ising* F.: Die Entwicklung des landwirtschaftlichen Pachtwesens in Preußen, Leipzig 1887.

*Bertelli*, S. (Hrsg.): Giannonina. Autografi, monascritti e documenti della fortuna di Pietro Giannone, Milano / Napoli 1968.

– Vita di Pietro Giannone, in: *P. Giannone*, Opere (Illuministi italiani, I), hrsg. von *S. Bertelli / G. Ricuperati*, Milano / Napoli 1971, S. 3-346.

*Berthold*, R.: Einige Bemerkungen über den Entwicklungsstand des bäuerlichen Ackerbaus vor den Agrarreformen, in: Beiträge zur deutschen Wirtschafts- und Sozialgeschichte, Berlin 1962.

*Beyme*, K. von, Politische Ideengeschichte, Tübingen 1969.

*Bickel*, Die Wandlungen in der ökonomischen Begründung der Freihandelspolitik seit dem 18. Jahrhundert, Zürich 1926.

*Bidermann*, K.: Deutschland im achtzehnten Jahrhundert, 4 Bde., Leipzig 1867-1881.

*Birtsch*, G.: Zur sozialen und politischen Rolle des deutschen, vornehmlich preußischen Adels am Ende des 18. Jahrhunderts, in: *R. Vierhaus* (Hrsg.), Der Adel vor der Revolution. Zur sozialen und politischen Funktion des Adels im vorrevolutionären Europa, Göttingen 1971, S. 77-95.

*Birtsch*, G. (Hrsg.): Grund- und Freiheitsrechte von der ständischen zur spätbürgerlichen Gesellschaft, Göttingen 1987.

*Bissinger*, A.: Zur metaphysischen Begründung der Wolffschen Ethik, in: *W. Schneiders* (Hrsg.), Christian Wolff 1679-1754. Interpretationen zu seiner Philosophie und deren Wirkung, Hamburg 1983, S. 148-160.

*Blaich*, F.: Die Wirtschaftspolitik des Reichstags im Heiligen Römischen Reich. Ein Beitrag zur Problemgeschichte wirtschaftlichen Gestaltens, Stuttgart 1970.

– Die Epoche des Merkantilismus, Wiesbaden 1973.

*Blänckner*, R.: „Absolutismus" und „frühmoderner Staat". Probleme und Perspektiven der Forschung, in: *R. Vierhaus* u.a. (Hrsg.), Frühe Neuzeit – Frühe Moderne? Forschungen zur Vielschichtigkeit von Übergangsprozessen, Göttingen 1992, S. 48-74.

*Blaufluß*, D. (Hrsg.): Pietismus-Forschungen. Zu Philipp Jacop Spener und zum spiritualistisch-radikalpietistischen Umfeld, Frankfurt a.M. 1986.

*Bleek*, W.: Von der Kameralausbildung zum Juristenprivileg. Studium, Prüfung und Ausbildung der höheren Beamten des allgemeinen Verwaltungsdienstes in Deutschland im 18. und 19. Jahrhundert, Berlin 1972.

*Blickle*, P.: Landschaften im Alten Reich, München 1973.

– (Hrsg.): Aufruhr und Empörung. Studien zum bäuerlichen Widerstand im Alten Reich, München 1980.

– Von der Leibeigenschaft in die Freiheit. Ein Beitrag zu den realhistorischen Grundlagen der Freiheits- und Menschenrechte in Mitteleuropa, in: *G. Birtsch* (Hrsg.), Grund- und Freiheitsrechte im Wandel von Gesellschaft und Geschichte. Beiträge zur Geschichte der Grund- und Freiheitsrechte vom Ausgang des Mittelalters bis zur Revolution von 1848, Göttingen 1981, S. 25-40.

*Blickle*, R.: Nahrung und Eigentum als Kategorien in der ständischen Gesellschaft, in: *W. Schulze* (Hrsg.), Ständische Gesellschaft und soziale Mobilität, München 1988, S. 73-93.

*Boas*, L.: Friedrichs des Großen Maßnahmen zur Hebung der wirtschaftlichen Lage Westpreußens, in: Jahrbuch der Historischen Gesellschaft für den Netzedistrikt, 1892.

*Böckenförde*, E.-W.: Der Westfälische Frieden und das Bündnisrecht der Reichsstände, in: Der Staat, 8 (1969), S. 449-478.

*Bödecker*, H.-E.: Menschheit, Humanität, Humanismus, in: *O. Brunner / W. Conze / R. Koselleck* (Hrsg.), Geschichtliche Grundbegriffe. Historisches Lexikon zur politisch-sozialen Sprache in Deutschland, 3, Stuttgart 1982, S. 1063-1128.

– Prozesse und Strukturen politischer Bewußtseinsbildung der deutschen Aufklärung, in: *H.E. Bödecker / U. Herrmann* (Hrsg.), Aufklärung als Politisierung – Politisierung der Aufklärung, Hamburg 1987, S. 10-31.

*Bödecker*, H.-E. / *Herrmann*, U.: Über den Prozeß der Aufklärung in Deutschland im 18. Jahrhundert: Personen, Institutionen und Medien, in: *H.E. Bödecker / U. Herrmann* (Hrsg.), Über den Prozeß der Aufklärung in Deutschland im 18. Jahrhundert. Personen, Institutionen und Medien, Göttingen 1987, S. 9-13.

*Bog*, I. / *Franz*, G. / *Kaufhold*, K.-H. / *Kellenbenz*, H. / *Zorn*, W. (Hrsg.): Wirtschaftliche und soziale Strukturen im säkularen Wandel, 3 Bde., 1974.

*Böhme*, J.: Heinrich Julius Elers und die wirtschaftlichen Projekte des hallischen Pietismus, in: Jahrbuch für die Geschichte Mittel- und Ostdeutschlands, 8 (1959), S. 121-186.

*Bolle*, K.: Die preußische Domänenpolitik und ihre Auswirkung auf die Lage der Bauern, Phil. Diss. Halle 1963.

*Bondi*, G.: Der Beitrag des hallischen Pietismus zur Entwicklung des ökonomischen Denkens in Deutschland, in: *M. Greschat* (Hrsg.), Zur neueren Pietismusforschung, Darmstadt 1977, S. 259-293.

*Born*, K.E.: Vom aufgeklärten Absolutismus zum Liberalismus, in: Historische Forschungen und Probleme, Festschrift für Rassow, 1961.

– Wirtschaft und Gesellschaft im Denken Friedrichs des Großen, Mainz 1979.

*Bosco*, D.: Metamorfosi del ‚libertinage'. La ‚ragione esigente' e le sue ragioni, Milano 1981.

– Morale della politica e individualismo nel Grand Siècle. Da Machiavelli a Bayle, Milano 1984.

– La decifrazione dell'ordine. Morale e antropologia in Francia nella prima età moderna. II: Itinerari secenteschi, Milano 1988.

*Bouveresse*, R. (Hrsg.): Spinoza, science et religion. De la méthode géometrique à l'interpretation de l'Écriture Sainte, Paris 1988.

*Brandt*, R. (Hrsg.): Rechtsphilosophie der Aufklärung, Berlin 1982.

*Bratring*, F.W.A.: Statistisch-topographische Beschreibung der gesammten Mark Brandenburg. Für Statistiker, Geschäftsmänner, bes. für Kameralisten, 1: Die allgemeine Einleitung zur Kurmark, Berlin 1804.

*Bratuscheck*, E.: Die Erziehung Friedrichs des Großen, Berlin 1885.

*Braubach*, M.: Ein Vertrauter des Prinzen Eugen: der Generaladjutant Hohendorff, in: *ders.*, Geschichte und Abenteuer. Gestalten um den Prinzen Eugen, München 1950, S. 126-162.

– Die Geheimdiplomatie des Prinzen Eugen von Savoyen, Köln / Opladen 1962.

– Prinz Eugen von Savoyen. Eine Biographie, 5: Mensch und Schicksal, München 1965.

– Diplomatie und geistiges Leben im 17. und 18. Jahrhundert, Bonn 1969.

– Vom Westfälischen Frieden bis zur Französischen Revolution, Stuttgart 1970.

*Braudel*, F.: Civilisation matérielle, economie et capitalisme (XVe-XVIIe siècle). Les jeux de l'échange, Paris 1979.

*Braun*, R.: Zur Einwirkung sozio-kultureller Umweltbedingungen auf das Unternehmerpotential und das Unternehmerverhalten, in: *W. Fischer* (Hrsg.), Wirtschafts- und sozialgeschichtliche Probleme der frühen Industrialisierung, Berlin 1968, S. 247-284.

*Braunreuther*, K.: Die Bedeutung der physiokratischen Bewegung in Deutschland in der zweiten Hälfte des 18. Jahrhunderts, in: Wissenschaftliche Zeitschrift der Humboldt-Universität zu Berlin, gesellschafts- und sprachwissenschaftliche Reihe, 5 (1955/56).

*Breuer*, S.: Sozialdisziplinierung. Probleme und Problemverlagerungen eines Konzepts bei Max Weber, Gerhard Oestreich und Michel Foucault, in: *Ch. Sachße / F. Tennstedt* (Hrsg.), Soziale Sicherheit und soziale Disziplinierung. Beiträge zu einer historischen Theorie der Sozialpolitik, Frankfurt a.M. 1986, S. 45-69.

*Bruch*, R. vom: Wissenschaft, Politik und öffentliche Meinung. Gelehrtenpolitik im Wilhelminischen Deutschland 1890-1914, Husum 1980.

– ‚Weder Kapitalismus noch Sozialismus'. Bürgerliche Sozialreform in Deutschland vom Vormärz bis zur Ära Adenauer, München 1985.

– Wissenschaftliche, institutionelle oder politische Innovation? Kameralwissenschaft - Polizeiwissenschaft - Wirtschaftswissenschaft im 18. Jahrhundert im Spiegel der Forschungsgeschichte, in: *N. Waszek* (Hrsg.), Die Institutionalisierung der Nationalökonomie an deutschen Universitäten, Sankt Katharinen 1988, S. 77-108.

*Bruch*, R. vom / *Graf*, F.W. / *Hübinger*, G. (Hrsg.): Kultur und Kulturwissenschaften um 1900. Krise der Moderne und Glaube an die Wissenschaft, Stuttgart 1989.

*Brückner*, J.: Staatswissenschaften, Kameralismus und Naturrecht. Ein Beitrag zur Geschichte der politischen Wissenschaft im Deutschland des späten 17. und 18. Jahrhunderts, München 1977.

*Brunner*, O.: Adeliges Landleben und europäischer Geist. Leben und Werk Wolf Helmhards von Hohberg 1612-1688, Salzburg 1949.

– Land und Herrschaft. Grundfragen der territorialen Verfassungsgeschichte Österreichs im Mittelalter, Neudr. der 5. Aufl., Darmstadt 1973.

– Neue Wege der Verfassungs- und Sozialgeschichte, 3. Aufl., Göttingen 1980.

*Bürger*, P. / *Leithäuser*, G. (Hrsg.): Die Theorie der Physiokraten, Wolfenbütteler Studien zur Aufklärung 3, Heidelberg 1976.

*Burke*, P.: L'artista: momenti e aspetti, in: Storia dell'arte italiana, T. 1, 2: L'artista e il pubblico, Torino 1979.

*Burkhardt*, J.: Der Begriff des Ökonomischen in wissenschaftsgeschichtlicher Perspektive, in: *N. Waszek* (Hrsg.), Die Institutionalisierung der Nationalökonomie an deutschen Universitäten. Zur Erinnerung an Klaus Hinrich Hennings (1937-1986), St. Katharinen 1988, S. 55-76.

– Geschichte als Argument in der habsburgisch-französischen Diplomatie. Der Wandel des frühneuzeitlichen Geschichtsbewußtseins in seiner Bedeutung für die Diplomatische Revolution von 1756, in: *R. Babel* (Hrsg.), Frankreich im europäischen Staatensystem der Neuzeit, Sigmaringen 1995, S. 191-217.

*Büsch*, O.: Militärsystem und Sozialleben im alten Preußen 1713-1807. Die Anfänge der sozialen Militarisierung der preußisch-deutschen Gesellschaft, Berlin 1962.

– Geschichte als Argument in der habsburgisch-französischen Diplomatie. Der Wandel des frühneuzeitlichen Geschichtsbewußtseins in seiner Bedeutung für die Diplomatische Revolution von 1756, in: *R. Babel* (Hrsg.), Frankreich im europäischen Staatensystem der Frühen Neuzeit, Sigmaringen 1995, S. 191-217.

*Caracciolo*, A.: Domenico Passionei tra Roma e la repubblica delle lettere, Roma 1968.

*Carpanetto*, D. / *Ricuperati*, G.: L'Italia del Settecento. Crisi, trasformazioni, lumi, Bari 1986.

*Carsten*, F.L.: Der preußische Adel und seine Stellung in Staat und Gesellschaft bis 1945, in: *H.-U. Wehler* (Hrsg.), Europäischer Adel 1750-1950, Göttingen 1990, S. 112-125.

*Casanova*, C.: Le mediazioni del privilegio. Economie e poteri nelle legazioni pontificie del Settecento, Bologna 1984.

*Casella*, A.: Il Consiglio Collaterale ed il viceré d'Althann. Dall'esilio di Giannone alla rivincita del ministero togato, in: *R. Ajello* (Hrsg.), Giannone e il suo tempo, 2, Napoli 1980, S. 567-633.

*Casini*, P.: Newton e la coscienza europea, Bologna 1983.

– „Il grande oceano della verità": Newton, la metafisica e le leggi della natura, in: *ders.*, Newton e la coscienza europea, Bologna 1983, S. 41-58.

*Cattaneo*, A.: Illuminismo e legislazione, Milano 1966.

*Catucci*, M.: Galianea. Ferdinando Galiani tra letteratura ed economia, Roma 1986.

*Cervelli*, I.: Ceti e assolutismo in Germania. Rassegna di studi e problemi, in: Annali dell'Istituto storico italo-germanico in Trento, 3 (1977), S. 431-512.

*Cestaro*, A.: Le strutture ecclesiastiche del Mezzogiorno dal Cinquecento all'Età contemporanea, in: Ricerche di storia sociale e religiosa, 14 (1975), S. 69-119.

*Charron*, J.D.: The „Wisdom" of P. Charron: an original and othodox code of morality, Chapel Hill 1960.

– Piccolo trattato di saggezza, hrsg. von *G. Stabile*, Napoli 1985 (Orig.: Petit traité de la sagesse).

*Coing*, H.: Europäisches Privatrecht, 1: Älteres Gemeines Recht (1500 bis 1800), München 1985.

*Colapietra*, R.: Vita pubblica e classi politiche del viceregno spagnolo (1656-1734), Roma 1961.

– L'amabile fierezza di F. D'Andrea. Il Seicento napoletano nel carteggio con Gian Andrea Doria, Milano 1981.

*Collier,* P.: Bibliographie der deutschsprachigen Hobbes-Literatur 1968-1981, in: *U. Bermbach / K.-M. Kodalle* (Hrsg.), Furcht und Freiheit. Leviathan-Diskussion 300 Jahre nach Thomas Hobbes, Opladen 1982.

*Comparato,* V.I.: Uffici e società a Napoli (1600-1647). Aspetti dell'ideologia del magistrato nell'età moderna, Firenze 1974.

*Conrad,* H.: Die geistigen Grundlagen des Allgemeinen Landrechts, Köln / Opladen 1958.

– Staatsgedanke und Staatspraxis des aufgeklärten Absolutismus, Opladen 1971.

*Conze,* W.: Die Strukturgeschichte des technisch-industriellen Zeitalters als Aufgabe für Forschung und Unterricht, Opladen 1957.

– Art. Adel, Aristokratie, in: *O. Brunner / W. Conze / R. Koselleck* (Hrsg.), Geschichtliche Grundbegriffe. Historisches Lexikon zur politisch-sozialen Sprache in Deutschland, 1, Stuttgart 1972.

*Corni,* G.: Stato assoluto e società agraria in Prussia nell'età di Federico II, Bologna 1982.

*Cortese,* N.: I ricordi di un avvocato napoletano del Seicento, Francesco D'Andrea, Napoli 1923.

*Costa,* P.: Il progetto giuridico. Ricerche sulla giurisprudenza del liberalismo classico, 1: Da Hobbes a Bentham, Milano 1974.

*Cotta,* S.: Filangieri e la scienza di governo, Torino 1954.

*Cottret,* B.: Le Christ des Lumières. Jésus de Newton à Voltaire (1680-1760), Paris 1990.

*Cozzi,* G.: Fra Paolo Sarpi, l'anglicanesimo e la Historia del Concilio tridentino, Napoli 1956.

– Paolo Sarpi tra Venezia e l'Europa, Torino 1978.

*Croce,* B. (Hrsg.): Bibliografia vichiana, 2 Bde., Milano / Napoli 1948.

*Cronbach,* E.: Das landwirtschaftliche Betriebsproblem in der preußischen Nationalökonomie, Wien 1907.

*Curley,* E. / *Moreau,* F. (Hrsg.): Spinoza. Issues and Directions, Leiden / New York 1990.

*D'Ameglio,* G.: Illuminismo e scienza del diritto, Milano 1965.

*Dambacher,* I.: Christian Wilhelm von Dohm, Diss., München 1974.

*Damkowski,* W.: Die Entstehung des Verwaltungsbegriffs, Köln 1968.

*Dann,* O. / *Klippel,* D. (Hrsg.): Naturrecht - Spätaufklärung - Revolution, Hamburg 1995.

*De Giovanni,* B.: Filosofia e diritto in Francesco D'Andrea. Contributo alla storia del previchismo, Milano 1958.

– La vita intellettuale a Napoli fra la metà del '600 e la restaurazione del regno, in: Storia di Napoli, 8, Napoli 1980, S. 353-466.

*De Maio,* R.: Società e vita religiosa a Napoli nell'età moderna (1656-1799), Napoli 1971.

*De Rosa,* G.: Organizzazione del territorio e vita religiosa nel sud tra XVI e XIX secolo, in: La società religiosa nell'età moderna, Napoli 1973, S. 11-29.

– Vescovi, popolo e magia nel Sud. Ricerche di storia socio-religiosa dal XVII al XIX secolo, 2. Aufl., Napoli 1983.

*De Vitis*, V.: Chiese ricettizie e organizzazione ecclesiastica nel Regno delle Due Sicilie dal Concordato del 1818 all'Unità, in: *G. Galasso / C. Russo* (Hrsg.), Per la storia sociale e religiosa del mezzogiorno d'Italia, Napoli 1982.

*Dens*, J.-P.: L'honnête homme et la critique du goût. Esthétique et société au XVIIe siècle, Lexington 1981.

*Denzer*, H.: Moralphilosophie und Naturrecht bei Samuel Pufendorf, München 1972.

*Deppermann*, K.: Der preußische Absolutismus und der Adel. Eine Auseinandersetzung mit der marxistischen Absolutismustheorie, in: Geschichte und Gesellschaft, 8 (1982), S. 538-553.

*Dessmann*, G.: Geschichte der schlesischen Agrarverfassung, Straßburg 1904.

*Di Rienzo*, E.: Saggezza, prudenza, politica: stabilità e crisi nel pensiero francese del Seicento, in: *V. Dini / D. Taranto*, La saggezza moderna. Temi e problemi dell'opera di Pierre Charron, Napoli 1987, S. 35-112.

*Di Vittorio*, A.: Gli austriaci e il Regno di Napoli 1707-1734. Ideologia e politica di sviluppo, Napoli 1973.

– Interventi economici e ceto dirigente nel mezzogiorno in età viceregnale (con particolare riferimento al periodo „austriaco"), in: *A. Tagliaferri* (Hrsg.), I ceti dirigenti in Italia in età moderna e contemporanea, Udine 1984, S. 259-276.

*Diaz*, F.: Filosofia e politica nel Settecento francese, 2. Aufl., Torino 1962.

– L'abate Galiani consigliere di commercio estero del Regno di Napoli, in: Rivista storica italiana, 80, 1968, S. 854-909.

*Dickmann*, F.: Der Westfälische Frieden, 5. Aufl., Münster 1985.

*Diestelkamp*, D.: Einige Beobachtungen zur Geschichte des Gesetzes in vorkonstitutioneller Zeit, in: Zeitschrift für historische Forschung, 10 (1983), S. 385-420.

*Dini*, V.: La prudenza da virtù a regola di comportamento ed osservazione empirica, in: *V. Dini / G. Stabile*, Saggezza e prudenza, Napoli 1983.

*Dippel*, H.: Individuum und Gesellschaft, Göttingen 1981.

– Liberté und Ancien Régime, in: *G. Birtsch* (Hrsg.), Grund- und Freiheitsrechte im Wandel von Gesellschaft und Geschichte, Göttingen 1981.

*Dipper*, Ch.: Art. Freiheit IV (Ständische Freiheit: Jura et libertates), in: Geschichtliche Grundbegriffe, 2, Stuttgart 1975, S. 446-456.

– Politischer Reformismus und begrifflicher Wandel. Eine Untersuchung des historisch-politischen Wortschatzes der Mailänder Aufklärung, Tübingen 1976.

– Ländliche Klassengesellschaft 1770-1848. Bemerkungen zum gleichnamigen Buch von Josef Mooser, in: „Geschichte und Gesellschaft", 12 (1986), S. 244-253.

– Otto Brunner aus der Sicht der frühneuzeitlichen Historiographie, in: Annali dell'Istituto storico italo-germanico in Trento, 13 (1987), S. 73-96.

– Deutsche Geschichte 1648-1789, Frankfurt a.M. 1991.

– Übergangsgesellschaft. Die ländliche Sozialordnung in Mitteleuropa um 1800, in: Zeitschrift für historische Forschung, 23 (1996), S. 57-87.

*Dittrich*, E.: Die deutschen und österreichischen Kameralisten, Darmstadt 1974.

*Dölemeyer*, B.: Einführungsprivilegien und Einführungspatente. Mittel des Technologietransfers, in: Ius commune, 12 (1984), S. 207-234.

– Vom Privileg zum Gesetz. Am Beispiel österreichischer Erfindungsprivilegien, in: Ius commune, 15 (1988), S. 57-72.

*Donati*, C.: L'idea di nobiltà in Italia. Secoli XIV-XVIII, Bari 1988.

*Dönniges*, W. (Hrsg.): Die Landkulturgesetzgebung Preußens, 1, Berlin 1843.

*Donzelli*, M.: Contributo alla bibliografia vichiana (1948-1970), Napoli 1970.

*Dreitzel*, H.: Zur Reichspublizistik. Forschungsergebnisse und offene Probleme, in: Geschichte und Gesellschaft, 5 (1978), S. 339-346.

*Dreßen*, W.: Die pädagogische Maschine. Zur Geschichte des industrialisierten Bewußtseins in Preußen/Deutschland, Frankfurt a.M. / Berlin / Wien 1982.

*Duchhardt*, H.: Das Zeitalter des Absolutismus, München 1989.

*Dumont*, L.: Homo aequalis. Genèse et épanouissemnt de l'ideologie économique, Paris 1977.

– Essais sur l'individualisme. Une perspective anthropologique sur l'idéologie moderne, Paris 1983.

*Ebel*, W.: Der Göttinger Professor Johann Stephan Pütter aus Iserlohn, Göttingen 1975.

*Eggert*, O.: Die Maßnahmen der preußischen Regierung zur Bauernbefreiung in Pommern, Köln / Graz 1965.

*Ehalt*, H.: Ausdrucksformen absolutistischer Herrschaft. Der Wiener Hof im 17. und 18. Jahrhundert, München 1980.

*Eichler*, H.: Die Leipziger Ökonomische Sozietät im 18. Jahrhundert, in: Jahrbuch für Geschichte des Feudalismus, 2, Berlin 1978, S. 357-386.

*Einaudi*, L.: Galiani economista, in: *ders.*, Saggi bibliografici e storici intorno alle dottrine economiche, Roma 1953.

*Eisner*, A.: Erziehung und Unterricht im Pietismus (1675-1760), Diss., Wien 1980.

*Elias*, N. Die höfische Gesellschaft. Untersuchungen zur Soziologie des Königtums und der höfischen Aristokratie, Neuwied 1969.

*Enders*, L.: Das Domänenamt Petersburg bei Halle, Phil. Diss., Halle 1953.

*Engel-Janosi* F. / *Klingenstein*, G. / *Lutz*, H. (Hrsg.): Fürst, Bürger, Mensch, München 1975.

*Esposito*, R.: Politica e tecnica nel '600: l'antimachiavellismo fino a Vico, in: *B. de Giovanni / R. Esposito / G. Zarone*, Divenire della ragione moderna. Cartesio, Spinoza, Vico, Napoli 1988, S. 167-235.

*Euchner*, W.: Versuch über Mandevilles Bienenfabel, in: *B. Mandeville*, Die Bienenfabel oder private Laster, öffentliche Vorteile, Frankfurt a.M. 1980.

*Euchner*, W. / *Rigotti*, F. / *Schiera*, P. (Hrsg.): Il potere delle immagini. La metafora politica in prospettiva storica / Die Macht der Vorstellungen. Die politische Metapher in historischer Perspektive (Annali dell'Istituto storico italo-germanico in Trento. Contributi/Beiträge 7), Bologna 1993.

*Eulen*, F.: Vom Gewerbefleiß zur Industrie. Ein Beitrag zur Wirtschaftsgeschichte des 18. Jahrhunderts, Berlin 1967.

*Faber*, K.-G.: Mitteleuropäischer Adel im Wandel der Neuzeit, in: Geschichte und Gesellschaft, 7 (1981), S. 276-296.

*Faracovi*, O.P.: Il pensiero libertino, Torino 1977.

*Fassò*, G.: Vico e Grozio, Napoli 1971.

*Felice*, D.: Thomas Hobbes in Italia: bibliografia (1880-1981), in: Rivista di filosofia, 73 (1982), S. 440-470.

*Ferrone*, V.: Scienza, natura, religione. Mondo newtoniano e cultura italiana nel primo Settecento, Napoli 1982.

– Togati, baroni, illuministi e il problema dello Stato a Napoli, in: *ders.*, I profeti dell'illuminismo. Le metamorfosi della ragione nel tardo Settecento italiano, Bari 1989, S. 183-207.

*Fest*, J.C.: Preußens letzter Untergang. Gedanken über die Dauer einer historischen Episode, in: *ders.*, Aufgehobene Vergangenheit. Portraits und Betrachtungen, Stuttgart 1981, S. 150-171.

*Firpo*, M.: John Toland e il deismo inglese, in: Rivista storica italiana, 90 (1978), S. 327-380.

– John Locke e il socinianesimo, in: Rivista storica italiana, 92 (1980), S. 35-124.

*Fisch*, M.H.: L'Accademia degli Investiganti, in: De Homine, 27 (1968), S. 17-78.

*Fischer*, W.: Die rechtliche und wirtschaftliche Lage des deutschen Handwerks um 1800, in: *ders.*, Wirtschaft und Gesellschaft im Zeitalter der Industrialisierung, Göttingen 1972.

*Fix*, A.C.: Prophecy and reason. The dutch collegiants in the early enlightenment, Princeton 1991.

*Fox-Genovese*, E.: The Origins of Physiocracy, Ithaca/London 1967.

– Physiocracy and the Overthrow of the Ancien Régime, in: Proceedings of the 3rd Meeting of the Western Society for French History, 1976.

*Frajese*, V.: Sarpi scettico. Stato e Chiesa a Venezia tra Cinque e Seicento, Bologna 1994.

*Francke*, A.H.: Predigten, 1, Berlin / New York 1987.

*Frenzel*, M.: Herkunft und Entwicklung des rechtsstaatlichen Verfahrensgedankens am Beispiel des Enteignungsrechts, in: Der Staat, 18 (1979), S. 592-607.

*Freudenberger*, H.: Technologie-Transfer von England nach Deutschland und insbesondere Österreich im 18. Jahrhundert, in: *U. Troitzsch* (Hrsg.), Technologischer Wandel im 18. Jahrhundert, Wolfenbüttel 1981, S. 105-124.

*Frühsorge*, G.: Die Krise des Herkommens. Zum Wertekanon des Adels im Spiegel alteuropäischer Ökonomieliteratur, in: *W. Schulze* (Hrsg.), Ständische Gesellschaft und soziale Mobilität, München 1988, S. 95-112.

*Fulbrook*, M.: Piety and Politics. Religion and the Rise of Absolutism in England, Württemberg and Prussia, Cambridge 1983.

*Fürbringer*, Ch.: Necessitas und libertas, Frankfurt a.M. / Bern / New York 1985.

*Galasso*, G.: Napoli spagnola dopo Masaniello. Politica, cultura, società, Napoli 1972.

– Mito e storia di Galileo nel Mezzogiorno (sec. XVII-XVIII), in: *P. Galluzzi* (Hrsg.), Novità celesti e crisi del sapere, Firenze 1984, S. 431-440.

– La filosofia in soccorso de' governi. La cultura napoletana del Settecento, Napoli 1989.

*Galasso*, G. / *Russo*, C.: Per la storia sociale e religiosa del mezzogiorno d'Italia, 2 Bde., Napoli 1980-1982.

*Ganzoni*, E.: Ferdinando Galiani. Ein verkannter Nationalökonom des 18. Jahrhunderts, Zürich 1938.

*Garin*, E.: L'educazione in Europa 1400/1600, Bari 1966.

– La cultura del Rinascimento, Bari 1967.

– Antonio Genovesi storico della scienza, in: *ders.*, Dal Rinascimento all'Illuminismo. Studi e ricerche, Pisa 1970, S. 223-240.

– L'umanesimo italiano. Filosofia e vita civile nel Rinascimento, Bari 1973.

– La cultura filosofica del Rinascimento italiano, Firenze 1979.

– Umanisti, artisti, scienziati. Studi sul Rinascimento italiano, Roma 1989.

*Gawlick*, G.: Der Deismus als Grundzug der Religionsphilosophie der Aufklärung, in: Hermann Samuel Reimarus, ein „bekannter Unbekannter" der Aufklärung in Hamburg, Göttingen 1973, S. 15-43.

*Gay*, P.: The Enlightenment. An Interpretation, 1: The Rise of Modern Paganism, 2. Aufl., New York 1967, 2: The Science of Freedom, New York 1969.

– Voltaire's Politics. The Poet as Realist, 2. Aufl., New Haven / London 1988.

*Gerhard*, D. (Hrsg.): Ständische Vertretungen in Europa im 17. und 18. Jahrhundert, Göttingen 1969.

– Amtsträger zwischen Krongewalt und Ständen: ein europäisches Problem, in: *ders.*, Gesammelte Aufsätze, Göttingen 1977, S. 71-88.

*Gerloff*, W.A.: Staatstheorie und Staatspraxis der kameralistischen Verwaltungslehre, Breslau 1937.

*Getto*, G.: Paolo Sarpi, Pisa / Roma 1941; Firenze 1967.

*Ghisalberti*, C.: Gian Vincenzo Gravina giurista e storico, Milano 1962.

*Giarrizzo*, G.: Vico, la politica e la storia, Napoli 1981.

*Giuntini*, C.: Panteismo e ideologia repubblicana: John Toland (1620-1722), Bologna 1979.

*Goldsmith*, M.M.: Hobbes's science of politics, New York 1966.

– Private vices, public benefits. Bernard Mandeville's social and political thought, Cambridge 1985.

*Gorla*, G.: I grandi tribunali italiani fra i secoli XVI e XIX: un capitolo incompiuto della storia politico-giuridica d'Italia, in: Quaderni del Foro italico, 1969, S. 629-688.

– I tribunali supremi degli Stati italiani fra i secoli XVI e XIX quali fattori della unificazione del diritto nello Stato e della sua uniformazione fra Stati, in: La formazione storica del diritto moderno in Europa, 1, Firenze 1977, S. 447-532.

*Göttsching*, P.: Justus Mösers Staats- und Geschichtsdenken, in: Der Staat, 22 (1983), S. 33-61.

*Grampp*, W.: The Liberal Elements in Mercantilism, in: *W.E. Minchington* (Hrsg.), Mercantilism – System or Expediency?, Lexington (Mass.) 1969.

*Grawert*, R.: Historische Entwicklungslinien des neuzeitlichen Gesetzesrechts, in: Der Staat, 11 (1972), S. 1-25.

*Gregory*, T.: Theophrastus redivivus. Erudizione e ateismo nel Seicento, Napoli 1979.

– Etica e religione nella critica libertina, Napoli 1986.

*Grießinger*, A.: Das symbolische Kapital der Ehre. Streikbewegungen und kollektives Bewußtsein deutscher Handwerksgesellen im 18. Jahrhundert, Frankfurt a.M. 1981.

*Großmann*, F.: Über die gutsherrlich-bäuerlichen Rechtsverhältnisse in der Mark-Brandenburg vom 16. bis 18. Jahrhundert, Leipzig 1890.

*Groth*, F.: Die „Wiederbringung aller Dinge" im Württembergischen Pietismus. Theologiegeschichtliche Studien zum eschatologischen Heilsuniversalismus Württembergischer Pietisten des 18. Jahrhunderts, Göttingen 1984.

*Günther*, H.: Art. Freiheit, in: *O. Brunner / W. Conze / R. Koselleck* (Hrsg.), Geschichtliche Grundbegriffe. Historisches Lexikon der politisch-sozialen Sprache in Deutschland, 2, Stuttgart 1975, S. 456-469.

*Häberle*, E.: Zollpolitik und Integration in Bayern von 1765 bis 1811, München 1974.

*Habernoll*, P.: Die Versuche Friedrichs des Großen, das englische System der Fruchtwechselwirtschaft in Preußen einzuführen, in: Landwirtschaftliche Jahrbücher, 29 (1900).

*Hagen*, W.W.: The Junkers' Faithless Servants: Peasant Insubordination and the Breakdown of Selfdom in Brandenburg-Prussia, 1763-1811, in: *R.J. Evans / W.R. Lee* (Hrsg.), The German Peasantry. Conflict and Community in Rural Society from the Eighteenth to the Twentieth Centuries, London / Sydney 1986.

*Hahn* P.-M.: Aristokratisierung und Professionalisierung. Der Aufstieg der Obristen zu einer militärischen und höfischen Élite in Brandenburg-Preußen von 1650-1725, in: Forschungen zur brandeburgischen und preußischen Geschichte, NF, 3 (1991), S. 161-208.

*Hall*, A.R.: The Scientific Revolution 1500-1800. The Formation of the Modern Scientific Attitude, Boston 1956.

– The Revolution in Science 1500-1750, London / New York 1983.

– La matematica, Newton e la letteratura, in: *R. Cremante, / W. Tenga* (Hrsg.), Scienza e letteratura nella cultura italiana del Settecento, Bologna 1984, S. 29-46.

*Hall*, M.B.: La scienza italiana vista dalla Royal Society, in: *R. Cremante / W. Tenga* (Hrsg.), Scienza e letteratura nella cultura italiana del Settecento, Bologna 1984, S. 47-64.

*Hammerstein*, N.: Jus und Historie. Ein Beitrag zur Geschichte des historischen Denkens an deutschen Universitäten im späten 17. und im 18. Jahrhundert, Göttingen 1972.

– Reichspublizistik und humanistische Tradition, in: *R. Toellner* (Hrsg.), Aufklärung und Humanismus, Heidelberg 1980, S. 69-88.

– Christian Wolff und die Universitäten. Zur Wirkungsgeschichte des Wolffianismus im 18. Jahrhundert, in: *W. Schneiders* (Hrsg.), Christian Wolff 1679-1754. Interpretationen zu seiner Philosophie und deren Wirkung, Hamburg 1983, S. 266-277.

– Samuel Pufendorf, in: *M. Stolleis* (Hrsg.), Staatsdenker im 17. und 18. Jahrhundert. Reichspublizistik - Politik - Naturrecht, 2. Aufl., Frankfurt a.M. 1987, S. 172-196.

*Hardtwig*, W.: Politische Gesellschaft und Verein zwischen aufgeklärtem Absolutismus und der Grundrechtserklärung der Frankfurter Paulskirche, in: *G. Birtsch* (Hrsg.), Grund- und Freiheitsrechte vom Ausgang des Mittelalters bis zur Revolution von 1848, Göttingen 1981, S. 336-358.

*Harnisch*, H.: Die Herrschaft Boitzenburg. Untersuchungen zur Entwicklung der sozialökonomischen Struktur ländlicher Gebiete in der Mark Brandenburg vom 14. bis zum 19. Jahrhundert, Weimar 1968.

– Bauerneinkommen, feudale Ausbeutung und agrarischer Fortschritt in der Mark Brandenburg, in: Jahrbuch für Wirtschaftsgeschichte (1969), S. 117-147.

– Kapitalistische Agrarreform und industrielle Revolution. Agrarhistorische Untersuchungen über das ostelbische Preußen zwischen Spätfeudalismus und bürgerlich-demokratischer Revolution von 1848/49 unter besonderer Berücksichtigung der Provinz Brandenburg, Weimar 1984.

– Peasants and Markets. The Background to the Agrarian Reforms in Feudal Prussia East of the Elbe, 1760-1807, in: *R.J. Evans* / *W.R. Lee* (Hrsg.), The German Peasantry. Conflict and Community in Rural Society from the Eighteenth to the Twentieth Centuries, London / Sydney 1986.

– Bäuerliche Ökonomie und Mentalität unter den Bedingungen der ostelbischen Gutsherrschaft in den letzten Jahrzehnten vor Beginn der Agrarreformen, in: Jahrbuch für Wirtschaftsgeschichte (1989), S. 87-108.

– Die Landgemeinde in der Herrschaftsstruktur des feudalabsolutistischen Staates. Dargestellt am Beispiel von Brandenburg-Preußen, in: Jahrbuch für Geschichte des Feudalismus, Berlin 1989.

*Hartmann*, P.L.: Das Steuersystem der europäischen Staaten am Ende des Ancien Régime, München 1979.

*Hartung*, F.: Studien zur Geschichte der preußischen Verwaltung, in: *ders.*, Staatsbildende Kräfte der Neuzeit, Berlin 1961.

– Der Aufgeklärte Absolutismus, in: *K.O. Frh. von Aretin* (Hrsg.), Der Aufgeklärte Absolutismus, Köln 1974, S. 54-76.

*Hattenhauer*, H. (Hrsg.): Allgemeines Landrecht für die preußischen Staaten von 1794, Textausgabe, Frankfurt a.M. / Berlin 1970.

*Häufle*, H.: Aufklärung und Ökonomie, München 1978.

*Haug-Moritz*, G.: Die Behandlung des württembergischen Ständekonflikts unter Herzog Carl Eugen durch den Reichshofrat (1763/64-1768/70), in: *B. Diestelkamp* (Hrsg.), Die politische Funktion des Reichskammergerichts, Köln / Weimar / Wien 1993, S. 105-134.

*Haussherr*, H.: Verwaltungseinheit und Ressorttrennung vom Ende des 17. bis zum Beginn des 19. Jahrhunderts, Berlin 1953.

*Heckscher*, E.F.: Der Merkantilismus, 2 Bde., Jena 1932.

*Heinrich*, G.: Der Adel in Brandenburg-Preußen, in: *H. Rössler* (Hrsg.), Deutscher Adel 1555-1740, Darmstadt 1965.

– Ständische Korporationen und absolutistische Landesherrschaft in Preußisch-Hinterpommern und Schwedisch-Vorpommern (1637-1816), in: *P. Baumgart* (Hrsg.), Ständetum und Staatsbildung in Brandenburg-Preußen, Berlin / New York 1983, S. 155-169.

*Heitz*, G.: Zur Diskussion über Gutsherrschaft und Bauernlegen in Mecklenburg, in: Zeitschrift für Geschichte, 5 (1957), S. 278-294.

– Das feudale Bauernlegen in Mecklenburg, in: Zeitschrift für Geschichte, 8 (1960), S. 1342-1377.

*Hellmuth*, E.: Naturrechtsphilosophie und bürokratischer Werthorizont. Studien zur preußischen Geistes- und Sozialgeschichte des 18. Jahrhunderts, Göttingen 1985.

*Henderson*, W.O.: Studies in the Economic Policy of Frederick the Great, London 1963.

*Henkel*, M.: Zunftmißbräuche. „Arbeiterbewegung" im Merkantilismus, Frankfurt a.M. 1989.

*Henning*, F.-W.: Herrschaft und Bauernuntertänigkeit. Beiträge zur Geschichte der Herrschaftsverhältnisse in den ländlichen Bereichen Ostpreußens und des Fürstentums Paderborn vor 1800, Würzburg 1964.

– Dienste und Abgaben der Bauern im 18. Jahrhundert, Stuttgart 1969.

– Die Industrialisierung in Deutschland 1800 bis 1914, Paderborn 1973.

– Landwirtschaft und ländliche Gesellschaft in Deutschland, I: 800 bis 1750, Paderborn 1985.

*Hennis*, W.: Max Webers Fragestellung. Studien zur Biographie des Werks, Tübingen 1987.

*Hensmann*, F.: Staat und Absolutismus im Denken der Physiokraten, Frankfurt a.M. 1976.

*Hentschel*, V.: Produktion, Produktivität, in: *O. Brunner* / *W. Conze* / *R. Koselleck* (Hrsg.), Geschichtliche Grundbegriffe. Historisches Lexikon der politisch-sozialen Sprache in Deutschland, 5, Stuttgart 1984, S. 1-26.

*Herrmann*, M.: Der Schutz der Persönlichkeit in der Rechtslehre des 16.-18. Jahrhunderts, Stuttgart 1968.

*Herrmann*, U. (Hrsg.): Die Bildung des Bürgers. Die Formierung der bürgerlichen Gesellschaft und die Gebildeten im 18. Jahrhundert, Weinheim / Basel 1982.

*Hueber*, U.-J.: Allgemeines Landrecht und Klassenkampf. Die Auseinandersetzungen um die Prinzipien des Allgemeinen Landrechts Ende des 18. Jahrhunderts als Ausdruck der Krise des Feudalsystems in Preußen, Berlin 1960.

*Heuvel*, Chr. van den: Beamtenschaft und Territorialstaat, Osnabrück 1984.

*Heydorn*, H.-J.: Ungleichheit für alle. Zur Neufassung des Bildungsbegriffs, Frankfurt a.M. 1980.

– Zur bürgerlichen Bildung. Anspruch und Wirklichkeit, Frankfurt a.M. 1980.

*Hill*, Ch.: The World Turned Upside Down. Radical Ideas during the English Revolution, London 1972.

– Sir Isaac Newton and His Society, in: *ders.*, Change and Continuity in Seventeenth-Century England, 2. Aufl., Cambridge Mass. 1976, S. 251-277.

– The First Century of the Church of England, in: *ders.*, Collected Essays, 2: Religion and Politics in 17th Century England, Brighton 1986, S. 19-86.

*Hinrichs*, C.: Friedrich Wilhelm I., König in Preußen. Jugend und Aufstieg, Hamburg 1941; Nachdruck Darmstadt 1974.

– Hille und Reinhardt. Zwei Wirtschafts- und Sozialpolitiker des preußischen Absolutismus, in: *ders.*, Preußen als historisches Problem, Berlin 1964.

– Preußentum und Pietismus. Der Pietismus in Brandenburg-Preußen als religiös-soziale Reformbewegung, Göttingen 1971.

– Der hallische Pietismus als politisch-soziale Reformbewegung des 18. Jahrhunderts, in: *M. Greschat* (Hrsg.), Zur neueren Pietismusforschung, Darmstadt 1977, S. 243-258.

*Hinrichs*, E. / *Schmitt*, E. / *Vierhaus*, R. (Hrsg.): Vom Ancien Régime zur Französischen Revolution, Göttingen 1978.

– (Hrsg.): Absolutismus, Frankfurt a.M. 1986.

– Ancien Régime und Revolution. Studien zur Verfassungsgeschichte Frankreichs zwischen 1589 und 1789, Frankfurt a.M. 1989.

– „Justice" versus „Administration". Aspekte des politischen Systemkonflikts in der Krise des Ancien Régime in: *ders.*, Ancien Régime und Revolution. Studien zur Verfassungsgeschichte Frankreichs zwischen 1589 und 1789, Frankfurt a.M. 1989. S. 99-125.

*Hinske*, N. (Hrsg.): Halle. Aufklärung und Pietismus (Zentren der Aufklärung, I), Heidelberg 1989.

*Hintze*, O.: Zur Agrarpolitik Friedrichs des Großen, in: Forschungen zur brandenburgischen und preußischen Geschichte, 10 (1898).

– Soziologie und Geschichte. Gesammelte Abhandlungen zur Soziologie, Politik und Theorie der Geschichte, hrsg. von *G. Oestreich*, 2. Aufl., Göttingen 1964.

– Regierung und Verwaltung. Gesammelte Abhandlungen zur Staats-, Rechts- und Sozialgeschichte Preußens, hrsg. von *G. Oestreich*, 2. Aufl., Göttingen 1967.

– Preußens Weg zum Rechtsstaat in: *ders.*, Regierung und Verwaltung, S. 97-163.

– Kalvinismus und Staatsraison in Brandenburg-Preußen zu Beginn des 17. Jahrhunderts in: O. *Hintze*, Regierung und Verwaltung, S. 255-312.

– Rochers politische Entwicklungstheorie, in: *ders.*, Soziologie und Geschichte, S. 3-45.

– Staat und Verfassung. Gesammelte Abhandlungen zur allgemeinen Verfassungsgeschichte, hrsg. von *G. Oestreich*, 3. Aufl., Göttingen 1970.

– Der Commissarius und seine Bedeutung in der allgemeinen Verwaltungsgeschichte, in: *ders.*, Staat und Verfassung. Gesammelte Abhandlungen zur allgemeinen Verfassungsgeschichte, S. 242-274.

*Hirsch*, E.: Geschichte der neueren evangelischen Theologie im Zusammenhang mit den allgemeinen Bewegungen des europäischen Denkens, 2, Gütersloh 1951.

*Hirschman*, A.O.: The Passions and the Interests. Political Arguments for Capitalism before its Triumph, Princeton 1977.

*Hof*, H.: Wettbewerb im Zunftrecht. Zur Verhaltensgeschichte der Wettbewerbsregelung durch Zunft und Stadt, Reich und Landesherr bis zu den Stein-Hardenbergischen Reformen, Köln 1983.

*Hoffmann*, H.: Handwerk und Manufaktur in Preußen 1769, Berlin 1969.

*Hoffmann*, J.: Jakob Mauvillon, Berlin 1981.

*Hofmann*, H.-H. (Hrsg.): Quellen zum Verfassungsorganismus des Heiligen Römischen Reichs Deutscher Nation 1495-1815, Darmstadt 1976.

*Hofmann*, H.: Hugo Grotius, in: *ders.*, Recht-Politik-Verfassung, Frankfurt a.M. 1986.

*Holldack*, H.: Der Physiokratismus und die absolute Monarchie, in: *K.O. Frh. von Aretin* (Hrsg.), Der Aufgeklärte Absolutismus, Köln 1974, S. 137-162.

*Hubatsch*, W. (Hrsg.): Absolutismus, Darmstadt 1973.

– Deutschland zwischen dem Dreißgjährigen Krieg und der Französischen Revolution, Frankfurt a.M. 1974.

– Die preußische Verwaltung in der Regierungszeit Friedrich Wilhelms I., in: *K. Jeserich / H. Pohl / G.Ch. von Unruh* (Hrsg.), Deutsche Verwaltungsgeschichte, 2, Stuttgart 1983, S. 910-931.

*Hülle*, W.: Das Auditoriat in Brandenburg-Preußen. Ein rechtshistorischer Beitrag zur Geschichte seines Heerwesens mit einem Exkurs über Österreich, Göttingen 1971.

*Illemann*, H.D.: Bäuerliche Besitzrechte im Bistum Hildesheim. Eine Quellenstudie unter besonderer Berücksichtigung der Grundherrschaft des ehemaligen Klosters St. Michaelis in Hildesheim, Stuttgart 1969.

*Irsigler*, H.: „Thue den Mund auf für die Stummen!". Ein Beitrag zur zeitgenössischen Kritik des Bürgertums an der spätfeudalen Agrarverfassung in der zweiten Hälfte des 18. Jahrhunderts – dargestellt anhand einer Untersuchung am Rezensionsorgan „Allgemeine Deutsche Bibliothek", in: Jahrbuch für Geschichte des Feudalismus, 10, Berlin 1986, S. 313-347.

*Jacob*, M.C.: Change and Continuity in Seventeenth-Century England, Cambridge Mass. 1975.

– The Newtonians and the English Revolution 1689-1720, Hassocks 1976.

– The Radical Enlightenment. Pantheists, Freemasons and Republicans, London 1981.

*Jedin*, H.: Il Sarpi storico del Concilio di Trento, Brescia 1952.

*Jersch-Wenzel*, S.: Juden und ‚Franzosen' in der Wirtschaft des Raumes Berlin/Brandenburg zur Zeit des Merkantilismus, Berlin 1978.

*Joachimsen*, P.: Der deutsche Staatsgedanke, Nachdruck Darmstadt 1967.

*Kantzenbach*, F.W.: Protestantisches Christentum im Zeitalter der Aufklärung, Gütersloh 1965.

*Kaufhold*, K.H.: Das Handwerk der Stadt Hildesheim im 18. Jahrhundert, Göttingen 1968.

– Das Gewerbe in Preußen um 1800, Göttingen 1978.

– Umfang und Gliederung des deutschen Handwerks um 1800, in: *W. Abel* (Hrsg.), Handwerksgeschichte in neuer Sicht, Göttingen 1978, S. 27-64.

– Gewerbelandschaften in der Frühen Neuzeit (1650-1800), in: *H. Pohl* (Hrsg.), Gewerbe- und Industrielandschaften vom Spätmittelalter bis ins 20. Jahrhundert (Vierteljahresschrift für Sozial- und Wirtschaftsgeschichte, Beiheft 78), Stuttgart 1986, S. 112-202.

*Kayser*, R.: Christian Thomasius und der Pietismus, Hamburg 1900.

*Keck*, R.W.: Die Aufklärungsuniversität Göttingen als Wiege entscheidender pädagogischer Reformideen im ausgehenden 18. Jahrhundert, in: Informationen zur erziehungs- und bildungshistorischen Forschung, 20/21, 1983.

*Kellenbenz*, H.: Der Merkantilismus in Europa und die soziale Mobilität, Wiesbaden 1965.

– Deutsche Wirtschaftsgeschichte, 1: Von den Anfängen bis zum Ende des 18. Jahrhunderts, München 1977.

*Kempf*, Th.: Aufklärung als Disziplinierung. Studien zum Diskurs des Wissens in Intelligenzblättern und gelehrten Beilagen der zweiten Häfte des 18. Jahrhunderts, München 1991.

*Kisch*, H.: Prussian Mercantilism and the Rise of the Krefeld Silk Industry, Philadelphia 1968.

*Klein*, E.: J.G. Justi und die preußische Staatswirtschaft, in: Vierteljahresschrift für Sozial- und Wirtschaftsgeschichte, 48 (1961), S. 145-202.

*Kleinheyer*, G.: Staat und Bürger im Recht. Die Vorträge des Carl Gottlieb Svarez vor dem preußischen Kronprinzen (1791-92), Bonn 1959.

*Klingenstein*, G.: Staatsverwaltung und kirchliche Autorität im 18. Jahrhundert. Das Problem der Zensur in der theresianischen Reform, Wien 1970.

*Klippel*, D.: Art. Freiheit VI: Der politische Freiheitsbegriff im modernen Naturrecht: 17./18. Jahrhundert, in: Geschichtliche Grundbegriffe. Historisches Lexikon der politisch-sozialen Sprache in Deutschland, 2, Stuttgart 1975, S. 469-488.

– Politische Freiheit und Freiheitsrechte im deutschen Naturrecht des 18. Jahrhunderts, Paderborn 1976.

– „Libertas commerciorum“ und „Vermögens-Gesellschaft“. Zur Geschichte ökonomischer Freiheitsrechte in Deutschland im 18. Jahrhundert, in: *G. Birthsch* (Hrsg.), Grund- und Freiheitsrechte im Wandel von Gesellschaft und Geschichte. Beiträge zur Geschichte der Grund- und Freiheitsrechte vom Ausgang des Mittelalters bis zur Revolution von 1848, Göttingen 1981, S. 313-335.

– Der Einfluß der Physiokraten auf die Entwicklung der liberalen politischen Theorie in Deutschland, in: Der Staat, 23 (1984), S. 205-226.

– Persönlichkeit und Freiheit. Das Recht der Persönlichkeit in der Entwicklung der Freiheitsrechte im 18. und 19. Jahrhundert, in: *G. Birtsch* (Hrsg.), Grund- und Freiheitsrechte von der ständischen zur spätbürgerlichen Gesellschaft, Göttingen 1987, S. 269-290.

– Politische Theorien im Deutschland des 18. Jahrhunderts, in: Aufklärung, 2 (1987), S. 57-88.

*Knapp*, G.F.: Die Bauernbefreiung und der Ursprung der Landarbeiter in den älteren Teilen Preußens, 2 Bde., 2. Aufl., München / Leipzig 1927.

*Knies*, W.: Steuerzweck und Steuerbegriff. Eine dogmengeschichtliche und kompetenzrechtliche Studie, München 1976.

*Knudsen*, J.B.: Justus Möser and the German Enlightenment, Cambridge 1986.

*Kocka*, J.: Otto Hintze, in: *H.-U. Wehler* (Hrsg.), Deutsche Historiker, 3, Göttingen 1972, S. 41-64.

– Unternehmer in der deutschen Industrialisierung, Göttingen 1975.

– Sozialgeschichte zwischen Strukturgeschichte und Erfahrungsgeschichte, in: *W. Schieder / V. Sellin* (Hrsg.), Die Sozialgeschichte innerhalb der Geschichtswissenschaft, 1, Göttingen 1986, S. 67-88.

– Weder Stand noch Klasse. Unterschichten um 1800, Bonn 1990.

*Kodalle*, K.-M.: Thomas Hobbes – Logik der Herrschaft und Vernunft des Friedens, München 1972.

*Kogel*, R.: Pierre Charron, Genève 1972.

*Köhler*, J.P.: Staat und Gesellschaft in der deutschen Theorie der auswärtigen Wirtschaftspolitik, Stuttgart 1926.

*Kondylis*, P.: Die Aufklärung im Rahmen des neuzeitlichen Rationalismus, Stuttgart 1981.

*Kopf*, P.: David Hume. Philosoph und Wirtschaftstheoretiker (1711-1776), Wiesbaden 1987.

*Kopitzsch*, F.: Die Sozialgeschichte der deutschen Aufklärung als Forschungsaufgabe, in: *F. Kopitzsch* (Hrsg.), Aufklärung, Absolutismus und Bürgertum in Deutschland. Zwölf Aufsätze, München 1976, S. 11-169.

– Grundzüge einer Sozialgeschichte der Aufklärung in Hamburg und Altona, Teile 1 und 2, Hamburg 1982.

*Koschwitz*, H.: Die periodische Wirtschaftspublizistik im Zeitalter des Kameralismus. Ein Beitrag zur Entstehung der Wirtschaftsfachzeitschrift im 18. Jahrhundert, Diss., Göttingen 1968.

*Koselleck*, R.: Preußen zwischen Reform und Revolution. Allgemeines Landrecht, Verwaltung und soziale Bewegung von 1791 bis 1848, 2. Aufl., Stuttgart 1975.

– Sozialgeschichte und Begriffsgeschichte, in: *W. Schieder / V. Sellin* (Hrsg.), Die Sozialgeschichte innerhalb der Geschichtswissenschaft, 1, Göttingen 1986.

*Kowalewski*, G.: Geschichte der Hamburgischen Gesellschaft zur Beförderung der Künste und nützlichen Gewerbs (Patriotische Gesellschaft). Gestiftet im Jahre 1765, Hamburg 1897.

– Die Hamburgische Patriotische Gesellschaft und die Wirtschaftssysteme des 18. Jahrhunderts, aus dem Jahrbuch der Patriotischen Gesellschaft, Hamburg 1910.

*Koyré*, A.: Newtonian Studies, Harvard 1965.

– From the Closed World to the Infinite Universe, Baltimore 1957; it. Übers.: Dal mondo chiuso all'universo infinito, Milano 1970.

*Krebs*, A.: J.A. Schlettwein, der „deutsche Hauptphysiokrat“, Leipzig 1909.

*Krenzlin*, A.: Dorf, Feld und Wirtschaft im Gebiet der großen Täler und Platten östlich der Elbe (Forschungen zur Landeskunde, 70), Remagen 1952.

*Kretzer*, H.: Calvinismus versus Demokratie respektive Geist des Kapitalismus? Studien zur politischen Theorie und zur Sozialphilosophie des französischen Protestantismus im 17. Jahrhundert, Oldenburg 1988.

*Kriedte*, P.: Spätfeudalismus und Handelskapital, Göttingen 1980.

*Kriedte*, P. / *Medick*, H. / *Schlumbohm*, J.: Industrialisierung vor der Industrialisierung. Gewerbliche Warenproduktion auf dem Land in der Formationsperiode des Kapitalismus, Göttingen 1977.

– Die Proto-Industrialisierung auf dem Prüfstand der historischen Zunft. Antwort auf einige Kritiker, in: Geschichte und Gesellschaft, 9 (1983), S. 87-105.

– Sozialgeschichte in der Erweiterung – Protoindustrialisierung in der Verengung? Demographie, Sozialstruktur, moderne Hausindustrie: eine Zwischenbilanz der Protoindustrialisierungs-Forschung, in: Geschichte und Gesellschaft, 18 (1992), S. 70-87, 231-255.

*Krieger*, L.: The German Idea of Freedom, Boston 1957.

*Kroker*, W.: Wege zur Verbreitung technischer Kenntnisse zwischen Deutschland und England, Berlin 1971.

*Krug*, G.E.: Die Entwicklung ökonomischer Freiheitsrechte in Deutschland im Wandel von Staat und Gesellschaft vom Ancien Régime bis zur Reichsgründung (1776-1971), Frankfurt a.M. 1995.

*Kublik*, H.: Die Siedlungspolitik Friedrichs des Großen im Kreise Cottbus, Halle 1935.

*Kunisch*, J.: Das Mirakel des Hauses Brandenburg. Studien zum Verhältnis von Kabinettspolitik und Kriegführung im Zeitalter des Siebenjährigen Krieges, München 1978.

– Staatsverfassung und Mächtepolitik. Zur Genese von Staatenkonflikten im Zeitalter des Absolutismus, Berlin 1979.

– Absolutismus. Europäische Geschichte vom Westfälischen Frieden bis zur Krise des Ancien Régime, Göttingen 1986.

– Funktion und Ausbau der kurfürstlich-königlichen Residenzen in Brandenburg-Preußen im Zeitalter des Absolutismus, in: Forschungen zur brandenburgischen und preußischen Geschichte, NF, 36 (1993).

*Labrot*, G.: Le comportement collectif de l'aristocratie napolitaine du seizième au dixhuitième siècle, in: Revue historique, 257 (1977), S. 45-71.

– Baroni in città. Residenze e comportamenti dell'aristocrazia napoletana 1530-1734, Napoli 1979.

*Labrousse*, E.: La crise de l'économie française à la fin de l'Ancien régime et au debut de la Révolution, in: *E. Schmitt* (Hrsg.), Die französische Revolution. Anlässe und langfristige Ursachen, Darmstadt 1973, S. 49-98.

*Landes*, D.S.: Der entfesselte Prometheus. Technologischer Wandel und industrielle Entwicklung in Westeuropa von 1750 bis zur Gegenwart, Köln 1973.

*Lauro*, A.: Il giurisdizionalismo pregiannoniano nel Regno di Napoli. Problema e bibliografia, Roma 1974.

*Lautz*, K.: Entwicklungsgeschichte des dominium utile, Diss., Göttingen 1916.

*Lecler*, J.: Libéralisme économique et libre pensée au XVIIIe siècle. Mandeville et la Fable des Abeilles, in: Études, 230 (1937), S. 624-645.

*Lehmann*, H.: Pietismus und weltliche Ordnung in Württemberg vom 17. bis zum 20. Jahrhundert, Stuttgart 1969.

– Der Pietismus im Alten Reich, in: Historische Zeitschrift, 214 (1972), S. 58-95.

– Das Zeitalter des Absolutismus. Gottesgnadentum und Kriegsnot, Stuttgart 1980.

*Lehmann*, O.: Die deutschen moralischen Wochenschriften des 18. Jahrhunderts als pädagogische Reformschriften, Leipzig 1893.

*Lehmann*, R.: Die Verhältnisse der niederlausitzischen Herrschafts- und Gutsbauern in der Zeit vom Dreißigjährigen Kriege bis zu den preußischen Reformen, Köln / Graz 1956.

*Lenz*, F.: Die Wirtschaftswissenschaft in Gießen, in: Ludwigs-Universität, Justus-Liebig-Hochschule 1607-1957, Gießen 1957.

*Lepenies*, W.: Das Ende der Naturgeschichte. Wandel kultureller Selbstverständlichkeiten in den Wissenschaften des 18. und 19. Jahrhunderts, Frankfurt a.M. 1978.

*Lepre*, A.: Contadini, borghesi ed operai nel tramonto del feudalesimo napoletano, Milano 1963.

– Feudi e masserie. Problemi della società meridionale nel Sei e Settecento, Napoli 1973.

– Storia del Mezzogiorno d'Italia, II: Dall'Antico Regime alla società borghese (1657-1860), Napoli 1986.

*Lestition*, S.: The Teaching and Practice of Jurisprudence on 18th Century East Prussia: Königsberg's First Chancellor, R.F. von Sahme (1682-1753), in: Ius commune, 16 (1989), S. 27-80.

*Lewin*, K.: Die Entwicklung der Sozialwissenschaften in Göttingen im Zeitalter der Aufklärung, Diss. Göttingen 1971.

*Liebel*, H.: Laissez-faire vs. Mercantilism: the Rise of Hamburg & The Hamburg Bourgeoisie vs. Frederick the Great in the Crisis of 1763, in: Vierteljahresschrift für Sozial- und Wirtschaftsgeschichte, 52 (1965), S. 207-238.

– Enlightened Bureaucracy versus Enlightened Despotism in Baden, 1750-1792, Philadelphia 1965.

*Linde*, H.: Proto-Industrialisierung. Zur Justierung eines neuen Leitbegriffs der sozialgeschichtlichen Forschung, in: Geschichte und Gesellschaft, 6 (1980), S. 103-124.

*Lindenlaub*, D.: Richtungskämpfe im Verein für Sozialpolitik. Wissenschaft und Sozialpolitik im Kaiserreich vornehmlich vom Beginn des „Neuen Kurses" bis zum Ausbruch des Ersten Weltkrieges (1890-1914), Teil 2, Wiesbaden 1967.

*Link*, Ch.: Herrschaftsordnung und bürgerliche Freiheit. Grenzen der Staatsgewalt in der älteren deutschen Staatslehre, Wien / Köln / Graz 1979.

– Die Staatstheorie Christian Wolffs, in: *W. Schneiders* (Hrsg.), Christian Wolff 1679-1754. Interpretationen zu seiner Philosophie und deren Wirkung, Hamburg 1983, S. 171-192.

– Naturrechtliche Grundlagen des Grundrechtsdenkens in der deutschen Staatslehre des 17. und 18. Jahrhunderts, in: *G. Birtsch* (Hrsg.), Grund- und Freiheitsrechte von der ständischen zur spätbürgerlichen Gesellschaft, Göttingen 1987, S. 215-233.

*Lipp*, M.: „Persona moralis", „Juristische Person" und „Personenrecht". Eine Studie zur Dogmengeschichte der „Juristischen Person" im Naturrecht und frühen 19. Jahrhundert, in: Quaderni fiorentini per la storia del pensiero giuridico moderno, 11/12 (1982/83), S. 217-262.

*Lollini*, S.: Tanucci e la neutralità napoletana: la mancata adesione al Patto di famiglia, in: *R. Ajello / M. D'Addio* (Hrsg.), Bernardo Tanucci statista, letterato, giurista, 1, Napoli 1986, S. 297-312.

*Löning*, E.: Gerichte und Verwaltungsbehörden in Brandenburg-Preußen, Halle 1914.

*Luig*, K.: Zur Verbreitung des Naturrechts in Europa, in: Tijdschrift voor Rechtsgeschiedenis, 40 (1972).

– Conring, das deutsche Recht und die Rechtsgeschichte, in: *M. Stolleis* (Hrsg.), Hermann Conring (1606-1681). Beiträge zu Leben und Werk, Berlin 1983, S. 355-395.

– Christian Thomasius, in: *M. Stolleis* (Hrsg.), Staatsdenker im 17. und 18. Jahrhundert. Reichspublizistik-Politik-Naturrecht, 2. Aufl., Frankfurt a.M. 1987, S. 256-278.

*Lundgreen*, P.: Gegensatz und Verschmelzung von ‚alter' und ‚neuen' Burokratie im Ancien Régime: Ein Vergleich von Frankreich und Preußen, in: *E. Hinrichs* (Hrsg.), Absolutismus, Frankfurt a.M. 1986.

*Lunsingh Schueurleer*, Th.H. / *Postuhumus Meyjes*, G.H.M. (Hrsg.): Leiden University in the Seventeenth Century. An Exchange of Learning, Leiden 1975.

*Lütge*, F.: Geschichte der deutschen Agrarverfassung vom frühen Mittelalter bis zum 19. Jahrhundert, 2. Aufl., Stuttgart 1967.

*Lüthy*, H.: Le passé présent. Combats d'idées de Calvin à Rousseau, Monaco 1965; ital. Ausgabe: Da Calvino a Rousseau, Bologna 1971.

*Mack,* R.: Pietismus und Frühaufklärung an der Universität Gießen und in Hessen-Darmstadt, Gießen 1984.

*Macry,* P.: Mercato e società nel Regno di Napoli. Commercio del grano e politica economica nel Settecento, Napoli 1974.

*Maestro,* M.: Filangieri and his „Science of Legislation", Philadelphia 1976.

*Mager,* W.: Protoindustrialisierung und Protoindustrie. Vom Nutzen und Nachteil zweier Konzepte, in: Geschichte und Gesellschaft, 14 (1988), S. 275-303.

*Mamiani,* M.: Introduzione a Newton, Bari 1990.

*Mann,* F.K.: Physiokratie, in: Handwörterbuch der Sozialwissenschaften, 8, 1964.

– Steuerpolitische Ideale. Vergleichende Studien zur Geschichte der ökonomischen und politischen Ideen und ihres Wirkens in der öffentlichen Meinung 1600-1935, Jena 1937; Nachdruck Darmstadt 1978.

*Mannarino,* L.: Toland e Giannone: il mito dell'antico Egitto, in: *R. Ajello* (Hrsg.), Pietro Giannone e il suo tempo, 1, Napoli 1980, S. 433-445.

*Mantello,* A.: Individuo, fenomeni associativi e strutture socio-economiche nel razionalismo wolffiano, in: Quaderni fiorentini per la storia del pensiero giuridico moderno, 11/12 (1982/83), S. 179-216.

*Manuel,* F.E.: The Religion of Isaac Newton, Oxford 1974.

*Maravall,* J.A.: Estado moderno y mentalidad social (siglos XV a XVII), 1, Madrid 1972.

– Poder, honor y élites en el siglo XVII, Madrid 1979.

*Marchet,* G.: Studien über die Entwicklung der Verwaltungslehre in Deutschland von der zweiten Hälfte des 17. bis zum Ende des 18. Jahrhunderts, München 1885; Frankfurt a.M. 1966.

*Marcks,* E.: Hamburg und das bürgerliche Geistesleben der Vergangenheit. Hamburg in seiner wirtschaftlichen und kulturellen Bedeutung für Deutschland. Festschrift für die deutsche Lehrerversammlung in Hamburg 1925, Hamburg 1926.

*Marongiu,* A.: Carlo di Borbone legislatore, in: *M. Di Pinto* (Hrsg.), I Borbone di Napoli e i Borbone di Spagna. Un bilancio storiografico, 1, Napoli 1985, S. 35-53.

*Martin,* V.: Les origines du gallicanisme, Paris 1939.

*Martiny,* F.: Die Adelsfrage in Preußen vor 1806 (Beiheft zur Vierteljahresschrift für Sozial- und Wirtschaftsgeschichte), Stuttgart / Berlin 1938.

*Marwitz,* U.: Friedrich der Große als Heeresorganisator, in: *O. Hauser* (Hrsg.), Friedrich der Große in seiner Zeit, Köln 1987.

*Marx,* K.: Theorien über den Mehrwert, in: Marx-Engels-Werke, 26, Teil 1, Berlin 1973.

*Mastellone,* S.: Francesco D'Andrea politico e giurista (1648-1698). L'ascesa del ceto civile, Firenze 1969.

– Venalità e machiavellismo in Francia (1572-1610). All'origine della mentalità politica borghese, Firenze 1972.

– Pensiero politico e vita culturale a Napoli fra la metà del '600 e la restaurazione del regno, in: Storia di Napoli, 8, Napoli 1980, S. 353-466.

*Mathiez,* A.: Les doctrines politiques des physiocrates, in: Annales historiques de la Révolution française, 13 (1936), S. 193-203.

*Matis*, H. (Hrsg.): Von der Glückseligkeit des Staates. Staat, Wirtschaft und Gesellschaft in Österreich im Zeitalter des aufgeklärten Absolutismus, Berlin 1981.

*Mauer*, H.: Das landschaftliche Kreditwesen Preußens, agrarwirtschaftlich und volkswirtschaftlich betrachtet, Straßburg 1907.

*Mayer*, G.: Die Freihandelslehre in Deutschland, Jena 1927.

*Mazzacane*, A.: Francesco D'Andrea, in: Dizionario biografico degli italiani, 32, S. 529-536.

*Medick*, H.: Naturzustand und Naturgeschichte der bürgerlichen Gesellschaft. Die Ursprünge der bürgerlichen Sozialtheorie als Geschichtsphilosophie und Sozialwissenschaft bei Samuel Pufendorf, John Locke und Adam Smith, Göttingen 1973.

*Meek*, L.: The Economics of Physiocracy, London 1962.

*Meinecke*, F.: Drei Generationen deutscher Gelehrtenpolitik, in: Historische Zeitschrift, 125 (1922), S. 248-296.

– Die Idee der Staatsräson in der neueren Geschichte (Werke, 1, hrsg. von *W. Hofer*), München 1957.

*Mercati*, A.: Intorno a fra Paolo Sarpi, Roma 1928.

*Merk*, W.: Der Gedanke des gemeinen Besten in der deutschen Staats- und Rechtsentwicklung, in: Festschrift für A. Schultze, Weimar 1934; Nachdruck Darmstadt 1968.

*Mertineit*, F.: Die friderizianische Verwaltung in Ostpreußen, Heidelberg 1958.

*Messerschmidt*, M.: Preußens Militär in seinem gesellschaftlichen Umfeld, in: *H.J. Puhle / H.U. Wehler* (Hrsg.), Preußen im Rückblick, Göttingen 1980, S. 43-88.

*Mieck*, I.: Preußischer Seidenbau im 18. Jahrhundert, in: Vierteljahresschrift für Sozial- und Wirtschaftsgeschichte, 56 (1969), S. 478-498.

*Miegge*, M. / *Corsani*, L. / *Gastaldi*, U.: Protestantesimo e capitalismo. Da Calvino a Weber: contributi ad un dibattito, Torino 1983.

*Migliorini*, A.V.: Le successioni borboniche a Napoli e a Parma, in: *R. Ajello / M. D'Addio* (Hrsg.), Bernardo Tanucci statista, letterato, giurista, 1, Napoli 1986.

*Mittenzwei*, I.: Preußen nach dem Siebenjährigen Krieg. Auseinandersetzungen zwischen Bürgertum und Staat um die Wirtschaftspolitik, Berlin 1979.

– Aufgeklärter Absolutismus und Klassenverhältnisse in Brandenburg-Preußen, in: Jahrbuch für Geschichte des Feudalismus, 4, Berlin 1980, S. 315-342.

– Hugenotten und Manufakturkapitalismus. Zur Rolle der Hugenotten in der gewerblichen Wirtschaft Brandenburg-Preußens, in: *I. Mittenzwei* (Hrsg.), Hugenotten in Brandenburg-Preußen, Berlin 1987.

*Mittenzzwei*, I. / *Herzfeld*, E.: Brandenburg-Preußen 1648-1789, 3. Aufl., Berlin 1990.

*Mitterauer*, M.: Vorindustrielle Familienformen. Zur Funktionsentlastung des ‚ganzen Hauses' im 17. und 18. Jahrhundert, in: *F. Engel-Janosi / G. Klingenstein / H. Lutz* (Hrsg.), Fürst, Bürger, Mensch. Untersuchungen zu politischen und soziokulturellen Wandlungsprozessen im vorrevolutionären Europa, München 1975, S. 123-185.

*Mohnhaupt*, H.: Potestas legislatoria und Gesetzesbegriff im Ancien Régime, in: Ius Commune, 4 (1972), S. 188-239.

– Untersuchungen zum Verhältnis Privileg und Kodifikation im 18. und 19. Jahrhundert, in: Ius Commune, 5 (1975), S. 71-121.

*Möller*, H.: Aufklärung in Preußen. Der Verleger, Publizist und Geschichtsschreiber Friedrich Nicolai, Berlin 1974.

– Die Interpretation der Aufklärung in der marxistisch-leninistischen Geschichtsschreibung, in: Geschichte und Gesellschaft, 4 (1977), S. 438-472.

– Ämterkäuflichkeit in Brandenburg-Preußen im 17. und 18. Jahrhundert, in: *K. Malettke* (Hrsg.), Soziale Mobilität im frühmodernen Staat: Bürgertum und Ämterwesen, Berlin 1980, S. 156-176.

*Mombert*, P.: Geschichte der Nationalökonomie, Jena 1927.

*Möncкeberg*, C.: Hermann Samuel Reimarus und Johann Christian Edelmann, Hamburg 1867.

*Mooser*, J.: Ländliche Klassengesellschaft 1770-1840, Göttingen 1984.

*Morassi*, L.: Tradizione e „nuova agricoltura". La Società d'agricoltura pratica di Udine (1762-1797), Udine 1980.

*Moraw*, P. / *Press*, V.: Probleme der Sozial- und Verfassungsgeschichte des Heiligen Römischen Reiches im späten Mittelalter und in der frühen Neuzeit (13.-18. Jahrhundert), in: Zeitschrift für historische Forschung, 2 (1975), S. 95-108.

*Mousnier*, R.: La vénalité des offices sous Henri IV et Louis XIII, Paris 1971.

– Les institutions de la France sous la monarchie absolue 1598-1789, 2, Paris 1980.

*Muhlack*, U.: Physiokratie und Absolutismus in Frankreich und Deutschland, in: Zeitschrift für historische Forschung, 9 (1982), S. 15-46.

*Mühlpfordt*, G.: Hugenottische und deutsche Aufklärung. Von der Gesinnungs- zur Kulturgemeinschaft, in: *I. Mittenzwei* (Hrsg.), Hugenotten in Brandenburg-Preußen, Berlin 1987, S. 191-229.

*Müller*, H.H.: Der agrarische Fortschritt und die Bauern in Brandenburg vor den Reformen von 1807, in: Zeitschrift für Geschichte, 13 (1964), S. 629-648.

– Die Bodennutzungssysteme und die Separation in Brandenburg vor den Agrarreformen 1807, in: Jahrbuch für Wirtschaftsgeschichte (1965), S. 82-126.

– Domänen und Domänenpächter in Brandenburg-Preußen im 18. Jahrhundert, in: Jahrbuch für Wirtschaftsgeschichte (1965), 4, S. 152-192.

– Bauern, Pächter und Adel im alten Preußen, in: Jahrbuch für Wirtschaftsgeschichte (1966), 1, S. 259-277.

– Entwicklungstendenzen der Viehzucht in Brandenburg-Preußen im 18. Jahrhundert, in: Jahrbuch für Wirtschaftsgeschichte (1966), S. 137-189.

– Märkische Landwirtschaft vor der Agrarreform von 1807, Potsdam 1967.

– Christopher Brown – an English Farmer in Brandenburg Prussia in the Eighteenth Century, in: Agricultural History Review, 17 (1969), S. 120-135.

– Akademie und Wirtschaft im 18. Jahrhundert. Agrarökonomische Preisaufgaben und Preisschriften der Preußischen Akademie der Wissenschaften. Versuch, Tendenzen und Überblick, Berlin 1975.

*Müller*, W.: „Zur Wohlfahrt des Gemeinen Wesens". Ein Beitrag zur Bevölkerungs- und Sozialpolitik Max III. Joseph (1745-1777), München 1984.

*Münch*, P. (Hrsg.): Ordnung, Fleiß und Sparsamkeit. Texte und Dokumente zur Entstehung der „bürgerlichen Tugenden", München 1984.

– Grundwerte der frühneuzeitlichen Ständegesellschaft? Aufriß einer vernachlässigten Thematik, in: *W. Schulze* (Hrsg.), Ständische Gesellschaft und soziale Mobilität, München 1988, S. 53-72.

*Muto*, G.: Gestione del potere e classi sociali nel mezzogiorno spagnolo, in: *A. Tagliaferri* (Hrsg.), I ceti dirigenti in Italia in età moderna e contemporanea, Udine 1984, S. 287-301.

*Naudé*, W.: Die merkantilistische Wirtschaftspolitik Friedrich Wilhelms I. und der Küstriner Kammerdirektor Hille, in: Historische Zeitschrift, 90 (1903), S. 1-55.

– Die brandenburgisch-preußische Getreidehandelspolitik, in: Schmollers Jahrbuch, 29 (1905).

*Neill*, Th. P.: Quesnay and Physiocracy, in: Journal of the History of Ideas, IX (1948).

*Neugebauer*, W.: Zur neueren Deutung der preußischen Verwaltung im 17. und 18. Jahrhundert in vergleichender Sicht, in: *O. Büsch / W. Neugebauer* (Hrsg.), Moderne Preußische Geschichte 1648-1947, 2, Berlin 1981, S. 541-597.

– Die Stände in Magdeburg, Halberstadt und Minden im 17. und 18. Jahrhundert, in: *P. Baumgart* (Hrsg.), Ständetum und Staatsbildung in Brandenburg-Preußen, Berlin / New York 1983, S. 170-207.

– Absolutistischer Staat und Schulwirklichkeit in Brandenburg-Preußen, Berlin 1985.

*Niedhart*, G.: Aufgeklärter Absolutismus oder Rationalisierung der Herrschaft, in: Zeitschrift für historische Forschung, 6 (1979), S. 199-211.

*Nipperdey*, Th.: Verein als soziale Struktur in Deutschland im späten 18. und frühen 19. Jahrhundert. Eine Fallstudie zur Modernisierung, I, in: *ders.*, Gesellschaft, Kultur, Theorie. Gesammelte Aufsätze zur neueren Geschichte, Göttingen 1976, S. 174-205.

*Nörr*, K.W.: Ein Kapitel aus der Geschichte der Rechtssprechung: Die Rota Romana, in: Ius commune, 5 (1975), S. 192-209.

– Naturrecht und Zivilprozeß, Tübingen 1976.

*Nuzzo*, E.: Il diniego della „sagesse“: Vico e i moralisti moderni, in: *V. Dini / D. Taranto* (Hrsg.), La saggezza moderna. Temi e problemi dell'opera di Pierre Charron, Napoli 1987, S. 323-418.

*Oestreich*, G.: Otto Hintzes Stellung zu Politikwissenschaft und Soziologie, in: *O. Hintze*, Soziologie und Geschichte. Gesammelte Abhandlungen zur Soziologie, Politik und Theorie der Geschichte, hrsg. von *G. Oestreich*, 2. Aufl., Göttingen 1964, S. 7-67.

– Otto Hintze und die Verwaltungsgeschichte, in: *O. Hintze*, Regierung und Verwaltung. Gesammelte Abhandlungen zur Staats-, Rechts- und Sozialgeschichte Preußens, hrsg. von *G. Oestreich*, 2. Aufl., Göttingen 1967, S. 7-29.

– Politischer Neustoizismus und Niederländische Bewegungen in Europa und besonders in Brandenburg-Preußen, in: *ders.*, Geist und Gestalt des frühmodernen Staates, Berlin 1969.

– Friedrich Wilhelm I. Preußischer Absolutismus, Merkantilismus, Militarismus, Göttingen 1977.

*Oexle*, O.G.: Sozialgeschichte-Begriffsgeschichte-‚Wissenschaftsge–schichte'. Anmerkungen zum Werk Otto Brunners, in: Vierteljahresschrift für Sozial- und Wirtschaftsgeschichte, 71 (1984), S. 305-341.

*Oncken*, A.: Geschichte der Nationalökonomie, 1, Leipzig 1902.

*Orcibal*, J.: Louis XIV contre Innocent XI: les appels au futur concile de 1688 et l'opinion française, Paris 1949.

*Oschlies*, W.: Die Arbeits- und Berufspädagogik August Hermann Franckes, Witten 1969.

*Osculati*, R.: Vero cristianesimo. Teologia e società moderna nel pietismo luterano, Bari 1990.

*Oswalt*, I.: Das Laissez-faire der Physiokraten, Diss., Freiburg i.Br. 1961.

*Otruba*, G.: Erfindung, technischer Transfer und Innovation in Manufaktur und Bergbau in Österreich, in: *U. Troitzsch* (Hrsg.), Technologischer Wandel im 18. Jahrhundert, Wolfenbüttel 1981, S. 73-104.

*Paganini*, G.: „Sages", „spirituels", „esprits forts". Filosofia dell'„esprit" e tipologia umana nell'opera di Pierre Charron, in: *V. Dini / D. Taranto* (Hrsg.), La saggezza moderna. Temi e problemi dell'opera di Pierre Charron, Napoli 1987, S. 113-156.

– Hobbes, Gassendi e la psicologia del meccanicismo, in: *A. Napoli* (Hrsg.), Hobbes oggi, Milano 1990, S. 351-469.

*Pallach*, U.-Ch.: Materielle Kultur und Mentalitäten im 18. Jahrhundert. Wirtschaftliche Entwicklung und politisch-sozialer Funktionswandel des Luxus in Frankreich und im Alten Reich am Ende des Ancien Régime, München 1987.

*Pankoke*, E.: Historisches Verstehen und geschichtliche Verantwortung. Zur historisch-ethischen Schule Gustav Schmollers, in: *P. Schiera / F. Tenbruck* (Hrsg.), Gustav Schmoller e il suo tempo: la nascita delle scienze sociali in Germania e in Italia / Gustav Schmoller in seiner Zeit: die Entstehung der Sozialwissenschaften in Deutschland und Italien, Bologna / Berlin 1989, S. 17-53.

*Pesante*, M.L.: Stato e religione nella storiografia di Goettingen. Johann Friedrich Le Bret, Torino 1971.

*Peschke*, E.: Die Bedeutung der Mystik für die Bekehrung August Hermann Franckes, in: *M. Greschat* (Hrsg.), Zur neueren Pietismusforschung, Darmstadt 1977, S. 294-316.

*Peters*, J. (Hrsg.): Konflikt und Kontrolle in Gutsherrschaftsgesellschaften. Über Resistenz- und Herrschaftsverhalten in ländlichen Sozialgebilden der Frühen Neuzeit, Göttingen 1995.

*Petersen*, P.: Geschichte der aristotelischen Philosophie im protestantischen Deutschland, Leipzig 1921.

*Pfeifer*, E.: Die Revuereisen Friedrichs des Großen, besonders in Schlesien nach 1763, Berlin 1904.

*Pick*, E.: Aufklärung und Erneuerung des juristischen Studiums. Verfassung, Studium und Reform in Dokumenten am Beispiel der Mainzer Fakultät gegen Ende des Ancien régime, Berlin 1983.

*Pignatelli*, G.: G.G. Bottari, in: Dizionario biografico degli italiani, 13, Roma 1971, S. 407-416.

*Pii*, E.: Antonio Genovesi dalla politica economica alla politica „civile", Firenze 1984.

*Placanica*, A.: Chiesa e società nel Settecento meridionale: vecchio e nuovo clero nel quadro della legislazione riformatrice, in: Ricerche di storia sociale e religiosa, 7/8 (1975), S. 121-189.

– Chiesa e società nel Settecento meridionale: clero, istituti e patrimoni nel quadro delle riforme, in: Società e religione in Basilicata nell'età moderna, Salerno 1977, S. 221-334.

*Polanyi*, K.: The great transformation, New York 1944.

*Ponti*, G.: Paolo Sarpi (1552-1623), Paravia 1938.

*Popkin*, R.H.: The History of Scepticism from Erasmus to Descartes, Assen 1964.

*Press*, V.: Herrschaft, Landschaft und „Gemeiner Mann" in Oberdeutschland vom 15. bis zum frühen 19. Jahrhundert, in: Zeitschrift für die Geschichte des Oberrheins, 122 (1975), S. 169-214.

– Von den Bauernrevolten des 16. zur konstitutionellen Verfassung des 19. Jahrhunderts. Die Untertanenkonflikte in Hohenzollern-Hechingen und ihre Lösungen, in: *H. Weber* (Hrsg.), Politische Ordnungen und soziale Kräfte im Alten Reich, Wiesbaden 1980, S. 85-113.

– Das Römisch-Deutsche Reich – ein politisches System in verfassungs- und sozialgeschichtlicher Fragestellung, in: *G. Klingenstein* / *H. Lutz* (Hrsg.), Spezialforschung und ‚Gesamtgeschichte'. Beispiele und Methodenfragen zur Geschichte der frühen Neuzeit, München 1982, S. 221-242.

– Vom „Ständestaat" zum Absolutismus. 50 Thesen zur Entwicklung des Ständewesens in Deutschland, in: *P. Baumgart* (Hrsg.), Ständetum und Staatsbildung in Brandenburg-Preußen, Berlin / New York 1983, S. 319-326.

– Patronat und Klientel im Heiligen Römischen Reich, in: *A. Maczak* (Hrsg.), Klientelsysteme im Europa der Frühen Neuzeit, München 1988, S. 19-46.

– Soziale Folgen des Dreißigjährigen Krieges, in: *W. Schulze* (Hrsg.), Ständische Gesellschaft und soziale Mobilität, München 1988, S. 239-268.

– Die kaiserliche Stellung im Reich zwischen 1648 und 1740 – Versuch einer Neubewertung, in: *G. Schmidt* (Hrsg.), Stände und Gesellschaft im Alten Reich, Stuttgart 1989, S. 51-80.

*Prestwich*, M. (Hrsg.): International Calvinism 1541-1715, Clarendon 1986.

*Preu*, P.: Polizeibegriff und Staatszwecklehre. Die Entwicklung des Polizeibegriffs durch die Rechts- und Staatswissenschaften des 18. Jahrhunderts, Göttingen 1983.

*Prüsener*, M.: Lesegesellschaften im achtzehnten Jahrhundert. Ein Beitrag zur Lesergeschichte, Frankfurt a.M. 1972.

*Quaglioni*, D.: „Assolutismo laico" e ricerca del diritto naturale, in: Il pensiero politico. Rivista di storia delle idee politiche e sociali, 25 (1992), S. 96-106.

*Quaritsch*, H.: Staat und Souveränität, Berlin 1970.

*Quondam*, A.: Cultura e ideologia in Gian Vincenzo Gravina, Milano 1968.

*Rachel*, H. / *Wallich*, P.: Berliner Großkaufleute und Kapitalisten, 2, Berlin 1938.

*Raeff*, M.: Der wohlgeordnete Polizeistaat und die Entwicklung der Moderne im Europa des 17. und 18. Jahrhunderts, in: *E. Hinrichs* (Hrsg.), Absolutismus, Frankfurt a.M. 1986.

*Raumer*, von K.: Absoluter Staat, korporative Libertät, persönliche Freiheit, in: „Historische Zeitschrift", 183 (1957), S. 55-96.

*Redel*, A.F.: Übersicht der Einrichtungen, welche König Friedrich II. für das Gedeihen des landwirtschaftlichen Gewerbes in der Mark Brandenburg getroffen, in: Märkische Forschungen, 2 (1843).

*Redlich*, F.: Frühindustrielle Unternehmer und ihre Probleme im Lichte ihrer Selbstzeugnisse, in: *W. Fischer* (Hrsg.), Wirtschafts- und sozialgeschichtliche Probleme der frühen Industrialisierung, Berlin 1968, S. 339-412.

*Reichhardt*, R. / *Höfer*, A.: Honnête homme, Honnêté, Honnêtes gens, in: *R. Reichardt* / *E. Schmitt* (Hrsg.), Handbuch politisch-sozialer Grundbegriffe in Frankreich 1680-1820, München 1986.

*Reinhard*, W.: Geschichte der europäischen Expansion, 1: Die alte Welt bis 1818, Stuttgart 1983; 2: Die neue Welt, Stuttgart 1985.

*Reininghaus*, W.: Gewerbe in der frühen Neuzeit, München 1990.

*Reuter*, O.: Die Manufaktur im Fränkischen Raum. Eine Untersuchung großbetrieblicher Anfänge in den Fürstentümern Ansbach und Bayreuth als Beitrag zur Gewerbegeschichte des 18. und beginnenden 19. Jahrhunderts, Stuttgart 1961.

*Ricuperati*, G.: L'esperienza civile e religiosa di Pietro Giannone, Milano / Napoli 1970.

– Studi recenti sul primo '700 italiano. Gian Vincenzo Gravina e Antonio Conti, in: Rivista storica italiana, 1970.

– Napoli e i viceré austriaci 1707-1734, in: Storia di Napoli, 4, Napoli 1976, S. 351-443.

– Pietro Giannone: bilancio storiografico e prospettive di ricerca, in: *R. Ajello*, R. (Hrsg.), Pietro Giannone e il suo tempo, 1, Napoli 1980, S. 185-249.

– Universal History: storia di un progetto europeo. Impostori, storici ed editori nella Ancien Part, in: Studi Settecenteschi, 2 (1981), S. 7-90.

*Rigotti*, F.: Rassegna introduttiva sulle metafore storico-politiche, in: Annali dell'Istituto storico italo-germanico in Trento/Jahrbuch des italienisch-deutschen historischen Instituts in Trient, 15 (1989), S. 11-36.

– Il potere e le sue metafore, Milano 1992.

*Ritter*, G.: Friedrich der Große, 3. Aufl., Heidelberg 1954.

*Rittstieg*, H.: Eigentum als Verfassungsproblem. Zu Geschichte und Gegenwart des bürgerlichen Verfassungsstaates, Darmstadt 1976.

*Röd*, W.: Geometrischer Geist und Naturrecht. Methodengeschichtliche Untersuchungen zur Staatsphilosophie im 17. und 18. Jahrhundert, München 1970.

*Roeck*, B.: Reichssystem und Reichsherkommen. Die Diskussion über die Staatlichkeit des Reiches in der politischen Publizistik des 17. und 18. Jahrhunderts, Stuttgart 1984.

*Rohrscheidt*, von K.: Vom Zunftzwange zur Gewerbefreiheit, Berlin 1898.

*Romano*, R.: Le commerce de Naples avec la France et les pays de l'Adriatique au XVIIIe siècle, Paris 1951.

– Napoli: dal Viceregno al Regno. Storia economica, Torino 1976.

*Rosa*, M.: Riformatori e ribelli nel '700 religioso italiano, Bari 1969.

– Curia romana e pensioni ecclesiastiche: fiscalità pontificia nel mezzogiorno (secoli XVI-XVIII), in: Quaderni storici, 42 (1979), S. 1015-1048.

– Introduzione all'Aufklärung cattolica in Italia, in: *ders.*, Cattolicesimo e lumi nel Settecento italiano, Roma 1981, S. 1-48.

*Roscher*, W.: Über die volkswirtschaftlichen Ansichten Friedrichs des Großen, in: Berichte über die Verhandlungen der Königl. Sächsischen Gesellschaft d. Wissenschaften zu Leipzig, Phil.-Hist. Kl. 18, Leipzig 1866, S. 1-55.

– Geschichte der National-Ökonomik in Deutschland, Halle 1874.

*Rosenbaum*, E.: Über Hamburg in der Handelsgeschichte des 17. und 18. Jahrhunderts, in: Hamburger Uebersee Jahrbuch, Hamburg 1922.

*Rosenberg*, N.: Mandeville and Laissez-faire, in: Journal of the History of Ideas, 24 (1963), S. 183-196.

*Rotta*, S.: Francesco Bianchini in Inghilterra. Contributo alla storia del newtonianesimo italiano, Brescia 1968.

– Francesco Bianchini, in: Dizionario biografico degli italiani, 10, Roma 1968, S. 187-194.

*Rovito*, P.L.: Respublica dei togati. Giuristi e società nella Napoli del Seicento, 1: Le garanzie giuridiche, Napoli 1981.

*Rübberdt*, R.: Die ökonomischen Sozietäten. Ein Beitrag zur Wirtschaftsgeschichte des 18. Jahrhunderts, Diss., Halle 1934.

*Rudolph*, P.: Zunftverfassung und Gewerbefreiheit im preußischen Gewerberecht bis 1845, Diss., Jena 1935.

*Ruestow*, E.G.: Physics at Seventeenth and Eighteenth-Century Leiden: Philosophy and the New Science in the University, Den Haag 1973.

*Rüping*, H.: Die Naturrechtslehre des Christian Thomasius und ihre Fortbildung in der Thomasius-Schule, Bonn 1968.

*Ruppert*, K.: Die kaiserliche Politik auf dem Westfälischen Friedenskongreß (1643-1648), Münster 1979.

*Ruppert*, W.: Bürgerlicher Wandel. Studien zur Herausbildung einer nationalen deutschen Kultur im 18. Jahrhundert, Frankfurt a.M. / New York 1981.

*Rürup*, R.: Johann Jacob Moser. Pietismus und Reform, Wiesbaden 1965.

*Russo*, C.: Parrocchie, fabbricerie e comunità nell'area suburbana della diocesi di Napoli (XVI-XVIII), in: *G. Galasso* / *C. Russo* (Hrsg.), Per la storia sociale e religiosa del mezzogiorno, 2, Napoli 1982, S. 9-79.

*Saage*, R.: Eigentum, Staat und Gesellschaft bei Kant, Stuttgart 1973.

*Sabetti*, A.: Un difficile messaggio di liberazione: L'Adeisidaemon e le Origines Judaicae di John Toland, Einleitung zu *J. Toland*, Adeisidaemon e Origines Judaicae, Napoli 1984.

*Sabrié*, J.B.: De l'humanisme au rationalisme. Pierre Charron (1541-1603). L'homme, l'oeuvre, l'influence, Paris 1913.

*Sagave*, P.-P.: Französische Prinzenerzieher am preußischen Hof (1694-1814), in: *I. Mittenzwei* (Hrsg.), Hugenotten in Brandenburg-Preußen, Berlin 1987, S. 279-312.

*Saine*, Th.P.: Was ist Aufklärung? Kulturgeschichtliche Überlegungen zu neuer Beschäftigung mit der deutschen Auklärung, in: Zeitschrift für deutsche Philologie, 93 (1974), S. 522-545, wiederabgedruckt in: *F. Kopitzsch* (Hrsg.), Aufklärung, Absolutismus und Bürgertum in Deutschland. Zwölf Aufsätze, München 1976, S. 319-344.

– Von der Kopernikanischen zur Französischen Revolution, Berlin 1987.

*Salvatorelli,* L.: Le idee religiose di fra Paolo Sarpi, Roma 1953.

*Schalk,* F. / *Mahlmann,* Th.: Aufklärung, in: *J. Ritter / K. Gründer* (Hrsg.), Historisches Wörterbuch der Philosophie, 4. Bde., Basel und Stuttgart 1971-1976, 1, S. 620-635.

*Scherf,* H. (Hrsg.): Studien zur Entwicklung der ökonomischen Theorie, III, Berlin 1983.

*Schieder,* Th.: Friedrich der Große. Ein Königtum der Widersprüche, Frankfurt a.M. 1983.

*Schiera,* P.: Dall'arte di governo alle scienze dello stato. Il cameralismo e l'assolutismo tedesco, Milano 1969.

– Otto Hintze, Napoli 1974.

– (Hrsg.): La dinamica statale austriaca nel XVIII e XIX secolo. Strutture e tendenze di storia costituzionale prima e dopo Maria Teresa, Bologna 1981.

– Laboratorium der bürgerlichen Welt. Deutsche Wissenschaft im 19. Jahrhundert, Frankfurt a.M. 1992; Orig:: Il laboratorio borghese. Scienza e politica nella germania dell'Ottocento, Bologna 1987.

– Otto Brunner, uno storico della crisi, in: Annali dell'Istituto storico italo-germanico in Trento/Jahrbuch des italienisch-deutschen historischen Instituts in Trient, 13 (1987), S. 19-38.

– Disciplina, disciplinamento, in: Annali dell'Istituto storico italo-germanico in Trento/ Jahrbuch des italienisch-deutschen historischen Instituts in Trient, 18 (1992), S. 315-334.

*Schilling,* H.: Die Konfessionalisierung im Reich. Religiöser und gesellschaftlicher Wandel in Deutschland zwischen 1555 und 1620, in: Historische Zeitschrift, 246 (1988), S. 1-45.

– Höfe und Allianzen, Deutschland 1648-1763 (Siedler Deutsche Geschichte), Berlin 1989.

– Die Konfessionalisierung von Kirche, Staat und Gesellschaft – Profil, Leistung, Defizite und Perspektiven eines geschichtswissenschaftlichen Paradigmas, in: *W. Reinhard / H. Schilling* (Hrsg.), Die katholische Konfessionalisierung, Gütersloh 1995, S. 1-49.

*Schilling,* L.: Wie revolutionär war die diplomatische Revolution? Überlegungen zum Zäsurcharakter des Bündniswechsels von 1756, in: Forschungen zur brandenburgischen und preußischen Geschichte, NF, 6 (1996), S. 163-202.

*Schindling,* A.: Der Westfälische Frieden und der Reichstag, in: *H. Weber* (Hrsg.), Politische Ordnungen und soziale Kräfte im Alten Reich, Wiesbaden 1980, S. 113-153.

– Die Anfänge des Immerwährenden Reichstags zu Regensburg. Ständevertretung und Staatskunst nach dem Westfälischen Frieden, Mainz 1991.

*Schissler,* H.: Preußische Agrargesellschaft im Wandel, Göttingen 1978.

*Schlaich,* K.: Corpus Evangelicorum und Corpus Catholicorum. Aspekte eines Parteienwesens im H. Römischen Reich Deutscher Nation, in: Der Staat, 11 (1972), S. 218-230.

*Schlenke,* M. (Hrsg.): Preußen. Beiträge zu einer politischen Kultur (Preußen. Versuch einer Bilanz II), Hamburg 1981.

*Schluchter,* W.: Die Entwicklung des okzidentalen Rationalismus, Tübingen 1979.

– Rationalismus als Weltbeherrschung. Studien zu Max Weber, Frankfurt a.M. 1980.

*Schlumbohm,* J.: Freiheit. Die Anfänge der bürgerlichen Emanzipationsbewegung in Deutschland im Spiegel ihres Leitwortes (ca. 1760-ca. 1800), Düsseldorf 1975.

*Schmidt*, J.: Geschichte des geistigen Lebens in Deutschland von Leibnitz bis auf Lessing's Tod (1681-1781), 2 Bde., Leipzig 1862-63.

*Schmidt*, M.: Speners Wiedergeburtslehre, in: Theologische Literaturzeitung, 76 (1951).

– Speners ‚Pia desideria'. Versuch einer theologischen Interpretation, in: Theologia Viatorum. Jahrbuch der Kirchlichen Hochschule Berlin, III (1951).

– Pietismus, Stuttgart 1972.

– Das pietistische Pfarrerideal und seine altkirchlichen Wurzeln, in: *ders*., Der Pietismus als theologische Erscheinung (Gesammelte Studien zur Geschichte des Pietismus 2), hrsg. von *K. Aland*, Göttingen 1984, S. 122-155.

– Der Pietismus als theologische Erscheinung. (Gesammelte Studien zur Geschichte des Pietismus II), Göttingen 1984.

– Das hallische Waisenhaus und England im 18. Jahrhundert, in: *ders*., Der Pietismus als theologische Erscheinung, S. 270-283.

*Schminnes*, B.: Bildung und Staatsbildung. Theoretische Bildung und höhere Staatsverwaltungstätigkeit in Preußen im 18. und frühen 19. Jahrhundert, Kleve 1994.

*Schmoller*, G.: Die innere Verwaltung des preußischen Staates unter Friedrich Wilhelm I., in: Preußische Jahrbücher, 25 (1869), S. 575-591 und 26 (1870), S. 1-17.

– Der preußische Beamtenstand unter Friedrich Wilhelm I., in: Preußische Jahrbücher, 26 (1870), S. 148-172, 538-556.

– Das Merkantilsystem in seiner historischen Bedeutung: städtische, territoriale und staatliche Wirtschaftsgeschichte, in: *ders*., Umrisse und Untersuchungen zur Verfassungs-, Verwaltungs- und Wirtschaftsgeschichte besonders des Preußischen Staates im 17. und 18. Jahrhundert, Leipzig 1890.

– Die Epochen der Getreidehandelsverfassung und -politik, in: Schmollers Jahrbuch, 20 (1896).

– Preußische Verfassungs- und Verwaltungs- und Finanzgeschichte, Berlin 1921.

*Schneider*, F.: Geschichte der formellen Staatswirtschaft von Brandenburg-Preußen, Berlin 1952.

*Schneiders*, W.: Naturrecht und Liebesethik. Zur Geschichte der praktischen Philosophie im Hinblick auf Christian Thomasius, Hildesheim / New York 1971.

– Die wahre Aufklärung. Zum Selbstverständnis der deutschen Aufklärung, Freiburg / München 1974.

– Die Philosophie des aufgeklärten Absolutismus. Zum Verhältnis von Philosophie und Politik nicht nur im 18. Jahrhundert, in: Der Staat, 24 (1985), S. 383-406.

*Schneppen*, H.: Niederländische Universitäten und Deutsches Geistesleben. Von der Gründung der Universität Leiden bis ins späte 18. Jahrhundert, Aschendorff 1960.

*Scholder*, K.: Grundzüge der theologischen Aufklärung in Deutschland, in: Geist und Geschichte der Reformation. Festgabe Hanns Rückert zum 65. Geburtstag, Berlin 1966, S. 460-486.

*Schömbs*, E.: Das Staatsrecht Johann Jakob Mosers, Berlin 1968.

*Schön*, J.: Neue Untersuchung der Nationalökonomie und der natürlichen Volkswirthschaftsordnung, Stuttgart / Tübingen 1835.

*Schrader*, W.H.: Ethik und Anthropologie in der englischen Aufklärung. Der Wandel der Moral-Sense-Theorie von Shaftesbury bis Hume, Hamburg 1984.

*Schröcker*, A.: Ein Schönborn im Reich. Studien zur Reichspolitik des Fürstbischofs Lothar Franz von Schönborn (1655-1729), Wiesbaden 1978.

– Die Patronage des Lothar Franz von Schönborn (1655-1729). Sozialgeschichtliche Studie zum Beziehungsnetz in der Germania sacra, Wiesbaden 1981.

*Schröder*, J.: Justus Möser als Jurist. Zur Staats- und Rechtslehre in den Patriotischen Phantasien und in der Osnabrückischen Geschichte, Köln 1986.

*Schröder-Lemke*, G.: Englische Einflüsse auf die deutsche Gutswirtschaft im 18. Jahrhundert, in: Zeitschrift für Agrargeschichte und Agrarsoziologie, 12 (1964).

*Schultz*, H.: Landhandwerk im Übergang vom Feudalismus zum Kapitalismus, Berlin 1984.

– Der Roggenpreis und die Kriege des großen Königs, Berlin 1988.

*Schultze*, J.: Die Auseinandersetzung zwischen Adel und Bürgertum in den Deutschen Zeitschriften der letzten drei Jahrzehnte des 18. Jahrhunderts (1773-1806), in: Historische Studien, hrsg. von *E. Ebering*, Berlin 1925.

*Schulz*, H.: Das System und die Prinzipien der Einkünfte im werdenden Staat der Neuzeit dargestellt anhand der kameralwissenschaftlichen Literatur (1600-1835), Berlin 1982.

*Schulze*, G.: Gerhard Oestreichs Begriff „Sozialdisziplinierung in der Frühen Neuzeit", in: Zeitschrift für historische Forschung, 14 (1987), S. 265-302.

*Schulze*, H. (Hrsg.): Aufstände, Revolten und Prozesse, Stuttgart 1983.

– Otto Hintzes Geschichtstheorie, in: *O. Büsch* / *M. Erbe* (Hrsg.), Otto Hintze und die moderne Geschichtswissenschaft, Berlin 1983, S. 125-133.

*Schulze*, R.: Geschichte der neueren vorkonstitutionellen Gesetzgebung. Zu Forschungsstand und Methodenfragen eines rechtshistorischen Arbeitsgebietes, in: Zeitschrift der Savigny-Stiftung für Rechtsgeschichte, Germanistische Abteilung, 98 (1981), S. 157-235.

– Policey und Gesetzgebungslehre im 18. Jahrhundert, Berlin 1982.

*Schulze*, W.: Bäuerlicher Widerstand und feudale Herrschaft, Stuttgart / Bad Cannstadt 1980.

– Vom Gemeinnutz zum Eigennutz. Über den Normenwandel in der ständischen Gesellschaft der Frühen Neuzeit, in: Historische Zeitschrift, 243 (1986), S. 591-626.

– Gerhard Oestreichs Begriff „Sozialdisziplinierung in der Frühen Neuzeit", in: Zeitschrift für historische Forschung, 14 (1987), S. 265-302.

– Ständische Gesellschaft und Individualrechte, in: *G. Birtsch* (Hrsg.), Grund- und Freiheitsrechte von der ständischen zur spätbürgerlichen Gesellschaft, Göttingen 1987, S. 161-179.

– Concordia, Discordia, Tolerantia. Deutsche Politik im konfessionellen Zeitalter, in: *J. Kunisch* (Hrsg.), Neue Studien zur frühneuzeitlichen Rechtsgeschichte (Zeitschrift für historische Forschung, Beiheft 3), Berlin 1987, S. 43-79.

– Die ständische Gesellschaft des 16./17. Jahrhunderts als Problem von Statik und Dynamik, in: *W. Schulze* (Hrsg.), Ständische Gesellschaft und soziale Mobilität, München 1988, S. 1-17.

*Schumacher*, M.: Auslandsreisen deutscher Unternehmer 1750-1851, Köln 1968.

*Schütz*, W.: Die Kanzel als Katheder der Aufklärung, in: Wolfenbütteler Studien zur Aufklärung, I, hrsg. von *G. Schulz*, Wolfenbüttel 1974, S. 137-171.

*Schwieger*, K.: Das Bürgertum in Preußen vor der Französischen Revolution, Diss. Kiel 1971.

– Militär und Bürgertum. Zur gesellschaftlichen Prägkraft des preußischen Militärsystems im 18. Jahrhundert, in: *D. Blasius* (Hrsg.), Preußen in der deutschen Geschichte, Königstein/Ts. 1980, S. 179-200.

*Sellin*, V.: Die Finanzpolitik Karl Ludwigs von der Pfalz. Staatswirtschaft im Wiederaufbau nach dem Dreißigjährigen Krieg, Stuttgart 1978.

*Siedschlag*, K.: Der Einfluß der niederländisch-neustoischen Ethik in der politischen Theorie zur Zeit Sullys und Richelieus, Berlin 1978.

*Sina*, M.: Introduzione a Locke, Bari 1982.

*Skalweit*, A.: Höhe und Verfall der friderizianischen Getreidepolitik, Kiel 1931.

*Skalweit*, S.: Der Beginn der Neuzeit. Epochengrenze und Epochenbegriff, Darmstadt 1982.

– Gestalten und Probleme der frühen Neuzeit. Ausgewählte Aufsätze, Berlin 1987.

*Slawinger*, G.: Die Manufaktur in Kurbayern. Die Anfänge der großgewerblichen Entwicklung in der Übergangsepoche vom Merkantilismus zum Liberalismus 1740-1833, Stuttgart 1966.

*Sombart*, W.: Der moderne Kapitalismus, 2/1: Das europäische Wirtschaftsleben im Zeitalter des Frühkapitalismus, Nachdruck der 2. Aufl., München 1987.

*Sorge*, A.: La venalità degli uffici nel regno di Napoli: un tentativo di riforma nel primo decennio borbonico, in: *M. Di Pinto* (Hrsg.), I Borbone di Napoli e i Borbone di Spagna. Un bilancio storiografico, 1, Napoli 1985, S. 291-304.

*Specht*, A.H.: Das Leben und die volkswirtschaftlichen Theorien Johann August Schlettweins, Diss. Gießen 1929.

*Spies*, K.: Gutsherr und Untertan in der Mittelmark Brandenburg, Berlin 1972.

*Stabile*, G.: Saggezza, antropologia, scetticismo: il percorso impuro dell'impossibile „ragionevolezza“, Einl. zu *P. Charron*, Piccolo trattato della saggezza, Napoli 1985.

*Stadelmann*, R.: Preußens Könige in ihrer Thätigkeit für die Landeskultur, 4 Bde., Leipzig 1878-1887.

*Stavenhagen*, G.: Geschichte der Wirtschaftstheorie, Göttingen 1951.

*Steinle*, P.: Die Vermögensverhältnisse der Landbevölkerung in Hohenlohe im 17. und 18. Jahrhundert, Schwäbisch Hall 1971.

*Stier*, B.: Fürsorge und Disziplinierung im Zeitalter des Absolutismus. Das Pforzheimer Zucht- und Waisenhaus und die badische Sozialpolitik im 18. Jahrhundert, Sigmaringen 1988.

*Stollberg-Rillinger*, B.: Handelsgeist und Arbeitsethos. Zur Diskussion um das Handelsverbot für den deutschen Adel vom 16. bis zum 18. Jahrhundert, in: Geschichte und Gesellschaft, 15 (1988), S. 273-309.

*Stolleis*, M.: Staatsraison, Recht und Moral in philosophischen Texten des späten 18. Jahrhunderts, Meisenheim am Glan 1972.

– Pecunia nervus rerum. Zur Staatsfinanzierung in der frühen Neuzeit, Frankfurt a.M. 1984.

– Grundzüge der Beamtenethik (1550-1650), in: *R. Schnur* (Hrsg.), Die Rolle der Juristen bei der Entstehung des modernen Staates, Berlin 1986.

– Geschichte des öffentlichen Rechts in Deutschland, 1: Reichspublizistik und Policeywissenschaft 1600-1800, München 1988.

– Staat und Staatsraison in der frühen Neuzeit. Studien zur Geschichte des öffentlichen Rechts, Frankfurt a.M. 1990.

– Lipsius-Rezeption in der politisch-juristischen Literatur des 17. Jahrhunderts in Deutschland, in: *ders.*, Staat und Staatsraison in der frühen Neuzeit. Studien zur Geschichte des öffentlichen Rechts, Frankfurt a.M. 1990, S. 232-267.

– „Konfessionalisierung" oder „Säkularisierung" bei der Entstehung des frühmodernen Staates, in: Ius Commune, 20 (1993), S. 1-23.

*Stölzel*, A.: Brandenburg-Preußens Rechtsverwaltung und Rechtsverfassung, 2 Bde., Berlin 1888.

– Die Berliner Mittwochsgesellschaft (1795), in: Forschungen zur Brandenburgischen und Preußischen Geschichte, 2 (1889), S. 201-222.

*Straubel*, R.: Das Berliner Seidenwirkerreglement von 1766. Ein Beitrag zur Gewerbepolitik des brandenburgisch-preußischen Staates, in: Jahrbuch für Geschichte des Feudalismus, 8, Berlin 1984, S. 370-395.

– Kaufleute und Manufakturunternehmer. Eine empirische Untersuchung über die sozialen Träger von Handel und Großgewerbe in den mittleren preußischen Provinzen (1763-1815) (Vierteljahresschrift für Sozial- und Wirtschatfsgeschichte, Beiheft 122), Stuttgart 1995.

*Strehlke*, R.: Der Verlauf der Domänenpacht im 18. Jahrhundert, Diss., Berlin 1954.

*Strenski*, E.M.: Diderot, for and against the physiocrats, in: Studies on Voltaire and the Eighteenth Century, 57 (1967).

*Stürmer*, M.: Höfische Kultur und frühmoderne Unternehmer. Zur Ökonomie des Luxus im 18. Jahrhundert, in: Historische Zeitschrift, 229 (1979), S. 265-297.

– Handwerk und höfische Kultur. Europäische Möbelkunst im 18. Jahrhundert, München 1982.

*Suppa*, S.: L'accademia Medinacoeli fra tradizione investigante e nuova scienza civile, Napoli 1971.

*Taranto*, D.: Abilità del politico e meccanismo economico. Saggio sulla ‚Favola delle Api', Napoli 1982.

– Il posto dello scetticismo nell'architettonica della „sagesse", in: *V. Dini / D. Taranto* (Hrsg.), La saggezza moderna. Temi e problemi dell'opera di Pierre Charron, Napoli 1987, S. 9-34.

*Tarello*, G.: Storia della cultura giuridica moderna, I: Assolutismo e codificazione del diritto, Bologna 1976.

*Tenbruck*, F.H.: Das Werk Max Webers, in: Kölner Zeitschrift für Soziologie und Sozialpsychologie, 27 (1975), S. 663-702.

*Terveen*, F.: Gesamtstaat und Retablissement, Göttingen 1954.

*Thadden*, R von.: Die Brandenburgisch-Preußischen Hofprediger im 17. und 18. Jahrhundert, Berlin 1959.

– Die Hugenotten – eine innovatorische Schubkraft in der Geschichte Brandenburg-Preußens? Ein Diskussionsbeitrag, in: *I. Mittenzwei* (Hrsg.), Hugenotten in Brandenburg-Preußen, Berlin 1987, S. 100-111.

*Thomann*, M.: Christian Wolff, in: *M. Stolleis* (Hrsg.), Staatsdenker im 17. und 18. Jahrhundert. Reichspublizistik-Politik-Naturrecht, 2. Aufl., Frankfurt a.M. 1987, S. 257-283.

*Thümmel*, H.-W.: Die Tübinger Universitätsverfassung im Zeitalter des Absolutismus, Tübingen 1975.

*Tieck*, K.-P.: Gustav Schmollers Neuausrichtung der Nationalökonomie. Institutionenlehre in sozialpolitischer Absicht?, in: *P. Schiera / F. Tenbruck* (Hrsg.), Gustav Schmoller oggi: lo sviluppo delle scienze sociali in Germania e Italia/Gustav Schmoller heute: die Entwicklung der Sozialwissenschaften in Deutschland und Italien, Bologna / Berlin 1989, S. 399-419.

*Todescan*, F.: Dalla „persona ficta" alla „persona moralis". Individualismo e matematismo nelle teorie della persona giuridica del secolo XVII, in: Quaderni fiorentini per la storia del pensiero giuridico moderno, 11/12 (1982/83), S. 59-93.

– Le radici teologiche del giusnaturalismo laico, 1: Il problema della secolarizzazione nel pensiero giuridico di Ugo Grozio, Milano 1983.

*Torrini*, M.: L'Accademia degli Investiganti a Napoli 1663-1670, in: Quaderni storici, 48 (1981), S. 845-883.

*Tortarolo*, E.: La ragione sulla Sprea. Coscienza storica e cultura politica nell'illuminismo berlinese, Bologna 1989.

*Treue*, W.: Adam Smith in Deutschland, in: Deutschland und Europa, Festschrift für Hans Rothfels, 1951.

– Das Verhältnis von Fürst, Staat, Unternehmer in der Zeit des Merkantilismus, in: Vierteljahresschrift für Wirtschaftsgeschiche, 44 (1957).

– Wirtschafts- und Technik-Geschichte Preußens, Berlin / New York 1984.

*Tevor-Roper*, H.R.: La crisi generale del XVII secolo, in: *ders.*, Protestantesimo e trasformazione sociale, Bari 1972, S. 87-131.

*Troeltsch*, E.: Die Bedeutung des Protestantismus für die Entstehung der modernen Welt, 2. Aufl., München 1911.

– Das stoisch-christliche Naturrecht, in: Historische Zeitschrift, 106 (1911), S. 237-267.

– Aufklärung, in: Realencyklopädie für protestantische Theologie und Kirche, 2, 3. Aufl., Leipzig 1897, wiederabgedruckt in: *ders.*, Aufsätze zur Geistesgeschichte und Religionssoziologie, hrsg. von *H. Baron*, Tübingen 1925.

*Troßbach*, W.: Die Reichsgerichte in der Sicht der bäuerlichen Untertanen, in: *B. Diestelkamp* (Hrsg.), Das Reichskammergericht in der deutschen Geschichte. Stand der Forschung, Forschungsperspektiven, Köln / Wien 1990, S. 129-142.

*Tümpel*, L.: Die Entstehung des brandenburgisch-preußischen Einheitsstaates im Zeitalter des Absolutismus, Breslau 1915.

*Valjavec*, F.: Die Entstehung der politischen Strömungen in Deutschland 1770-1815, Wien 1951.

*van der Zande*, J.: Bürger und Beamter. J.G. Schlosser, Stuttgart 1986.

*van Dülmen*, R.: Kultur und Alltag in der Frühen Neuzeit, 2: Dorf und Stadt 16.-18. Jahrhundert, München 1992.

– Die Gesellschaft der Aufklärer. Zur bürgerlichen Emanzipation und aufklärerischen Kultur in Deutschland, Frankfurt a.M. 1986.

*van Horn Melton*, J.: Arbeitsprobleme des aufgeklärten Absolutismus in Österreich, in: Mitteilungen des Instituts für österreichische Geschichtsforschung, 90 (1982), S. 49-75.

– Absolutism and the Eighteenth-Century Origins of Compulsory Schooling in Prussia and Austria, Cambridge 1988.

*Vasoli*, C.: „Tradizione" e „Nuova Scienza". Note alle lettere a Cristina di Lorena e al P. Castelli, in: *P. Galluzzi* (Hrsg.), Novità celesti e crisi del sapere, Firenze 1984, S. 73-94.

*Venturi*, F.: Galiani tra enciclopedisti e fisiocrati, in: Rivista storica italiana, 72 (1960).

– Elementi e tentativi di riforme nello stato pontificio del Settecento, in: Rivista storica italiana, 75 (1963), S. 778-817.

– Le origini dell'Enciclopedia, Torino 1963.

– Settecento riformatore. Da Muratori a Beccaria, 2. Aufl., Torino 1969.

– Utopia and Reform in the Enlightenment, London 1971.

*Vetter*, K.: Kurmärkischer Adel und preußische Reformen, Weimar 1979, in: Geschichte und Gesellschaft, 11 (1985), S. 379-396.

*Vierhaus*, R. (Hrsg.): Eigentum und Verfassung. Zur Eigentumsdiskussion im ausgehenden 18. Jahrhundert, Göttingen 1972.

– Deutschland im Zeitalter des Absolutismus 1648-1763, Göttingen 1978.

– Höfe und höfische Gesellschaft in Deutschland im 17. und 18. Jahrhundert, München 1981.

– Staaten und Stände. Vom Westfälischen bis zum Hubertusburger Frieden 1648-1763 (Propyläen Geschichte Deutschlands 5), Berlin 1984.

– (Hrsg.): Wissenschaften im Zeitalter der Aufklärung, Göttingen 1985.

– Montesquieu in Deutschland. Zur Geschichte seiner Wirkung als politischer Schriftsteller im 18. Jahrhundert, in: Collegium Philosophicum. Studien Joachim Ritter zum 60. Geburtstag, Basel / Stuttgart 1965, S. 403-437, jetzt in: *ders.*, Deutschland im 18. Jahrhundert. Politische Verfassung - Soziales Gefüge - Geistige Bewegungen, Göttingen 1987, S. 9-32.

– Deutschland im 18. Jahrhundert. Politische Verfassung, soziales Gefüge, geistige Bewegungen, Göttingen 1987.

– Ständewesen und Staatsverwaltung in Deutschland im späteren 18. Jahrhundert, in: *R. Vierhaus* / R. *Botzenhart* (Hrsg.), Dauer und Wandel der Geschichte. Aspekte europäischer Vergangenheit. Festgabe für Kurt Raumer zum 15. Dezember 1965, Münster 1966, S. 337-360, jetzt in: *ders.*, Deutschland im 18. Jahrhundert. Politische Verfassung - Soziales Gefüge - Geistige Bewegungen, Göttingen 1987, S. 33-49.

*Villani*, P.: Mezzogiorno e contadini nell'età moderna, Bari 1961.

– Mezzogiorno tra riforme e rivoluzione, Bari 1973.

*Villari*, R.: Antonio Genovesi e la ricerca delle forze motrici dello sviluppo storico, in: Studi storici, 1 (1970), nunmehr in: *ders.*, Ribelli e riformatori, Roma 1979.

– Ribelli e riformatori, Roma 1979.

*Visceglia*, M.A.: Linee per uno studio unitario dei testamenti e dei contratti matrimoniali dell'aristocrazia feudale napoletana tra fine Quattrocento e Settecento, in: Mélanges de l'École Française de Rome, Roma 1983.

*Vivanti*, C.: Lotta politica e pace religiosa in Francia fra Cinque e Seicento, Torino 1963.

*Vogel*, B.: Das alte Preußen in der modernen Geschichtswissenschaft (Rezension von I. Mittenzwei, Preußen nach dem siebenjährigen Krieg), Berlin 1976.

*Vopelius*, M.-E.: Die altliberalen Ökonomen und die Reformzeit, Stuttgart 1968.

*Wachenhausen*, M.: Staatsausgabe und Öffentliches Interesse in den Steuerrechtfertigungslehren des naturrechtlichen Rationalismus. Ein dogmengeschichtlicher Beitrag zur Rationalität des Modernen Staates in seinem Verhältnis zum Individuum, Berlin 1972.

*Wagner*, H.: Das geteilte Eigentum in Naturrecht und Positivismus, Breslau 1938.

*Walder*, E.: Aufgeklärter Absolutismus und Staat. Zum Staatsbegriff der aufgeklärten Despoten, in: *K.O. Frh. von Aretin* (Hrsg.), Der Aufgeklärte Absolutismus, Köln 1974, S. 123-136.

*Wallerstein*, I.: The Modern World System II. Mercantilism and the Consolidation of the European World-Economy, 1600-1750, New York / London 1980.

*Wallmann*, J.: Der Pietismus, Göttingen 1990.

*Walzer*, M.: The Revolution of the Saints. A Study in the Origins of Radical Politics, Cambridge/Mass. 1965

*Ware*, N.J.: The Physiocrats. A Study in Economic Rationalization, in: American Economic Review, 21 (1931).

*Weber*, M.: Gesammelte Aufsätze zur Religionssoziologie, 6. Aufl., Tübingen 1972.

– Wirtschaft und Gesellschaft, 5. Aufl., München 1980.

*Weber-Möckl*, A.: „Das Recht des Königs der über euch herrschen soll". Studien zu 1 Sam 8, 11 ff. in der Literatur der frühen Neuzeit, Berlin 1986.

*Wehler*, H.-U.: Sozialgeschichte und Gesellschaftsgeschichte, in: *W. Schieder / V. Sellin* (Hrsg.), Die Sozialgeschichte innerhalb der Geschichtswissenschaft, 1, Göttingen 1986, S. 33-52.

– Deutsche Gesellschaftsgeschichte, 1: Vom Feudalismus des Alten Reiches bis zur Defensiven Modernisierung der Reformära 1700-1815, 2. Aufl., München 1989.

*Weis*, E.: Montgelas, 1759-1799. Zwischen Revolution und Reform, München 1971.

– Deutschland und Frankreich um 1800. Aufklärung-Revolution-Reform, München 1990.

*Weiß*, J.: Max Webers Grundlegung der Soziologie, München 1975.

*Weitzel*, J.: Das Reichskammergericht und der Schutz von Freiheitsrechten seit der Mitte des 18. Jahrhunderts, in: *B. Diestelkamp* (Hrsg.), Die politische Funktion des Reichskammergerichts, Köln / Weimar / Wien 1993, S. 157-180.

*Welsch*, H.: Die Franckeschen Stiftungen als wirtschaftliches Großunternehmen. Untersucht auf Grund der Rechnungsbücher der Franckeschen Stiftungen, Diss. Halle-Wittenberg 1956.

*Wendland*, W.: Die praktische Wirksamkeit Berliner Geistlicher im Zeitalter der Aufklärung, in: Jahrbücher für Kirchengeschichte, 9 u. 10, Berlin 1913.

*Wessel*, H.: Zweckmäßigkeit als Handlungsprinzip der deutschen Regierungs- und Verwaltungslehre der frühen Neuzeit, Berlin 1978.

*Westphalen*, R. von: Akademisches Privileg und demokratischer Staat. Ein Beitrag zur Geschichte und bildungspolitischen Problematik des Laufbahnwesens in Deutschland, Stuttgart 1979.

*Weulersse*, G.: La Physiocratie sous les ministères de Turgot et de Necker (1774-1781), Paris 1950.

*Weyermann*, M.: Zur Geschichte des Immobiliarkreditwesens in Preußen, Karlsruhe 1910.

*Wild*, R.: Freidenker in Deutschland, in: *S. Bertelli* (Hrsg.), Il libertinismo in Europa, Milano / Napoli 1980, S. 81-116.

*Willms*, B.: Thomas Hobbes. Das Reich des Leviathan, München 1987.

*Willoweit*, D.: Dominium und proprietas. Zur Entwicklung des Eigentumsbegriffs in der mittelalterlichen und neuzeitlichen Rechtswissenschaft, in: Historisches Jahrbuch 94 (1974), S. 131-156.

– Rechtsgrundlagen der Territorialgewalt. Landesobrigkeit, Herrschaftsrechte und Territorium in der Rechtswissenschaft der Neuzeit, Köln 1975.

– Gewerbeprivileg und „natürliche" Gewerbefreiheit. Strukturen des preußischen Gewerberechts im 18. Jahrhundert, in: *K.O. Scherner / D. Willoweit* (Hrsg.), Vom Gewerbe zum Unternehmen. Studien zum Recht der gewerblichen Wirtschaft im 18. und 19. Jahrhundert, Darmstadt 1982, S. 60-111.

– Deutsche Verfassungsgeschichte. Vom Frankenreich bis zur Teilung Deutschlands, München 1990.

*Winkel*, H.: Die deutsche Nationalökonomie im 19. Jahrhundert, Darmstadt 1977.

– Adam Smith und die deutsche Nationalökonomie 1776-1820. Zur Rezeption der englischen Klassik, in: *H. Scherf* (Hrsg.), Studien zur Entwicklung der ökonomischen Theorie V, Berlin 1986.

*Winter*, E.: Frühaufklärung, Berlin 1966.

*Wissel*, R.: Des alten Handwerks Recht und Gewohnheit, 5. Bde., 2. Aufl., Berlin 1971-1986.

*Wolf*, J.R.: Steuerpolitik im schlesischen Ständestaat. Untersuchungen zur Sozial- und Wirtschaftsstruktur Schlesiens im 17. und 18. Jahrhundert, Marburg 1978.

*Wolff*, E.: Grundriß der preußisch-deutschen socialpolitischen und Volkswirtschaftsgeschichte, Berlin 1899.

*Wolff*, F.: Corpus Evangelicorum und Corpus Catholicorum auf dem Westfälischen Friedenskongreß. Die Einfügung der konfessionellen Ständeverbindungen in die Reichsverfassung, Münster 1966.

*Wolzendorf*, K.: Der Polizeigedanke des modernen Staats, Breslau 1918.

*Wootton*, D.: Paolo Sarpi between Renaissance and Enlightenment, Cambridge 1983.

*Wyluda*, E.: Lehnrecht und Beamtentum, Berlin 1969.

*Zagari*, E.: Mercantilismo e fisiocrazia. La teoria e il dibattito, Napoli 1984.

*Zambelli*, P.: La formazione filosofica di Antonio Genovesi, Napoli 1973.

*Zedler*, J. H.: Grosses vollständiges Universal-Lexicon aller Wissenschaften und Künste, Halle / Leipzig 1732; Neudruck Graz 1961-1964.

*Zeichmann*, J. (Hrsg.): Panorama der friderizianischen Zeit. Friedrich der Große und seine Epoche, Bremen 1985.

– (Hrsg.): Fridericianische Miniaturen, 1988.

*Ziekursch*, J.: Beiträge zur Charakteristik der preußischen Verwaltungsbeamten in Schlesien bis zum Untergang des friderizianischen Staates, Breslau 1907.

– 100 Jahre schlesischer Agrargeschichte. Vom Hubertusburger Frieden bis zum Abschluß der Bauernbefreiung, 2. Aufl., Breslau 1927.

*Zilsel*, E.: Die sozialen Ursprünge der neuzeitlichen Wissenschaft, Frankfurt a.M. 1976.

*Zorn*, W.: Die Physiokratie und die Idee der individualistischen Gesellschaft, in: Vierteljahresschrift für Sozial- und Wirtschaftsgeschichte, 47 (1960).

*Zottmann*, A.: Die Wirtschaftspolitik Friedrichs des Großen, Leipzig 1937.